国家出版基金项目
NATIONAL PUBLICATION FOUNDATION

中国共产党百年奋进研究丛书

上海市哲学社会科学规划办公室
上海市中国特色社会主义理论体系研究中心 组编

从耕者有其田到乡村振兴
——中国特色"三农"道路的探索与发展

顾海英 王常伟 著

上海人民出版社

丛书前言

"领导我们事业的核心力量是中国共产党。"自中国共产党诞生以来，中国大地经历了翻天覆地的历史性变化。中国人民选择了中国共产党，并在党的领导下选择了社会主义。经过长期艰苦卓绝的奋斗，完成了新民主主义革命和社会主义革命，实现了中华民族从"任列强欺凌"到站起来的伟大飞跃；新中国成立以来，特别是改革开放以来，中国共产党带领人民建设中国特色社会主义，使中国大踏步赶上时代，实现了中华民族从站起来到富起来的伟大飞跃；在新时代，中国共产党团结带领人民坚持和发展中国特色社会主义，推动中华民族伟大复兴取得历史性成就，迎来了从富起来到强起来的伟大飞跃。正是中国共产党的领导，中国人民走社会主义道路，从根本上解决了中华民族复兴和中国现代化面临的历史性课题。有了中国共产党，中国人民就有了思想上、政治上的"主心骨"，就有了团结奋斗、勇往直前的指路明灯、核心力量。各族人民跟着中国共产党就能凝聚成不可战胜的磅礴力量，朝着中华民族伟大复兴的奋斗目标奋勇前进。100年来，中国共产党为了实现中华民族伟大复兴的历史使命，无论是顺境还是逆境，无论是弱小还是强大，都初心不改，矢志不渝。历史和现实雄辩地证明，没有中国共产党就没有中国劳苦大众的翻身解放，就没有社会主义新中国，就没有中华民族的伟大复兴。一百年来，中国共产党为实现国家富强、民族振兴、人民幸福和人类文明进步事业作出的伟大历史贡献永远铭记史册。

站在历史的交汇点,中国共产党带领中国各族人民以习近平新时代中国特色社会主义思想为指导,统筹社会革命和自我革命,始终坚持马克思主义在意识形态领域的指导地位、勇担民族复兴历史大任、扎根广大人民群众、坚持以人民为中心、依靠人民从容应对面临的复杂严峻的挑战和问题。在带领人民进行伟大社会革命的同时,不断进行伟大的自我革命,引导党自身在具有许多新的历史特点的伟大斗争中经受住执政考验、改革开放考验、市场经济考验和外部环境考验,化解精神懈怠、能力不足、脱离群众、消极腐败的危险,始终保持党的先进性和纯洁性,始终与人民心连心,始终走在时代前列,赢得新时代执政党自我净化、自我完善、自我革新、自我提高的新胜利,再次创造出人类发展史上划时代的发展奇迹。

为隆重庆祝中国共产党成立100周年,表达上海理论界对中国共产党领导人民创造的丰功伟绩和宝贵精神财富的高度认同,以及对中国共产党无比深厚的情感;为帮助广大干部群众深入学习中国共产党历史,深入学习贯彻中国共产党宝贵历史经验,深入学习领会中国共产党人不倦探索取得的理论创新成果,在中共上海市委宣传部领导下、上海市哲学社会科学规划办公室以委托课题方式,与上海市中国特色社会主义理论体系研究中心联合组织了"人民至上·中国共产党百年奋进研究丛书"(以下简称"丛书")的研究和撰写。参加"丛书"研究撰写的是本市哲学社会科学相关领域的著名专家学者。"丛书"由上海人民出版社编辑出版。

"丛书"围绕的主题是系统研究、深刻阐释、正确总结中国共产党领导中国人民百年奋斗历程、伟大成就、历史经验和光辉思想。"丛书"分领域、分战线总结论述中国共产党在领导中国人民夺取新民主主义革命胜利、建立新中国,进行"一化三改造"、建立社会主义经济制度和社会主义赖以发展的物质基础,实行改革开放,开创、坚持和发展中国特色社会主义,全面建成小康社会、开启全面建设社会主义现代化国家新征程形成的理论、路线、重大方针政策和重大战略部署。其中涉及中国共产党的现代化建设思想、治国理政思想、法治思想、制度建设思想、统一战线理论、宣传思想、理论创新、革命精神、群众观和群众路线，涉及党的经济建设思想、政治建设思想、文化建设思想、社会建设思想、生态文明建设思想、科学技术思想、教育思想、"三农"思想、军队和国防建设思想、自身建设思想、国际观等。"丛书"主要有以下特点：

第一，注重以史为据、史论紧密结合，论从史出。"丛书"的每一部论著研究的历史跨度都是百年，每一部论著都努力把历史思维贯彻在整个研究撰写工作中，力求呈现厚重的历史感，做到真正熟悉并实事求是对待所承担研究撰写领域的党的百年历史。研究者首先致力于学习历史、熟悉历史、梳理历史，钻研党的理论、方针、政策的发展史，广泛收集和整理文献，大量地、充分地掌握历史资料，认真总结百年取得的弥足珍贵的历史经验，把握历史进程和规律。在对历史的认真学习、梳理中，去做好中国共产党百年研究系列课题这篇大文章。

第二，注重阐释中国共产党所坚守的以人民为中心的根本立场。中国共产党为人民而生、因人民而兴，始终坚持以人民为中心，把为中国人民谋幸福、为中华民族谋复兴作为初心使命，坚持全心全意为人民服务的根本宗旨，始终代表最广大人民利益。"丛书"作者牢记人民立场是马克思主义的根本政治立场。人民至上、一切为了人民、一切依靠人民是中国共产党的价值理念和认识世界、改造世界的根本要求。可以说，"丛书"的每一种，都致力于揭示中国共产党之所以能历经百年始终保持先进性、始终走在时代前列、团结带领人民创造历史伟业的真谛，这就是中国共产党始终把人民立场作为根本立场，把为人民谋幸福作为根本使命，坚持全心全意为人民服务的根本宗旨，始终保持同人民群众的血肉联系。无论是革命、建设，还是改革，奋进新时代，归根到底都是为了让人民过上好日子。正如习近平总书记强调："为人民谋幸福，是中国共产党人的初心。我们要时刻不忘这个初心，永远把人民对美好生活的向往作为奋斗目标。"研究、撰写"丛书"的专家学者领悟了这一精神,紧紧把握中国共产党全心全意为人民服务的根本宗旨,致力于生动诠释中国共产党的使命之所在、价值之所在、生命之所在,生动诠释新时代中国共产党领导人民建设中国特色社会主义的根本追求。

第三,注重历史逻辑与理论逻辑相统一、思想性与现实针对性相统一。以高度的理论自觉和理论自信研究分析中国共产党百年历史,自觉把习近平新时代中国特色社会主义思想引领贯穿于研究撰写的全过程,用马克思主义立场观点方法观察和解读中国共产党百年历史各种现象,回应现实提出的重大理论和实践问题,揭示蕴含其中的规律,从总结、提炼与升华历史经验中加深对中国共产党理论创新成果的认识,对中国革命、建设、改革的规律性认识,对中国共产党坚持真理、修正错误的政治思想品格的认识。坚持问题导向,立足解决今天的问题去回顾总结历史,注入新的认识、新的观点、新的内容。在理论逻辑与历史逻辑相统一、思想性与现实针对性相统一上进行新探索,取得新成绩。

第四,注重把握时代需求、聆听时代声音、回应时代呼唤。"丛书"坚持问题导向,认真研究相关领域中国共产党执政面临的重大而紧迫的理论和实践问题,用联系的发展的眼光看历史、看现实、看问题,增强时代性、战略性、系统性思维。历史是时代的产物,百年系列研究的成果也是时代产物,"丛书"的研究撰写不是就历史讲历史,不是停留在历史叙述层面,而是努力体现新时代的新要求,回答新问题。

第五,注重以宽广的世界眼光观察研究中国共产党百年发展历史。百年来,中国共产党的每个时期都与世界有千丝万缕的关系,都是在特定的国际环境和国际形势下的历史活动。因此,"丛书"每一种的研究撰写都力求体现宽广的世界眼光,都力求紧密联系特定历史时期世界形势和变化特点研究并展示中国共产党的思想及实践。特别是世界正经历百年未有之大变局,"丛书"作者研究中国共产党百年历史经验,力求放在中国共产党历史活动的世界背景中分析考察。

在这方面，"丛书"做出了可喜的努力。

第六，注重追求读者喜欢的呈现形式。从众多鲜活的事实以及历史和现实的比较中，把中国共产党在领导革命、建设和改革历史长河中为中国人民谋幸福、为中华民族谋复兴、为人类社会谋大同的马克思主义政党品格和初心使命写充分，使其跃然纸上。以"观点鲜明、逻辑严谨、文风朴实、形式清新"的风格，呈现思想，贡献智慧，也是"丛书"努力的方向和探索解决的问题。理论读物如何在保证内容正确的前提下写得清新活泼，吸引广大读者，使广大读者看得懂、用得上，"丛书"研究撰写在这方面也进行了有益的尝试。

"丛书"组织者、作者满怀对中国共产党的无限深情，深刻认识到，中国共产党百年来，领导人民创造了伟大历史，铸就了伟大精神，形成了宝贵经验，创造了中华民族发展史的伟大奇迹，开辟了人类社会进步史上的新纪元，伟大成就举世瞩目，无与伦比。他们把写好"丛书"看成是一种崇高的责任，表示要笔力奋起，写出充分反映中国从站起来、富起来迈向强起来这一历史进程中中国共产党坚强领导的绚丽书篇，为以史明理、以史增信、以史崇德、以史育人、以史咨政做有益的工作。帮助读者深刻认识历史和人民选择中国共产党、选择社会主义道路、选择改革开放、选择马克思主义的客观必然性；深刻认识坚持党的全面领导、坚持和发展中国特色社会主义的极端重要性；深刻认识中国共产党坚持马克思主义在我国意识形态领域指导地位的极端重要性；深刻认识中国共产党百年之后的历史方位、历史使命和对世界历史发展的重要作用，为庆祝中国共产党百年华诞留下浓墨重彩的一笔。

"丛书"的问世，离不开中共上海市委常委、宣传部部长，上海市习近平新时代中国特色社会主义思想研究中心主任，上海市中国特色社会主义理论体系研究中心主任周慧琳的关心和支持；离不开市委宣传部副部长、上海市习近平新时代中国特色社会主义思想研究中心常务副主任、上海市中国特色社会主义理论体系研究中心常务副主任徐炯的具体指导。市委宣传部理论处陈殷华、薛建华、俞厚未，上海市哲学社会科学规划办公室李安方、吴诤、王云飞、徐逸伦、张师慧、徐冲、董卫国，上海市中国特色社会主义理论体系研究中心李明灿等具体策划、组织；上海人民出版社政治与理论读物编辑中心鲍静、罗俊等同志为"丛书"出版付出了辛勤劳动。

"现在，我们比历史上任何时期都更接近中华民族伟大复兴的目标，比历史上任何时期都更有信心、有能力实现这个目标。"希望"丛书"的问世，能够使广大读者对领导我们事业前进的核心力量中国共产党，对我们正在推进的中国特色社会主义伟大事业，对指导我们思想的理论基础马克思主义，对新中国创造彪炳史册的人间奇迹、大踏步赶上时代的壮丽史诗，对我们生活的时代和世界，认识得更加深入，领悟得更加准确，更加坚定道路自信、制度自信、理论自信、文化自信。这是"丛书"组织者、作者的心愿。

目 录

绪论篇

第一章 概 述

在中国共产党成立百年之际，在世界百年未有之大变局之下，在开启全面建设社会主义现代化国家的新征程之中，回顾、梳理与充分研究中国共产党百年"三农"思想与实践，对于中国共产党迈向第二个百年，把握新发展阶段、贯彻新发展理念、构建新发展格局，"坚持把解决好'三农'问题作为全党工作重中之重"①，保持以农为重的初心使命和坚定道路自信，深化新时代中国"三农"改革和全面实施乡村振兴战略，加快实现农业农村现代化，促进城乡融合发展等，具有重要的理论与现实意义。

第一节 研究意义和研究现状

研究中国共产党百年"三农"思想及其实践，对于不忘初心，牢记推动"三农"发展的使命，坚定走中国特色社会主义的"三农"道路，对于推进乡村振兴战略等具有重要的理论与现实意义。此外，研究"三农"发展的变迁历史，

---

① 《中共中央关于制定国民经济和社会发展第十四个五年规划和二〇三五年远景目标的建议》，中国共产党第十九届中央委员会第五次全体会议通过，2020 年 10 月 29 日。见中国政府网，www.gov.cn/zhengce/2020-11/03/content_5556991.htm。

从中汲取历史智慧，以史为鉴，对迈向第二个百年的"三农"发展，也具有重要的参考与借鉴价值。

一、研究意义

农业在中国数千年的文明发展中具有重要意义，农民长期以来一直是中国人口最重要的构成部分，乡村是中国社会最主要的空间与社会形态。乡土中国、小农经济等词汇，是中国历史及近代社会特征的真实写照。近百年来，伴随着中国革命事业的胜利与社会主义现代化的建设，中国的农业、农民与农村经历了巨变，但"三农"的基础性地位始终没有改变，"三农"问题一直是中国经济社会发展中迫切需要关注并解决的重要问题。

中国百年"三农"发展的成就，凝结着中国共产党"三农"思想的指引，更是中国共产党执政与建设思想的充分反映。改变中国，必须要发展农业、农村与农民，这是由中国人多地少的现实、人口构成的现实以及社会形态的现实所决定的。中国共产党成立之初便致力于推进中国农业的发展、农村的进步与农民的富裕。

以毛泽东同志为代表的中国共产党人早在新民主主义革命初期就认识到农业在国民经济发展中的基础作用、农民在革命中的主体地位、农村在中国革命道路中的重要意义。因此，这一时期，中国共产党在革命根据地开展了土地革命、合作经营、乡村治理等一系列"三农"发展的实践探索，在解放农民、发展农业、改造农村的过程中推动了中国革命的胜利。新中国成立初期，中国共产党便着手推进社会主义改造运动，在社会主义改造过程中虽然也犯有一定程度的"冒进"错误，但经历自纠和完善建立的农村集体所有制，为改革开放后农业的快速发展以及中国"三农"的稳定奠定了所有制基础。由于农业生产自身的特征，从某种程度上来讲，计划经济对农业经营的影响最大，对农民的束缚最重，也因为此，中国改革开放最先发端于农村。

第一章 概　述

中国共产党在经历了计划经济时期的实践探索后，充分肯定了农民的首创精神，中国农业在坚持集体所有制下回归家庭经营。"三农"领域的实践成为了中国共产党中国特色社会主义理论与思想形成的构成与推动力。改革开放后，中国农业发展的思想束缚被破除，"三农"发展也进入了新的阶段。1990年3月3日，邓小平在与中央负责同志的谈话中指出，"中国社会主义农业的改革和发展，从长远的观点看，要有两个飞跃。第一个飞跃，是废除人民公社，实行家庭联产承包为主的责任制。这是一个很大的前进，要长期坚持不变。第二个飞跃，是适应科学种田和生产社会化的需要，发展适度规模经营，发展集体经济。这是又一个很大的前进，当然这是很长的过程。"[①] 随着中国社会主义市场经济体制的确立，要素流动的进一步放活，面对"三农"在市场经济中的弱势地位及发展约束，以江泽民同志为核心的党中央在党的十五届三中全会中提出了建设富裕、民主、文明的社会主义新农村的重大历史任务，着力推进农村的全面发展。之后，以胡锦涛同志为总书记的党中央作出了统筹城乡发展的重大战略决策，并取消了延存两千多年的农业税，中国"以工补农、以城带乡"新型工农城乡关系的确立与不断完善，为农业的现代化、农民的增收以及农村的发展提供了条件。

党的十八大以来，中国各项事业进入了新的发展阶段。以习近平同志为核心的党中央通过深化改革推进了"三农"领域的新一轮发展。农地制度改革、户籍制度改革、美丽乡村建设、乡村公共服务供给、乡村治理能力提升等一系列举措，为"三农"发展提供了新的动能。党的十九大进一步提出了乡村振兴战略，从产业兴旺、生态宜居、乡风文明、治理有效、生活富裕等方面，为"三农"发展指明了方向，提出了要求。与此同时，十八大以来，中国共产党还举全党、全国之力开展精准扶贫攻坚战，推进农村全面脱贫，截至2020年的年

---

①　陈吉元、韩俊：《邓小平的农业"两个飞跃"思想与中国农村改革》，《中国农村经济》1994年第10期。

底，中国所有贫困县全部摘帽，实现了中国共产党百年发展目标，完成了中国人民的发展梦想，在共同富裕的道路上迈出了坚实、重要的一步。在此基础上，党的十九届五中全会和 2020 年年末的中央农村工作会议进一步明确了"三农"工作重心将实现历史性转移，指明了"坚持把解决好'三农'问题作为全党工作重中之重，举全党全社会之力推动乡村振兴，促进农业高质高效、乡村宜居宜业、农民富裕富足"① 的发展方向和目标。

中国共产党百年"三农"发展实践积累了丰富的经验，形成了中国共产党"三农"发展理论与思想。这一思想凝聚了党的领导人及其集体的智慧，也凝聚了全体中国人民的智慧，是马克思主义与中国实践相结合的产物，也是中国特色社会主义发展思想的重要构成。实践证明，坚持与发展中国共产党"三农"思想，是进一步推进中国"三农"发展的现实要求，更是实现中国第二个百年发展的目标要求。

中国共产党百年"三农"发展的探索，取得了巨大成就。站在新的历史起点上，总结中国共产党百年"三农"实践，考察中国共产党百年"三农"思想变迁，不仅是认识中国共产党发展史的需要，也是中国特色社会主义"三农"思想与理论创新的需要，更是进一步指导中国"三农"发展实践的需要。世界上从来没有一个如此体量的大国，在百年之内取得如此巨大的"三农"发展成就，中国共产党带领全国人民推进中国"三农"的发展过程，是不断摸索与试验的过程，彰显了中国共产党践行初心使命的决心，也表明了中国共产党的执政能力，说明了中国共产党"三农"道路的契适性与先进性。在新的历史时期，中国的"三农"发展有着新的目标，也将面临新的挑战，在中国共产党"三农"思想的指导下，中国"三农"必将实现农业强、农村美与农民富的伟大目标。中国共产党的

---

① 习近平：《坚持把解决好"三农"问题作为全党工作重中之重》，载中华人民共和国教育部政府门户网站：http://www.moe.goo.cn/jybxwfb/s6052/moe838/202112/t20201229508074.html，2020 年 12 月 29 日。

"三农"发展实践，也将进一步丰富中国共产党的"三农"发展思想和理论。

二、研究现状

中国共产党从诞生之日起就开始探索和解决中国"三农"问题，并逐步形成了中国农民、农村、农业发展的丰富思想。农村工作贯穿于中国共产党领导的革命和建设事业的各个阶段。因此，每一代共产党人在完成各自历史使命的同时，也形成了体现时代特征的农村发展思想，后一代共产党人的农村发展思想总是在对前一代的继承与创新中形成的。[①] 许多学者对中国共产党早期的"三农"思想进行了研究，对毛泽东等老一辈领导人的"三农"思想进行了总结。如朱哲、王健回顾总结了毛泽东农业现代化思想，指出走自己的路、农业是基础、科技兴农、保护农民利益、实现农业商品化与工业化等思想，奠定了新时期我们党解决"三农"问题，实现农业现代化不可或缺的理论基础和实践基础。[②] 李家祥、呼世忠研究了任弼时在陕甘宁边区和解放区的农村经济建设情况后认为，任弼时关于发展农业生产的思想对于做好农业与农村工作，解决"三农"问题，探索中国特色社会主义农业发展道路有着积极的现实意义。[③] 李嘉树、董国强通过对陈云农业思想的研究指出，"经"与"权"的结合，既是陈云农业经济思想的重要特征，也在当时的历史条件下发挥了积极的作用。[④] 鲁可荣则对中央苏区乡村建设实践及其思想进行了系统研究。[⑤]

新中国成立后，中国共产党在"三农"政策方面持续探索，从私有制到集

---

① 张海鹏、郜亮亮、闫坤：《乡村振兴战略思想的理论渊源、主要创新和实现路径》，《中国农村经济》2018 年第 11 期。

② 朱哲、王健：《毛泽东农业现代化思想的当代价值》，《理论探讨》2009 年第 3 期。

③ 李家祥、呼世忠：《任弼时发展农业生产的思想及其意义》，《当代经济研究》2004 年第 7 期。

④ 李嘉树、董国强：《"经"与"权"：陈云农业经济思想的历史考察（1961—1982）》，《河北学刊》2019 年第 4 期。

⑤ 鲁可荣：《中央苏区乡村建设思想及其历史经验》，《广西民族大学学报（哲学社会科学版）》2011 年第 4 期。

体化，再到改革开放后的政策放活，中国共产党在摸索中找到了一条解决中国"三农"问题之路。故这一阶段的研究内容也非常丰富。例如，郑有贵通过对新中国成立以来1950年到1998年10次中共中央全会通过的农业决议的考察，分析了中国"三农"政策演变与中国共产党农业思想的发展。[①]

党的十八大以来，以习近平同志为核心的党中央高度重视"三农"工作，立足中国新的发展阶段宏观背景，推动"三农"领域的各项改革，取得了积极成效，进一步丰富了中国共产党的"三农"思想。李明通过总结分析习近平新时代中国特色社会主义"三农"思想的形成与特点指出，以农村民生为本、以"三农"发展为重、以现代农业为要、以基本制度为基是习近平新时代中国特色社会主义"三农"思想的显著特点。[②]钱正武通过对习近平新时代"三农"观的研究指出，习近平新时代"三农"观，立足新时代"三农"问题的客观现实，对"三农"发展进行整体规划，做出顶层设计，丰富和提升了中国共产党"三农"思想。[③]陈锡文指出，习近平总书记牢牢把握中国国情和发展阶段的基本特征，站在全面建成小康社会和实现国家现代化全局的高度，以历史唯物主义和辩证唯物主义的思想方法，深入分析了当前和今后相当长时期内中国农业现代化进程中必须精心处理好的若干重大问题，对深化农村改革、加快农业和农村发展具有极强的针对性和指导性。[④]

除基于某一时期或某一问题对中国共产党"三农"思想的研究外，也有学者从总体上对中国共产党的"三农"思想以及中国的"三农"政策进行了总结

[①] 郑有贵：《10次中共中央全会通过的农业决议与当代中国"三农"政策演变》，《当代中国史研究》2001年第5期。

[②] 李明：《习近平新时代中国特色社会主义"三农"思想的形成与特点》，《南京农业大学学报（社会科学版）》2018年第2期。

[③] 钱正武：《习近平新时代"三农"观的理论贡献》，《理论学刊》2019年第2期。

[④] 陈锡文：《坚持走中国特色农业现代化道路——学习习近平总书记相关论述的几点认识》，《中国农村经济》2016年第10期。

研究。例如，2004 年武力与郑有贵合作的《解决"三农"问题之路——中国共产党"三农"思想政策史》一书，将中国共产党成立以来关于农业、农村、农民问题的思想与政策作了全面回顾。[①]2013 年，作者又对原作进行了新的补充与完善，对中国共产党的"三农"思想进行了较好的总结。韩俊、宋洪远总结梳理了新中国 70 年的农村发展与制度变迁实践。[②]

尽管已有不少研究从不同方面对中国共产党的"三农"实践与思想进行了梳理与研究，但由于中国共产党关于"三农"的理论和政策探索内涵丰富，政策背后又反映着共产党对中国发展更深层次的思考。因此，在现有研究的基础上，依然存在需要梳理、总结与研究的空间。尤其是十八大以来，党对于"三农"工作开展的一系列创新性实践，需要进一步总结、凝练，进一步丰富党的"三农"理论。基于此，本书的立足点及特色如下：

首先，结合"不忘初心、牢记使命"，对中国共产党的百年"三农"思想进行梳理研究。本书系统梳理了中国共产党百年发展过程中的"三农"思想，追本溯源地考察中国共产党推进中国"三农"领域发展，实现共同富裕的初衷与历程。通过对中国共产党百年"三农"思想演进的分析，进一步激励党员、乡村干部"不忘初心、牢记使命"。

其次，印证中国特色社会主义"三农"道路的合理性与先进性。本书客观、深入地分析中国"三农"政策的演进过程，明晰当前"三农"政策的本源与变迁过程，评估"三农"发展的成效，以促进人们对历史的认识，坚定对走中国特色社会主义"三农"道路的信心。

再次，促进"三农"领域的改革与发展。通过梳理总结中国共产党的"三农"思想，特别是总结党在"三农"政策方面的经验与教训，正视取得的成效

---

① 武力、郑有贵：《解决"三农"问题之路：中国共产党"三农"思想政策史》，中国经济出版社 2004 年版。

② 韩俊、宋洪远：《新中国 70 年农村发展与制度变迁》，人民出版社 2019 年版。

与走过的弯路，为当前"三农"领域的改革提供借鉴与参考，促进中国"三农"领域的深化改革与推动乡村振兴战略的全面实施。

此外，思想既要有历史的客观事实性，又要有理论的规整性。本书不仅是对中国共产党"三农"史料的梳理，还对史料背后的逻辑出发点进行分析、对政策效果进行评估、对经验进行总结、对理论规律进行凝练，进而上升到思想层面。

思想的形成既要重视主要领导的关键统领性作用，也要重视广大党员的探索与贡献。中国共产党成立以来关于农业、农村与农民的认知、政策与实践，是一代又一代共产党人不断扬弃、继承、接续、发展与创新的结果，其中，毛泽东、邓小平、江泽民、胡锦涛、习近平等党的领导人对于中国"三农"思想的演进与发展作出了重要贡献；同时，在党的领导下，广大劳动人民的创新性实践，是检验真理的标准，进而也是中国共产党"三农"思想发展的重要推动力量。

第二节　研究框架和研究内容

本书从农业、农村与农民三个视角，以时间为主线，对党的"三农"认知、政策、实践进行梳理总结，并对党的"三农"政策效果进行评估，在此基础上，进一步凝练中国共产党百年"三农"思想的演进。研究中国共产党百年"三农"思想及其实践的立足点是：促进对历史的认知，彰显中国共产党不忘初心推动"三农"发展的使命，坚定中国特色社会主义"三农"道路，促进中国"三农"领域的改革与乡村的振兴。

一、研究框架

本书以史实为依据，以时间为脉络，在梳理中国共产党"三农"实践的基础上，分析中国共产党不同领域"三农"政策形成的客观原因、条件以及相应绩效，凝练"三农"经验与思想。一是从总体上分析不同阶段中国共产党"三农"发展的主要举措、成效、经验，以及在此基础上的思想变迁；二是分别从农业、农村与农民视角，按不同领域分析不同阶段中国共产党在该领域的主要实践与思想；三是对中国共产党"三农"实践进行一定的总结与展望（见图 1-1 ）。

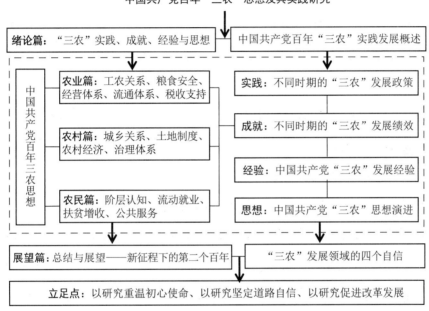

图 1-1　研究框架和思路

总体来看，本书通过对中国共产党百年"三农"思想发展演进的回顾、总结与凝练，为中国特色社会主义"三农"之路提供历史经验与理论支持，为迈向第二个百年的新时代更好地解决"三农"问题，全面振兴乡村、促进城乡融合提供研究支撑。

二、研究内容

"三农"作为农业、农村与农民的总称，涉及的内容非常丰富，三个细分领域既相互关联，又有所差异。本书主要采用"总—分—总"的模式。首先从总体上分析中国共产党百年来"三农"领域的政策演进、思想变迁以及发展经验；然后分三个部分，分别从农业、农村与农民方面，对中国共产党的相应政策实践以及思想认知进行分析；最后则进行总结与展望。具体如下：

第一部分　绪论篇

本部分共分两章。第一章是研究的概述，主要对本书的背景、意义、现状、框架和内容等进行总体上的说明。第二章是中国共产党百年"三农"思想与实践总论，从总体上分析中国共产党百年来在"三农"领域的主要政策实践，概括取得的成就，总结发展的主要经验，并进一步凝练中国共产党百年"三农"思想的演进。百年来，在中国共产党的领导下，中国从一个半殖民地、半封建社会发展成为全面建成小康社会的社会主义国家，"三农"工作取得了举世瞩目的成就，也形成了适合中国国情的中国特色社会主义"三农"理论与思想。以下主要对第二章的内容进行概述。

从发展实践来看：在新民主主义革命时期，中国共产党主要通过"打土豪""分田地"以及土地改革等举措解决了中国农村土地分配不均的问题，建立了农民拥护的根据地政权，并通过农村包围城市最终取得了革命的成功；在社会主义改造与巩固时期，中国共产党通过推进土地的公有制与生产的合作化运动，完成了农村社会主义改造，为后继的农村经济与社会发展提供了制度基础；改革开放后，在中国特色社会主义理论的指导下，中国共产党通过农村制度改革、放活激活各类要素流动、优化资源配置，开启了社会主义新农村建设，农业、农村与农民得到了全面的发展；党的十八大之后，以习近平为代表的中国共产党人，立足新时代的特征，基于五大发展理念，以乡村振兴为引领，坚持把解决好"三农"问题作为全党工作的重中之重，奋力实践农业强、农村美、农民富。

从发展成就来看：中国共产党百年的"三农"发展取得了巨大成就。中国的农村面貌已经发生了翻天覆地的变化，农村早已告别贫穷落后的面貌，农村小康社会已成为现实。中国在农业领域为世界创造了辉煌和奇迹，中国用世界上不到 10% 的耕地，生产了世界上 25% 的粮食，养活了世界上近 20% 的人口；中国的农业发展也为国家工业化、城镇化和现代化发展奠定了坚实基础。中国农民的收入和生活水平大幅跃升，关乎农民的社会保障体系不断完善，尤其是取得了农民全面脱贫的成就。百年前，中国广大农村绝大部分农民处于物质生活和精神生活贫乏窘困的状态；经过百年的不懈努力奋斗，尤其是从改革开放前的救济式扶贫到改革开放后的大规模开发式扶贫，再到党的十八大以来的决战攻坚式精准扶贫，使得中国全面建成小康社会的底线任务和标志性指标如期完成，中国的脱贫攻坚战取得了决定性进展。具体的成就可以总结为：一是粮食产量不断增长，解决了中国人的吃饭问题；二是农业经营模式不断优化，现代化水平有了质的飞跃；三是农民收入不断增加，脱贫工作取得巨大胜利；四是乡村基础设施不断完善，乡村面貌发生巨变；五是公共服务能力不断增强，社会保障水平不断提升等。

从发展经验来看：中国共产党在长期的实践中，为中国的"三农"发展找到了正确道路，推动中国"三农"发展取得了巨大成效和经验。具体的经验可以总结为：一是拥有坚强的领导体制，始终坚持党对农村工作的领导地位；二是坚持工农联盟，通过城乡互促推进"三农"的发展；三是不忘初心使命，将农民利益作为农村一切工作的出发点和落脚点；四是具有中国特色的制度基础，坚持农村集体所有制的基础地位；五是实事求是的工作方针，充分尊重农民的首创精神；六是敢于自我革命，不断进行理论创新与突破。

从思想演进来看：中国共产党成立以来的"三农"思想演进总体可以划分为两个时期，一是新民主主义革命时期的"三农"思想；二是社会主义建设时期的"三农"思想。其中，建设时期又可以细分为三个阶段，即社会主义改造阶段的"三农"思想、中国特色社会主义建设阶段的"三农"思想、党的十八大后中国特色社会主义发展阶段的"三农"思想。不同时期与阶段的"三农"

思想是中国共产党"三农"实践的总结与认识不断提升的过程，体现着马克思主义与中国"三农"实践的具体结合。在百年发展中，特别是改革开放以来，中国"三农"领域取得了辉煌的成就。实践证明，中国共产党的"三农"思想适应了中国的现实发展需要，具有强大的生命力与先进性。中国共产党的"三农"实践成效与思想形成，进一步推进、证明了中国的制度优势。

第二部分　农业篇

本部分主要对百年来中国共产党的农业政策实践与思想认知进行总结梳理与研究。农业是"三农"的产业基础，也是"三农"问题的"根"，更是国民经济的基础。中国作为一个农业大国，在中国共产党的百年发展历程中，从农业产业占主导发展到目前农业占比较低的以工补农阶段，与中国共产党的农业政策实践和中国的农业发展道路分不开。本部分主要从中国共产党的工农关系认知、粮食安全思想实践、农业经营制度变迁、农产品流通制度演进以及农业税收与支持等方面，对中国共产党的农业政策实践与思想发展进行梳理。

第三章，中国共产党对工农关系的认识及发展。农业是国民经济的基础，古今中外概莫能外。百年以来，农业在中国国民经济及社会发展中的作用、意义巨大。分析农业问题，了解中国共产党的农业政策与思想，要将农业置于国民经济发展的大环境中来看。百年以来，中国农业由占国民经济的主导发展为目前占国民生产总值的 10% 不到，可以说经历了快速的变化。本章主要以时间为主线，梳理了中国共产党在不同历史阶段对工业与农业的认知。在新民主主义革命时期，中国共产党的根据地在农村，重点依靠农业的改革获得农民的支持以及革命物资的供给；新中国成立后，中国共产党的工作重心开始转向工业，农业支持了工业的发展与国家的建设；改革开放后的三十年间，尽管制度的放活使农业有了较大的发展，但重工轻农的思想依然存在，这也导致了农民负担过重、城乡差距过大等问题；随着工业产业产值的变化，中国共产党逐步调整了农业政策，确立了以工补农的方针，现阶段则在重视农业的同时，着力促进工农产业融合发展。对中国共产党的工农关系认识变迁进行分析，更加深入地理解中国农业政策的变迁。

第四章，中国共产党百年粮食安全思想与实践。国以民为本，民以食为天。保障粮食安全是农业最基础的功能，对于人多地少的中国来说，保障粮食安全始终是天大的事。本章主要分析了中国共产党百年来的粮食安全实践、成效与思想。应该说，中国共产党在成立之初就致力于解决中国人的吃饭问题。旧中国农产品产能低下且分配不均，农民的温饱没有保证。中国共产党通过土地革命等，让农民获得了土地，促进了农业生产率的提升。新中国成立后中国粮食产量快速恢复并达到历史最高水平，但随之而来的农业合作化运动影响了粮食生产，粮食产量增加缓慢并有所波动。计划经济时期中国在一定程度上存在粮食短缺问题。发端于安徽小岗村的大包干拉开了中国农村改革的序幕。生产责任制的实施，使中国的粮食产量大幅增加，中国的温饱问题也逐步得以解决，中国共产党始终将粮食安全置于农业发展中最基础的地位。面对国际国内复杂多变的经济贸易形势，在新的历史时期，中国共产党树立"中国人的饭碗必须端在中国人自己手里"的理念，形成了粮食安全保障思想，并着力构建粮食安全保障的长效机制。

第五章，中国共产党百年农业经营思想与实践。农业经营模式是农业制度的重要构成，影响着农业的生产率。本章主要结合中国的经济社会发展阶段，分析了中国共产党对农业经营模式的思想认识、实践以及相应的经验。中国共产党在百年的农业实践中，对农业生产经营模式不断进行着探索，农业经营思想认识也不断变化。新民主主义革命时期，中国共产党在苏区以及根据地通过分田到户保护农民的土地产权，提高农民的生产积极性，并且以合作社促进农业的合作经营，满足了农民的诉求，适应了生产力的发展。新中国成立不久，中国共产党在一定程度上将农业生产经营模式与社会制度相关联，思想上受到了一定的束缚，大力推进合作化运动，在实践中出现了冒进的现象，影响了农业的生产效率。改革开放发端于农业经营模式的改革，中国共产党在这一阶段转变认识，推进农业经营模式调整，确立了家庭联产承包责任制，激发了农民生产积极性，极大地释放了生产力。随着农业的发展与农地"三权"分置的改革，新时期农业出现了多样化的经营模式，如出租、入股、托管等，同时新型农业经营主体也不断发展。中国共产党通过对适应市场的农业经营模式改革与调整，不断促进农业的发展。

第六章，中国共产党百年农产品流通思想与实践。农产品流通是农业产业链的重要环节。本章主要针对新中国成立以来中国共产党的农产品流通政策演进进行了分析。合作化运动之前，中国的农产品是自由流通的，但进入计划经济时期，农产品的流通受到了管制。这一政策的实施适应了中国整体经济体制，保障了在产品匮乏年代的农产品供给与分配，服务于国家整体发展战略。但随着改革开放的推进，中国共产党开启了农产品流通制度的改革，由计划经济时期的统购统销，向社会主义市场经济下的自由流通过渡。农产品的价格形成机制也由过去的依靠政府计划逐步向由市场决定转变。当前，农产品流通仍然是中国共产党农业政策体系的重要构成。新经济下消费模式的变化、电子商务的发展，都对农产品流通带来了较大影响。

第七章，中国共产党百年农业税收支持思想与实践。农业是基础产业，同时也是弱势产业，农业具有外部性的特征，决定了农业需要政府的补贴与支持。本章主要分析了中国共产党成立百年来对农业由收税转向支持的政策与思想演进。中国共产党成立后很长一段时期内，农业在国民经济中都占有较高的份额，农业也因此成为重要的税收来源。新民主主义革命时期，中国共产党一方面通过减少农民赋税降低农民负担，另一方面也通过一定的农业税收获得革命事业的资源。新中国成立后很长一段时间内，中国采取了重工业优先的发展战略，农业通过税收、价格剪刀差等方式支持工业发展。改革开放后，农业实现快速发展，但随着国民经济的增长农业占国民经济的比重快速下降，农业税在国家财政收入中占比越来越低，但却给农民带来了较大的负担。针对这一情况，2006 年，中国共产党取消了延存两千多年的农业税，这是一项伟大创举，也标志着中国共产党的农业政策由汲取型向支持型的转变。之后，农业补贴政策陆续出台并完善，以工补农的格局逐步形成。党的十八大以来，中国共产党进一步加大对农业的支持力度，并形成了支农惠农的体制机制。

第三部分　农村篇

农村是承载农业发展与农民生产生活的空间。本部分在对中国共产党城乡关系认知分析的基础上，主要从农村土地制度、农村经济、乡村治理等方面分析了中国共产党百年乡村建设、发展政策实践与思想变迁。从建立根据地到建设社会主义新农村再到全面推进乡村振兴，在中国共产党百年的发展历程中，中国农村经历了巨大变化。农村的变迁充分体现了中国共产党的执政绩效，体现了中国社会主义制度的优越性。

第八章，中国共产党对城乡关系的认识及发展。本章主要从城乡互动的视角审视中国共产党在宏观发展阶段背景下对城乡关系的认识、政策演进以及思想变迁。中国共产党的事业兴自农村，在新民主主义革命时期，中国共产党通过建立根据地，走农村包围城市的战略，最终取得了革命的胜利。新中国成立后，中国共产党的重点转移到了城市，通过采取城乡二元体制，确保了资源有限条件下的国家发展。但也因此，这一阶段的农村生产经营活动受到了一定限制，农村通过农产品的供给等支持了城市的发展。改革开放后，农村约束性的制度逐步打破，出现了相对繁荣的景象，但随着市场竞争的加剧，农村的资源越来越多地流向城市。基于此，中国共产党适时提出了以城带乡、城乡统筹、城乡一体化等城乡发展理念，同时加大了对农村的支持力度。进入新时代后，中国共产党高度重视农村工作，提出了乡村振兴战略，并采取一系列举措，促进城乡融合发展。

第九章，中国共产党百年农村土地制度思想与实践。土地制度是农村的基本制度，农地制度改革也是中国共产党"三农"工作的主要抓手。本章主要分析了中国共产党农村土地制度改革实践以及农村土地制度改革思想的演进。中国共产党在新民主主义革命时期就通过土地革命为农民分配了土地，促进了农业的发展，获得了农民的拥护。新中国成立后不久，中国共产党便开始了社会主义改造，农村土地收归集体所有，农民也失去了土地经营的自主权。改革开放后，中国共产党对土地制度进一步调整，在坚持土地集体所有的条件下，逐步赋予农民更多的土地权益。为了适应生产力的发展，近几年来承包地的"三权分置"、宅基地的有效利用、集体建设用地的入市等改革政策相继出台，在维护所有权、稳定承包权、放活经营权的方针下，进一步促进了农地的合理配置，释放了土地的价值，维护了农民的权益。

第十章，中国共产党百年农村经济发展思想与实践。作为一个农业与人口大国，农村是中国居民重要的生产生活空间，农村经济是整体经济的重要组成部分。本章主要对中国共产党的农村经济发展政策以及思想进行了梳理与分析。中国共产党的农村经济政策始于新民主主义时期的苏区及根据地地区，通过发展农村经济，促进了农业以及非农业的发展，支持了革命事业的发展和成功。新中国成立后，在计划经济体制下，中国的农村经济发展活力受到了影响。改革开放后，农村经济开始放活，无论农业产业还是非农产业都出现了空前的发展，特别是乡镇企业作为农村经济的重要构成，在推动中国农村劳动力的非农就业，促进农村经济发展以及丰富生产生活产品等方面作出了巨大贡献。党的十八大以来，中国共产党在"三产"融合的理念下，进一步推动了乡村经济的发展，尤其是党的十九大提出的乡村振兴战略，更为下一步中国农村经济的发展指明了方向。

第十一章，中国共产党百年乡村治理思想与实践。乡村治理是中国共产党政权在农村延伸的体现，是乡村发展的保障，也是农民行使民主权利的主要方式。本章主要分析了中国共产党百年来乡村治理的探索。中国共产党领导下的中国是人民当家作主的中国。在新民主主义革命时期，中国共产党就通过加强在农村地区的党建、建立人民代表会议制度等，推进乡村治理。新中国成立后，中国的乡村治理经过了一系列的变迁与改革。改革开放前的人民公社制度，强化了党在农村的管制权。改革开放以后，农村村民自治体系逐步建立，农民参与村务及行使权利的机制也逐步完善。当前，中国农村正逐步形成中国共产党领导下的法治、德治与自治相结合的农村基层治理体系。

第四部分　农民篇

实现好、维护好、发展好最广大人民的根本利益，是党和国家一切工作的出发点和落脚点。中国共产党从建党之初就树立了解放农民，为农民谋幸福的使命。本部分主要从中国共产党对农民阶层的认识、推动农民就业与流动、农民扶贫增收、城乡公共服务等方面，梳理了中国共产党成立百年来涉及农民的政策与实践，总结中国共产党促进农民发展的相关思想等。

第十二章，中国共产党对农民阶层的认识及发展。农民阶层在中国的经济社会发展中扮演着重要角色。本章主要从阶层认知视角考察了中国共产党百年来对农民阶层的定位与认知。中国共产党革命的成功离不开农民，农民是中国共产党革命队伍最主要的来源，也是中国革命最广泛的支持者。新中国成立后，农民翻身做主人，共产党带领广大农民完成了农业的社会主义改造，开始了社会主义建设的探索。改革开放后，中国共产党认识到城乡差距的事实，逐步加大对农民的支持力度，高度重视农民阶层的发展，出台了一系列促进农民增收、保障农民权益的举措。在新时期，中国共产党将农民工作作为全党工作的重点之一，农民成为全面建成小康社会的重点关注群体，通过脱贫攻坚、乡村振兴、人的城镇化等促进农民的发展，在缩小城乡差距、加大对农民帮扶力度的同时，为农民的发展提供了更加公平的制度环境。

第十三章，中国共产党百年农民流动就业思想与实践。增收是农民生活水平提升的基础，也是中国共产党"三农"政策的主要目标之一。农民收入的变动受到农民流动和就业情况的影响。本章分析了中国共产党关于农民流动与就业的政策实践、思想变迁等。新中国成立前，中国的农民可以自由流动，但收入水平并不高。新中国成立后，农民在经历短暂的自由流动后，为了适应当时的形势，推进社会主义改造，中国共产党采取了人口流动管制政策，同时农民的生产活动也由集体统一管理。农民被束缚在了土地之上，收入增长受到了一定的制约。直到改革开放后，农村经济开始放活，多元就业成为农民的可行选择，农民的收入开始快速增加。特别是进入 20 世纪 90 年代，人口流动限制制度逐步放松，加之加工业对劳动力的需求，使进城务工成为农民收入增加的主要来源。党的十八大后，中国共产党进一步改革户籍制度，促进农民进城务工以及落户，农民的收入来源也更加多样化，城乡收入差距正在不断缩小。

第十四章，中国共产党百年农民扶贫增收思想与实践。中国共产党成立以来的百年，也是中国农民由贫穷走向小康的百年。带领中国人民实现共同富裕一直是中国共产党奋斗的目标。本章主要分析了中国共产党扶贫的实践、成效以及经验。在新民主主义革命时期，绝大部分农民生活在贫困之中，中国共产党通过土地革命为农民分配了土地，解决了许多农民的生计问题。新中国成立后，农村实现了生产资料的集体所有制。改革开放后，中国共产党通过促进农民增收、开展扶贫攻坚等，帮助中国农民摆脱贫困。党的十八大后，中国共产党更是高度重视扶贫工作，举全党、全国之力打赢了脱贫攻坚战，历史性地实现了全面脱贫。

第十五章，中国共产党百年农村公共服务思想与实践。农村的公共服务是满足农民对美好生活的向往，提高生活品质，保障相应权益的重要举措。本章主要对中国共产党关于农村的公共服务政策、思想进行梳理与分析。在新民主主义革命时期，中国共产党就在根据地广泛开展了农村教育、医疗、困难帮扶、文化服务等公共服务。新中国成立后不久，中国共产党在农村地区采取了政社合一的体制，全国性的农村公共服务体系逐步建立。在改革开放后很长一段时间内，尽管公共服务一直在推进，但受制于生产力发展水平及经济条件的限制，中国农村的公共服务仍然非常薄弱。随着中国经济的发展，中国共产党逐步加大对农村地区的投入力度，陆续实施了农村免费义务教育、新农合、新农保等政策。党的十八大以来，中国共产党进一步从农民利益出发，遵循城乡公共服务均等化的理念，以着力提升农村公共服务水平，实现城乡医疗保险、居民养老保险的统一。目前，城乡公共服务水平差距正在逐步缩小，农民更多地分享了改革发展的成果。

第五部分　展望篇

本部分在前文研究的基础上，面向第二个百年，对中国共产党领导下的"三农"发展进行了总结与展望。

首先，对中国"三农"发展的机遇与挑战进行了总结。站在第二个百年的历史新起点，中国共产党已制定了"十四五"规划和2035年远景目标。面对实现第二个百年目标的现实，"三农"问题依然需要重视。只有充分把握中国"三农"面临的机遇与挑战，才能更好地实现农业的发展、农村的繁荣与农民的富足，才能进一步补足"三农"的短板和弱项，以顺利实现第二个百年目标。

其次，对"三农"改革与发展作出进一步思考。在开启全面建设社会主义现代化国家的新征程中，中国共产党必须充分利用中国"三农"发展的机遇，应对"三农"发展面临的挑战，进一步解放思想，创新工作思路，推进"三农"领域的工作，以实现农业更强、农村更美、农民更富的目标。在展望未来时我们相信：在第二个百年到来之际，中国必将不再有因二元经济社会体制所形成的"三农"问题，有的只是国民经济整体发展与城乡融合发展中的农村区域问题、农业产业问题、农民职业问题。

再次，对中国"三农"思想的坚持、发展与拓展进行了分析。在百年的发展历史中，中国共产党对于"三农"发展道路进行了一系列的探索，积累了丰富的经验，取得了巨大的成就，形成了中国共产党"三农"发展思想体系。经过百年的实践检验，在中国共产党的"三农"发展思想中，有些认识经历了变迁，有些则是被实践证明需要坚持，也有些将伴随着中国发展阶段的变化需要进一步发展和完善。

最后，对中国"三农"思想的理论支撑进行了分析。中国共产党"三农"思想是中国共产党思想体系的重要构成，是符合中国国情的先进思想。百年来，中国共产党的"三农"思想在不断地演进与完善，并指导着中国"三农"的发展与进步。在迈向现代化新征程的重要转折和"三农"工作重心历史性转移之际，在构建新发展格局、推动新型城镇化高质量发展和全面推进乡村振兴之中，在新时代中国特色社会主义理论的指导下，中国共产党继续坚持将"三农"问题作为全党工作的重中之重，也必将通过不断消除城乡二元经济社会体制机制，全面解决因历史发展需要，运用二元结构制度安排所形成的"三农"问题。

第三节　研究思路和研究方法

一、研究思路

本书按照先总体分析，再分项分析，最后再总结展望的结构，系统梳理、总结了中国共产党成立百年以来的"三农"政策实践与思想演进。

在对农业、农村与农民模块分项分析时，一方面按照时间演进的顺序进行分析，一般分为新民主主义革命时期、新中国成立后至改革开放、改革开放后至党的十八大之前以及十八大之后几大阶段，梳理分析不同时期中国共产党关于农业、农村以及农民的政策实践、思想认识等。具体分析时，也会根据不同内容的需要对划分的阶段进行调整。

另一方面，在具体分析中，大致包括了实践、成效、经验、思想理论形成的脉络。一是对党在"三农"领域的主要政策举措进行分析，梳理在中国共产党的领导下，中国"三农"领域的具体实践；二是总结在相关政策举措下，不同时期中国在"三农"领域取得的实际成效；三是对各时期中国共产党的"三农"政策及实践进行评估，总结相关经验；四是归纳、凝练中国共产党在不同时期"三农"思想的演进与理论贡献（见图1-1）。

二、研究方法

本书系统梳理了中国共产党成立百年来关于"三农"的政策文献，对党的"三农"思想演进进行了深入的分析总结。在研究过程中采用了定性与定量研究相结合，规范分析与实证分析相结合，个例分析与总结研究相结合的研究方法。具体来说：

一是文献分析法，在研究过程中通过查阅大量党的文献资料，尽可能翔实地反映中国共产党对"三农"问题的认识与政策。

二是统计分析法，在研究过程中通过对相关数据的统计，分析中国共产党的"三农"政策对中国"三农"发展的成效等。

三是个案研究法，在研究过程中还以案例形式，论证中国共产党在"三农"领域的具体政策及效果。

四是比较分析法，在研究过程中通过对比方法，分析中国共产党的"三农"政策变迁与思想的演进等。

三、研究特点

一是系统性。本书将"三农"问题置于特定的历史阶段与中华民族发展的宏观环境下对之进行分析与研究。中国共产党的"三农"实践与思想变迁有着时代的背景，从新民主主义革命时期依靠农民、农村进行革命，到新中国成立之初的农业支持工业，再到现阶段的以工补农、以城带乡、城乡融合，都受到时代背景与宏观环境的影响。因此，本书在对中国共产党"三农"思想进行研究时，结合了历史发展阶段与宏观环境背景进行系统性分析。

二是客观性。中国共产党"三农"思想的形成，既有基于美好发展愿望的顶层设计，也有基于实事求是基础上的经验与教训总结。中国共产党成立以来，中国一穷二白的历史条件，人多地少特殊的农业资源禀赋，以及经济社会"赶超"的目标等，决定了中国的"三农"发展并无现成的国际经验可以借鉴。中国共产党"三农"政策的出台与思想的形成可以说也是在摸索中发展，既有经验，也有教训。本书在研究过程中基于史实，以客观的态度对中国共产党的"三农"政策实践与思想演进进行了研究与分析。

三是科学性。基于历史学、经济学、公共管理等学科理论，借助统计、对比、归纳分析等方法，对党的"三农"政策进行梳理与总结，并对思想演进进行凝练，试图能科学地反映中国共产党百年"三农"认识与实践历程，进一步丰富中国特色社会主义"三农"理论。

第二章　中国共产党百年"三农"思想与实践总论

农为邦本，本固邦宁。党的十九大报告明确指出：农业、农村、农民问题是关系国计民生的根本性问题，必须始终把解决好"三农"问题作为全党工作的重中之重。这一表述充分反映了中国共产党对"三农"问题的认识、定位与重视。可以说，自 1921 年中国共产党成立以来，就高度重视"三农"工作，尽管不同时期"三农"问题的表现形式存在很大的差异，但中国共产党的百年发展历史始终与"三农"问题密切关联。解决"三农"问题，本身就是中国共产党的建党诉求之一，毛泽东同志曾指出，民主革命的中心目的就是从侵略者、地主、买办手下解放农民，也正因为对"三农"问题的高度重视，中国共产党才在广大农民的支持下取得了革命事业的胜利，获得了广大人民的拥护，并天然地成为中国的执政党。

在中国共产党的百年发展历程中，中国农村经历了从半殖民地半封建社会向社会主义新农村建设和全面实施乡村振兴的转变，不同时期的"三农"发展，在中国的经济社会发展中扮演着不同角色，也促使中国共产党的"三农"政策进行着动态的调整。在新民主主义革命时期，中国共产党主要通过打土豪、分田地以及土地改革等举措，解决了中国农村土地分配不均的问题，建立了农民拥护的根据地政权，并通过农村包围城市最终取得了中国革命事业的成功；在社会主义改造与巩固时期，中国共产党通过推进土地的公有制与开展生产的合作化运动，完成了农村社会主义改造，这为后继的农村经济与社会发展提供了制度基础；改革开放后，在中国特色社会主义理论的指导下，中国共产党通过农村制度改革，放活激活各类要素流动，优化资源配置，开启了社会主义新农村建设，农业、农村与农民得到了全面发展；党的十八大之后，以习近平为代表的中国共产党人，立足新时代特征，基于五大发展理念，以乡村振兴为引领，坚持把解决好"三农"问题作为全党工作的重中之重，奋力实现农业强、农村美、农民富。

在实践的过程中，中国共产党在不同时期的"三农"思想也在不断演进。中国共产党成立以来的"三农"思想总体可以划分为两个时期，一是革命时期的"三农"思想；二是建设时期的"三农"思想。其中，建设时期的"三农"思想又可以细分为三个阶段，即社会主义改造阶段的"三农"思想、中国特色社会主义建设阶段的"三农"思想、党的十八大后中国特色社会主义发展阶段的"三农"思想。不同时期、不同阶段的"三农"思想是中国共产党"三农"实践的总结与认知提升，体现着马克思主义与中国"三农"实践的具体结合。中国共产党在百年发展中，特别是改革开放以来，中国"三农"领域取得了辉煌的成就。实践证明，中国共产党的"三农"思想适应了中国的现实发展需要，具有强大的生命力与先进性。中国共产党的"三农"实践成效与思想形成，进一步推进、证明了中国的制度优势。

第一节　中国共产党百年"三农"发展实践

中国共产党百年"三农"的发展实践，是一部不断追寻发展、追寻变革和追寻改善的历史。从传统小农经济到集体生产经营再到现代农业追寻的实践，体现了中国共产党推进农业发展的路径；从根据地改革到新农村建设再到乡村振兴实施的实践，表现了中国共产党促进农村变革的努力；从积弱贫困到脱贫攻坚再到全面小康的实践，彰显了中国共产党改善农民生活水平的决心。

一、农业发展：从传统小农经济到集体生产经营再到现代农业追寻

在农业发展方面，百年以来中国农业经营模式发生了巨大的变化。共产党成立之初，中国处于传统的农业社会，土地资源的配置严重不均，占乡村人口不到 10% 的地主和富农拥有 70% 以上的土地，并且农业生产方式传统落后，农业生产效率低下。在此条件下，中国的粮食产量有限、短缺且分配不均，农民生活极度贫困。在长达 28 年的新民主主义革命历史时期，中国共产党抓住这一社会的主要矛盾，通过推行土地革命或改革，确保农民的利益，促进农业的发展，也为革命提供了物资和资金。从土地革命战争时期的打土豪、分田地，开展土地革命，到抗日战争时期的地主减租减息、农民交租交息，再到解放战争时期制定《土地法大纲》，实行"耕者有其田"政策，中国共产党根据社会矛盾与革命需要调整农业政策，回应了社会需求，获得了广大农民的支持。通过新民主主义革命，中国共产党逐步取得了政权，农村的经营制度也由以封建地主土地所有为主体的经营体制向以农户土地所有为主体的小农经营模式转变。但由于革命时期中国农业生产力水平极其低下，农业的经营方式还处于传统经营阶段，农业的发展仍然以提供足够的粮食、解决吃饭问题为主要目标。

新中国成立后，中国共产党进一步推进土地改革，1950 年颁布《中华人民共和国土地改革法》，到 1952 年底，全国已基本完成了土地改革。《中华人民共和国土地改革法》以及 1954 年颁布的《中华人民共和国宪法》都明确规定了土地农民所有、自主经营的农业制度。获得土地后的农民生产积极性大幅提升，加之水利等农业基础设施的不断改善，到 1952 年，中国的农业生产超过历史上的最高水平。农业经营经历了短暂的私有私营之后，中国开展了农业合作化运动。应该说，新中国成立初期，农业合作化运动有着需求基础。据统计，当时个体农户耕地很少，一般每人 3 亩，一户十来亩，经营规模非常小；生产工具

严重不足，贫雇农每户平均仅占有耕畜 0.47 头，犁 0.41 部；加之资金十分短缺，一个农户一年用来购买生产资料的支出仅 52.3 元，其中用于购买生产工具的为 6.5 元。① 在此条件下，合作化有效促进了农业生产过程的资料共享与互帮互助，有利于农业生产。但随着农业合作化从初级向高级的快速转变，并逐步发展成为政治运动时，合作社的规模越来越大，农民也丧失了经营的自主权，使得快速合作化的弊端显现，且弊端大于合作化所带来的农业生产效率的提升。从 1953 年开始，农业经营经历了农业互助组、初级农业生产合作社和高级农业生产合作社，到 1958 年北戴河会议上通过了在农村建立人民公社的决议，实现了农业生产资料集体所有，统一经营，统一核算。从 1958 年到 1978 年，在人民公社"一大二公"的农业生产经营模式下，小农经营受到破坏，中国农业的产出以及生产率都受到了影响。但也应该看到，在这一时期，中国农业在现代化发展方面也作出一定的探索，集体经营下的高效组织动员力，有效地推动了中国农业基础设施建设。1959 年毛泽东在《党内通信》中提出，"农业的根本出路在于机械化"②，农业机械部随之成立。到 20 世纪 70 年代，中国初步形成了门类齐全、自主研制的农机系统，机耕水平由 20 世纪 50 年代末的 5.8% 提高到了 70 年代末的 42.4%。③ 到 20 世纪 70 年代末，全国农田水利建设累计投资 760 多亿元，建成 8 万多个大中小型水库和 8.3 万个乡村水电站，村办水电站装机容量达 276.3 万千瓦，全国有效灌溉面积达 5300 万公顷，水旱灾害的发生率由 20 世纪 50 年代的 60% 以上下降到 70 年代的 30%—40%。④ 此外，此阶段生产资料公有制的社会主义改造，也为中国走集体所有制下中国特色社会主义农业现代化道路奠定了基础。

① 沙健孙：《对我国社会主义改造问题的几点思考》，《当代中国史研究》1994 年第 2 期。

② 《毛泽东文集》第 8 卷，人民出版社 1999 年版，第 33 页。

③④ 蒋和平、杨东群：《新中国成立 70 年来我国农业农村现代化发展成就与未来发展思路和途径》，《农业现代化研究》2015 年第 5 期。

1978 年以安徽小岗村为标志的"大包干",不仅开启了中国农业经营模式的变革,也拉开了中国改革开放的大幕。1983 年 1 月,中共中央印发《当前农村经济政策的若干问题》通知,全面彻底地肯定了家庭联产承包责任制。中国共产党的农业政策在经历了人民公社之后进行了纠正,农业经营转变为家庭联产承包责任制。中国农业也开启了全面改革之路,在开展农地经营制度改革的同时,也开始对农产品流通制度进行改革,中国农业走向了有计划的商品经济,乃至社会主义市场经济的轨道,市场在农业资源配置中的作用越来越重要,极大地促进了农业生产率的提升。同时农业发展的模式也出现了变革,由过去的以粮为纲开始注重农产品的结构调整与质量提升。1992 年 9 月,国务院发布了《关于发展高产优质高效农业的决定》,提出了要以市场为导向,继续调整农业产业结构,加快高产优质高效农业的发展。2006 年,经全国人大常委会决定,中国历史性地废除了农业税,至此,已有 2000 多年历史的农业税彻底告别历史舞台,也标志着中国的农业政策从汲取型向支持型的转变。政府逐步加大对农业的支持力度,从"四项"补贴①到耕地地力补贴、政策性农业保险、对新型农业经营主体的支持等各项农业支持政策,激励了农民生产积极性,使中国农业现代化逐步推进。在此阶段,农业市场化还通过促进农业要素的加速流动,支持了农业的发展。从劳动力情况来看,随着中国户籍制度的松动,劳动力大量进城,原有户户务农局面被打破,经营大户开始出现;从土地要素来看,与劳动力的流动相适应,农地流转率越来越高,流转方式也越来越多样;从农业技术来看,在相关政策的支持下,农业科技的投入越来越大,现代生产要素的开发使用、种源技术的不断发展、农业机械的普及,对传统农业生产产生了巨大影响,进一步促进了农业现代化进程。总体来看,此阶段中国农业经历了由制度的放活到要素的市场化配置,再到政策补贴下的支持,农业经营的目标多

---

① 农业四项补贴是指:粮食直补、良种补贴、农机具购置补贴和农资综合补贴。

元化等，使得农业的经营模式不断向着现代化的目标要求迈进。

党的十八大以来，以习近平为代表的中国共产党人高度重视农业工作，中国农业现代化再一次提速。其主要表现在：一是进一步推进农地制度改革，支持农业经营模式多样化。2014 年 11 月，在颁布的《关于引导乡村土地运营权有序流转展开农业适度范围运营的意见》中提出农村土地的"三权分置"；在党的十九大报告中提出"保持土地承包关系稳定并长久不变"[①]，都为农地的流转以及经营模式的创新提供了理论与政策支持。在此条件下，出租、代耕、入股等新型经营模式不断创新，家庭农场、合作社等新型农业经营主体快速发展，农业的适度规模化比重不断提高。二是着力推进农业供给侧结构性改革，增强农业竞争力。2016 年底中央出台了《中共中央、国务院关于深入推进农业供给侧结构性改革加快培育农业农村发展新动能的若干意见》，旨在通过优化农业产业体系、生产体系、经营体系，促进中国农业竞争力的提升。三是推进农业高质量发展，要求通过耕地轮作休耕、农药化肥减量化、高标准农田建设、农业机械化、农业科技水平的提升等，转变农业发展方式。四是促进农业产业业态的发展，要求通过支持互联网＋农业、三产融合[②]等促进农业经营效益的提升。五是提高农业补贴支持力度与精度，要求在加大对农业支持力度的同时，进一步转变农业补贴方式，以促进农业现代化的发展。

二、农村变革：从根据地改革到新农村建设再到乡村振兴实施

无论是在新民主主义革命时期还是在社会主义建设阶段，中国共产党都高度重视农村工作。中国共产党的革命事业兴于农村，因农村包围城市的战略而

---

① 习近平：《决胜全面建成小康社会夺取新时代中国特色社会主义伟大胜利——在中国共产党第十九次全国代表大会上的报告》2017 年 10 月 18 日。载新华网，www.xinhuanet.com/2017-10/27/C_1121867529.htm。

② 三产融合是指将农业生产、农产品加工业、农产品市场服务业深度融合。

取得革命事业的胜利；中国共产党带领全国各族人民实现中国梦的关键也在农村。只有农村发展得好，中国的经济社会才能实现全面进步。在中国共产党百年的发展历程中，不同时期农村工作的重点也不同。

在新民主主义革命时期，中国共产党通过建立农村革命根据地的政策，巩固与发展力量，通过农村包围城市的革命道路，取得了革命事业的胜利。从1927年10月到1930年1月，毛泽东在总结井冈山和其他革命根据地实践经验的基础上，逐步形成了农村包围城市的革命道路理论与思想。这一思想的确立，使中国共产党的重心落在了农村。在根据地政权中，中国共产党也进行了一系列农村改革、建设与治理工作。在经济方面，中国共产党通过土地革命与改革，使农民获得了土地，解决了农村社会的主要矛盾，促进了农业生产；在社会治理方面，中国共产党通过农村党组织的建立，通过充分发挥农会、青年团、妇联等组织的作用，建立了农村治理组织体系，通过"三三制"、民主选举制度等保障了农民的权利。此外，这一时期也注重法制建设，先后出台了《中华苏维埃共和国宪法大纲》《井冈山土地法》《陕甘宁边区抗战时期施政纲领》《中华苏维埃共和国劳动法》《中华苏维埃共和国婚姻法》《陕甘宁边区营业税修正条例》等法律法规，从法律层面确认和保障了人民群众的各项权利，为根据地和解放区的经济社会管理提供了基本的法制依托。[①] 这一时期，中国共产党立足农村推进革命事业，也通过对农村的改革与建设获得了广大农民的支持。

新中国成立后，中国共产党农村工作的中心任务也由发动群众支持革命转变成了对农村进行社会主义建设。新中国成立不久，农村便开始了最初自发而后政治推动的农业合作化运动，并最终建立了人民公社体制。人民公社成为政社合一的农村基层政府，涉及农村生产、生活的方方面面。之后的"文化大革命"进一步对农村的经济社会体系造成了冲击。应该说，从1958年到1978年，

---

① 李德虎：《新民主主义革命时期中国共产党对农村社会管理体制的探索与启示》，《山东社会科学》2013年第5期。

中国的农村受到以阶段斗争为纲的影响，传统秩序被打破，发展相对缓慢，甚至经济社会发展处于崩溃的边缘。在这一时期，为了快速实现由落后的农业国向发达的工业国的转变，政府选择了重工业优先发展战略[①]，中国共产党相对更加重视城市工作，并通过农村与城市的分域而治，使得农村资源源源不断地输向城市，农村的经济社会发展受到了极大影响。

改革开放以后，中国共产党的农村政策开始转变为着力激活农村活力。1983 年 10 月中央出台了《中共中央、国务院关于实行政社分开建立乡政府的通知》，将人民公社改建为乡镇人民政府，将原有的生产大队和生产小队改制为村民委员会。到 1985 年，人民公社时期的 5.6 万余个人民公社，被改建为 9.2 万余个乡、镇人民政府，并成立了 82 万余个村民委员会，农村的组织体系逐步建立。改革开放初期，家庭联产承包责任制确立下的农业发展以及乡镇企业的兴起，使得农村出现了前所未有的活力。但随着户籍政策放松下的人口流动的加速以及资源向城市的聚集，农村的经济社会发展受到了一定的影响。与此同时，农村的现代治理体系也开始建立。1987 年，第六届全国人民代表大会常务委员会第二十三次会议通过了《中华人民共和国村民委员会组织法（试行）》，1998 年出台《中共中央办公厅、国务院办公厅关于在农村普遍实行村务公开和民主管理制度的通知》，一系列的举措虽然使得中国的农村治理逐步完善，但并未能掩盖因城乡差距的拉大而导致的人口过度流动和资源过度流出的状态，农村凋敝的程度逐步加深。在此背景下，2005 年党的十六届五中全会确立了"建设社会主义新农村"的重大历史任务。2007 年，党的十七大报告提出："统筹城乡发展、推进社会主义新农村建设，必须建立'以工促农、以城带乡'的长效机制，形成城乡一体化的新格局。"[②] 至此，中国共产党针对中国农村发展存

---

① 张海鹏：《中国城乡关系演变 70 年：从分割到融合》，《中国农村经济》2019 年第 3 期。

② 胡锦涛：《高举中国特色社会主义伟大旗帜　为夺取全面建设小康社会新胜利而奋斗——在中国共产党第十七次全国代表大会上的报告》，《时政文献辑览》，人民出版社 2008 年版，第 37—60 页。

在的问题,开始调整工与农、城与乡的关系,更加重视农村工作。

党的十八大以来,中国共产党将农村工作置于更加重要的地位,进一步推进农村各项事业的发展。随着城镇化的发展,中国不少地区出现了农村发展乏力甚至凋敝的现象,为了促进农村的发展与建设,2017 年党的十九大报告中提出了乡村振兴战略,这是目前中国农村工作的总方针。近几年来,中国加大对农村基础设施的投入,交通、网络等基础性设施不断完善;在人居环境方面,以规划为引领,通过村庄整治、厕所革命等,推进美丽乡村建设;在乡村治理方面,进一步通过法治、自治与德治的结合完善治理体系,2020 年出台了《中国共产党农村工作条例》,对党在农村工作中的领导作出了全面部署。

三、农民改善:从积弱贫困到脱贫攻坚再到全面小康

农民是"三农"问题中的主体,中国共产党多次提出:切实保障农民权益,始终把实现好、维护好、发展好广大农民的根本利益作为农村一切工作的出发点和落脚点。

中国革命事业的胜利离不开农民的支持。1925 年 12 月,毛泽东在《中国社会各阶级的分析》中明确指出,农民是中国无产阶级的最广大和最忠实的同盟军。[①]1936 年,毛泽东在延安会见美国作家斯诺时说:"谁赢得了农民,谁就会赢得了中国,谁解决土地问题,谁就会赢得农民。"[②]1940 年,毛泽东在《新民主主义论》中指出:"中国的革命实质上是农民革命。""农民问题,就成了中国革命的基本问题,农民的力量,是中国革命的主要力量。"[③]1944 年毛

---

① 龚云:《毛泽东与中国农民问题》,《河南社会科学》2014 年第 9 期。

② [美]洛易斯·惠勒·斯诺:《斯诺眼中的中国》,王恩光等合译,中国学术出版社 1982 年版,第 47 页。

③ 《毛泽东选集》第 2 卷,人民出版社 1991 年版,第 692 页。

泽东致《解放日报》社社长秦邦宪的信中指出:"民主革命的中心目的就是从侵略者、地主、买办手下解放农民。"① 正是基于对农民问题的正确认识,毛泽东将中国农民问题的解决与中国革命的出路结合起来,将中国农民的翻身解放与中国社会的变革联系起来。② 这一阶段中国共产党关于农民的中心工作就是通过土地革命让农民获得赖以生存的土地和生产资料,减轻或免除农民的赋税压力,让农民得到解放与发展。中国共产党领导人民取得革命成功,让三亿无地或少地的农民分得了土地和其他生产资料,消灭了地主阶级的土地所有制,让农民当家作主人。基于此,中国共产党也获得了农民的支持与拥护,农民成为了革命的主要力量,正如同习近平总书记所言,中国共产党"领导农民'打土豪、分田地'、带领亿万农民求解放,为革命胜利提供了重要力量"③。

新中国成立后,在经过短暂的土地私有私营之后,为了巩固革命成果,也为了走共同富裕的道路,中国开始了合作化运动。早在 1943 年,毛泽东就认为,在中国的农村中,"几千年来都是个体经济,一家一户就是一个生产单位,这种分散的个体生产,就是封建统治的经济基础,而使农民自己陷入永远的痛苦。克服这一状况的唯一办法,就是逐渐集体化,而达到集体化的唯一道路,依据列宁所说,就是经过合作社"④。之后,毛泽东还多次指出,组织农民走集体化道路是解决农民共同富裕问题的唯一途径。⑤ 但由于发展基础、发展条件和发展阶段等多方面的限制和制约,人民公社下的农业集体经营模式并没能使农民走向共同富裕的道路。在人口不断增长的条件下,中国的粮食等农产品剩

---

① 《毛泽东文集》第 3 卷,人民出版社 1996 年版,第 206 页。

② 龚云:《毛泽东与中国农民问题》。

③ 李正军:《中国共产党解决"三农"问题的历史性贡献》,载中国社会科学网,http://www.cssn.cn/zzx/yc_zzx/201906/t20190620_4920894.shtml,2019 年 6 月 20 日。

④ 《毛泽东选集》第 3 卷,人民出版社 1991 年版,第 931 页。

⑤ 龚云:《毛泽东与中国农民问题》。

余难以满足更多工业和城市人口的需求，于是，中国于 1958 年 1 月出台了《中华人民共和国户口登记条例》，将城乡居民分为了"农业户口"和"非农业户口"两种不同户籍，开始对农民的流动实行管制。这一时期，集体经营的生产方式在一定程度上影响了农业生产效率，公社化的管理体制也使农民的发展受到了一定的约束。

改革开放后，土地制度的改革、农村市场经济的确立，让农民获得了生产经营自主权，这极大地激发了农民的积极性，使得粮食产量大量增加，也解决了农民的温饱问题。随着乡镇企业的兴起，特别是人口流动政策的松动，农民有了广泛的非农就业机会，非农收入快速增加。截至 2012 年底，中国农民工总量达 26261 万人，农村居民人均纯收入达到 7917 元。在提高农民收入的过程中，中国也积极推进城镇化建设，鼓励农村人口转移，通过人口转移实现个人的发展。与此同时，中国农村的公共服务也开始恢复并逐步建立，一些原有的农村公共服务得以恢复，国家进一步实施了支持农村教育的政策，建立了农村养老保险制度以及农村合作医疗制度等。2002 年 10 月，《中共中央、国务院关于进一步加强农村卫生工作的决定》明确指出，要"逐步建立以大病统筹为主的新型农村合作医疗制度"；2005 年 12 月国务院出台《国务院关于深化农村义务教育经费保障机制改革的通知》，全部免除农村义务教育阶段学生学杂费，对贫困家庭学生免费提供教科书并补助寄宿生生活费；2009 年 9 月国务院出台《关于开展新型农村社会养老保险试点的指导意见》，全国新农保试点工作正式启动。总体来看，随着改革开放的推进，农民有了生产经营自由权、迁徙流动权；同时，国家通过全面取消农业税、实行农业直接补贴、免除农村义务教育阶段学杂费、建立新型农村合作医疗制度、建立新型农村社会养老保险制度等，不断提升了农民的福利水平，并通过社会治理体系的完善，保障了农民社会治理的参与权。

党的十八大以来，在全面建成小康社会和脱贫攻坚的任务下，中国共产党进一步促进农民发展。首先，对扶贫工作高度重视。党的十八大强调要"深入推进新农村建设和扶贫开发，全面改善农村生产生活条件"[①]；党的十九大后，党中央把打好脱贫攻坚战作为全面建成小康社会的三大攻坚战之一；党的十九届四中全会对脱贫攻坚作出新部署，强调要"坚决打赢脱贫攻坚战，建立解决相对贫困的长效机制"[②]。习近平总书记始终把消除贫困、实现共同富裕视为社会主义的本质要求和中国共产党的重要使命。他指出："如果贫困地区长期贫困，面貌长期得不到改变，群众生活长期得不到明显提高，那就没有体现我国社会主义制度的优越性，那也不是社会主义。"[③] 其次，着力提高农民收入。党的十八大以来，中国共产党高度重视农民工作，一方面通过加大对农业的补贴提高从农收益；另一方面做好农民工工作，扩大农民非农就业机会。近几年来，中国出台了一系列的政策文件保障农民工的权益，如《国务院关于进一步推进户籍制度改革的意见》《国务院关于进一步做好为农民工服务工作的意见》《国务院关于实施支持农业转移人口市民化若干财政政策的通知》等，加大对农民工的培训力度，更好地为农民工提供服务，提高农民工收入，同时促进农民工的市民化。此外，还通过土地制度改革、农村集体产权改革，激活农村资源，保障农民权益，为农民获得更多的财产性收入提供条件。再次，进一步完善公共服务。近几年来，中央加大对农村地区教育、医疗、养老、文化等方面的投资，如 2015 年 1 月 1 日起将新型农村养老保险和城镇居民养老保险正式合并为城乡居民基本养老保险，以提高农村养老保险水平。农村公共服务的完善，使农民

---

① 胡锦涛：《坚定不移沿着中国特色社会主义道路前进　为全面建成小康社会而奋斗——胡锦涛同志代表第十七届中央委员会向大会作的报告摘登》，载人民网，theory.people.com.cn/n/2012/1109/c40531-19530582.html。

② 韩振峰：《新中国成立以来中国共产党扶贫脱贫事业的演进历程》，《民族大家庭》2020 年第 3 期。

③ 黄承伟：《习近平扶贫思想体系及其丰富内涵》，《中南民族大学学报（人文社会科学报）》2016 年第 36 期。

获得了更多的福利与实惠。

第二节　中国共产党百年"三农"发展成就

中国共产党成立百年来，高度重视"三农"工作，不断探索适合中国的"三农"发展道路，取得了巨大成效。中国共产党"三农"成就的取得，表明了中国共产党"三农"政策的正确性与"三农"思想的先进性。中国共产党百年"三农"发展的成就，至少可以表现在以下方面。

一、粮食产量不断增长，解决了中国人的吃饭问题

"洪范八政，食为政首。"正如党的十八大以来，习近平总书记多次强调所指出的那样，我国是个人口众多的大国，解决好吃饭问题，始终是治国理政的头等大事。因此，解决吃饭问题是农业发展的最基本要求。中国共产党成立之初，粮食产量并不多，尤其是分配不均。相关研究测算认为，1931年中国粮食产量为2192亿斤，抗战胜利后的1946年为2249亿斤，1949年为2264亿斤。新中国成立后，中国农业快速发展，1957年粮食产量为3901亿斤[①]，而到了1978年，全国粮食总产量已增加到了6000多亿斤。改革开放后，家庭联产承包责任制激发了广大农民的积极性，1984年中国粮食产量达到8000多亿斤，到1993年，全国粮食产量突破9000亿斤，1996年则突破10000亿斤。之后，中国粮食产量有所反复，直到2007年才又重新站上10000亿斤的台阶。2012年全国粮食总产量达到12245亿斤。党的十八大之后，中国共产党提出了饭碗必须牢牢端在自己手里的要求，高度重视粮食安全工作，加大对种粮的补贴与

---

① 史志宏：《十九世纪上半期的中国粮食亩产量及总产量再估计》，《中国经济史研究》2012年第3期。

支持力度，2015 年中国粮食总产量再上新台阶，首次突破 13000 亿斤，2019 年全国粮食总产量为 13277 亿斤，粮食作物单产达到了 381 公斤 / 亩。

除了粮食外，其他农产品产量也大幅增加。1952 年全国猪牛羊肉总产量仅有 339 万吨，1980 年增长到了 1205 万吨，2012 年增加到 6463 万吨，2018 年则增加到 6523 万吨。从禽蛋产量来看，2018 年全国禽蛋产量达 3128 万吨，比 1982 年增长 10.1 倍，年均增长 6.9%。从奶类生产来看，1980 年全国牛奶产量为 114 万吨，2012 年增加到 3175 万吨，2018 年全国牛奶产量 3075 万吨，比 1980 年增长 25.9 倍，年均增长 9.1%。从水产品生产来看，1978 年全国水产品总产量为 465 万吨，2012 年增加到 5482 万吨，2019 年全国水产品总产量增加到 6450 万吨。[1]水果、蔬菜产量也稳步增长。2018 年全国水果总产量达 2.57 亿吨，较 1949 年增长 213.1 倍；蔬菜总产量也增至 7.03 亿吨，较 1995 年增长了 4.46 亿吨。[2]

总体来看，目前中国粮食总产量维持在 13000 亿斤以上，在中国共产党的领导下，中国用全球不到 10% 的耕地养活了占全球近 20% 的人口，中国农产品供求状况由供给短缺、产量不足逐步实现供求平衡、丰年有余。[3]与此同时，中国人的膳食结构也不断改善。根据 2019 年《中国的粮食安全》白皮书数据，中国居民平均每标准人日能量摄入量 2172 千卡，蛋白质 65 克，脂肪 80 克，碳水化合物 301 克。城乡居民膳食能量得到充足供给，蛋白质、脂肪、碳水化合物三大营养素供能充足，碳水化合物供能比下降，脂肪供能比上升，优质蛋白质摄入增加。

---

[1] 国家统计局：《农业生产跃上新台阶　现代农业擘画新蓝图》，载国家统计局网站，http://www.stats.gov.cn/tjsj/zxfb/201908/t20190805_1689117.html，2019 年 8 月 5 日。

[2] 王庆凯：《数说新中国 70 年农业农村巨变》，载中国新闻网，https://www.chinanews.com/cj/2019/11-14/9007854.shtml，2019 年 11 月 14 日。

[3] 蒋和平、杨东群：《新中国成立 70 年来我国农业农村现代化发展成就与未来发展思路和途径》，《农业现代化研究》2015 年第 5 期。

二、农业经营模式不断优化，现代化水平有了质的飞跃

首先，农业基础设施不断完善。全国有效灌溉面积 1952 年为 2.99 亿亩，1978 年灌溉面积则达到了近 7 亿亩，2012 年增加到 9.4 亿亩，2018 年则达到了 10.24 亿亩，其中节水灌溉面积为 5.42 亿亩。同时，中国还集中对中低产田进行改造，至 2018 年，高标准农田累计建成 6.4 亿亩，约超过全国耕地面积的 30%。从设施农业情况来看，2017 年末全国农业设施数量 3360 万个，比 2012 年增长 5.7%，年均增长 1.1%。2017 年末全国设施农业占地面积 2969 千公顷，比 2012 年增长 12.9%，年均增长 2.5%。中国温室大棚占地面积稳居世界第一，工厂化种植养殖也呈快速发展态势。

其次，农业机械化水平与科技水平快速发展。1978 年全国大中型拖拉机 56 万台、联合收获机不到 2 万台，2012 年底，全国大中型拖拉机为 485 万台，2017 年全国大中型拖拉机 670 万台。2018 年，拖拉机、联合收割机数量分别较 1949 年增长 19.1 万倍和 15.8 万倍，农机总动力达到 10.04 亿千瓦，比 1949 年增长 1.24 万倍。全国农作物耕种收综合机械化率增至 69.1%，比 1978 年提高了 49.44 个百分点，小麦生产基本实现全程机械化，玉米、水稻耕种收综合机械化率超过 80%。2005 年中国农业科技进步贡献率为 48.0%，2012 年达 53.5%，2017 年农业科技进步贡献率达到 57.5%，主要农作物良种覆盖率稳定在 96% 以上。

再次，规模化程度不断提升，新型农业经营主体快速发展。据农业农村部统计，2004 年农村承包地流转面积仅为 0.58 亿亩，2012 年增加到 2.8 亿亩，随着农村土地承包制度改革的深入推进和"三权分置"的确立，农村承包地更加有序流转，2016 年中国农村承包地流转面积达到 4.8 亿亩，2018 年全国家庭承包耕地流转面积超过 5.39 亿亩，比 1994 年增长了近 60 倍。第三次全国农业普查结果显示，2016 年中国耕地规模化（南方省份 50 亩以上、北方省份 100 亩

以上）耕种面积占全部实际耕地耕种面积的比重为 28.6%；规模化（年出栏生猪 200 头以上）养殖生猪存栏占全国生猪存栏总数的比重为 62.9%，家禽规模化（肉鸡、肉鸭年出栏 10000 只及以上，蛋鸡、蛋鸭存栏 2000 只及以上，鹅年出栏 1000 只及以上）存栏占比达到 73.9%。从新型农业经营主体发展情况来看，2008 年全国农民专业合作社 11.1 万个，2012 年增加到 68.9 万个，2016 年为 179.4 万个，截至 2019 年 6 月底，全国依法登记的农民合作社达到 221.1 万家。截至 2018 年底，全国纳入农业农村部门家庭农场名录的家庭农场近 60 万家；同时，农业社会化服务体系也逐步建立，农机作业服务组织达到 19.2 万个，其中农机合作社 7.3 万个。

三、农民收入不断增加，脱贫工作取得巨大胜利

一是农村居民收入持续较快增长。1949 年中国农村居民人均可支配收入仅为 44 元。2018 年农村居民人均可支配收入 14617 元，扣除物价因素，比 1949 年实际增长 40 倍，年均实际增长 5.5%。城乡居民收入差距不断缩小，2018 年城乡居民人均可支配收入比值为 2.69，比 1956 年下降了 0.64。

二是农村居民的消费增长快速。收入的持续增长也拉动了消费。据统计，2018 年中国的农村居民人均消费支出 12124 元，扣除物价因素，比 1949 年实际增长 32.7 倍，年均实际增长 5.2%；农村居民恩格尔系数为 30.1%，比 1954 年下降了 38.5 个百分点；2018 年农村居民平均每百户拥有移动电话 257 部、计算机 26.9 台、汽车 22.3 辆、空调 65.2 台、热水器 68.7 台、微波炉 17.7 台；农村居民人均住房建筑面积达到 47.3 平方米，比 1978 年增加 39.2 平方米；2018 年农村人均住房面积从 1978 年的 8.1 平方米增加到 47.3 平方米，扩大了 4.8 倍。

三是农村贫困人口大幅减少。一百年前中国农村绝大部分农民属于贫困人口，改革开放以来，中国成功走出了一条中国特色扶贫开发道路。按现行农村

贫困标准（当年价）衡量，1978 年农村贫困发生率为 97.5%，农村贫困人口 7.7 亿人；到 2012 年中国农村贫困人口下降至 9899 万人，农村贫困发生率降至 10.2%；2018 年底全国农村贫困人口 1660 万人，贫困发生率 1.7%；2020 年贵州最后 9 个贫困县摘帽，使得全国 832 个贫困县全部实现脱贫摘帽，作为全面建成小康社会的底线任务和标志性指标收官完成，中国的脱贫攻坚战取得了决定性进展。这标志着中国的农村从普遍贫困走向了整体消灭绝对贫困。基于此，中国也成为了首个实现联合国减贫目标的发展中国家。

四、乡村基础设施不断完善，乡村面貌发生巨变

首先，乡村基础设施越来越完善。百年来，中国乡村的基础设施经历了从原有的基础薄弱到改革开放以来，尤其是党的十八大以来的不断完善。例如，全国农村公路总里程从 1978 年的 58.6 万公里增加到 2018 年的 404 万公里，增加了近 6 倍；通达深度也不断增加，2018 年全国农村地区有 99.47% 的建制村通硬化路，96.5% 的建制村通客车。第三次全国农业普查结果显示：全国通电的村占全部村的比重是 99.7%，比十年前提高 1 个百分点；全国通电话的村占全部村的比重是 99.5%，比十年前提高 1.9 个百分点；全国安装有线电视的村占全部村的比重是 82.8%，比十年前提高 25.4 个百分点；全国接近九成的村通宽带互联网，全国超过 1/4 的村有电子商务配送站点。

其次，乡村面貌不断改善。百年来，中国乡村面貌发生了巨大的变化，但随着改革开放的推进，在前期规划缺失，重工业发展的条件下，乡村风貌与环境也受到了一定程度的影响和破坏。为了改善农村面貌，近几年来国家积极推进美丽宜居乡村建设。第三次全国农业普查结果显示，2016 年末，91.3% 的乡镇集中或部分集中供水，90.8% 的乡镇生活垃圾集中处理或部分集中处理；73.9% 的村生活垃圾集中处理或部分集中处理，17.4% 的村生活污水集中处理或部分集中处理，53.5% 的村完成或部分完成改厕。到 2019 年上半

年，全国农村生活垃圾得到处理的行政村占 80% 以上，农户生活污水处理比例近 30%。近几年来，通过美丽乡村建设，中国农村的人居环境有了较大的改善。

最后，教育、体育与文化设施不断完善。随着中国经济社会的发展，农村的文体设施也逐步完善。第三次全国农业普查结果显示，2016 年末，全国有幼儿园、托儿所的村占全部村的比重是 32.3%，比十年前提高了 2.2 个百分点；全国有体育健身场所的村占全部村的比重是 59.2%，比十年前提高 48.5 个百分点；全国有农民业余文化组织的村占全部村的比重是 41.3%，比十年前提高 26.2 个百分点。

五、公共服务能力不断增强，社会保障水平不断提升 [①]

一是养老保障从无到有。中国农民自古以地为依，中国共产党通过革命让农民获得了土地，农民有了最基本的生产资料，生活就有了依靠。但随着社会的发展，仅靠土地并不能满足农民的养老保障需要。改革开放后，中国开始探索与推进农村的养老工作，1992 年推出了"老农保"，2009 年推出了"新农保"，2014 年新农保并入城乡居民社会养老保险。自 2009 年推行新农保以来，大量农民被纳入养老保险体系，在 2010 年参保人数为 10276.8 万人，截至 2018 年城乡居民社会养老保险人数达 52392 万人。同时，针对农村居民最低标准的基础养老金也不断调整，从过去每人 55 元 / 月，提高到 2015 年的 70 元 / 月，2018 年又进一步提高到 88 元 / 月。

二是医疗服务水平不断提升。新中国成立之初，农村缺医少药，农民看病难问题突出。经过 70 年的探索，中国农村合作医疗制度从 1955 年初步建立之后，逐步建立了中国特色的农村医疗卫生体系。为了更好地解决农民的医疗保障

---

① 农业农村部市场与信息化司、农业农村部信息中心：《数说新中国 70 年农业农村巨变》，《农民日报》2019 年 11 月 22 日。

问题，2003 年中国开始试点推行新型农村合作医疗制度，到 2010 年已基本覆盖全国农村居民，参合率为 96%，2013 年近 100%。2016 年城乡居民基本医疗保障制度整合，目前中国的全民医保体系基本形成，覆盖城乡居民超过 13 亿人。

三是农村最低社会保障制度的建立。新中国成立以来，中国农村居民的最低社会保障制度实现了从无到有的历史性突破。1992 年，中国开始在少数省（市）的农村开展了农村最低生活保障制度试点工作，到 2007 年在全国范围内推广，农村低保对象为 3566.3 万人，农村低保月平均标准为 70 元 / 人，共投入保障金 109.1 亿元，低保人数与保障金比 2000 年分别增长 10.9 倍和 28.9 倍。经过数年的发展，中国的农村居民最低生活保障标准和覆盖范围逐步完善，截至 2018 年底，农村低保月平均标准达到 402.8 元 / 人，共投入保障金 1056.9 亿元，比 2007 年分别增长 4.8 倍、8.7 倍，年均增速为 19.1% 和 25.5%。随着中国农村贫困人口的减少，2018 年全国农村最低生活保障人数降至 3519.1 万人，较 2013 年减少 1868.9 万人。

第三节　中国共产党百年"三农"发展经验

中国共产党百年"三农"的实践探索取得了巨大成就，也积累了丰富经验。实践表明，中国共产党的"三农"工作始终以农民利益为出发点和落脚点，只有坚持中国共产党对"三农"工作的领导，才能更好地维护农民利益，促进农业发展，实现农村繁荣。

一、坚强的领导体制：始终坚持党对农村工作的领导

中国共产党百年"三农"工作取得的成绩，其最鲜明的特征和经验就是坚持中国共产党在农村工作中的领导地位。坚持农村基层党组织的领导地位，是

中国共产党在长期实践中形成的被历史证明行之有效的选择。① 中国共产党自成立以来就以解放农民,为农民提供更好的生活,使农民当家作主为己任。中国共产党在革命时期重视农村工作,通过新民主主义革命推翻了地主阶级,实现了民族独立,使农民翻身做主人,同时也获得了广大农民的拥护。可以说,党的事业源自农村,中国共产党对"三农"的领导是人民的选择,也是历史的选择。新中国成立后,在中国共产党的坚强领导下,通过社会主义改造,建立了农村集体所有制,通过改革开放,促进了"三农"的大发展。近几年来,又通过乡村振兴、扶贫工作,进一步促进了农村的繁荣与农民的发展。应该说,正是由于坚持党对农村工作的领导,才保证了中国农村的稳定发展。

坚持中国共产党对"三农"工作的领导是中国农村事业发展的坚实保障,有利于农村社会的稳定。在新民主主义革命时期,正是由于共产党的领导,才实现了中国农村由半殖民地半封建向社会主义的过渡,实现了农村与农民的解放。在社会主义建设时期,由于中国农村社会历史上长期处于自治状态,各种势力纵横交错,环境相对复杂,只有坚持中国共产党的领导,才能在社会主义改造、农村经济发展以及深化改革过程中更好地维护农村的稳定,为"三农"的发展提供良好的环境。

坚持中国共产党的领导,有利于资源的统筹与配置,推进共同富裕。新民主主义革命时期及新中国成立初期,中国共产党通过打土豪、分田地以及土地改革等举措,解决了农民对土地的诉求。社会主义改造时期,通过合作化运动实现了土地的集体所有。改革开放后,中国共产党通过制度放活与调整,发挥市场在农村资源配置中的作用。近年来,中国共产党确立了以城带乡、以工补农的城乡与工农关系,特别是党的十八大之后通过脱贫攻坚和乡村振兴,促进了社会资源流向农村。总体来看,只有在中国共产党的领导下,才能在不同社

① 王艳玲:《始终坚持农村基层党组织的领导地位》,载求是网,http://www.qstheory.cn/wp/2019-01/15/c_1123991618.htm,2019 年 1 月 15 日。

会发展阶段更好地促进农村资源的配置，为共同富裕提供了条件。

坚持共产党的领导，是推进农村治理体系与社会服务体系的完善保障。两千多年的农村社会形态导致中国农村是一个网络、是一个人情社会。中国共产党对农村的领导，逐步建立了农村自治体系，力图实现法治、德治与自治相结合，真正实现农民当家作主。此外，坚持中国共产党的领导，也是完善农村社会服务，照顾弱势群体的需要。中国是人口大国，农村人口占了较大的比重，正是由于中国共产党的领导，才有能力在中国农村建立起完善的教育、医疗、养老等社会保障体系，建立起扶危济困的救助体系。中国共产党的领导使弱势群体有了依靠。

二、坚持工农联盟：通过城乡互促推进"三农"的发展

推进"三农"发展不能仅仅就"三农"论"三农"。中国共产党百年发展经验表明，只有坚持工农联盟、坚持工农互促、坚持城乡统筹，才能更好地促进"三农"发展。

新民主主义革命时期，中国共产党就走工农联盟的道路，在农村地区建立革命根据地，在工人阶级的领导下充分发动农民、依靠农民，通过农村包围城市取得了革命的胜利。新中国成立后的一段时间内，中国共产党在"三农"的发展过程中虽出现过一定波折，即计划经济体制下中国的城乡之间、工农业之间出现了一定的阻隔，工人与农民转换也受到一定的制约，其时，"三农"的发展相对缓慢。但通过改革开放，这种情况得到了极大改变，城乡要素交换市场逐步建立，农民的就业呈现多元化，农民向市民转换的通道逐步打通，"三农"有了更大的发展空间。随着经济社会的发展，中国共产党进一步强化工农联盟，为农民参与乡村治理、参与社会治理以及分享发展成果提供更多条件，以促进城乡一体化发展。鉴于农业属基础性产业，农业在发展中处于相对弱势的地位，在此条件下，中国共产党确立了以工补农、以城带乡的发展战略，开展了脱贫

攻坚、精准扶贫工作。新时代，在乡村振兴战略的引领下，中国共产党又进一步推进城乡融合发展。

坚持工农联盟，是中国共产党的阶级属性决定的，也是中国共产党取得革命胜利以及推进社会主义现代化建设的基础与保障，是中国共产党代表最广大人民利益的充分体现。中国共产党在"三农"领域的发展经验也证明，只有坚持工农联盟、坚持城乡统筹，才能更好地促进中国"三农"的发展。

三、不忘初心使命：将农民利益作为农村一切工作的出发点和落脚点

中国共产党始终和坚持把解决好"三农"问题作为全党工作的重中之重，把农民的利益作为农村工作的出发点和落脚点。中国共产党是人民的政党，在维护农民利益的基础上开展"三农"工作。

以农民利益为中心，是获得广大农民支持的基础。中国共产党具有群众基础，从新民主主义革命时期，通过打土豪、分田地，使农民获得生产资料，翻身做主人；在当前进行的农村改革中，党中央一再强调，各项工作都要以不损害农民利益为前提。把农民利益作为"三农"工作的前提和基础，使中国共产党获得了农民的支持与拥护，有利于实现农村工作的长治久安。

注重农民的利益，是推动"三农"工作不断前进的前提。只有以农民的利益为中心，才能更好地推进"三农"工作。中国共产党百年"三农"经验表明，维护好农民的利益，农业才能更好地发展，农村才能实现繁荣。"三农"工作是否有成效，"三农"的改革是否成功，农民利益是重要检验标准。也正因此，中国共产党的"三农"工作始终将农民的满意度作为前提和目标。

提高农民的利益，是实现中国共产党初心和使命的具体体现。中国共产党人的初心和使命，就是为中国人民谋幸福，为中华民族谋复兴。农民占中国人口的比重很大，不仅如此，农民还是相对贫穷与落后的群体。因此，中国共产党带领全国人民实现中国梦，必然要注重农民福利水平的提升。习近平总书记

指出，"小康不小康，关键看老乡"[①]，也正因此，中国共产党高度重视农民的脱贫工作、农民的保障工作与农民的发展权益。

四、中国特色的制度基础：坚持集体所有制在农村制度中的主体地位

集体所有制是中国农村的所有制基础，也是中国农村经济发展的基石，是中国共产党农村工作的基本方针。中国人多地少，在实现从农业社会向工业社会转变，从农村人口占多数向城镇人口占多数转变的社会变革过程中，农村集体所有制发挥着巨大的作用。中国特色社会主义农村集体所有制经济，起源于中国共产党早期互助合作制度的探索和实践，形成于新中国的互助组、合作社运动，成熟于《农村人民公社工作条例修正草案》（简称"六十条"）的颁布实施，创新于农村改革新时代。[②] 经验表明，只有坚持农村集体所有制，才能保证党的"三农"工作不走样。截至 2019 年底，全国共有集体土地总面积 65.5 亿亩，账面资产 6.5 万亿元，其中经营性资产 3.1 万亿元，是集体经济收入的主要来源；非经营性资产 3.4 万亿元。集体所属全资企业超过 1.1 万家，资产总额 1.1 万亿元。在中国共产党百年的发展历程中，就农村集体经济方面也存在过一些不同的声音，如在耕地改革方面，也出现过国有化以及私有化的讨论，但实践表明，坚持农村集体所有的所有权制度，是维护中国农民利益、保障走社会主义发展道路和实现农村稳定繁荣的基石。

坚持集体所有制的主体地位，是农村社会的稳定器。中国共产党领导的新民主主义革命使农民获得了土地，并在新中国成立后建立了集体所有制，保证了农民利益，也为后续农村与农业的发展奠定了基础。在改革开放实践中，中国共产党始终坚持农村集体所有制，有效防止了因土地兼并而造成的两极分化，也成了中国转型发展过程中的稳定剂，维护了农村甚至全社会的稳定。改革开

---

① 窦孟朔、张瑞：《论习近平的民生幸福观》，《科学社会主义》2015 年第 5 期。

② 王景新：《农村集体所有制有效实现形式：理论与现状》，《光明日报》2015 年 1 月 17 日。

放后，大量农民进城务工，在支撑中国工业化发展的过程中也获得了非农收入。中国工业化的快速推进以及经济的高速增长离不开人口红利，也即低成本的农村劳动力。农村劳动力的低成本背后离不开农村集体所有制下对农民隐性生活成本的支撑。此外，由于在中国社会保障体系还未建立和完善时期，农村集体所有制如土地的集体所有等，也为农民提供了保障功能，使农民在一定的时期内可以在城乡之间流动，增加了农户家庭的抗风险能力，也在一定程度上增加了中国经济的韧性。如 2008 年的国际金融危机、2020 年的新冠肺炎疫情冲击等，农村的集体所有制为农民应对经济冲击提供了条件，维护了转型发展与社会变革中的稳定。

坚持集体所有制的主体地位，为进一步完善农村治理与公共服务提供了基础。中国是社会主义国家，农村集体所有制是最明显的特征之一。新中国成立以来，中国农村的治理以及公共服务经过了一系列的探索，法治、自治与德治体系逐步完善，农村的服务也有了较大的提升。而农村社会治理特别是自治以及农村公共服务都需要相应的资源进行支撑，在财政相对有限的条件下，农村的集体所有制成了乡村治理与社会服务的物质基础，集体有条件承担一部分公共服务功能，维护乡村良好的秩序与基础的服务。

坚持集体所有制主体地位，防止农村贫富差距过大。坚持农村集体所有，防止资本对农村集体资产的侵占，防止农户间土地等资源的兼并，可以维护农村的产权体系稳定，从而避免了农民失地致贫等现象的发生，在一定程度上为共同富裕提供了条件。近年来，农村集体资产的改革，集体资产利用效率的提升，为农村的减贫及增加农户的财产性收入等提供了条件。

此外，需要说明的是，坚持集体所有制主体地位，并不妨碍农村经济的效率。在中国共产党的领导下，中国农村不断深化改革，走出了具有中国特色的农村经济发展道路，既坚持了集体所有的主体地位，也通过一系列的制度设计与理论创新，促进了农村经济的持续稳定与繁荣。集体所有与经济效率并非矛盾体，如在土地方面，中国共产党提出了"三权分置"的制度安排，在保障农民土地权益的条件下，通过经营权的激活，有效发挥了市场在资源配置中的决定性作用，提高了经济效率；通过农村集体资产的改革，在维护集体所有制主体的前提下，做大做强集体经济。

五、实事求是的工作方针：充分尊重农民的首创精神

在中国共产党成立以来的百年历程中，不仅领导中国人民推翻了三座大山，实现了国家独立和民族解放，而且还在中国特色社会主义建设道路上取得了辉煌的成绩。无论革命的成功或是建设成绩的取得，都与中国共产党坚持实事求是的工作方针密不可分。中国共产党的"三农"实践，更是体现了实事求是的精神。毛泽东同志很早就提出，没有调查就没有发言权，农村包围城市的中国特色革命道路保障了中国革命的成功；"实践是检验真理的唯一标准"的提出，拉开了思想解放的大幕。此外，实事求是还体现在尊重农民的首创精神方面。农民一直在"三农"工作的第一线，农民创新背后代表着中国农民根据中国现实情况作出的理性选择。中国的改革开放发轫于农村，起源于农民，"三农"领域的许多改革更是来自农民理性选择的首创精神。《中国共产党农村工作条件》指出：坚持以人民为中心，尊重农民主体地位和首创精神，切实保障农民物质利益和民主权利，把农民拥护不拥护、支持不支持作为制定党的农村政策的依据。

坚持实事求是适应了中国的"三农"环境，保障了党对"三农"工作的正确方向。中国共产党成立之初，理论主要来自经典的马克思主义理论，"三农"的实践更多的借鉴苏联模式。但在政策实施过程中，由于农村环境的不同，革命受到了挫折。以毛泽东为代表的中国共产党人结合中国实践，进行理论创新，提出了建立农村革命根据地，实施农村包围城市的革命道路，实事求是地走出了中国特色的革命道路；在社会主义建设时期，中国共产党的"三农"实践，

很大程度上是边推进边探索。尽管改革开放前的"三农"道路有过波折，如合作化运动、"大跃进"等，但基于实事求是的工作方针，使党的"三农"工作在经历了一定的探索之后又回到了正确的轨道上。改革开放前"三农"发展的波折也进一步表明，只有尊重农业生产经营的客观规律，从中国发展阶段以及农村环境现实出发，才能更好地促进中国"三农"的发展。近几年来，中国对"三农"领域的改革，也是通过充分的试点实验，建立在实事求是的基础之上。正是中国共产党坚持实事求是的工作方针，坚持将马克思主义理论同中国"三农"现实情况相结合，才形成了中国特色社会主义的"三农"道路。

尊重农民的首创精神，为党的"三农"工作注入活力。充分尊重农民的首创精神，既是中国共产党"三农"实践的重要经验，也已成为中国共产党"三农"工作的要求。农民是"三农"政策的最终实施主体也是效果的承担者，从中国共产党百年的发展历史可见，只有充分尊重农民的首创精神，党的"三农"工作才能更有效地推进，才能实现好、维护好农民的利益。改革开放发轫于农村，家庭联产承包责任制来自农民的创造。邓小平在充分肯定农民的创造性时指出，"农民搞家庭联产承包，这个发明权是农民的……我们把它拿来加工提高作为全国的指导"[1]。习近平总书记在中共中央政治局第二十二次集体学习时指出："要坚持不懈推进农村改革和制度创新，充分发挥亿万农民主体作用和首创精神，不断解放和发展农村社会生产力，激发农村发展活力。"[2]值得肯定的是，在当前的农村改革与建设过程中，很多政策都是来自基层，来自农民的创造。

六、敢于自我革命：不断进行理论创新与突破

中国共产党是一个理论联系实际的政党，一个不断自我革命、自我完善的

---

① 徐敏捷：《对农村改革初期"党的领导方式"的回顾与探析》，《中共沈阳市委党校学报》2003 年第 1 期。

② 陈文胜：《农民在乡村振兴中的主体地位何以实现》，《中国乡村发现》2018 年第 5 期。

政党。从实践中来，到实践中去，不断自我要求、自我净化，使党自身建设以及党的政策不断完善。在中国共产党百年的发展历程中，经常性地开展思想净化活动，对"三农"政策和路线也多次进行自我反思，自我调整。正因如此，才确保了中国共产党的先进性以及革命、建设事业的不断向前迈进。

百年来，中国共产党始终挺立潮头、永葆初心本色，在推进广泛深刻社会革命的同时，也进行着前所未有的自我革命。只有自我革命，才能保持党的先进性，有效推进"三农"工作。中国共产党是"三农"工作的领导者，只有保持先进性，才能更好地带领广大农民有效推进农村各项事业。习近平总书记指出："中国共产党的伟大不在于不犯错误，而在于从不讳疾忌医，敢于直面问题，勇于自我革命，具有极强的自我修复能力。"[①] 中国共产党通过自我革命加强各层级党组织建设，如深入开展农村反腐等。

自我革命是"三农"理论不断创新的动力源。在中国共产党百年"三农"政策的实践中，也出现过这样或那样的问题，如浮夸风等，但中国共产党通过自我革命、自我否定，及时修正"三农"工作路线，从而保证了"三农"工作的顺利推进。通过自我革命，在实践中不断总结经验，才形成了中国特色社会主义"三农"理论。

第四节　中国共产党百年"三农"思想演进

中国共产党百年来的"三农"实践，不但积累了丰富的经验，而且形成了系统的"三农"思想。中国共产党的"三农"思想与中国革命与建设密切相关，是中国特色社会主义理论的重要组成部分。具体来说，中国共产党的"三农"

---

① 袁秉达：《在新时代把党的自我革命推向深入的"四个维度"——"不忘初心，牢记使命"主题教育系列党课之八》，《党课参考》2019 年第 15 期。

思想主要经历了四个阶段和四次演进。

一、新民主主义革命时期：革命任务导向下的"三农"思想萌芽

在新民主主义革命时期，中国共产党的主要目标在于领导人民完成反帝国主义和反封建主义的历史任务。此时的"三农"思想表现为在反帝反封建的过程中对"三农"地位的认识，对"三农"工作模式的总结。新中国成立前，中国农村面临着帝国主义、封建阶级以及官僚资本的剥削，土地分配极为不均，赋税繁重，农民生活困苦。革命就是要实现人民的解放与民族的独立。经典的马克思列宁主义和"十月革命"都认为革命的重点应在城市，革命的主力应为工人阶级。中国革命之初犯了教条主义错误，经历了一定的波折，以毛泽东为代表的中国共产党人通过调研认真分析中国的形势后认为，中国是传统的农业国家，革命应该立足农村，依靠农民，最终把马克思列宁主义的基本原理与中国革命的具体实际相结合，走出了一条不同于俄国十月革命的道路，即农村包围城市、武装夺取政权的革命道路。[①] 这一革命路线决定了"三农"问题在中国革命中的重要地位与作用。中国共产党的革命路线是对马克思主义的丰富与创新，是马克思主义中国化的具体体现。

在新民主主义革命时期，中国共产党的"三农"思想核心是农村、农民革命作用论；具体的体现是以土地革命为中心的政治革命，实现农民翻身解放[②]；主要理论成就为毛泽东思想中"三农"思想的形成，既包括了农村包围城市的革命路线理论，也包括了农业、农村与农民的发展理论。1945 年 4 月至 6 月召开的中国共产党第七次全国代表大会通过的新党章指出："毛泽东思想就是，马克思列宁主义的理论与中国革命的实践之统一的思想，就是中国的共产主义，

---

① 吕偲、刘丽琼：《共产国际与中国农村包围城市道路的形成》，《毛泽东思想研究》2012 年第 5 期。

② 龚云：《毛泽东与中国农民问题》，《河南社会科学》2014 年第 9 期。

中国的马克思主义。"① 这标志着毛泽东思想的正式形成，也标志着中国共产党第一阶段的"三农"思想的成熟。

二、社会主义改造阶段：集体所有制与合作经营下的"三农"思想探索

新中国成立后至改革开放前，中国共产党的"三农"思想可以归纳为社会主义改造与建设的"三农"思想。新中国成立后，中国共产党的任务由革命转向了建设。在新中国成立之初，农民生产积极性高涨，社会的组织力与动员力空前提高，农业生产得到恢复。但仅经过几年之后，中国农业便开启了合作化之路。中国共产党的农村合作化运动有着特殊的历史背景：一方面，中国的社会主义农业发展道路处于起步期，更多地是借鉴经典马克思主义理论以及参考苏联模式；另一方面，中国共产党希望通过合作化道路推进社会主义发展与共同富裕。总体来看，这一时期"一大二公"的经营体制、"大跃进"式的生产模式、以阶级斗争为纲的思想氛围以及"文化大革命"的错误运动，对农业生产以及农村发展造成了一定的影响。但也必须看到，这一时期对农业农村的社会主义改造，也为中国农村的后续发展奠定了所有制基础。

这一时期中国共产党"三农"思想的核心在于政治挂帅下的"三农"改造。中国共产党的"三农"思想受到了政治因素、思想认知的约束，将农业的经营模式与社会主义制度相联系，中国共产党的"三农"工作受到了一定的思想约束与限制，发展的速度受到了影响。此外，在这一时期，受到国际环境的影响，在备战备荒的思想指导下，建设的重心从农业转向工业，从农村转向城市，国家通过统购统销、户籍制、公社组织体制等一系列措施，从农村汲取大量资源，支持了城市与工业的发展，"三农"的发展受到一定的抑制。据统计，从 1957—1977 年，国家从农村汲取资源达 7000 多亿元。② 总体来看，这一时

---

① 《刘少奇选集（上）》，人民出版社 1981 年版，第 333 页。

② 徐勇：《从"以农村包围城市"到"以城市带动乡村"》，《学术月刊》2007 年第 6 期。

期中国共产党的"三农"思想受到了认识的影响,"三农"的发展经历了一定的波折。但这一时期中国共产党在"三农"领域的探索也为中国"三农"工作积累了经验与教训,这也是中国共产党"三农"思想重要的组成部分,为"三农"思想的进一步演进提供了基础。

三、社会主义市场经济建立时期:效率追求下的"三农"思想发展

在改革开放时期,中国共产党逐步形成了中国特色社会主义"三农"思想。改革开放后,以邓小平、江泽民、胡锦涛等为代表的中国共产党人进一步解放思想,从认识上明确了什么是社会主义,逐步确立了建设与完善社会主义市场经济的路线,在农业领域引入生产责任制,提高了农业生产效率,促进了农村经济的大力发展,为中国特色社会主义"三农"发展找到适合的道路。在1978年党的十一届三中全会上,中国共产党确立了解放思想、实事求是的思想路线,明确作出了全党工作的重心"转移到社会主义现代化建设上来"的战略决策;1982年全国农村工作会议纪要明确指出,目前实行的各种责任制,都是社会主义集体经济的生产责任制。至此,中国共产党的"三农"思想开始转变,开启了中国特色社会主义"三农"建设之路。在经济方面,推进土地改革,落实家庭联产承包责任制;放活乡镇企业,大力发展乡村多元经济。在社会治理方面,完善村民自治,推进农村社会治理的改善。在公共服务领域,逐步建立教育、医疗、养老以及救助体系。这一阶段,以邓小平为代表的中国共产党人提出了中国特色社会主义理论,并在江泽民、胡锦涛的领导下进一步丰富完善,实现了马克思主义"三农"理论的中国化,在思想上为中国"三农"发展破解了认识阻碍的条件下,进一步开展理论创新,建立了指导中国特色社会主义农业发展的思想体系。

在这一阶段的改革开放过程中,中国共产党中国特色社会主义思想开始逐步发展,为中国"三农"发展提供了理论支持与思想指导。中国特色社会主义

"三农"思想是以邓小平、江泽民、胡锦涛为代表的中国共产党人，坚持社会主义发展道路，结合中国现实的一次伟大创新，其核心在于：在坚持社会主义道路下以市场机制促进社会主义"三农"发展。发挥政府与市场的双重作用，实现粮食安全、激活农村经济、增加农民收入，全面提升"三农"领域发展效率与速度，这成为这一时期中国共产党"三农"发展思想的主轴。而从城乡关系来看，这一时期逐步调整了改革开放前由农村支持城市的思想，确立了城乡统筹发展，以城带乡、以工补农的政策，作出了建设社会主义新农村的战略部署，并强调要"始终把'三农'工作作为全党工作的重中之重"[①]。

四、中国特色社会主义发展时期：乡村振兴统领下的"三农"思想发展

党的十八大以来，中国特色社会主义的"三农"发展思想逐步形成。党的十八大之后，以习近平为代表的中国共产党人在新的历史时期，进一步推进中国的"三农"工作，对"三农"发展思想进一步完善。如果说，改革开放之初是通过制度的放活与推进来促进中国农业的发展、农村的繁荣与农民的增收，那么党的十八大之后则是通过改革创新激发"三农"领域的新活力，通过政策的倾斜补短板、补弱项来促进"三农"发展。中国共产党在新的历史时期将"三农"工作置于中国经济社会进程的大局中予以审视，全方位推进"三农"工作，特别是提出了乡村振兴战略。在此引领下，中国共产党对粮食安全、农业现代化、农村的建设与生态环境、农民的主体地位、共同富裕等有了更深入的认识，并通过一系列的政策举措，使"三农"发展取得了巨大的成就。

在"三农"的定位方面，在 2013 年中央农村工作会议上习近平总书记提出：一定要看到，农业还是"四化同步"的短腿，农村还是全面建成小康社会的短板。中国要强，农业必须强；中国要美，农村必须美；中国要富，农民必

---

① 刘克崮、张桂文：《中国"三农"问题的战略思考与对策研究》，《管理世界》2003 年第 5 期。

须富。可见，新时期的中国不仅要将"三农"工作视为全党工作的重中之重，而且还要将"三农"作为经济社会发展的短板，举全社会之力推进"三农"的发展。在"三农"思想的具体体现方面，中国共产党提出了乡村振兴战略，对"三农"工作作了总体布局。在 2018 年 9 月中共中央政治局第八次集体学习上，习近平总书记强调：乡村振兴战略是党的十九大提出的一项重大战略，是关系全面建设社会主义现代化国家的全局性、历史性任务，是新时期"三农"工作的总抓手。在 2020 年末中央农村工作会议上，习近平总书记进一步强调：在向第二个百年奋斗目标迈进的历史关口，巩固和拓展脱贫攻坚成果，全面推进乡村振兴，加快农业农村现代化，是需要全党高度重视的一个关系大局的重大问题。全党务必充分认识新发展阶段做好"三农"工作的重要性和紧迫性，坚持把解决好"三农"问题作为全党工作的重中之重，举全党全社会之力推动乡村振兴，促进农业高质高效、乡村宜居宜业、农民富裕富足。可见，乡村振兴已成为推进"三农"工作的总方针，是新时代中国共产党"三农"思想的具体体现。从"三农"思想的具体内容上还可以看出，这一时期中国共产党从不同层面丰富了"三农"思想，如在粮食安全方面，提出了深入实施"以我为主、立足国内、确保产能、适度进口、科技支撑"的国家粮食安全战略；在扶贫方面，提出了精准扶贫的概念，实现了中国扶贫战略的重大转变；在农村治理方面，提出了党组织领导下法治、自治、德治相结合的乡村治理体系等。应该说，这一期间中国共产党的"三农"思想更趋完善与成熟。

农业篇

第三章　中国共产党对工农关系的认识及发展

农业是国民经济的基础，古今中外概莫能外。农业也是"三农"的产业基础，是"三农"问题的"根"。中国作为一个农业大国，农业具有极其特殊和重要的作用，其不但要为人们提供充足的食物，还是占中国人口很大比例农民的生计所在。在中国共产党百年的发展历程中，农业支持了中国革命事业的胜利、支持了工业化的进程、支持了国家的发展。中国共产党的农业政策，伴随着工农关系的认识变迁，经历了以农业为主导，到农业支持工业，再到以工补农，以及工农互促的发展过程。理解中国农业政策的发展以及中国共产党的农业发展思想，需要从全局的视角，特别是中国共产党对工业与农业关系认识变迁的视角进行把握。

第一节　新民主主义时期农业主导下的工农业发展

在新民主主义革命时期，由于缺乏发展相应工业的资源条件，并且革命对于农产品存在巨大的需求，农民仍是革命队伍的主要来源。因此，在这一时期，中国共产党的主要经济政策导向在于农业发展。农民与农业是新民主主义革命的有力支撑。

一、农民与农业是新民主主义革命的有力支撑

毛泽东曾指出，"十月革命一声炮响，给中国送来了马克思列宁主义"[①]。李大钊在 1918 年《新青年》上发表的文章《布尔什维主义的胜利》中指出，这是劳工阶级的胜利。十月革命的胜利加速了马克思主义在中国的传播，推动了中国共产党的成立。中国共产党成立之初就明确了阶级属性，重视农民在中国革命中的作用。中共一大纲领明确提出，要把工人、农民和士兵组织起来；中共二大通过的《中国共产党第二次全国代表大会宣言》指出，"中国共产党是中国无产阶级政党"，"中国共产党为工人和贫农的利益计，引导工人们帮助民主主义的革命运动，使工人和贫农与小资产阶级建立民主主义的联合战线"，"中国三万万的农民，乃是革命运动中的最大要素"。毛泽东首先认识到农民的重要地位，在 1925 年发表的《中国社会各阶级的分析》中深刻论述道："工业无产阶级是我们革命的领导力量。一切半无产阶级、小资产阶级，是我们最接近的朋友"[②]。其中，半无产阶级就包括绝大部分半自耕农、贫农、小手工业者、店员和小贩。毛泽东对中国各阶级的深刻分析，影响了中国的整个革命。

尽管中国共产党很早就认识到了农民在中国革命中的重要性，但受到苏联革命的影响，在 1927 年以前中国共产党的工作重心在于城市，主要方式是发动广大工人和学生进行罢工罢课运动，农民在革命中的作用没有充分发挥。然而，中国的国情与苏联不同，中国的资本主义发展滞后，工人阶级队伍不够强大。1927 年，"四一二"反革命政变爆发，宣告了国共两党第一次合作失败。这次失败的原因，很大程度上在于党内的右倾机会主义，对中国共产党的发展造成了重大损失，也迫使中国共产党重新审视革命路线。当时的中国也发生着诸多的农民运动，然而党内对中国革命的路线还有不同的声音。于是，毛泽东

---

① 《毛泽东选集》第 4 卷，人民出版社 1991 年版，第 1477 页。

② 《毛泽东选集》第 1 卷，人民出版社 1991 年版，第 3 页。

在 1927 年发表的《湖南农民运动考察报告》里，深刻阐述了工人阶级领导农民运动的重要性，认为，"很短的时间内，将有几万万农民从中国中部、南部和北部各省起来，其势如暴风骤雨，迅猛异常，无论什么大的力量都将压抑不住"，且更是观点鲜明地论道："一切革命的党派、革命的同志，都将在他们面前受他们的检验而决定弃取。"

农民群体的重要性早已被毛泽东充分认识，然而直到 1927 年毛泽东带领革命队伍上井冈山建立革命根据地，这种思想才被付诸实践。中国革命采取的是"农村包围城市"的道路，与苏联的城市路线不同，这是由国情决定的。中国共产党建立革命根据地后，通过进行土地革命将土地平均分给农民，满足了农民对土地的诉求。例如，在 1928 年《井冈山的斗争》中，毛泽东提道："边界对于土地是采取全部没收、彻底分配的政策"①，主要被没收的是大、中地主阶级，小地主和富农中间阶级。因此，许多过去没有土地，受地主压迫的农民获得了土地，农民拥有了赖以生存的物质基础，中国共产党也由此获得了广大农民的支持。农民的支持迅速壮大了中国共产党的革命队伍。到 1939 年，根据地面临着粮食危机，中国共产党积极号召开展大生产活动。中国共产党领导的军队同广大农民一起进行耕作，提高粮食产量，有力地保障了根据地的粮食供应，培育了浓厚的军民鱼水情。到解放战争三大战役时期，淮海战役甚至被认为是小车推出来的胜利。

新民主主义革命时期的工农关系奠定了中国共产党工农关系的基础。从内容上来看，党深刻认识到农民是中国共产党领导中国革命的同盟军。事实上，农民也确实发挥了同盟军的重要作用。适时，由无产阶级领导的工农同盟军取得了革命的胜利，建立了"工人阶级领导的、以工农联盟为基础的人民民主专政的社会主义国家"。

---

① 《毛泽东选集》第 1 卷，第 72 页。

二、新民主主义革命时期的工业与农业

新中国成立前，中国是一个半殖民地、半封建的社会，在帝国主义、封建主义和官僚资本主义的压迫下，中国经济处于非常落后的状态。现代工业在整个国民经济中所占的比重很低，在 1936 年，现代工业的产值仅占工农业总产值的 10.9%，农业和手工业占 89.1%。到 1949 年，工业在工农业总产值中也只占 17% 左右。旧中国的工业基础非常薄弱，其中，轻工业又占据主导地位，1936 年生产消费资料部门的产值占工业总产值的 72%，生产生产资料的部门产值仅占 28%。到 1949 年，消费资料产值仍占工业总产值的 71.2%，生产资料部门产值只占 25.8%。尽管如此，大部分工业还被外国资本所控制，中国在 20 世纪 40 年代，包括东北在内，外国资本在电力工业中占据 58%，煤矿工业占 75%，煤矿开采占 90% 以上，有色金属占 80% 以上，织布占 64%，卷烟占 58%。[1]

中国共产党在新民主主义时期已经认识到工业对于国家发展的重要性，但由于中国尚未解放，革命与战争还是中国革命的主要任务，这使中国共产党没有太多的精力与资源进行工业建设。毛泽东指出："没有一个独立、自由、民主和统一的中国，不可能发展工业"，"由半殖民地变为真正的独立国，使中国人民来一个大解放，将自己头上的封建的压迫和官僚资本（即中国的垄断资本）的压迫一起掀掉，并由此造成统一的民主的和平局面，造成由农业国变为工业国的先决条件"，"要打倒日本帝国主义，必须有工业；要中国的民族独立有巩固的保障，就必须工业化"，"中国工人阶级的任务，不但是为着建立新民主主义的国家而斗争，而且是为着中国的工业化和农业近代化而斗争"[2]。1944 年，刘少奇在陕甘宁边区工厂职工代表会议上指出："我们中国之所以弱，也就是因

---

① 牟甲寅：《试论当前我国经济发展中的矛盾与发展工业和发展农业同时并举的指导方针》，《北京大学学报：哲学社会科学版》1958 年第 1 期。

② 《毛泽东选集》第 3 卷，人民出版社 1991 年版，第 1031 页。

为我们还只有很少的工业，我们还不是一个工业国。要中国强盛起来，也必须使中国变成工业国。"① 毛泽东在《论联合政府》中强调："在新民主主义的政治条件获得之后，中国人民及其政府必须采取切实的步骤，在若干年内逐步地建立重工业和轻工业，使中国由农业国变为工业国。"② 在党的七大上，毛泽东也指出：新民主主义革命胜利后，在经济建设中，要发展大规模的工业，逐步地建立重工业和轻工业，使它们"在国民经济比重上占极大优势"，同时，要发展用机械化装备起来的"进步的比较现时发达得多的农业"作为国民经济的基础，还要根据工农业发展的需要相应地发展交通、贸易、金融等事业。③

尽管认识到工业对于未来国家发展的重要性，但在新民主主义革命时期，温饱问题还是中国面临的最大问题，粮食也是革命最基本和最重要的物资，因此，中国共产党在实践过程中非常重视农业的基础作用，着力促进农业的发展。一方面，通过土地革命让广大贫苦农民获得生产资料；另一方面通过税收改革减轻农民负担，激励农民生产。在革命根据地，工业也有一定的实践与发展，如在军事工业方面，在中共中央的指示下，1939 年 6 月组建了军事工业部，统一领导军工建设。中央军委适时发布了《关于兵工建设的指示》《关于军队中吸收和对待专门家的政策指示》《关于抗日根据地军事建设的指示》等一系列文件。④ 轻工业也有一定的发展，如 1944 年，山东省根据地共有纺织合作社 1224处，其中鲁中区 413 处，滨海区 250 处，胶东区 366 处，鲁南区 173 处。⑤

总体来看，在新民主主义革命时期，中国共产党由于尚未全面获得政权，缺乏发展相应工业的资源条件，并且革命对于农产品存在巨大的需求，农民仍

---

① 《刘少奇选集》上卷，人民出版社 1981 年版，第 302 页。

② 《毛泽东选集》第 3 卷，第 1070 页。

③ 同上书，第 1079 页。

④ 冯杰、王东亮：《抗战时期晋冀豫根据地的军工生产》，《内蒙古大学学报：哲学社会科学版》2007 年第 6 期。

⑤ 光梅红：《华北抗日根据地的手工业研究》，《晋阳学刊》2008 年第 4 期。

是革命队伍的主要来源，因此，中国共产党主要的经济政策还是面向农业的。

第二节　新中国成立后由农业支持工业到以工促农的发展

新中国成立后，中国共产党从当时面对的国内国际形势出发，实事求是地确定了重工业优先发展的策略，经过三十年农业支持工业的发展，奠定了中国国防和工业的基础，为后续发展提供了有力保障。改革开放后，随着国家社会经济的快速发展，中国共产党致力于解决"三农"问题，提出了以工促农的发展策略，中国的工农业同步得到了快速发展。

一、新中国成立前三十年：农业支持工业

新中国成立后，发展经济改善民生成为重中之重，中国共产党的工作重心也由农村转移到城市。从当时面对的形势来看，中国的国内国际环境都不容乐观。在国内方面，久经战争创伤的中国经济十分脆弱，农业人口占了绝大多数，城市经济凋敝，工业基础十分薄弱，重工业尤其匮乏。而在国际方面，以美国为首的西方国家对新中国进行了经济封锁。中国共产党作为执政党，深刻地认识到维护国家安全和中国人民的根本利益必须要建立起强大的工业和国防。因此，即便在极其困难的情况下，也积极开展国防和工业基础设施建设，推进"两弹一星"项目，并在1978年以前就建立起了基础性的国防和工业，有效地保障了国家安全。

这段时间的工农关系，充分体现在毛泽东于1956年发表的《论十大关系》中，其本质是一种工业优先，同时积极发展农业的关系。这种关系包括两个层面的内容，第一个是工业优先，尤其是重工业优先发展，农业服务工业；第二个是工业和农业同时发展，强调农业生产的重要作用。

毛泽东在《论十大关系》中，首先论述的就是重工业和轻工业、农业的关系。其中，"重工业是我国建设的重点"，明确了当时条件下发展重工业的必要性和意义，适应了中国当时面临的国内国际环境。中国作为后发国家，同西方发达国家积累资本的方式不同，不能通过殖民掠夺的方式积累工业资本。事实上，中国采取的是类似苏联使用过的工农业价格剪刀差的方式积累资本，使农产品价格维持在一个较低水平，将农业生产的剩余转移至工业部门，为工业生产积累资本。这种生产剩余转移的资本积累方式为中国工业和国防提供了资本，使国家有一定的能力开展工业和国防建设，并在新中国成立后的前三十年就建立起了基础性的工业和能够保障国家安全的国防工业。然而，这种积累方式一定程度上也牺牲了广大农民的利益，导致了中国的城镇化水平在新中国成立前三十年一直处于低位，即便是到了 1978 年，中国城镇人口占总人口的比重也仅有 17%，广大人民的生活长期难以得到大幅度改善。不过也应当看到的是，这种早期的经济积累也为改革开放后的快速发展打下了坚实的工业和国防基础。

其次，毛泽东同志在《论十大关系》中还充分地论述了发展重工业"决不可以因此忽视生活资料尤其是粮食的生产"。可见，即便是发展工业和国防迫在眉睫，中国共产党也十分注重农业生产。因此，中国共产党在工业上提出"以钢为纲"发展策略的同时，在农业上则提出了"以粮为纲"的发展策略。这种策略要求，在优先发展重工业的同时也将农业作为重点工作，强调保障国家的粮食安全。中国共产党积极发展工业的策略一定程度上借鉴了苏联的经验，在斯大林时期，苏联采取优先发展重工业的策略，迅速地成长为工业国。然而，苏联忽视了农业生产的重要性，导致了农产品保障不足等系列问题。因此，在《论十大关系》中，毛泽东在关于苏联以及东欧一些国家的工农关系失衡的表述中指出，"在处理重工业和轻工业、农业的关系上，我们没有犯原则性的错误。我们比苏联和一些东欧国家做得好些。像苏联的粮食产量长期达不到革命前最高水平的问题，像一些东欧国家由于轻重工业发展太不平衡而产生的严重问题，我们这里是不存在的。他们片面地注重重工业，忽视农业和轻工业，因而市场上的货物不够，货币不稳定"①。对于中国的工农业关系，毛泽东在该文中还论述道，农业和轻工业"加重的结果，一可以更好地供给人民生活的需要，二可以更快地增加资金的积累，因而可以更多更好地发展重工业。重工业也可以积累，但是，在我们现有的经济条件下，轻工业农业积累得更多更快些"。1957年，毛泽东在《在省市自治区党委书记会议上的讲话》中进一步指出："全党一定要重视农业。农业关系国计民生极大。要注意，不抓粮食很危险。不抓粮食，总有一天要天下大乱。"② 由此，毛泽东提出了以农业为基础的六个根据：首先，农业关系五亿农村人口的吃饭问题；第二，农业也关系城市和工矿人口的吃饭问题；第三，农业是轻工业原料的主要来源，农村是轻工业的重要市场；第四，农业又是重工业的重要市场；第五，现在出口物资主要是农产品；第六，农业是积累的重要来源。③

中国共产党在新中国成立后前三十年的工农关系认识，是从中国当时面对的国内国际形势出发，实事求是地确定了重工业优先发展，同时重视农业发展的策略。农业不仅是重工业资本积累的来源，同时还承担着保障基本民生的作用。这一认识在新中国成立后前三十年，有力地保障了国家粮食安全，也奠定了中国国防和工业的基础，为后续发展提供了有力保障。

二、社会主义市场经济建设时期：以工促农的形成与发展

20 世纪 70 年代，中国的工业和国防建设已经取得了重大成就，且同西方阵营的关系也取得了显著改善。其时，中国的外交突破包括重新进入联合国并获得常任理事国席位、同美国建交、同日本建交等，国际关系得到极大改善。

---

① 《毛泽东选集》第 5 卷，人民出版社 1977 年版，第 275 页。

② 《毛泽东文集》第 7 卷，人民出版社 1999 年版，第 197 页。

③ 郭佳新：《农民、农村和农业：中国的根》，《济南大学学报：社会科学版》1993 年第 4 期。

此时，将工作重点转变为经济建设是可行且完全必要的。1978 年，党的十一届三中全会拉开了改革开放的序幕。这次改革走的同样是"农村包围城市"的路线，由安徽小岗村为标志的家庭联产承包责任制改革，拉开了中国农村改革的序幕，家庭联产承包责任制改革在 1984 年底基本完成，全国绝大部分农村土地由农民承包。这一改革充分激发了农民从事粮食生产的积极性，例如 Lin[①] 和 Gong[②] 等人的研究均认为，此次改革极大地提高了农业生产率。农村改革的成功，激励了中国共产党进一步将改革推向城市地区，目的是为了搞活城市经济。1992 年，邓小平在南方谈话中提出，要建立社会主义市场经济，而市场经济的核心在于市场价格要在资源配置中起决定性作用。因此，中国共产党对工农关系的认识，在这一时间段与市场经济改革紧密相关，综合来看，主要是两方面的内容：其一，通过改革的方式改进要素配置，推动工农业发展；其二，支持和鼓励农业经济发展，为农业生产减负，保护农民的积极性。

首先，市场经济的发展需要要素按市场价格进行自由配置。在改革前，农业劳动力占了中国总劳动人口的绝大部分，然而农业生产总值占比相对较低（见图 3-1）。这反映了中国农业劳动力市场的扭曲，农业生产率水平低下，大量的农村剩余劳动力无法有效流转至城市地区。因此，改革的一个重要内容就是要促进农村劳动力流动。由此，中国逐步放松了劳动力流动的限制，大量的劳动人口由农村流转至城市地区，由小城市流转至大城市，由中西部地区流转至东部地区。这种农村劳动力的流动，充分释放了中国的人口红利，对中国农业和工业的经济增长都产生了巨大的推动作用。从图 3-1 可见，1978 年以来，中国农业劳动人口比重呈现持续的下降趋势，由 1978 年的 70.53% 下降至 2017

[①]　Lin，Justin Yifu，"Rural reforms and agricultural growth in China"，*American Economic Review*，Mar. 1992.

[②]　Gong，Binlei，"Agricultural reforms and production in China：Changes in provincial production function and productivity in 1978—2015"，*Journal of Development Economics*，Vol.132，May，2018.

年的 26.98%，降幅高达 43.55%；而农业产值在绝对值呈现稳步上升的同时，其比重则由 27.7% 下降至 2017 年的 7.5%，这主要是因第二、第三产业的更快速增长所致，符合经济发展规律。从两者的差值来看，1978 年，中国的农业劳动人口比重比农业产值比重高出 42.83 个百分点，而到了 2017 年，这一差值则下降至 19.48 个百分点，降幅高达 23.35 个百分点。巨大的降幅显示了中国劳动力要素配置水平的改善，虽然中国距离最优化的劳动力配置水平还有较大的改进空间，但四十多年来的改革开放，确实对农业经济和工业经济增长产生了巨大影响。

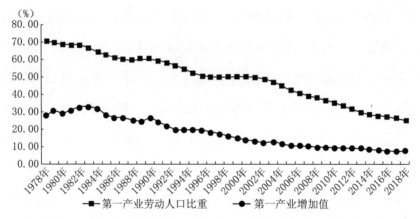

图 3-1　1978—2018 年中国第一产业劳动人口比重与产值比重变化趋势

其次，以人口红利释放为标志的市场化改革，虽然取得了劳动力要素配置水平的改善，但也使得中国农业生产在国民经济中的地位越来越弱。大量的农村劳动力流转至城市地区成为农民工，从而导致农村土地出现了抛荒，而留守农村的多是弱势群体，以老人、妇女和儿童为主，这不利于维护中国的粮食安全。特别是当城市人口大量增长，居民的生活水平大幅改善，对肉类蛋白的需求不断上升的情况下，中国需要粮食产量的更大增长时期，这种农业在国民经济中所处的弱势地位，会随着市场化的竞争进一步加剧。尤其是在中国 2001 年加入世界贸易组织后，面对国际粮食市场的冲击，中国农业的风险更是陡然上升。那么，如何在市场经济的条件下保护农业、保护农民就成了中国共产党执政兴国的重要考量。在这种状况下，中国共产党"以工促农"的方针逐渐形成，对工农关系的认识和实践具体表现在：一是对农民的限制逐步减少。中国逐步取消了统购统销，深化土地制度改革，并在 2014 年初确定了农地"三权分置"的框架，赋予农村承包地进行抵押贷款的权能，之后又进一步作出了第二次承包期满后再延长土地承包期 30 年的决定等。二是对农民的扶持力度进一步增加。这些措施包括加大对农业的补贴，取消征收了几千年的农业税，并加大政府对农业生产的投资，对农产品实行保护价收购等等。这在一定程度上保护了农民从事农业生产的积极性，增加了农民收入，对维护国家粮食安全具有重要意义。

总体来看，中国共产党在这一时期的工农关系认识是在坚定不移地推进市场化改革的情况下保护农民、保护农业。一方面，将农民、农业同时纳入市场经济的改革中，以市场经济的手段推动要素配置优化，提高经济福利，发展农业和工业；另一方面，考虑到农民和农业在市场经济改革中所处的弱势地位，又积极主动地给农民松绑，深化土地制度改革，加大农业补贴力度，从而保护农民的农业生产积极性。

第三节　党的十八大后工业支持农业下的工农互促发展

党的十八大以来，中国共产党致力于消除二元经济社会体制机制，把解决"三农"问题的重要性上升到更高的高度，通过顶层设计，实施乡村振兴战略，落实工业支持农业政策，以实现工农互促、城乡融合发展。

一、乡村振兴下的工农互促

经过长时间的发展，中国的农业取得了长足进步，农民的生活水平显著提高。在此背景下，中国共产党围绕使命目标，针对现存问题，对"三农"发展进一步提出了更高的要求。党的十九大指出，中国特色社会主义进入新时代，我国社会的主要矛盾已经转化为人民日益增长的美好生活需要和不平衡不充分发展之间的矛盾。这种发展不平衡，不仅表现为区域间的发展不平衡，更表现为城乡间的发展不平衡。农村居民的生活水平显著低于城市居民，农业的发展水平也显著低于工业。基于此，平衡工农业发展成为时代之需，是中国推进全面建成小康社会的必然要求，更是在 2020 年全面建成小康社会后乘胜开启建设社会主义现代化强国新征程的必经之路。

2017 年，党的十九大报告明确指出，农业农村农民问题是关系国计民生的根本性问题，必须始终把解决好"三农"问题作为全党工作的重中之重，实施乡村振兴战略。至此，乡村振兴被确定为国家战略。这表明，中国共产党对工农关系的认识在这个阶段得到了持续深化，认为工农关系应当平衡发展，农业在工业化发展初期作出了重要牺牲，导致工农业发展结构性失衡，而新时期需要工业反哺农业。乡村振兴战略要求实现产业、人才、文化、生态和组织五大内容实现全面振兴，而从工农业平衡发展的角度来看，平衡的工农关系首先需要实现产业振兴。

那么，农业发展如何实现产业振兴？总体来看，产业振兴包括两方面的重要内容：一是要推动农业生产强基固本；二是要推动农村深度产业融合。从推动农业生产强基固本方面来看，正如 2018 年发布的《乡村振兴战略规划（2018—2022）》中所提出的那样，产业振兴内容首先就包括"要加快农业现代化步伐和发展壮大乡村产业"。其中，农业现代化就是要对农业生产强基固本，以工业反哺农业的方式推动农业生产体系变得高产、优质、低耗。也正如 2017 年颁布的《中共中央国务院关于实施乡村振兴战略的意见》中指出的那样，我国需要夯实农业生产能力基础。具体举措包括实施藏粮于地、藏粮于技战略，全面落实永久基本农田特殊保护制度，大规模推进农村土地整治和高标准农田建设，加强农田水利建设，加快建设国家农业科技创新体系，高标准建设国家南繁育种基地，推进我国农机装备产业转型升级，大力发展数字农业等。这些举措通过加大对农业产业育种、耕地、农机、农业技术等进行投资，全面提升农业生产的现代化水平，巩固国家农业生产能力，保障粮食安全。从推动农村深度产业融合方面来看，《中共中央国务院关于实施乡村振兴战略的意见》重点强调了要推进农村一、二、三产业融合发展，提出要通过"大力开发农业多种功能，延长产业链、提升价值链、完善利益链，通过保底分红、股份合作、利润返还等多种形式，让农民合理分享全产业链增值收益"。事实上，农业产业体系割裂一直都是中国农村发展的制约，构建完善的一、二、三产业融合体系具有重要意义。为此，《中共中央国务院关于实施乡村振兴战略的意见》还从"实施农产品加工业提升行动，打造农产品销售公共服务平台，鼓励支持各类市场主体创新发展基于互联网的新型农业产业模式，实施休闲农业和乡村旅游精品工程，发展乡村共享经济"等多个方面，打出了农业产业体系的组合拳，以推进农业产业发展。

二、中国共产党对工农关系认识的变迁与发展

中国共产党是工人阶级政党，但无论是在中国革命还是建设的各个时期，中国共产党都始终将农民视作同盟军，重视农业的发展。建党百年来，中国共产党的工农关系随着时代变化不断深化。总结来看，中国共产党的工农关系认识分别经历了新民主主义革命时期（1921—1949年）、新中国成立后的前三十年（1949—1978年）、社会主义市场经济建设时期（1978—2017年）和新时代中国特色社会主义时期（2017年至今）的四个阶段。在第一个阶段中，中国共产党抓住农民诉求，通过土地革命、减免税收、推进合作，大力发展农业、生产粮食，保护了农民的利益，也保障了革命的需要。此时的工业基础相对薄弱，中国共产党尚没有资源与精力进行大规模的工业建设。新中国成立后，中国共

产党从当时中国面临的国际国内形势出发，作出了优先发展重工业的决策，将农业生产的剩余转移至工业部门，推动了中国的工业和国防发展；同时，中国共产党也十分注重农业生产发展，尤其是粮食生产，坚定不移地维护了国家粮食安全。改革开放开启了中国市场经济的建设历程，为了促进国家经济发展，激发农业和工业的增长潜力，中国共产党进行了一系列制度改革，包括推行家庭联产承包责任制，放松户籍制度限制等，这些改革措施，推动了要素按市场价格的优化配置。同时为了避免农业在市场经济环境下不断弱化的趋势，中国共产党积极推动给农民减负，进行土地制度改革，以保障农民的土地权利；取消农业税，加大农业补贴，以保护农业生产的积极性。基于此，中国的工业和农业都取得了显著发展，但同时也存在工农业发展差距不断拉大，工农发展不平衡矛盾突出的问题。为了应对新时代中国社会主要矛盾的转换，党的十九大报告首次提出了"乡村振兴"发展战略，力图抚平工农业发展差距，构建平衡发展的工农业关系。

从土地革命，到农业支援工业，再到农业工业市场经济发展，最后到着力推进工农业平衡发展，中国共产党始终按实事求是的原则，解决工农业发展过程中的新问题和新矛盾；始终坚持将农业的发展放置在党的中心工作之中，不断强化农业的基础地位；始终坚定不移地维护广大农民的根本利益。在如期全面建成小康社会后，在向第二个百年奋斗目标迈进的历史关口，中国共产党更是适应时代需要，提出了"举全党全社会之力推动乡村振兴，促进农业高质高效、乡村宜居宜业、农民富裕富足"的目标要求。未来农业农村的发展将朝着乡村振兴的路子坚实迈进，在工业进一步支持农业发展的条件下，工业与农业也将进一步融合。

第四章　中国共产党百年粮食安全思想与实践

国以民为本，民以食为天。粮食安全是国家安全的重要基础，实现和维护好粮食安全对中国发展具有重要的战略意义，中华民族的伟大复兴必然要建立在稳固的粮食安全基础之上。中国共产党自 1921 年成立以来，就肩负着民族复兴的历史使命，也就必然要肩负起维护国家粮食安全的历史重任。无论是革命战争时期，还是社会主义改造建设时期，抑或是改革开放时期，中国共产党始终将建立和维护好粮食安全放在重要位置。建党百年，中国共产党形成了非常丰富的粮食安全思想，粮食安全保障实践成效显著，始终紧扣国情国力，推陈出新地提出粮食安全的新思想、新举措，并带领中国人民建立起了稳定的粮食安全保障体系。

第一节　中国共产党百年粮食安全的思想演变

"洪范八政，食为政首。"百年来，中国共产党始终将建立和维护好粮食安全放在重要位置，形成了丰富的粮食安全思想，并付诸实践，建立起了稳定的粮食安全保障体系。

一、独立自主思想：自己动手，丰衣足食（1939 年）

民为国基，谷为民命。粮食是关系国家和民族生存发展的重要战略物资，维护粮食安全的一项重要原则就是独立自主原则。正如习近平总书记 2019 年所指出的那样，要"把饭碗牢牢端在自己手中"①。中国共产党正是从独立自主的原则出发，探索出了一条符合中国国情的粮食安全道路。抗日战争时期，面对日本帝国主义的侵略和国统区的经济封锁及军事包围，如何有效保障根据地的粮食安全，成为了当时党面临的重大问题。为了进行生产自救，毛泽东号召全党全军开展"自己动手"解决经济困难的活动。根据史料考证，毛泽东是在 1943 年为纪录片《南泥湾》题字时写"自己动手，丰衣足食"，由此"自己动手，丰衣足食"成为人尽皆知的口号。②大生产运动取得了显著成效。一项研究表明，"到 1939 年底，陕甘宁边区农业上仅在职人员就生产粗粮 14000 担，细粮 9572 担"③，战士的粮食安全得到了有效改善，同时也缓解了人民的压力，与民休养生息。根据《毛泽东选集》（第 3 卷）《抗日时期的经济问题和财政问题》中记载，"一九四一年和一九四二年两年中，军队和机关学校因自己动手而获得解决的部分，占了整个需要的大部分。这是中国历史上从来未有的奇迹，这是我们不可征服的物质基础"④。当时强调的是"发展经济，保障供给"，例如陕甘宁边区的军队生产活动，使得"人民负担又可减轻了，民力又可得到休养了"。同样是在《毛泽东选集》（第 3 卷）的《开展根据地的减租、生产和拥政爱民运动》中提出，"县区党政工作人员在财政经济问题上，应以百分之九十的精力帮助农民增加生产，然后以百分之十的精力从农民取得税收"⑤。《毛泽东选集》（第 4 卷）

---

① 《习近平关于"三农"工作论述摘编》，中央文献出版社 2019 年版，第 67 页。
② 王刚：《对"自己动手，丰衣足食"号召形成的历史考察》，《中共党史研究》2017 年第 2 期。
③ 曹应旺：《毛泽东发动和领导大生产运动再认识》，《毛泽东研究》2015 年第 6 期。
④ 《毛泽东选集》第 3 卷，人民出版社 1991 年版，第 891 页。
⑤ 同上书，第 935 页。

中的《一九四六年解放区工作的方针》提出，"各地立即准备一切，务使一九四六年我全解放区的公私生产超过以往任何一年的规模和成绩"[1]。

由于当时正是革命战争时期，中国共产党的主要任务是实现革命战争的胜利，虽然针对特定需要制定的政策难以在全国施行，但在解放区实践的成效，同样能充分体现中国共产党的粮食安全政策首先建立在独立自主原则的基础之上。"独立自主"的思想不仅体现在粮食安全层面，还贯穿了中国共产党领导革命和建设的全过程。习近平总书记提出的"把饭碗牢牢端在自己手中"，也正是中国共产党独立自主解决粮食安全问题的生动体现。

二、集中统一思想：以粮为纲（1958 年）

在取得抗日战争、解放战争、朝鲜战争等一系列战争的胜利以及社会主义改造后，中国共产党的主要工作由革命转变为建设。如何让全国人民吃饱饭成为了当时摆在中国共产党面前的重大问题。根据国家统计资料显示，1949 年中国人均粮食产量为 208.9 千克，仅为 400 千克粮食安全标准的一半，粮食安全面临着严峻的形势。除此之外，当时中国还面临着十分恶劣的国际环境，民族工业又尚未建立，急需建立工业和国防体系以保障国家安全。为此，以毛泽东为核心的党的第一代中央领导集体，在农业领域提出了"以粮为纲"，在工业领域提出了"以钢为纲"的发展策略，体现了中国共产党在当时集中统一解决粮食安全的思想。

这一阶段，中国粮食生产面临着诸多困难。据国家统计局的统计资料显示，1957 年中国的人均粮食产量为 301.6 千克，到 1978 年人均粮食产量仍为 316.6 千克，人均粮食产量增长缓慢。且在 1961 年，人均粮食产量还降低至 207.3 千克，甚至比 1949 年还要低。影响这一阶段粮食安全的原因很多，但至少可以总结为如下三方面：

---

[1]　《毛泽东选集》第 4 卷，人民出版社 1991 年版，第 1177 页。

第一，农业生产服务工业生产。当时中国面临的处境是弱国防、弱工业，加之西方国家对中国施行经济制裁和封锁，国家安全面临着巨大威胁。因此，在这个阶段中国将更多的资源配置到工业部门，也即"以钢为纲"的发展策略；而在农业生产领域，则主要是维护最基本的粮食需求，施行了"粮票"制度，在粮食价格上则通过价格剪刀差将粮食生产剩余转移至工业部门，以增加工业部门的产出。这一阶段，在农业剩余的支持下，中国的工业，特别是国防工业有了较大的发展，并相继在 1960 年、1964 年、1967 年和 1970 年成功研制了第一颗仿制导弹、第一颗原子弹、第一颗氢弹以及第一颗人造卫星等。

第二，自然灾害的冲击。这一时期，自然灾害也对中国的粮食安全造成了冲击，特别是在 1959—1961 年间，据统计，1959 年中国的人均粮食产量从 1958 年的 299.5 千克 / 人下降至 252.5 千克 / 人，1960 年和 1961 年，更是下降至 217.3 千克 / 人和 207.3 千克 / 人，分别比非自然灾害的 1958 年下降了 27.4%和 30.8%。可见自然灾害在中国的经济困难时期，加重了粮食安全风险，直接导致了人均粮食产量的大幅下降。

第三，"文化大革命"的影响。中国的人均粮食产量从 1962 年的 229.5 千克 / 人到 1974 年的 303.0 千克 / 人，中国的粮食安全水平恢复到 1957 年的水平（301.7 千克 / 人），历经了 12 年之久。以 1965 年为界，从 1962 年到 1965 年三年间，中国的人均粮食产量增加了 38.7 千克，而 1965 年到 1975 年的十年间，中国的人均粮食产量只增加了 39.7 千克，两个阶段的增幅相近，但后者增幅所花费的时间长达十年。可见，"文化大革命"确实对中国的粮食安全产生了重大的负向冲击。

三、市场经济思想：包产到户（1978 年）

安徽小岗村农民的"包产到户"拉开了中国农业改革的序幕，进而也拉开了中国经济社会全面改革与开放的序幕。到 1984 年全国范围内基本实行了家庭联产承包责任制，使得粮食产量大幅增加，粮食安全形势得到极大改善。党的十一届三中全会作出了把党和国家的工作重心转移到社会主义现代化建设上来和实行改革开放的重大决策，中国的国内和国际环境也出现了重大变化。在国内方面，中国逐步建立起了基本的工业体系，拥有了能够保证国家安全的国防力量；在国际方面，中国同西方发达国家的关系得到极大改善，在联合国获得席位并取代国民党政权成为安理会常任理事国。随着中国工业的发展，农业在国民经济中的占比也逐步下降，国家对农业的依赖与汲取也开始弱化。

家庭联产承包责任制是中国共产党粮食安全思想的重要创新，是中国共产党适应时代和人民需要，用市场经济的手段来解决粮食安全问题的重要探索。该制度允许农民承包土地，自主经营自负盈亏，激发了广大农民的积极性。一系列的研究表明，家庭联产承包责任制有效地推动了粮食生产，提高了粮食生产的全要素生产率。Lin 的研究显示，家庭联产承包责任制对农业产出增长的贡献高达 17.82%[1]。Gong 的研究也证实，家庭联产承包责任制在 1978—1984 年对农业生产具有重要贡献。[2]国家统计局的统计资料显示，1978 年中国人均粮食产量为 316.6 千克，到 1984 年则增长至 390.3 千克，已经接近 400 千克 / 人的粮食安全标准，这显示了家庭联产承包责任制的巨大成功。其他一系列的粮食政策，包括取消粮食统购统销，推行粮食价格市场化，都对粮食生产产生了积极影响。

在这个时期，中国共产党"解放思想，实事求是"，创新性地运用市场经济的手段，成功激发了亿万农民进行农业生产的积极性，较大幅度地提升了国家粮食安全水平。以市场经济解决粮食安全问题的思想与独立自主思想相融，中国共产党解决粮食安全的举措都是建立在独立自主原则的基础之上，中国共产

---

① Lin，Justin Yifu，"Rural reforms and agricultural growth in China"，*American Economic Review*，Mar，1992.

② Gong，Binlei，"Agricultural reforms and production in China：Changes in provincial production function and productivity in 1978–2015"，*Journal of Development Economics*，Vol.132，May，2018.

党始终依靠自己的力量，团结带领全国各族人民进行粮食生产。不仅如此，由集中统一到社会主义市场经济也一脉相承，这主要是由中国经济社会发展所处环境决定的。在新中国成立初期，中国面临着复杂的国际环境，首先需要考虑的就是建立基础性的工业和国防，以巩固国家安全和维护民族独立。此时集中统一的思想，有助于集中力量办大事，解决一些紧迫性的问题。在国家工业和国防有了一定的基础后，再通过社会主义市场经济的手段来优化资源配置，有利于充分调动劳动者的积极性，将"蛋糕"做大，以进一步提高粮食安全保障水平。

四、改善民生思想："菜篮子"和"米袋子"（1988年和1994年）

研究表明，在1984年后，家庭联产承包责任制对中国农业生产率的正向影响已经充分释放，中国粮食生产率进入了一个缓慢的增长阶段。但根据国家统计局的数据显示，中国在1984年到1994年这段时间内，人均粮食产量始终位于350千克上方，虽然不足400千克的粮食安全标准，但粮食安全基本得到了保障，这表明中国已经建立了较为稳固的粮食安全基本盘，解决了温饱。然而，随着生活水平的提高，广大居民对粮食转化的畜产品和蔬菜等有了更多、更高的需求。基于此，为缓解中国副食品供应偏紧的矛盾，中国于1988年开始推行"菜篮子工程"，主要是建立中央和地方的肉、蛋、奶、水产和蔬菜等农副产品基地，以解决副食品供应市场短缺的问题。与此同时，1994年中国进一步推行"米袋子"工程，其主要是稳固粮食生产基本盘，调控米价，保护农民种粮积极性，以保证居民的粮食需求及其转化畜产品的需求。

"米袋子"工程和"菜篮子"工程的推行表明，中国共产党解决粮食安全问题的思想由"吃得饱"向"吃得好"的转变，本质上是改善民生的思想，丰富了党的粮食安全思想。在此之前，中国人民为之奋斗几千年的梦想就是吃饱饭，能够有充足的余粮储备，不敢奢望有充足的蛋白类和蔬菜类食物保障。即便是在新中国成立后，中国的粮食、蔬菜水果、肉蛋奶、水产等都面临着严重的短缺。因此，在稳固了粮食生产基本盘后，中国共产党进一步解放思想，实事求是地着力改善民生，丰富居民的生活。由此可见，改善民生的粮食安全思想是建立在市场经济的巨大成功的基础之上，也是建立在独立自主原则的基础之上。中国共产党始终坚持用独立自主的原则指导实践，在通过市场经济的手段稳固粮食安全基本盘后，从人民的根本利益出发，着力改善民生。

五、固守底线思想：谷物基本自给，口粮绝对安全（2013 年）

自从 2003 年中国粮食总产量探底以来，粮食总产量保持连年增长的趋势，到 2013 年，中国粮食总产量实现了十连增，人均粮食产量达到 463.34 千克，远高于 400 千克 / 人的粮食安全标准，这表明，中国的粮食安全已经得到了有力保障。除此之外，中国的粮食进口量和库存量也同步增长，出现三量齐增的现象。这种现象一方面表明中国粮食安全问题得到了有效保障，困扰中国人民几千年的吃饭问题在当代得到了解决，居民可以在任何时候通过适当的价格购买足够的粮食；另一方面也显示了中国粮食安全的结构性问题，尤其是大豆和玉米进口量占比巨大。不仅如此，中国粮食安全的结构性问题还表现在粮食价格不能体现市场价格方面，从而导致了资源配置的扭曲，农业产出供给难以适应居民的真实需求，造成供给侧结构性矛盾，降低了经济福利。

党的十八大以来，以习近平同志为核心的党中央，从中国粮食安全的基本面出发，提出了"谷物基本自给，口粮绝对安全"的粮食发展战略，并强调"把饭碗牢牢端在自己手中"，强调底线思维，明确农业经济的约束条件。在此基础上，中国共产党进一步提出了要"藏粮于地，藏粮于技"的发展策略，强调生产要素的作用；还强调要推行农业供给侧结构性改革，推动供给适应需求，优化资源配置，提高经济福利。在这一阶段，中国共产党的粮食安全思想不仅仅在于满足居民的粮食需求，还在于提高居民的福利水平。为了从根本上守住粮食安全的基本底线，党中央开启了大规模的农田水利建设以及高标准农田建设，严守 18 亿亩耕地红线、15.46 亿亩永久基本农田红线；同时，还转变农业生产方式，明确到 2020 年实现化肥和农药零增长，守护农村生态环境。通过制度改革释放更多生产潜能，2013 年提出全面开展农村土地确权颁证，明晰承包土地权属安排；2014 年确立了农地"三权分置"改革，促进农地流转市场发展，推动适度规模化经营，以实现资源要素的优化配置。

中国共产党固守底线的粮食安全底线思想建立在中国粮食安全水平大幅提升的基础之上，是为了解决当前社会的主要矛盾，满足人民群众对美好生活的向往。这一思想同样建立在独立自主原则的基础之上，从本质上也是对集中统一思想、市场经济思想、改善民生思想的延续和发展，更是实事求是地解决中国粮食安全面临新问题的新举措。

第二节　中国共产党百年粮食安全实践与成效

中国共产党始终高度重视粮食安全议题，带领中国人民用占世界不到 10% 的耕地养活了占世界 20% 的人口，不但成功解决了中国人的吃饭问题，而且，形成了粮食安全保障思想。当前，我国粮食产量已连续多年稳定在 6.5 亿吨以上，将中国人的饭碗牢牢端在了自己手中。

一、粮食总产量不断增长

几千年来，中国人民为之奋斗的目标就是丰衣足食。虽然也有研究表明，中国古代也曾出现过人均田地面积高达近 30 亩的情况。[①] 但总体上而言，中国

---

① 白俊超：《我国西汉至建国前的人地关系状况分析》，《经济问题探索》2007 年第 2 期。

古代粮食安全水平不高，大量的土地掌握在地主手中，农民租赁地主土地获得少量的粮食；农业生产主要靠天吃饭，如遇灾年农民更是雪上加霜；粮食流通体系不发达，粮食生产主要是自给自足。也正是由于粮食安全问题的出现，导致了历史上多起农民起义的爆发。

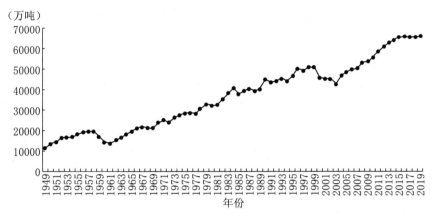

图 4-1　1949—2019 年中国粮食总产量

粮食产量是粮食安全最直接和最重要的评价指标，根据国家统计局的统计数据显示，中国的粮食总产量自 1949 年以来，取得了快速增长。在 1949 年之前，党的粮食安全政策主要针对革命根据地区域。毛泽东提出的"自己动手，丰衣足食"号召，推动了革命区的农业生产发展，有力地保障了战士的军需，是中国共产党坚持以独立自主原则解决粮食安全问题的成功范例。从 1949 年中国共产党夺取政权开始执政算起，中国粮食总产量尽管也经历了一些波动，但总体来看，仍呈现快速增长的态势。图 4-1 描述了 1949—2019 年中国粮食总产量的变化趋势。中国共产党执政 71 年间，中国的粮食总产量由 1949 年的 11318.4 万吨增长至 2019 年的 66384.34 万吨，增长了 4.91 倍，年几何平均增长率为 2.54%。根据王金朔等[①]的估算，中国的粮食总产量从 19 世纪前期到 21 世纪初近 200 年间增长了 3.1 亿吨，而图 4-1 显示，从 1949 年到 2000 年的

---

① 王金朔、曹雪、金晓斌等：《1644—1949 年中国粮食生产与运输格局变迁初探》，《资源科学》2014 年第 11 期。

50 年中，中国粮食总产量就增长了 3.49 亿吨，2000 年到 2020 年又增长了 2.07 亿吨。可见，中国共产党自新中国成立以来执政兴国的巨大成功，强有力地保障了国家的粮食安全。

从中国共产党领导中国建设的各个时期来看，中国的粮食产量在不同时期的增长速度存在显著差异，但都显示了党在不同阶段粮食安全思想的巨大成就，具体如表 4-1 所示。

表 4-1　1949 年到 2020 年不同阶段的粮食总产量增长情况（单位：万吨）

时间段	起始量	终止量	增量	增长幅度	增长速度
1949—1958 年	11318.4	19766.3	8447.9	74.64%	6.39%
1959—1978 年	16969.2	30476.5	13507.3	79.60%	3.13%
1979—1994 年	33211.5	44510.1	11298.6	34.02%	1.97%
1995—2013 年	46661.8	63048.2	16386.4	35.12%	1.69%
2014—2020 年	63964.83	66949.0	2984.17	4.67%	0.76%

注：时间段的划分，根据前文中对中国共产党不同阶段的粮食安全思想进行划分，增长速度为年几何平均增长率。

第一，1949—1958 年期间，粮食产量快速恢复。在 1949 年之前，中国共产党的主要任务是领导革命，夺取政权，粮食安全实践与思想主要集中体现在革命区，未能在全国推行。1949 年之后，中国共产党的工作重点在于社会主义改造和建设。这段时期的粮食安全思想则是在独立自主的原则下，与民休养生息恢复生产，取得了显著成效。1949 年，中国的粮食产量仅为 11318.4 万吨，到 1958 年显著增长至 19766.3 万吨，增量 8447.9 万吨，粮食产量增幅高达 74.64%，年几何平均增长率为 6.39%。这表明，中国人民完全有能力通过自己的努力实现粮食产量快速增长，坚持独立自主的原则有助于维护国家粮食安全。

第二，1959—1978 年期间，粮食产量增速放缓。在这段时间内，党的工作重心由农村转移到城市，由农业转移到工业。为了建立有效的工业和国防，维护国家安全，中国共产党实施了"以粮为纲"的粮食发展策略，力图用集中统一的方法维护粮食安全。虽然在这段时间内连续受到三年自然灾害和十年"文化大革命"的影响和干扰，中国的粮食总产量仍然实现了较大幅度增长。粮食总产量由 1959 年的 16969.2 万吨显著增长至 30476.5 万吨，增量 13507.3 万吨，增长幅度为 79.60%，年几何平均增长率为 3.13%。尽管这一时期粮食产量增长速度较低，但在面临的国内外复杂形势下，从经济社会发展的全局来看，基于农业支持工业的发展方针，这段时期中国共产党的粮食安全政策也有着积极的一面，同时也间接地推动了中国工业和国防基础设施的建立，有效维护了国家安全。

第三，1979—1994 年期间，粮食安全基本得到保障。1978 年开始推行的家庭联产承包责任制，赋予了农民土地承包经营权，充分调动了农民从事粮食生产的积极性，"交够国家的，留足集体的，剩下都是自己的"成为当时广为人知的口号。中国的粮食总产量在这个时间段由 33211.5 万吨显著增长至 44510.1 万吨，粮食增量为 11298.6 万吨，增幅达到 34.02%，年几何平均增长率为 1.97%。在这段时间内，还伴随着粮食流通体系的改革，统购统销逐步退出，粮食价格逐渐放开。这一时期制度的改革为我国粮食安全的保障提供了条件。

第四，1995—2013 年期间，在粮食产量增加的同时生产结构也不断优化。这段时间中国的粮食总产量实现了飞跃发展，接连跨越了 5 亿吨和 6 亿吨两个台阶，粮食产量由 46661.8 万吨增长至 63048.2 万吨，增量高达 16384.4 万吨，增幅高达 35.12%，年几何平均增长率 1.69%。粮食总产量的快速增长已经能够充分满足中国人民的口粮需求，中国共产党的粮食安全策略开始由"吃得饱"向"吃得好"转变。根据姚成胜等[①]的测算，这段时间内，中国粮食安全的脆

---

① 姚成胜、殷伟、李政通：《中国粮食安全系统脆弱性评价及其驱动机制分析》，《自然资源学报》2019 年第 8 期。

弱性水平不断下降，粮食安全水平稳步提升。基于此，中国共产党适应时代需求，在基本口粮得到有效保障的情况下，努力改善居民的膳食结构，实现由满足单一口粮需求向满足丰富食物需求转变。

第五，2014—2020 年期间，粮食产量稳定在较高水平。在粮食安全得到有效保障后，如何进一步推动农业生产发展满足全体人民的美好生活需要，成为摆在中国共产党面前的重大课题。一方面，2014 年的粮食总产量已经高达 63964.83 万吨；另一方面，粮食生产成本较高，地板抬升。此外，粮食还存在粗放式生产现象，农药、化肥等高速折旧的物质资本投入强度较高，对农村生态环境造成严重威胁。以习近平同志为核心的党中央通过农业供给侧结构性改革，释放农业要素潜力，实现了粮食产量由 63964.83 万吨增长至 66949 万吨，增量为 2984.17 万吨，增长幅度达 4.67%，年几何平均增长率高达 0.76%。据此，中国的粮食安全得到了进一步稳固；同时通过农业供给侧结构性改革、藏粮于地、藏粮于技等举措，进一步提高了粮食生产的竞争力，践行了绿色生产理念。

二、人均粮食产量超过粮食安全标准

人均粮食产量是衡量粮食安全最直接的指标，也是粮食安全的两个重要标准之一（另一个为粮食自给率）。人均 400 千克的粮食产量是普遍参考的观点，该标准由中国农业科学院于 1986 年提出 [①]，现有研究多在此基础上对中国的粮食安全标准进行讨论。1990 年，中国农业科学院食物发展研究课题组认为，随着中国居民的膳食结构改善，400 千克 / 人的粮食安全标准较低。[②] 陈百明则认为，中国在不同的历史阶段面临的粮食安全标准是不一样的，例如在 2020 年应

---

① 中国农业科学院：《人均 400 公斤粮食必不可少》，《中国农业科学》1986 年第 5 期。

② 中国农业科学院食物发展研究课题组：《再论人均 400 公斤粮食必不可少》，《农业经济问题》1990 年第 10 期。

达到 420 千克／人。[1] 还有诸如张利国的研究认为，要将粮食安全标准进行细化，分为粮食安全的六个阶段。[2] 由此可见，无论是采用何种标准对中国的粮食安全水平进行划分，人均粮食产量都是直接且非常重要的评价指标。图 4-2 给出了 1949—2019 年中国的人均粮食产量变化趋势。

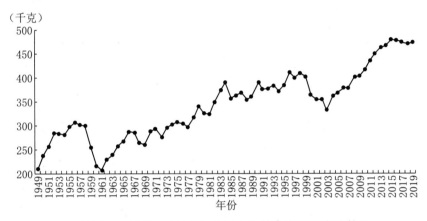

图 4-2　1949—2019 年中国人均粮食产量演变趋势图

由图 4-2 可知，自从中国共产党取得政权以来，中国的人均粮食产量总体呈现快速增长态势，由 1949 年的 208.95 千克／人显著增长至 2020 年的 478 千克／人，人均粮食产量增长了 1.29 倍，年几何平均增长率为 1.19%。根据中国农业科学院 400 千克／人的标准，中国 2020 年的人均粮食产量已经比 400 千克／人的标准线高出 78 千克，粮食安全得到有力保障。值得指出的是，1949 年到 2020 年，中国年末常住人口总量由 54167 万人增长至 140005 万人，人口增长了 1.58 倍，年几何平均增长率为 1.37%。在人口大幅度增长的情况下，中国仍然有效地提高了人均粮食产量，这进一步表明：中国共产党的粮食安全思想与实践取得了巨大成功。表 4-2 汇总的中国在不同时期的人均粮食产量增量、增长幅度和增长速度，充分表明中国共产党不同阶段的粮食安全思想所取得的成就。

---

[1] 陈百明：《未来中国的农业资源综合生产能力与食物保障》，《地理研究》2002 年第 3 期。

[2] 张利国：《我国区域粮食安全演变：1949—2008》，《经济地理》2011 年第 5 期。

表 4-2　1949 年到 2020 年不同阶段的人均粮食产量增长情况（单位：千克 / 人）

时间段	起始量	终止量	增量	增长幅度	增长速度
1949—1958 年	208.95	299.52	90.56	43.34%	4.08%
1959—1978 年	252.49	316.61	64.12	25.39%	1.20%
1979—1994 年	340.48	371.38	30.90	9.07%	0.58%
1995—2013 年	385.25	463.34	78.09	20.27%	1.03%
2014—2020 年	467.64	478.00	10.36	2.22%	0.37%

第一，1949—1958 年期间，人均粮食产量快速增加。在这 9 年间，中国人均粮食产量由 208.95 千克上升至 299.52 千克，增量达到 90.56 千克，增幅高达 43.34，增长速度达到 4.08%/ 年。对比表 4-1 可知，中国的人均粮食产量增长幅度和速度均小于粮食总产量，其原因在于这个阶段，中国常住总人口增加幅度达到 21.83%，年几何平均增长率达到 2.22%。在人口大幅增长的同时，中国仍然实现了人均粮食产量的快速增长。这表明：在中国共产党的领导下，中国的粮食安全水平得到强有力保障。

第二，1959—1978 年期间，人均粮食产量增速减缓了人口增长的压力。在这段时间内，中国经历了严重的困难时期。自 1959—1961 年，中国的人均粮食产量持续下降。正如前文所述，造成这次的粮食安全水平下降是多方面的。1962 年开始，中国粮食安全水平开始企稳回升。到 1978 年，中国的人均粮食产量达到了 316.61 千克，为历史最高水平。这段时间内，中国人均粮食产量增量为 64.12 千克，增长幅度达到 25.39%，增长速度达到 1.2%。同样是在这段时间，中国人口增幅高达 43.23%，人口净增量达到 29052 万人，增长速度高达 1.91% 每年。粮食总产量的快速增长减少了人口快速增长对中国粮食安全造成的压力，粮食安全保障水平不断提升。

第三，1979—1994 年期间，农村经济改革促进了人均粮食产量的进一步增长。在这段时间内，中国总人口仍然是呈现大规模增长特征，由 97542 万人增长至 119850 万人，人口净增量为 22308 万人，增幅高达 22.87%，年平均增长率达到 1.38%。即便人口的过快增长给中国的粮食安全带来了巨大压力，但人均粮

食总产量由 1979 年的 340.48 千克增长至 1994 年的 371.38 千克 / 人，增量达到
30.90 千克，增幅达到 9.07%，增长速度为 0.58%。从图 4-2 可见，在 1979—1984
年间，中国人均粮食占有量大幅增长。虽然之后由于家庭联产承包责任制的潜能
已经释放，加之市场粮食供给大幅增加所引致的粮食价格相对较低，人均粮食产
量有所回落并呈现波动特征，但总体呈现不断增长的态势。这一阶段人均粮食产
量的增长，主要是由于农业市场经济改革对粮食生产产生了巨大的促进作用，也
证实了解放思想实事求是是中国共产党解决中国粮食安全问题的关键所在。

　　第四，1995—2013 年期间，人均粮食产量超过安全标准。1995 年中国人均
粮食产量为 385.25 千克，距离 400 千克 / 人的粮食安全标准不足 15 千克；而
到 2013 年，中国人均粮食产量达到 463.34 千克，远高于 400 千克。从图 4-2
可见，中国于 1996 年首次突破 400 千克 / 人的粮食安全标准，之后呈现下降并
于 2003 年探底，以后于 2008 年又重新回升，站上 400 千克 / 人的台阶并一直
延续至今。从 1995—2013 年的这 18 年间，中国的人口总数增长了 14951 万人，
增幅达到 12.34%，增速为 0.65%/ 年。在这段时间内，中国居民的口粮需求基
本得到满足，且食物需求逐步呈现多样化。随着居民膳食结构的改善，中国粮
食安全的压力呈现出结构性矛盾的演变特征。如姚成胜等以河南省为例的研究
表明，20 世纪 90 年代以来，河南省的饲料粮和工业用粮消费量快速增长，增
长速度已经超过粮食产量的增长速度，对粮食安全产生了巨大压力。[①] 为了应
对粮食安全的结构性压力，中国共产党早在 1988 年就实行了"菜篮子"工程，
并于 1994 年实行"米袋子"工程，强有力地保障了国家粮食安全。

　　第五，2014—2020 年期间，人均粮食产量高位趋稳。如上所述，在这一阶
段，中国的粮食产量已经达到较高水平。人均粮食产量在 2014 年为 467.64 千
克，到 2020 年增长至 478 千克，增量了 10.36 千克，增长幅度为 2.229%，年

---

　　① 　姚成胜、李政通、黄琳：《20 世纪 90 年代以来河南省食物资源安全状况评价》，《干旱区资源与
环境》2015 年第 6 期。

几何平均增长率为 0.37%，总体实现了正增长。这充分表明，在这一阶段中国的粮食安全水平得到了稳固和提高。当前，中国的粮食安全水平已经得到有力保障，粮食安全进一步由量的安全向质的安全转变。党中央高度重视"三农"问题，在"量"的安全方面，提出了确保 18 亿亩耕地红线、15.46 亿亩永久基本农田红线，并进一步推进高标准农田建设，推进农业机械化水平，提高农业现代化水平；在"质"的安全方面，严守生态底线，推进污染防治攻坚战，明确化肥和农药零增长时间表，加大农产品质量安全监管力度。中国共产党在确定底线思维的基础上，通过一系列制度改革释放农业要素潜力，实现粮食安全、农民增收和农业可持续发展目标的协同推进。

三、粮食作物结构不断优化调整

根据前文的分析可知，中国共产党自建党以来，就将粮食安全作为主要工作，团结带领全国各族人民坚持独立自主的原则，解放思想实事求是，在不同的历史时期提出了紧扣国情国力的粮食安全新思想和新举措，有效维护了国家粮食安全。当然，中国共产党的任务不仅仅是带领中国人民吃饱饭，更要吃得好，要膳食均衡，这就关系粮食作物的品种结构调整。根据粮食的定义，主要包括稻谷、小麦、玉米、大豆和薯类 5 种，其演变趋势如图 4-3 所示。据此可以看出：中国共产党在粮食作物品种结构调整方面的实践与成效。

第一，口粮安全得到了有效保障。稻谷和小麦是中国的主要口粮，其中南方地区以食用稻谷为主，北方地区以食用小麦为主。自 1949 年新中国成立到 2020 年的 71 年间，中国稻谷产量由 4864.8 万吨增长至 21186 万吨，增加了 3.35 倍，年几何平均增长率达到 2.10%；中国小麦产量则由 1949 年的 1381.5 万吨增长至 2020 年的 13425 万吨，增加了 8.72 倍，年几何平均增长率高达 3.25%。稻谷和小麦的快速增长，表明了中国居民的口粮需求得到了有效保障，同时也进一步印证了中国共产党执政兴国的历史成就。

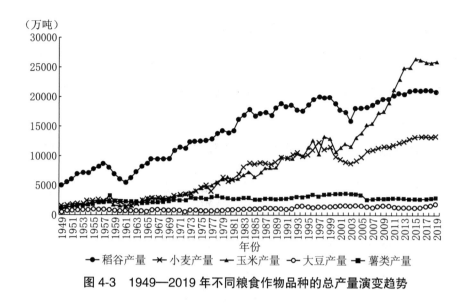

图 4-3　1949—2019 年不同粮食作物品种的总产量演变趋势

第二，居民的膳食结构显著改善。玉米是饲料用粮的重要来源，在 2011 年之前，稻谷是中国第一大粮食产量品种，2011 年开始，玉米成为中国第一大粮食作物品种。中国玉米产量在 1949 年时仅为 1242 万吨，到 2020 年达到 26067 万吨，增加了 20 倍，年几何平均增长率为 4.38%，远高于其他粮食作物品种。然而，玉米产量的大幅增长主要发生在 1988 年之后的时期。从 1949—1988 年，玉米产量的增量仅为 6493.1 万吨，1988—2020 年玉米产量增量为 18331.9 万吨。根据前文可知，在 1988 年中国开始实施"菜篮子"工程，着力改善居民的膳食结构。而玉米作为主要的饲料用粮，其产量的快速增长，正是印证了中国共产党在改善居民膳食结构方面的巨大成就。这样既有效地维护了国家粮食安全，又有效地改善了居民的生活，丰富了粮食安全的含义，提高了粮食安全水平。

第三，在粮食安全的结构性矛盾突出的背景下推出中国大豆振兴计划。大豆是人民生活的重要物资，是植物油和饲料用粮的重要来源。然而，中国的大豆产量相对于其他粮食作物品种而言，近几年来一直处于低位。大豆产量不足的原因是多方面的，其中，最主要的原因在于：一是中国大豆种植的亩产水平不高，农民种植大豆难以获得可观的经济收益，积极性不高；二是在加入世界贸易组织后，中国大豆市场面临国际大豆市场的冲击，导致更多的农民放弃种植大豆；三是为了缓解中国粮食生产资源的紧缺，使耕地能休养生息，以维护耕地质量等，国家采取市场手段，通过有效的贸易手段，实施利用国际国内"两种资源""两个市场"解决中国粮食安全的措施。其中，大豆成了中国进口量最大的品种，进口数量不断攀升。据统计，中国的大豆进口由 1997 年的 294 万吨（占世界大豆进口贸易总量的 7.7%）一路增至 2018 年的 8803 万吨（占世界大豆进口贸易总量的 62.6%），中国成为世界上最大的大豆进口贸易国。当然，中国大豆对进口的过度依赖，尤其是对美国进口的依赖，也诱发了存在贸易风险的可能性，进而也存在潜在的影响国家粮食安全的可能性。上述原因显示了中国粮食安全的结构性矛盾，这种结构性矛盾不仅体现在产量的结构性失衡，还体现在供给与需求的不相匹配。如何缓解粮食安全的这种结构性矛盾，则成为当下中国共产党面临的新课题。针对国内大豆需求巨大，且严重依赖进口的状况，中国共产党提出了底线思维，在巩固粮食安全基础的情况下，划清粮食安全底线，划清生态红线，以制度改革释放要素潜力，激发要素活力，以提高居民的经济福利。就大豆粮食品种而言，一方面通过新贸易伙伴的不断拓展，进口来源呈现多元，继续大豆进口，以两种资源、两个市场来保障中国对大豆的需求；另一方面在 2019 年中央 1 号文件中也明确指出，要实施大豆振兴计划，稳定恢复中国大豆的种植面积，并通过科研攻关，提高大豆品种的适应性、高产性和优质性；通过加工业发展，提高大豆生产经营的组织化程度和水平。在当今世界面临百年未有之大变局下，中国共产党在大豆进口为主格局不变的前提下，适时重启大豆振兴计划，这样，既可以提高国产大豆的竞争力，更可以缓解对大豆进口重度依赖所带来的贸易风险，有利于保障国家的粮食安全。

四、粮食生产要素配置不断优化

经济增长理论表明，产出来源于要素投入。如何激发要素市场活力，实现要素的最优配置，关系到生产效率。无论是在改革开放前的计划经济时期，还是在改革开放后的社会主义市场经济时期，中国共产党都十分注重要素的配置。在改革开放前，由于面临着严峻的国际环境，维护国家安全需要坚实的工业基础和国防基础，中国共产党提出了"以粮为纲"和"以钢为纲"的发展策略，统筹要素配置，集中力量办大事，既有效保证了最基本的粮食供给，又建立了基础的工业和国防体系。在改革开放后，中国共产党积极适应时代需要，灵活运用市场经济的手段发展经济，适应人民需求及时调整策略，重点激发农业生产要素活力，提高粮食产出，维护粮食安全。由于 1978 年前的粮食生产要素数据存在较大缺失，表 4-3 给出了中国 1978 年到 2019 年的粮食生产要素使用状况，数据来源于国家统计局。从表 4-3 可以看出：

第一，化肥和农药。化肥和农药对中国粮食产量增长的稳定和提高具有重要作用，中国农用化肥施用量由 1978 年的 884 万吨增长至 2019 年的 5403.59 万吨，农药使用量则从 1991 年的 76.53 万吨增长至 2018 年的 150.36 万吨，化肥和农药的快速增长为中国的粮食产量提高提供了坚实保障。其中，化肥对粮食增产具有重要作用[1]，农药则能够有效减少病虫害对粮食增产产生影响。然而，由于多重原因，中国的化肥和农药存在过量使用的现象。一方面，在市场经济机制的作用下，农民购买了大量化肥和农药进行农业生产，有效提高了粮食产量；另一方面，中国化肥施用量早已超过联合国粮农组织建议的 225 千克 / 公顷上限标准，化肥农药过度使用对农村生态环境造成了巨大压力，导致了农业面源污染，增加了农业碳排放。[2] 为此，在中国粮食安全的基本盘得到稳固后，原国家农业部相继发布《到 2020 年化肥使用量零增长行动方案》和《到

---

[1]　李政通、姚成胜、梁龙武：《中国粮食生产的区域类型和生产模式演变分析》，《地理研究》2018 年第 5 期。

[2]　李政通、白彩全、肖薇薇：《基于 LMDI 模型的东北地区农业碳排放测度与分解》，《干旱地区农业研究》2017 年第 4 期。

2020 年农药使用量零增长行动方案》，实际上中国化肥和农药在 2015 年和 2013 年就开始分别实现了负增长，目前实施的化肥农药减量化行动，必将在保障粮食安全的同时，进一步促进农村生态环境的改善。

表 4-3　1978—2019 年农业生产要素使用状况

年份	化肥（万吨）	农业从业（万人）	农药（万吨）	农业机械（万千瓦）	年份	化肥（万吨）	农业从业（万人）	农药（万吨）	农业机械（万千瓦）
1978	884	28318	—	11749.9	1999	4124.3	35768	132.16	48996.12
1979	1086.3	28634	—	13379.19	2000	4146.41	36043	127.95	52573.61
1980	1269.4	29122	—	14745.75	2001	4253.76	36399	127.48	55172.1
1981	1334.9	29777	—	15679.76	2002	4339.39	36640	131.13	57929.85
1982	1513.4	30859	—	16614.21	2003	4411.6	36204	132.52	60386.54
1983	1659.8	31151	—	18022.1	2004	4636.6	34830	138.6	64027.91
1984	1739.8	30868	—	19497.22	2005	4766.22	33442	145.99	68397.85
1985	1775.8	31130	—	20912.5	2006	4927.69	31941	153.71	72522.12
1986	1930.6	31254	—	22950	2007	5107.83	30731	162.28	76589.56
1987	1999.3	31663	—	24836	2008	5239.02	29923	167.23	82190.41
1988	2141.5	32249	—	26575	2009	5404.35	28890	170.9	87496.1
1989	2357.1	33225	—	28067	2010	5561.68	27931	175.82	92780.48
1990	2590.3	38914	—	28707.7	2011	5704.24	26594	178.7	97734.66
1991	2805.1	39098	76.53	29388.6	2012	5838.85	25773	180.61	102559
1992	2930.2	38699	79.92	30308.4	2013	5911.86	24171	180.77	103906.8
1993	3151.9	37680	84.48	31816.6	2014	5995.94	22790	180.33	108056.6
1994	3317.9	36628	97.86	33802.5	2015	6022.6	21919	178.3	111728.1
1995	3593.7	35530	108.7	36118.1	2016	5984.41	21496	174.05	97245.59
1996	3827.9	34820	114.08	38546.9	2017	5859.41	20944	165.51	98783.35
1997	3980.7	34840	119.55	42015.6	2018	5653.42	20258	150.36	100371.7
1998	4085.6	35177	123.17	45207.7	2019	5403.59	19445	—	102707.7

第二，农业劳动力。中国的农业劳动力总体呈现先增加后减少的变化趋势，1978 年的家庭联产承包责任制赋予了农民土地承包经营权，实现了农业劳动力的初步解放，大量的农村劳动力投入到农业，有力地保障了粮食安全。在粮食安全进一步得到稳固后，中国政府积极推动农业剩余劳动力由农村流向城市，推进了国家城镇化进程。姚成胜和邱雨霏等的研究表明，中国的城市化进程同粮食安全水平经历了低度协调、中度协调和高度协调三个发展阶段。[①] 释放农业生产要素对粮食产量增长具有正向驱动作用[②]，不仅可以有效保证国家的粮食安全，还推进了中国工业发展。目前，中国农业从业人口占比逐步下降，同农业产值占总产值比重的差距呈现逐年下降趋势。根据 Alvarez[③]、Tombe[④]、Adamopoulos 和 Restuccia[⑤] 以及 Lagakos 和 Waugh[⑥] 的研究，两个比重差距的逐步缩小表明，中国农业的生产效率得到改进，要素配置水平得到逐步提高，这有助于增加经济福利。

第三，农业机械总动力。实现农业机械化是现代农业发展的必然要求，1978 年以来中国农业机械化水平稳步提高。表 4-3 显示，中国农业机械总动力由 1978 年的 11749.9 万千瓦增长至 2019 年的 102707.7 万千瓦。农业机械化对

---

① 姚成胜、邱雨菲、黄琳等：《中国城市化与粮食安全耦合关系辨析及其实证分析》，《中国软科学》2016 年第 8 期。

② 姚成胜、李政通、易行：《中国粮食产量变化的驱动效应及其空间分异研究》，《中国人口·资源与环境》2016 年第 9 期。

③ Alvarez，Jorge A，"The agricultural wage gap：Evidence from Brazilian micro-data"，*American Economic Journal：Macroeconomics*，Vol.12，No. 1，Jan，2020.

④ Tombe，Trevor，"The missing food problem：Trade，agriculture，and international productivity differences"，*American Economic Journal：Macroeconomics*，Vol.7，No. 3，Jul，2015.

⑤ Adamopoulos，Tasso，and Diego Restuccia，"The size distribution of farms and international productivity differences"，*American Economic Review*，Vol.104，No. 6，Jun，2014.

⑥ Lagakos，David，and Michael E. Waugh，"Selection，agriculture，and cross-country productivity differences"，*American Economic Review*，Vol.103，No. 2，Apr，2013.

粮食生产具有重要的积极影响，有助于提高地区的粮食安全水平。[①] 这种作用机制在于，农业机械化的大幅提高替代了农业劳动力的作用，进一步推动了要素释放，促进农村劳动力流向城市，改善了农业要素结构，提高了资源的优化配置水平。由于中国劳均耕地规模较小，难以普遍开展大规模的农场经营。但是，中国政府通过大力发展农机服务体系，让小农户也能获得农业机械化服务，提高了农业机械化水平。这种方式适应了国情，有效应对了农业劳动人口庞大、劳均耕地面积不足的窘况。

总体来看，自改革开放以来，中国农业生产要素发生了巨大改变。这种变化归纳起来，即表现为：生产方式由人力耕种向农业机械化转变；要素投入由粗放投入向生态安全转变；资源配置由低效向高效转变。这种生产要素的变化，改变了中国自古以来"靠天吃饭"的窘境，提高了亩均农业产出，用少量的耕地养活了十几亿人口，用世界上不到10%的耕地，生产了世界上25%的粮食，养活了世界上20%的人口，有力地回答了国外学者关于21世纪"谁来养活中国"的提问。农业生产要素的变化，体现了中国共产党坚持以市场经济的手段，推动农业要素流通，实现资源有效配置的巨大成就；这种要素配置的结果，正是中国共产党在市场经济思想上进一步提出的改善民生思想和固守底线思想的结果，有力地保障了中国粮食安全水平的稳固。

第三节 中国共产党百年粮食安全思想与实践

中国共产党自1921年成立以来，就背负中华民族伟大复兴的历史重任，也就必然要肩负中国粮食安全的重担。在不同的历史阶段，中国共产党针对粮食

---

① 李政通、姚成胜、梁龙武：《中国粮食生产的区域类型和生产模式演变分析》，《地理研究》2018年第5期。

安全有着不同的思想和举措，这些思想和举措一脉相承。建党百年来，中国共产党一直在独立自主原则的基础上解决粮食安全问题，这一原则从 1939 年面对经济困难时的"自己动手"开始，到如今新时代满足人民日益增长的美好生活需要，都成为中国共产党解决粮食安全的思想基础。在新中国成立初期，为了应对其时工农业基础薄弱的现象，以毛泽东同志为核心的党的第一代中央领导集体采用集中统一的思想提出了"以粮为纲"和"以钢为纲"的发展策略，在保证粮食最基本需要的情况下，实现了工业和国防事业的巨大进步，维护了国家安全。1978 年以来，中国共产党人解放思想实事求是，运用社会主义市场经济的思想推行家庭联产承包责任制，充分激活农民从事粮食生产的积极性，推动了粮食安全水平的显著提升。在粮食安全基本盘得到有力保障之后，中国共产党又从改善民生出发，实行"米袋子"工程和"菜篮子"工程，有效地改善了居民的膳食结构。以习近平同志为核心的党中央面对新时代的社会主要矛盾转变，强调守住粮食安全底线，确保"谷物基本自给，口粮绝对安全"，划定粮食安全红线，推进制度改革和农业供给侧结构性改革，实现农业经济进一步发展。建党百年来，中国共产党团结带领中国人民坚持独立自主原则，取得了粮食生产的巨大成就，人均粮食产量已经站上 478 千克台阶，粮食安全有了坚实保障，困扰中国人民几千年的吃饭问题得到了有效解决。

当然，中国粮食安全的保障体系还存在诸多可以改善的空间。第一，粮食生产率水平还不够高，要素配置有待进一步优化。中国农业劳动比重和农业产出比重还存在较大差距，表明人均农业产出较低以及要素配置不够优化，同发达国家间还存在显著差距。需要进一步通过制度改革，充分释放农业劳动力资源，推动资源流向农业，提高资本份额，降低劳动比重，实现资源的优化配置。第二，种植结构有待优化。中国大豆产量较低，多依赖于国际市场。为此需要通过技术攻关，提高大豆的产量，让豆农有利可图；这也需要通过市场经济与宏观调控结合的手段，提高大豆的产出水平，改善种植结构。第三，农业现代化水平还不够高。中国应当立足国情，采取措施让小农户融入现代农业发展，通过迂回投资扩大农业资本化服务市场，以农业现代化解放农村劳动力，推动农民增产增收，同时实现粮食安全保障水平的提升。

第五章　中国共产党百年农业经营思想与实践

中国共产党自成立以来，就在根据地开始了农业经营模式的探索与实践，在中国共产党的领导下，中国农业经营模式也一直经历着变迁。农业经营模式的调整不仅影响着中国农业的生产效率，也在一定程度上反映了中国共产党农业思想的演进。根据不同时期的农业经济制度、农业经营体系、农业现代化发展等，可以将中国共产党成立以来的农业经营思想与实践划分为新民主主义时期（1921—1948 年）、新中国成立后到改革开放前（1949—1977 年）、改革开放后到"农业税"取消（1978—2004 年）和取消"农业税"到"新时代"（2005 年至今）几个阶段。

第一节　新民主主义革命时期：多种农业经营模式并存

新民主主义革命时期，农业是革命根据地的经济支柱，担负着支持革命战争和满足人民生活需要的重要作用。因此，在新民主主义革命时期，农业占有极其重要的地位。[1] 新中国成立前，毛泽东曾经多次指出，经济建设的中心是发展农业生产，农业生产为首位。但是受到经济条件的限制，农业的生产力水

---

① 李永丰：《党对革命根据地农业多种经济成分的政策》，《北京党史》2004 年第 2 期。

平较低，中国共产党充分发动农民，在开展土地革命的基础上建立各种合作社，促进农业生产发展。新民主主义革命时期农业合作社的实践和理论，为新中国成立后农业合作化运动积累了宝贵的经验。[①] 同时，在这一时期，中国共产党在根据地保存了个体农业经济，培育和扶植了农业集体经济，创造了公有制农业经济，增强了革命根据地的经济实力。

一、个体农业经济

个体农业是新民主主义革命时期根据地农业经营的主要形式，从事个体农业的农民，是革命根据地中最广大的群众。土地等生产资料为个人私有，中国共产党曾经试图按照马克思主义关于土地公有的原理，实行土地公有或国有，将根据地农业变为单一的公有制，但是事实证明，在新民主主义革命阶段是行不通的。[②] 因此，在新民主主义革命时期，党的土地政策围绕保留不保留个体农业经济及对待富农经济等问题予以展开与调整。1928 年 12 月制定的《井冈山土地法》规定：没收一切土地归苏维埃政府所有，一切土地经苏维埃政府没收并分配后，禁止买卖，且分配土地后，除老幼疾病没有耕种能力及服务与公众勤务的人以外，其余人均需强制劳动。《井冈山土地法》从根本上否定了封建阶级的土地所有权，但剥夺了劳动者的自由权，在一定程度上影响了农民的生产和革命的积极性。于是，1929 年 4 月的《兴国土地法》对此作出了必要修订，改为没收一切公共土地及地主阶级的土地归工农兵代表会议政府所有，分给无田地及少田地的农民耕种使用。不动农民的原有土地，承认了农民原有土地的所有权，但是对于新分得的土地，仍规定归政府所有。1930 年 11 月，毛泽东在《分青和出租问题》一文中提出，农民分田后准许出租的主张。1931 年，

---

① 杨通祖：《中央苏区土地法宣传通俗化研究（1927—1934）》，西南大学博士论文 2011 年。

② 宇赟、郝琦：《试论〈井冈山土地法〉的制定、发展及其立法意义》，《商洛师范专科学校学报》1998 年第 1 期。

毛泽东在给江西省苏维埃政府的信件中，也要求把土地所有权的归属问题明确规定为属于农民，并允许农民自主经营，后来，各根据地也先后调整了土地国有政策，承认了农民对土地的私有权。①

在抗日战争时期，根据地个体农业经济得到了进一步的发展，与敌占区或国统区农村相比，农业生产力得到了大幅度解放。根据《中国经济史》提供的数据表明，中农经济是抗战时期农村个体农业经济中发展最为迅速的力量。②个体农业经济的发展，使根据地得到巩固。1940年初毛泽东在《新民主主义论》中提出，没收地主的土地，分配给无地和少地的农民，把土地变为农民的私产，实现"耕者有其田"，使根据地农业生产力获得解放和发展。此后，土地农有的政策越来越稳定。到了解放战争期间，没收封建阶级的土地归农民所有，成为新民主主义革命的三大经济纲领之一。随着土地改革的进行，个体农业在整个新民主主义多种经济成分中的作用得到充分显示，成为新民主主义革命最终取得胜利的重要原因之一。回顾新民主主义革命时期根据地个体农业的发展历程可以看出，中国共产党根据马克思主义的原理，结合中国农村的实际情况，不断调整土地政策，在逐步消灭封建制度的过程中，始终保留了个体农业经济，并使它为新民主主义革命的胜利作出了巨大的贡献。

二、集体农业经济

除了个体农业外，在中国共产党政策的鼓励和培育下，新民主主义革命时期根据地农业集体经济也开始成长壮大。毛泽东指出，在早期农业中，集体经济是农民救济自己悲惨生活的一种方法。在根据地创建初期，生产资料匮乏，大量贫苦农民分得土地后无法单独完成耕种，互助合作便应时而生。起初，一般由几户人家进行不定期的互相帮助，后来在几户之间慢慢地形成了一种默认。

---

①② 李永丰：《党对革命根据地农业多种经济成分的政策》，《北京党史》，2004年第2期。

于是产生了相对固定的诸如"耕田队""劳动互助组"等集体组织，即互助组与互助队的雏形。中国共产党领导农民开展土地革命，充分尊重农民长期形成的耕地习惯，并对这种高于个体农业生产力的集体经济予以扶植和引导，更好地支持了长期战争和满足了人民生活需要。为此，1933 年中华苏维埃临时中央政府颁布了《劳动互助组织纲要》等文告，将互助组、互助队一类的合作组织视为根据地农民为发展生产、支援革命战争和争取自己富裕生活的一种方法。①到了抗日战争时期，随着大生产运动的展开，劳动互助组这种集体经济也随之得到了发展。随着集体经济的发展，与个体农业相区别的性质也越来越明显。毛泽东认为，它是建立在个体经济和私有财产基础上的集体劳动组织，充分地利用集体协作分工的方法，生产能力明显高于个体生产，对根据地的巩固和经济发展起了至关重要的作用。根据地农业集体经济的发展壮大，充分说明了中国共产党对人民首创精神的尊重，在领导农民进行土地革命中，保护、培育和扶植集体经济，使它壮大成为新民主主义经济的重要成分之一。

三、公有制农业经济

革命根据地是粮食及各种物质的主要供应地，农业是根据地赖以生存和发展的重要经济基础。长期的战争环境也导致对粮食等物资的大量且不间断的需求。根据地个体农业虽然居于主体经济形式，但生产能力受到严重限制，而集体经济也还处于发展阶段，靠这两种农业经济形式，满足人民日常需求尚且不足，支持长期革命战争更是艰难。公有制农业经济，就是在这种形势下应运而生。公有制农业经济的所有权属于根据地政府，由政府统一经营或雇人经营，所得收益由人民政府统一支配或调度，而在革命的不同时期，公有制的表现形式也呈现不同。在土地革命战争时期，公有制的农业经济主要表现为"公地"

---

① 傅金碧：《论土地革命初期的两部"土地法"——〈井冈山土地法〉与〈兴国土地法〉之比较》，《湘潭师范学院学报（社会科学版）》2008 年第 6 期。

或"公田"，所有权归苏维埃政府所有，由政府组织劳动合作社耕种，或者由乡苏维埃政府雇人耕种，或者由农民出工帮耕。收获的农产品或存于各农户，或存于集体仓库中，待急需时随时调用。公有制农业的经营管理和劳动力分配问题，在实践中逐渐形成了一些规范，使这种经济成分有了制度上的保证。1933年3月《中华苏维埃共和国中央执行委员会对于乡村工人分配土地及保留公田问题的决议》中规定，要保留一部分土地作为公田，以作必需的公共事业费用。在抗日战争时期，公有制农业经济得到了进一步发展。革命根据地发动了大生产运动，军队及机关开垦的荒地归边区政府共有，所产的粮食和蔬菜由政府及军队统一分配。同工同酬，大生产运动也是一种典型的公有制农业经济。公有制农业经济从无到有，对于革命根据地农业的发展及整体的建设起到了个体农业、集体经济达不到的效果。减轻了人民的负担，提高了军民的生活水平，粉碎了日伪军对抗日根据地的经济封锁，为抗日战争的最后胜利提供了物质保证。农业中的公有制经济成为整个新民主主义国有经济中的重要组成部分。

四、农业现代化道路探索

在新民主主义革命时期，党和国家对于农业现代化的认知始于1945年，在党的七大会议上，毛泽东提出了"农业近代化"理念。虽然当时对中国农业现代化的科学体系并没有系统认识，但开启了农业现代化道路理念探索的先河。1948年7月27日，《关于农业社会主义的问答》中明确提出社会化大生产的目标，社会主义须依托工业大生产的坚实基础才能创造社会主义农业大发展的局面。然而国际形势的突变，朝鲜战争的爆发，打乱和破坏了新中国恢复国民经济的节奏。[①] 总体来看，在新民主主义革命时期，受到社会环境的影响，中国农业的现代化进程尚未起步。

在整个新民主主义革命期间，中国共产党在根据地始终保存了个体农业经

---

① 翟新花：《我国农村集体经济体制历史变迁中的农民发展》，山西大学博士论文2015年。

济，培育和扶植了农业集体经济，创造了公有制农业经济，保护了富农经济，并在一定阶段内保留了地主经济，不仅扩大了统一战线的基础，而且充分地利用了包括富农经济和地主经济在内的多种经济成分的积极作用，增强了革命根据地的经济实力，最终取得了革命的胜利。随着革命进程的不断发展，中国共产党将没收土地的范围，越来越集中到只没收封建阶级的土地上，并最终消灭了封建剥削制度，完成了中国新民主主义革命的任务，为农业社会主义改造创造了前提。

第二节　新中国成立后到改革开放前：由家庭经营到集体经营

新中国成立以来，中国农业和农村经济的基本制度框架主要由中共中央以各种文件形式逐步确立。新中国的成立为农业的发展提供了政治保证，新中国成立初期的土地政策，彻底废除了封建剥削制度，解放了农村生产力，农业发展也增加了国家的财政收入，为国民经济的恢复和工业化建设创造了条件。在新中国成立后到改革开放前，中国的农业经营先后经历了土地改革阶段、公社化阶段和集体化阶段。

一、土地改革后的家庭经营与互助

新中国成立初期，百废待兴，中国农村人口占了绝大部分比重，农业的发展直接关系到初建政权的稳固。加上长期的革命战争和土地的破坏，广大农民迫切地需要稳定的环境恢复生产，面对巨大的粮食需求压力，优先解决农民吃饭问题始终是关键，因此，恢复农业生产成为重中之重。在1949—1952年，中国农业政策的主要目的是恢复农业生产，如1951年12月，中央颁布了《中共中央关于农业生产互助的决议（草案）》，"按照自愿、互利的原则组织农业生产互助组"。新中国成立初期的土地改革彻底解除了阻碍农业发展的最大障碍，消灭了中国传统农业的封建土地所有制，为中国农业的现代化甚至新中国的经济建设奠定了基础条件。但是土改后的农业出现了新的矛盾，小农经济更加分散，经营方式与自耕农的经营方式也无差别，依然存在着分散性、自给性、脆弱性等特征。而随着国民经济的逐渐恢复，到 1953 年，国家进入到了大规模的经济建设时期，对农业提出了更高层次的要求，但是受到资金、土地等生产要素的限制，中国落后的农业无法满足，合作化运动就成为中国农业迈向现代化的重要步骤。1953 年底中央颁布的《关于发展农业生产合作社的决议》，标志着农业合作重心由互助组向初级农业合作社阶段转移。初级合作社承认土地私有，在允许社员保留小块自留地的前提下，将农民自有生产资料以入股形式整合入社，由合作社统一经营。这一时期农业经营的主要特点表现为：农民拥有土地的处置权，可以自由地参股与退社，合作社对土地进行统一规划与管理，在一定程度上有利于实现规模经济，农业生产得到了较大发展。[1]截至 1952 年底，中国农业总产值较 1949 年增加了 28.8%，粮食产量由 11318 万吨上升至 16392 万吨，增幅达 44.8%。[2]初级农业合作社的出现，推动了农业经营制度的再次变革，由个体分散的经营方式逐步转变为集体统一经营。随着初级合作社的不断扩大，1955 年高级农业生产合作社逐渐发展起来，农业经营制度逐渐由初级合作社的"土地农民所有，集体统一经营"转变为"土地集体所有，统一经营利用"。总体来看，这一时期的农业合作化的农业经营制度与模式，尤其是初级合作社，满足了新中国成立初期的政治需要，也满足了广大农民群众的诉求，有力地推动了当时的农业生产与发展。

二、人民公社时期的集体经营

经过农业合作化，土地改革后形成的农民个体土地所有制演变为了劳动群

---

① 温铁军：《"三农"问题与世纪反思》，生活·读书·新知三联书店 2005 年版。

② 李如滢：《中国农业经营制度变迁的路径依赖及其对策研究》，吉林大学博士论文 2019 年。

众集体土地所有制,实现了新中国成立后土地制度的第二次大变革。然而,国家"一五"计划取得的丰硕成果,由于受到"农业生产的突出成就是对于生产关系的大变革"的误解,导致初级合作社的实践又以极快的速度向高级合作社以及"一大二公三化"的人民公社迈进。1958 年全国开展的人民公社化运动,通过小社并大社进而推行"政社合一"的人民公社体制。人民公社实行土地和生产资料公社所有制,废除了自留地、自养牲畜、自营林业等,实行政社合一和公社、大队、生产队三级管理,采取统一经营,集中劳动,简单协作,但是农业生产的绩效却并不理想。①1962 年 9 月,中央以法律形式确立了"三级所有,队为基础"的公社新体制,开始了以产权集中化为主要特征的"小公社"时期。在人民公社化时期的农业经营制度演变中,尽管中央针对生产集中存在的问题进行了一定的制度调整,所有制的公有水平经历了"公社所有——生产大队所有——生产小队所有"的逐级下降,集体经营规模逐步缩小,但农民仍然在农业生产中没有土地经营的主导权,仅按劳动多少获取定量报酬。总体来看,这一时期经历了"人民公社化运动""大跃进""文化大革命"等不同时期,实行土地公有公营,人民公社成为生产经营的主体,农民成为人民公社的员工,靠挣工分养家糊口,生产积极性、农业劳动生产率和土地产出率受到极大的影响,农业生产在波折中艰难前行。在这一时期,中国农业经营体系主要呈现以下特征:土地由私有私营过渡到公有公营;农业生产主体由家庭发展到合作社和人民公社;农业生产效益先升后降;农民向政府上缴规定额度的税赋;农业、农村和农民通过各种形式为工业化和城市化发展积累原始资本。②

---

① 田苏苏、刘庆旻:《论建国以来农村土地政策的三次大调整与中国农业现代化的历史进程》,载中国现代史学会、中共延安市委宣传部、延安陕甘宁革命根据地史研究会编:《中国共产党与现代中国》2001 年。

② 何万丽、马宝成:《1949 年以来中国农业经营体系的历史演变及特征》,《农业展望》2015 年第9 期。

三、新中国成立后到改革开放前期的农业现代化发展

新中国成立后到改革开放前期，以毛泽东为核心的党中央领导集体受苏联农业发展模式的影响，在农业现代化问题上形成的共识主要集中在两个层面：在生产力层面要实现农业的机械化；在生产关系层面要实现农业的集体化。这对党中央在探索农业现代化道路的具体实践问题上产生了重大影响。1961 年，周恩来在中央工作会议上明确提出："有步骤地实行农业机械化、水利化、化肥化和电气化"的著名论断，进一步明晰了这一阶段农业现代化的发展方向。此后，随着农业生产力的不断发展，党中央在农业现代化问题的认识上也逐步向着机械化和集体化的方向过渡。以毛泽东为核心的党中央领导集体在农业生产力发展相对缓慢的前提下，对生产关系实行了急剧变革，这在促进农业现代道路向前推进的同时，也带来了不利的影响。这一历史时期的实践也为改革开放后党在农业现代化道路方面的探索提供了一定的经验与教训。

造成这一时期农业经营效率低效的原因很多，但主要有以下几方面的原因：一是管理体制方面，以"生产队"为农业基本组织形式实行统一领导、分级管理的经营体制不符合农业发展的基本规律，土地等生产资料所有权与经营权不明确，高昂的监督成本与组织成本以及低效的经济激励手段导致"磨洋工"与"搭便车"等低效经济行为滋生。二是分配制度方面，在人民公社集体产权制度的安排下，农民的个体投入与收益不直接相关，带有浓厚的平均主义分配思想，分配的激励功能丧失，导致"机会主义"盛行，造成农业经营效率低下，严重制约农村经济的发展。三是参与意愿方面，由政府自上而下主导的经营模式，剥夺了农民生产经营自主权，强制性的制度变迁导致了农业发展成果缺乏人格化主体，违背了农民的自愿参与原则。多数农户虽身处公社集体，但多是"被加入"而并非出于自愿，加之退出权的缺失，农民往往通过降低投入集体劳动的数量与质量以表达不满。

但是从生产力发展和农业现代化的角度看，合作化在某种程度上也具有积极意义。而且在已经实现农业现代化的资本主义发达国家，农业合作组织还发挥着越来越大的作用，在中国推行农业合作是当时环境下的特定选择，有利于农业支持工业的国家总体战略安排。并且通过合作化，促进了集体经济的发展以及农业现代化发展中的基础设施建设。对于小农经济的中国来说，适度的合作化于理论上讲也是合理的，关键是中国农业合作化受到了错误思想的左右，从初级合作社的实践以极快的速度迈向高级合作社以及人民公社，拉大了生产关系和生产力之间的距离，导致迈向农业现代化的前进步伐受到了影响。

第三节　改革后到农业税取消前：基本经营制度的确立

1978 年，安徽凤阳县小岗村 18 位农民签下"生死状"（见图 5-1），将土地分开承包，开创了家庭联产承包责任制的先河。党和国家逐步认识到原有制度安排的缺陷，开始了对农业经营体制的创新。实行了多种形式的生产责任制，

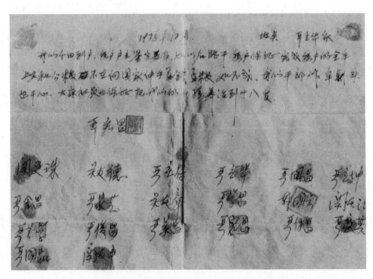

图 5-1　安徽凤阳小岗村农民签订的大包干"生死状"

并逐步发展到以包产到户为主要形式的家庭联产承包责任制，再到以家庭承包经营为基础，统分结合双层经营体制的农业经营形式。

一、农业生产责任制的发展

1978 年 12 月，党的十一届三中全会审议通过了《关于加快农业发展若干问题的决定（草案）》，规定了"不许包产到户，不许分田单干"。1979 年 9 月，党的十一届四中全会通过的《中共中央关于加快农业发展若干问题的决议》指出，"人民公社应继续稳定实行'三级所有，队为基础'制度，在坚持完善人民公社、生产大队和生产队所有权和自主权的基础上，切实关心农民物质利益，保障农民民主权利，充分发挥农民积极性；赋予人民公社基本核算单位生产经营权、管理权与分配权；人民公社各级经济组织应坚持按劳分配原则，加强定额管理，建立奖惩制度，坚决纠正平均主义"[1]。并且将《草案》中的"不许包产到户，不许分田单干"，改为"不许分田单干。除某些副业生产的特殊需要和边远山区、交通不便的单家独户外，也不要包产到户"[2]。可见，此时分田单干虽然仍被禁止，但是制度已开始有所松动。1980 年 9 月，中共中央印发《关于进一步加强和完善农业生产责任制的几个问题》的通知，指出"包产到户实际上是依存于社会主义经济，并不存在复辟资本主义的危险，应支持群众要求，可以包产到组，可以包产到户，也可以包干到户"[3]。作为首个肯定包产到户中央政策性文件的出台，对于推动中国农业经营体制改革产生了极为重要的影响。随后，1981 年 12 月出台的《全国农村工作会议纪要》，也是 1982 年的中央一号文件，进一步健全与完善了农业生产责任制，充分肯定了建立在土地公有制基础之上的包产到户、包干到户的社会主义性质，突破了原有的"三级所有，

---

[1][2] 《中共中央关于加快农业发展若干问题的决定（草案）》，《新疆林业》1979 年第 1 期。

[3] 《中共中央关于印发进一步加强和完善农业生产责任制的几个问题通知》，《山西政报》1981 年第 6 期。

队为基础"制度框架。[①]1983 年 1 月的中央一号文件《当前农村经济政策的若干问题》中强调，稳定与发展农业生产责任制作为当前农村工作的重要任务，采取了统一经营与分散经营相结合的联产承包责任制，能够充分发挥集体优越性与个人积极性，具有广泛的适应性。该通知从国家政策层面正式确立了以土地承包经营为核心，以"包产到户"为具体形式的家庭联产承包责任制。家庭联产承包经营责任制下的农户自主经营制度，实质是农民以家庭为单位，向集体经济组织承包土地等生产资料和生产任务的农业生产责任制形式，该经营制度摒弃了人民公社时期"瞎指挥，大锅饭"的经营模式，从农民实际利益出发，开展多种方式以"包"为核心的生产责任制。作为一种典型的帕累托改进，农业家庭联产承包经营的制度安排在其成立初期就产生了巨大的经济效益和社会效益。据统计，1978—1984 年中国的农业产出取得了大幅度增长，1984 年的全国农业总产值达到 3214 亿元，相比于 1978 年增长了 130.1%。[②]

进入 20 世纪 80 年代中期，在计划经济向市场经济过渡的过程中，随着农村社会的发展，农业经营模式及土地制度在变革过程中也出现了一系列问题。主要包括：绝对平均的土地分配方式造成的农业小规模分散经营，不利于规模经济的实现；土地承包期限较短，农民缺乏长期投资激励；各项中央政策细则执行力度不足，农民承包权缺乏具有法律约束力的合同保障等。对此，中央先后制定一系列相应政策措施，以保障家庭联产承包责任制的稳定与完善。1984年提出"土地使用权"的概念，在强调继续稳定与完善家庭联产承包责任制的基础上，进一步规范土地家庭承包制，将土地承包期延长至 15 年以上，鼓励增加农业投资、培养地力，提出针对承包地调整问题的"大稳定、小调整"政策。1986 年中共中央国务院在一号文件中首次提出，统一经营与分散经营相结合的

---

① 刘绪茂：《进一步完善农业生产责任制》，《农业经济问题》1982 年第 10 期。

② 中华人民共和国农业部计划司：《中国农村经济统计大全：1949—1986》，农业出版社 1989 年版，第 53 页。

双层经营体制，深化农村经济改革，改革农产品统购派购制度，规定国家不再向农民分配农产品统购派购任务，取而代之为合同定购和市场收购，并在流通领域坚持多渠道经营，以增强经营活力。同年 6 月，《中华人民共和国土地管理法》对农村集体土地的所有权、使用权与管理权进行了明确界定，规定"集体所有的土地依法归村农民集体所有，由农业集体经济组织或村民委员会统一经营与管理"，首次提出"农民承包经营权"的概念。1986 年正式实施的《民法通则》，在民法层面提出土地承包经营权概念，同时将其性质界定为财产权。[①]虽然这一时期的土地制度并未从本质上改变土地集体所有的性质，但一定程度上实现了土地所有权与经营权的分离。1988 年 12 月，全国人大常委会通过了关于修改《中华人民共和国土地管理法》的决定，对土地使用权转让的具体办法进行了补充和另行规定。至此，家庭联产承包责任制实现了规范化、制度化与初步的法制化。[②]

二、统分结合双层经营体制的完善

随着改革开放的不断深入，中国的农村经济逐渐步入现代市场经济运行的快车道。1992 年 10 月，党的十四大正式拉开了建设社会主义市场经济体制的序幕，此后，国家通过制定并实施一系列强农惠农政策措施，使得家庭联产承包为主、统分结合的农业经营制度逐步得以深化与完善。1993 年 3 月，第八届全国人民代表大会第一次会议通过了《中华人民共和国宪法修正案》，以基本法的形式确立了家庭联产承包责任制的法律地位。同年 7 月，第八届人大第二次会议审议通过了《中华人民共和国农业法》，在维持以家庭联产承包经营为基础、统分结合的双层经营体制长期稳定的前提下，进一步对农民承包地的转包、转让、优先承包和继承等权利作出了明确规定。同年 11 月，中共中央、国务院

---

① 金晶：《土地承包经营权抵押的法律制度构建》，《人民论坛》2016 年第 11 期。

② 李如潇：《中国农业经营制度变迁的路径依赖及其对策研究》，吉林大学博士论文 2019 年。

在 11 号文件《关于当前农业和农村经济发展若干政策措施》中提出，为稳定土地承包关系，鼓励农民增加农业投入，提高农村土地运作效率，在原有承包地到期后再延长 30 年不变，提倡承包期内"增人不增地，减人不减地"的办法。同时，在坚持土地集体所有与不改变土地基本用途的前提下允许土地使用权合法转让，建立土地承包经营权流转机制，通过对承包地的必要调整，允许实行适度的规模经营。1998 年 8 月，全国人大常委会制定并颁布《中华人民共和国土地管理法》，以法律形式确立了第二轮土地承包经营的 30 年期限，明确规定承包方与发包方需通过签订承包合同约定双方的权利与义务，并对个别承包经营者土地适当调整的条件进行了严格限制。同年 10 月，党的十五届中央委员会第三次全体会议通过的《中共中央关于农业和农村工作若干重大问题的决定》提出，应坚定不移贯彻落实土地承包期延长 30 年这一基本政策，制定并完善保障土地承包关系长期稳定的相应法律法规，赋予农户长期稳定有保障的土地使用权。同时，将原有的"家庭联产承包为主"的提法改为"家庭承包经营为基础"，鼓励在家庭承包经营的基础上，努力探索实现农业现代化的具体途径，发展多种形式的适度规模经营。1999 年 3 月，第九届全国人大二次会议审议通过《中华人民共和国宪法修正案》，在宪法第八条第一款的修改中，确立了家庭承包经营为基础、统分结合的双层经营体制的法律地位。[①]

进入 21 世纪以后，由于农业生产方式相对落后，农业基础设施较为薄弱，农业经营效率不高，导致农村土地、资本、劳动力等生产要素大量外流，农村在国家经济高速发展过程中日益边缘化，城乡差距逐步拉大，"三农"问题日益突出。为有效解决"三农"问题，加快农村改革发展，中央自 2004 年又开始连续出台关于"三农"的一号文件，文件落脚点集中在完善农村基本经济制度，确保粮食增产、农民增收，加强农村基础建设等方面，有力地推动了家庭联产

---

① 李如潇：《中国农业经营制度变迁的路径依赖及其对策研究》，吉林大学博士论文 2019 年。

承包为基础的农户自主经营制度的不断完善与创新。

总体来看，家庭承包经营为基础的农户自主经营制度，纠正了人民公社时期长期存在的管理高度集中和经营方式过分单调的弊端，在维持农村土地集体所有制的基础上，实现了农业经营制度的变革与农村微观组织系统的再造，确立了农户家庭经营的主导地位，实现了农民土地所有权与承包经营权的分离，初步满足了农民对土地经营的真实权利，从而使广大农民获得充分的财产支配权与经济自主权，使得集体统一经营与农户自主经营的积极性得到统一发挥，由此产生的激励机制，不仅推动了资源配置效率的进一步改善，也使得农业结构调整与非农产业发展获得了有力支撑，进而引发农村经济流量的迅速扩张，极大地提高了农业生产效率与农村经济发展水平。然而，家庭承包经营为基础的农户自主经营制度的确立，并不意味着中国农业经营制度变迁的终结，经济的高速增长与经济发展不平衡的加剧进一步要求，既应坚持并完善现行的基本制度安排，也应当依据不断变化发展的现实环境与新时期要求，在维持基本制度相对稳定与比较优势充分发挥的前提下，不断创造并实施新的制度供给，以适应新的环境变化。[①]

第四节　取消农业税后：农业经营体系的改革创新发展

随着社会主义市场经济的不断完善与深入发展，城镇化、工业化的快速推进，家庭承包经营也显现出相应的问题。突出的矛盾在于：农户分散经营与社会化大生产之间的矛盾。具体表现为：一是小规模的家庭分散经营，难以产生规模经济效应；二是小块田地分散经营，阻碍农业机械化推广，不利于农业科

[①]　李如潇：《中国农业经营制度变迁的路径依赖及其对策研究》，吉林大学博士论文 2019 年。

技水平提高；三是农地产权确权不明，缺乏土地相关处置权益；四是分散的小农经营无法克服农业生产的盲目性，信息不对称增加了交易成本和农业生产经营的不稳定性，难以适应现阶段市场经济发展需要。[①] 基于以上问题，党和国家出台了一系列政策，进一步推进了中国农业经营体系的完善与发展。

一、存续千年的农业税取消

2005 年 12 月，十届全国人大常委会第十九次会议决定，从 2006 年 1 月 1 日起废除《中华人民共和国农业税条例》，使中国存续两千余年的农业税得以彻底废除，降低了农民负担，极大地调动了农民积极性，为新时期农业经营制度的变迁打下了坚实的物质基础。2008 年 10 月，党的十七届三中全会审议通过了《中共中央关于推进农村改革发展若干重大问题的决定》，对农业经营制度作出了全新政策阐释，提出了稳定土地承包关系长久不变，为维持农业、农村长期稳定发展奠定了制度性基础。同时，加快推进农业经营制度创新，着力提高集约化水平，增加科技与资本投入，努力提高家庭经营的科技水平。加强农户间的联合与协作，加大农民专业合作社的扶持力度，形成多元化、多层次、多种形式并存的经营服务新体系。

二、新型农业经营主体发展下的多种农业经营

2013 年 11 月，十八届中央委员会第三次全体会议通过的《中共中央关于全面深化改革若干重大问题的决定》提出，应加快构建新型农业经营体系，坚持家庭经营的基础性地位，稳步推进农业经营方式创新。在坚持农村土地集体所有权的基础上依法保障农民土地承包经营权，保持农村土地承包关系长期稳定，依法赋予农民对承包地的占有权、使用权、收益权以及流转权。鼓励承包

---

① 金普森：《〈兴国土地法〉对〈井冈山土地法〉的一个原则改正》，《历史研究》1982 年第 2 期。

经营权在公开市场上向专业大户、家庭农场、农民合作社等流转，允许农民以承包经营权入股，加快发展多种形式规模经营。通过财政支持、信用合作等形式鼓励农村发展合作经济，努力将现代生产要素和经营模式融入农业生产与经营。[①] 这一时期的农业经营制度变迁与创新，积极探索并完善公有制的多种有效实现形式，使得各种不同类型的微观农业经济组织开始如雨后春笋般地不断涌现。

2014 年 1 月，中共中央、国务院印发的《关于全面深化农村改革加快推进农业现代化的若干意见》指出，"应全面深化农村土地制度改革，完善农村土地承包相关政策，稳定农民承包权、放活土地经营权，允许农民以承包土地的经营权向金融机构质押融资；努力构建新型农业经营体系，扶持发展新型农业经营主体，引导与鼓励多种形式的农民合作社，鼓励农业产业化龙头企业，通过集群发展，增加与农户、农民合作社利益联结关系的密切度，鼓励有条件的农民合理流转承包土地的经营权，加强土地经营权流转市场的健全力度，发展多种形式的规模经营"，为正处于转型期的现代农业发展指明了方向。[②] 此外，该文件还强调，应通过完善农业补贴政策、建立利益补偿机制、整合与统筹涉农资金等具体措施，不断强化农业支持保护制度。同年 11 月，中共中央印发了《关于引导农村土地经营权有序流转发展农业适度规模经营的意见》，要求在稳定完善农村土地承包关系的基础上，规范引导农村土地经营权有序流转，合理确定土地经营规模，并加快培育新型农业经营主体，探索新的集体经营方式，加快发展农户间的合作经营。

2016 年 1 月的中央一号文件《关于落实发展新理念加快农业现代化，实现

---

① 郑淋议、罗箭飞、洪甘霖：《新中国成立 70 年农村基本经营制度的历史演进与发展取向——基于农村土地制度和农业经营制度的改革联动视角》，《中国土地科学》2019 年第 12 期，第 10—17 页。

② 新华社：《中共中央关于推进农村改革发展若干重大问题的决定》，《国家林业局公报》2008 年第 4 期。

全面小康目标的若干意见》中提出了进一步完善现代农业经营制度的指导性意见，首次提出了完善承包地"三权分置"的办法，鼓励和引导农户自愿互换承包地块实现连片耕种。在农户家庭经营为基础的前提下，支持新型农业经营主体成为现代农业建设的中坚力量，积极培育家庭农场、专业大户、农民合作社、农业产业化龙头企业等新型农业经营主体，充分推进多种形式的适度规模经营。同时，充分发挥财政资金的引导作用，完善培育新型农业经营主体的政策支持体系。新时期以来，以农业供给侧结构性改革为导向，中国农业已被推进到市场配置资源、需求引导生产以及质量决定效益的全新发展阶段，农业的发展目标已从过去的片面追求产量、保障区域供给转变为重视质量与经济效益，农业生产已从过去的市场需求决定转变为市场竞争决定，农产品的市场竞争力已成为农业发展兴衰的决定性因素。

三、以乡村振兴为抓手的农业现代化建设

2017 年 10 月，党的十九大报告顺应时代发展要求，提出了乡村振兴战略，并强调深化农村集体产权制度改革，构建现代农业产业体系、生产体系、经营体系，完善农业支持保护制度，发展多种形式适度规模经营，培育新型农业经营主体，健全农业社会化服务体系，实现小农户和现代农业发展有机衔接。[①]在发展农业社会化服务方面，2017 年 8 月，农业部、财政部会同国家发展改革委颁发《关于加快发展农业生产性服务业的指导意见》，就推进农业生产性服务业发展作出了全面部署，要求围绕农业产前、产中、产后全过程，大力发展市场信息、农资供应、绿色技术、废弃物资源化利用、农机作业、初加工、市场营销等多元化多层次多类型农业生产性服务。2017 年 9 月，农业部办公厅印发了《关于大力推进农业生产托管的指导意见》，要求各地根据因地制宜原则，确

---

① 郑淋议、罗箭飞、洪甘霖：《新中国成立 70 年农村基本经营制度的历史演进与发展取向——基于农村土地制度和农业经营制度的改革联动视角》，《中国土地科学》2019 年第 12 期。

立在当地重点支持开展托管的农产品品种、托管环节、托管模式以及重点支持的服务规模经营形式，采取市场化推进结合政策支持的办法，大力推广各种类型的农业生产托管。从 2017 年至 2019 年，中央财政三年共安排 110 亿元资金，支持以开展农业生产托管为主的社会化服务。在农民合作社规范提升和发展方面，截至 2019 年 1 月底，全国依法登记的农民合作社达 218.2 万家，产业涵盖粮棉油、肉蛋奶、果蔬茶等主要产品生产，有 8.5 万家农民合作社拥有注册商标，4.7 万家农民合作社通过了"三品一标"农产品质量认证。

而体现"三权分置"精神的《中华人民共和国农村土地承包法》于 2018 年完成修正，新修订的《中华人民共和国土地管理法》于 2019 年表决通过，并于 2020 年 1 月 1 日正式实施。农业生产经营模式的创新促进了农地产权制度的改革，农地产权制度的改革又支持了农业生产经营模式的发展。在提升小农户能力方面，2019 年 2 月中共中央办公厅、国务院办公厅印发的《关于促进小农户和现代农业发展有机衔接的意见》指出，当前和今后的一段时间，小农户家庭经营仍将是我国农业的主要经营方式，要求认清小农户家庭经营在很长一段时间内是我国农业基本经营形态的国情农情。该文件还提出了服务小农户、提高小农户、富裕小农户、维护小农户权益、实现小农户与现代农业发展有机衔接等一系列政策措施。[1]2019 年 9 月，农业农村部会同有关部门出台了《关于实施家庭农场培育计划的指导意见》，在政策、管理和服务等各个方面，加大了对家庭农场发展的支持力度。此外，近些年来，在壮大农村集体经济和大力发展农业产业化方面也出台了系列政策措施，取得了明显成效，对于加强农业经营体系建设、推进农业现代化起到了十分重要的作用。因此，在巩固与完善农村基本经营制度的前提下，进一步改革与创新现代农业经营制度成为了新时期农村经济持续稳定发展的关键。

---

[1] 冀名峰：《学习习近平总书记重要论述——推进现代农业经营体系建设》，《农村经营管理》2019 年第 12 期。

第六章　中国共产党百年农产品流通思想与实践

农产品流通体制是农业经济的重要组成部分。回顾中国共产党百年来农产品流通思想的演变及其政策实践的历程，并对政策实施的效果进行反思和总结，对于进一步促进中国的农业市场化发展意义重大。中国的农产品流通体制改革是在中国共产党农产品流通思想指导下，结合不同时期的环境和条件开展的一个渐进改革实践的过程，其改革本身也是推动农业现代化的重要一环。

新民主主义革命时期，在中国共产党领导下，根据地的农产品生产与流通，主要是满足革命的需要，农产品的流通相对特殊。新中国成立后，中国共产党的农产品流通思想与实践随着农业领域的改革而不断演进，因此，本部分主要对新中国成立后的农产品流通思想与实践予以回顾和总结。中国农产品流通的不同时间段划分与以下标志性事件密切相关：首先是农产品"统购统销"政策的提出。这项政策自 1953 年被提出，一直存续到了 20 世纪 90 年代初期，它也被视作计划经济时代的一大标志；其次是 1978 年党的十一届三中全会上提出了一系列针对农产品流通体制改革的目标，这也被视作农产品流通市场化改革的开端。再次是 1992 年邓小平的南方谈话，也是推动农产品流通市场化进一步深入改革的重要事件；最后，2004 年 5 月国务院颁布的《关于进一步深化粮食流通体制改革的意见》，则昭示着农产品流通市场化改革的完成。在此之后的农产品流通体制改革都是在市场化背景下进行的，其主要内容是农产品流通体制的现代化建设。

本章依照上述标志性事件，把新中国成立以来中国共产党农产品流通思想与政策实践分为三个阶段进行梳理和总结，分别是 1949—1978 年、1979—2003年以及 2004 年至今。在分阶段归纳整理的基础上，本章在最后也对中国共产党农产品流通思想与实践进行了总结。

第一节　改革开放前由自由流通到统购统销

新中国成立初期，百废待兴，那时中国共产党的首要任务是彻底铲除封建剥削制度，完成新民主主义革命，并为社会主义革命和建设创造必要的条件。因此，经历了新中国成立后到 1952 年农产品以农户私营下自由流通的阶段后，为适应国家"一五"计划开始实施的优先发展重工业的需要，在很长一段时期内，国家采取农产品统购统销的措施，以支持工业建设和城市发展的需要。

一、新中国成立后到 1952 年：农户私营下的自由流通

从 1948 年到 1952 年，中国各地区从北至南，陆续完成了土地改革。土地改革在全国范围内实现了农民"耕者有其田"的目标，使得农民摆脱了每年向地主交纳繁重地租的负担，也极大地提高了农民的生产积极性和农产品产量。这一时期，农业总产值年均增长率约为 10%。与土地改革的进程相适应的是，这一时期的农产品可以自由流通，流通体制以自由购销为主。[①]

这一时期，中国经济存在多种成分。总体来看，私有经济与商业受到法律的保护，农民可以对农产品进行自由交易。1949 年 9 月 29 日全国政协第一次

[①]　曾欣龙、圣海忠、姜元、朱述斌：《中国农产品流通体制改革六十年回顾与展望》，《江西农业大学学报（社会科学版）》2011 年第 1 期。

会议通过的《中国人民政治协商会议共同纲领》第三十七条规定：保护一切合法的公私贸易。此阶段，公营商业与合作社商业的比重逐步增加，私营商业的比重逐渐减少。有些地区在打击投机倒把的过程中，也出现了过激的现象，阻碍了农业私营商业经营的发展。为了保护私营经营，1952年11月12日出台的《中共中央关于调整商业的指示》中指出：为了保障人民利益，畅通城乡交流，为了提高私营经济的积极性，除了合理调整价格和适当划分经营范围之外，还应取消各地对私商的各种不当的限制，禁止各地交易所的独占垄断行为①。

二、1953—1978 年：计划体制下的统购统销

中国于1953年执行的第一个五年计划，开始了国家实施优先发展重工业的路线。重工业属于资本密集型行业，其发展需要投入大量资本。而当时中国处于"一穷二白"的境地，资金严重匮乏，在这种情况下，发展重工业的资金要从哪里来呢？正如毛泽东所说："国家工业化所需的大量资金，其中有相当一大部分是要从农业方面积累起来的"②，要发展工业，势必要保障大量便宜农产品的供给，以维持社会的低物价、低工资水平和低福利水平。也就是说，国家要以较低的价格从农民手里收购粮食，以满足城市工人的日常生活需求，再以较低的工资成本，集中力量发展重工业。

在这样的指导思想下，1953年10月10日，党中央宣布对粮食、棉花等主要农产品实行"农村征购、城市配售"的方式，要求严格管制私商，由国家来严格控制粮食市场，并对粮食实行统一管理。③1955年，对城市居民按照人口定量供应粮食的制度也正式实行。至此，农产品"统购统销"政策在全国范围

---

① 徐大兵：《新中国成立六十年来农产品流通体制改革回顾与前瞻》，《商业研究》2009 年第 7 期，第 197—200 页。

② 《毛泽东选集》第 5 卷，人民出版社 1977 年版，第 268 页。

③ 陈锡文、罗丹、张征：《中国农村改革 40 年》，人民出版社 2018 年版，第 300 页。

内开始全面实行。

"统购统销"政策的出台，意味着自由交易的农产品市场被关闭，农产品流通的方式由依靠市场机制转变为依靠计划体制。列入计划收购范围的农产品数目逐渐扩大，从 1951 年的棉花试点，到 1953 年的油料，再到 1955 年的生猪，范围逐渐由粮食作物等主要农产品扩大到一般农产品。直到 1957 年《国务院关于由国家计划收购（统购）和统一收购的农产品和其他物资不准进入自由市场的规定》的颁布，农民几乎已经失去了自由交易农产品的空间，价格对农产品生产供给的调节机制也不再发挥作用。1958 年，人民公社化运动在全国各地区兴起，农产品集体化生产的条件达成，这也为"统购统销"政策的实施提供了必要条件。由此，国营粮油系统、国营副食系统、国营供销社这三大系统成立，三大系统以及它们在各地的分支机构，共同构成了掌控农产品流通的主体。农产品流通由市场方式彻底转变为计划方式。①

当然，"统购统销"的政策内容也非一成不变，而是依据形势变化和需要不断作出调整。由于这项政策实际上是计划经济体制的产物，对农民生产缺乏激励作用，所以需要制定合理的收购量，以维持农民的生产积极性。因此，在政策实施的初期，党中央考虑并遵从这一特性，这从 1955 年《国务院关于农村粮食统购统销暂行办法的命令》提出，"三年不变，增产不增购"和"完成粮食交售任务后剩余粮食有权自由处理"的规定中可见一斑。然而，1958 年开始的"大跃进"导致了农业生产中"浮夸风"盛行，粮食征购指标一路攀升，农民生产积极性大大受挫，粮食征购一度陷入困难。在这种情况下，1961 年，政策被迫调整，农产品派购范围由原来的 55 种减少为 34 种。1965 年，中央又提出对粮食征购数量实行"一定三年"的方案。② 这些调整后的政策出台，使得农业生产有了一定的恢复。而在 1966—1976 年这十年"文革"中，国民经济和社会

---

① 涂洪波：《我国农产品流通现代化的实证研究》，华中农业大学博士学位论文 2013 年。
② 陈锡文、罗丹、张征：《中国农村改革 40 年》，人民出版社 2018 年版，第 309 页。

发展受到严重冲击，粮食生产也受到强烈干扰。虽然国家于 1971 年将粮食征购方案改为"一定五年"，于 1972 年又进一步提出实行统一征购、统一销售、统一调拨、统一库存的管理体制，以最大程度地进行调度，但是直到 1978 年，粮食供给仍然非常紧张，供求时常不能平衡，农村人口温饱问题没能得到解决，许多农户陷入贫困。

综上所述可见，农产品"统购统销"的政策出台，与党中央优先发展重工业的思想密不可分，它也是中国工业和城市取得快速发展的必要条件。在 1953—1978 年这段时期内，农产品生产的主体——广大农民，为国家的工业化和城市化建设作出了巨大牺牲，也为中国社会主义初级阶段的发展作出了巨大贡献。党中央优先发展重工业的思想，实际上是来自马克思的政治经济学理论。马克思将经济生产的部门分为第一部类和第二部类，其中，第一部类是生产机器这类生产资料的部门，第二部类则是生产消费资料的部门。第一部类生产的产品可以投入扩大再生产，因此，若要经济快速发展，必须使得生产资料部门发展快于生活资料部门发展，也就是优先发展重工业。此外，哈罗德—多马模型也指出，经济增长率取决于资本积累率，要提升资本积累率，也就需要发展重工业这类资本密集型产业。因此，这一时期采取农产品"统购统销"政策，

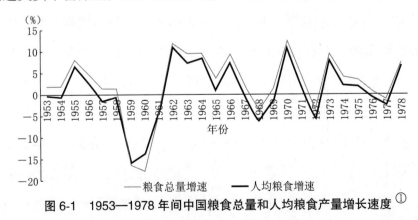

图 6-1　1953—1978 年间中国粮食总量和人均粮食产量增长速度 ①

① 数据来源：《中国历年粮食总产量及其增长速度一览（1949—2014 年）》，http://www.360doc. com/content/15/0916/15/18252487_499530617.shtml，2015 年 9 月 16 日。

实质上是通过政府人为地压低资本品的投入价格，以此抬高重工业产成品的利润，使得重工业得到并持续发展。

图 6-1 展示了 1953—1978 年这一时期中国粮食总产量和人均粮食产量的增长速度。从图 6-1 可以看出，中国粮食总产量和人均粮食产量增速的波动情况非常相近。两者先是在"一五"计划前期有所增长，随后在"大跃进"时期和三年自然灾害时期急剧下降，此后又有所恢复，增速基本稳定在 5%—10% 之间。由此可见，农产品"统购统销"政策虽然使得中国完成了重工业的初始资本积累，但是对农业生产也造成了一定的影响。20 世纪 70 年代，因这项政策所产生的系列"三农"问题亟待解决，急需对农产品流通政策进行调整，以适应新时期社会主义经济建设的要求。因此，实施了二十余年的农产品"统购统销"政策，完成了其历史使命。

第二节　改革开放后由双轨制到市场化改革

改革开放后，中国共产党应解决"三农"问题和社会主义经济建设的需要，在以经济建设为中心和市场经济发展的思想指导下，出台了系列促进农产品流通的政策，通过深化改革，不断建立与完善农产品流通的市场化体制与机制。

一、1979—1992 年：统购统销转向双轨制的改革

1978 年是党中央提出改革开放的元年，许多关于促进农业生产和发展的政策被提出。同时，中国共产党也提出了农产品流通体制改革的议程。1978 年 12 月，党的十一届三中全会围绕粮食购销问题提出了三大政策。一是要让农民休养生息。主要是减轻"统购统销"制度对农民，尤其是贫困地区农民造成的负担，具体措施是：允许农民自留粮食和免除缺粮地区农民的粮食统购任务。

二是要提高粮食的统购价格。在粮食生产成本不断提升的背景下，进一步减轻农民的负担，增加他们的收入以改善其生活水平。三是要提高超购加价幅度。主要针对农产品富足地区的农民，提高超购价，以显著提升这部分农民群体的收入。可见，这三大政策都是从农产品的供给端入手，切实提高农民收入，以确保农民的生产积极性，促进农业发展。

1980 年，国家对统购派购的农产品范围和数量重新进行了规定，范围大大缩小。到 1984 年底，纳入统购范围的农产品已经由 180 多种减少到了 38 种。1983 年 1 月，中共中央在《当前农村经济政策的若干问题》中指出："对关系国计民生的少数农产品，继续实行统购派购；对农民完成统购派购任务后的产品和非统购派购产品，应当允许多渠道经营。"[1]1984 年，中共中央在《关于农村工作的通知》中提到，大城市在继续办好农贸市场的同时，要有计划地建立农副产品批发市场。[2] 农副产品批发市场的建立，使得农户可以批量出售农产品，城市商户可以批发进货，扩大了农副产品的进城渠道，也促进了农产品在城乡之间更加便利地流通。

与农产品流通改革密切相关的政策是农产品价格"双轨制"的提出。党的十一届三中全会通过的《农村人民公社工作条例（试行草案）》指出，社员在完成国家征购任务后可以通过集市，少量地进行粮食、油料等农产品的交易。[3] 这就意味着，在严格实行了二十多年计划经济体制下的农产品"统购统销"制度后，农产品流通管制开始松动，农产品市场化和商品化的进程也随之开始。"双轨制"正是在推进农产品市场化和商品化发展背景下应运而生的制度。1985 年，中央"一号文件"正式决定取消农产品统购，改为以"倒三七"比例为计价方式

---

① 曾欣龙、圣海忠、姜元、朱述斌：《中国农产品流通体制改革六十年回顾与展望》，《江西农业大学学报（社会科学版）》2011 年第 1 期。

② 武力、郑有贵：《解决"三农"问题之路——中国共产党"三农"思想政策史》，中国经济出版社 2004 年版，第 633—634 页。

③ 陈锡文、罗丹、张征：《中国农村改革 40 年》，人民出版社 2018 年版，第 314 页。

的合同定购。这样，农民生产的粮食如果在定购范围之内的，其价格就是按统购价来计算，而在定购范围之外的粮食则可以按照市场价自由交易。由于市场价格存在波动，为了保障农民收入不受影响，并且保证城市仍然有足够低价的粮食供应，国家规定：如果市场价低于统购价，则仍然按照统购价收购粮食。这种在同一商品上采取统购价和市场价并行的制度，就是农产品的价格"双轨制"。

对于"双轨制"的评价学术界也一直有所讨论，在肯定其适应发展时期、改革进程的同时，也提出了需要进一步深化改革的问题。Lau、钱颖一等通过理论模型的推演，得出"双轨制"是一种能同时实现帕累托改进和提高经济效率的制度的结论。他们认为，"双轨制"使得中国从计划经济平稳过渡到了市场经济时期。[①] 张晏、夏纪军利用一个逆向选择模型提出，"双轨制改革成功的核心在于引入竞争，以竞争促进了改革"[②]。但是，也有学者认为，"双轨制"造成了计划内价格和市场价格之间的缺口，并由此带来了一定的套利空间，给经济秩序造成了混乱。另外，因为 20 世纪 80 年代城市工人工资水平比较低，国家需要保证城市粮食的充足供应，不得不继续维持低廉的粮食销售价格，但与此同时，政府从农民手里收购粮食的价格却只增不减，这就造成了"购销倒挂"的现象，即收购价高于销售价。"购销倒挂"的一大后果是会给国家财政带来较大的负担。据统计，1986—1991 年期间，国家财政对粮食、棉花、油料的价格补贴高达 1363 亿元。国有粮食企业也亏损严重，1991 年末，粮食部门在银行挂账总额高达 545 亿元。[③] 这些迹象表明，农产品价格"双轨制"的制度交易成本过高，这种"购销倒挂"的现象不能够再持续下去，于是农产品流通体制迎来了新一轮的改革。

1991 年，国务院发布了《进一步搞活农产品流通的通知》，要求对粮食放

---

① Lau L J，Qian Y，Roland G，"Reform without Losers：An Interpretation of China's Dual-Track Approach to Transition"，*Journal of Political Economy*，2000，Vol. 108，issue 1，pp.120—143.

② 张晏、夏纪军：《地区竞争与中国市场化进程地区差距》，《财经问题研究》2007 年第 4 期。

③ 陈锡文、罗丹、张征：《中国农村改革 40 年》，第 315—318 页。

开经营，但前提是保证完成定购任务。1991 年和 1992 年，国家分两次提高了对城镇居民的粮食供应价格，大大减轻了"购销倒挂"的程度。这些政策的提出，为农产品流通的进一步市场化改革奠定了基础。

综上所述可见，在 1979—1992 年这段时期，中国共产党开启了农产品流通体制的第一轮渐进式的市场化改革。在这一时期的农产品流通中，计划体制和市场体制并存，流通体制从计划经济体制下的"统购统销"政策过渡到了初步的市场化流通体制。党中央出台了一系列政策，从提高统购价格、缩小统购范围到实行农产品价格"双轨制"，每一步都体现了中国共产党对"以经济建设为中心"基本理念的贯彻和市场化改革的趋向。这些政策的实施也取得了一定的成效。具体来看，主要表现在农民增收、保障经济平稳运行等方面。从图 6-2 中可以看出，1979—1992 年间，中国粮食总量波动上升，平均增速为 2.38%；农民人均纯收入稳步增长，从 1979 年的 160.2 元上升到 1992 年的 784 元，农民生活水平得到了较大改善。

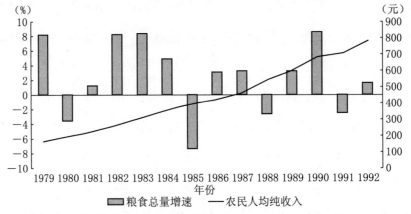

图 6-2　1979—1992 年间中国粮食总量增速以及农民人均纯收入增长趋势 ①

---

① 数据来源：《中国历年粮食总产量及其增长速度一览（1949—2014 年）》，http://www.360doc.com/content/15/0916/15/18252487_499530617.shtml，2015 年 9 月 16 日；《中国历年城乡居民家庭人均收入和消费支出统计（1978—2012）》，http://www.360doc.com/content/18/0522/18/8527076_756161882.shtml，2018 年 5 月 22 日。

二、1993—2003 年：农产品流通市场化改革的探索

自邓小平 1992 年南方谈话之后，建立社会主义市场经济体制的改革目标被正式提出，经济体制改革进一步深入。市场经济要求农产品应当被允许在市场上自由流通，农产品的产量及价格也应当主要由市场上的供求关系来决定。因此，1993 年 2 月颁布的《国务院关于加快粮食流通体制改革的通知》提出，要在国家宏观调控下，争取两三年之内完全放开粮价。同年，于 1957 年诞生并施行了四十余年，掌管着粮食供应的"粮票"制度被取消，粮油购销放开，这标志着中国从计划经济向社会主义市场经济的改革迈出了一大步。

然而，价格放开的过程并非一帆风顺。1993 年和 1994 年，物价指数一路攀升，宏观经济过热。从图 6-3 中可以看出，1993 年 1 月至 1995 年 2 月，CPI 指数同比增长率一路攀升，甚至突破了 20%。之所以如此，学术界一般认为是 1992 年邓小平南方谈话后，国家开始进行大规模建设投资，并且大幅度增加货币发行量造成的。[①] 在这种情况下，国家需要采取一些措施进行宏观调控，以

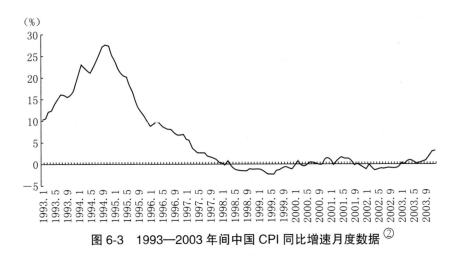

图 6-3　1993—2003 年间中国 CPI 同比增速月度数据[②]

---

① 陈锡文、罗丹、张征：《中国农村改革 40 年》，第 322 页。

② 数据来源：《最全的中国历年 CPI 数据》，载自百度文库，https://wenku.baidu.com/view/7e1b337bf11dc281e53a580216fc700abb6852bd.html，2017 年 4 月 18 日。

控制不断飙升的物价，防止形成恶性通货膨胀。具体落实到农产品流通方面，就是想方设法控制住粮食价格，以避免粮价与物价互相影响，螺旋上升，造成恶性循环。其时，在 1995 年的中央农村工作会议上朱镕基总理指出，控制物价涨幅的关键是加强农业基础，大力保护和扶持农业，因为农业是其他产业的基础，唯有保证农民的生产积极性，才能确保城市有充足的粮食供应，保障经济与社会的稳定，并促进工业的发展。

因此，为防止形成恶性通货膨胀，党中央采取了三大控制措施：一是恢复国家定购制度，把粮食生产和调剂指标分配给各省份，并由省长负责完成任务；二是通过行政手段限制粮食销售价格，对国有粮食部门的粮食销售实行最高限价，并抛售专用储备粮以稳定粮价；三是提高国家粮食定购的价格，以弥补农民受到的损失。这些权宜措施的执行，成功地调动了农民的种粮积极性，增加了粮食供给，控制了粮食价格，进而有效地控制了通胀趋势。从图 6-4 中可以发现，在 1995 年和 1996 年，粮食总产量比上年分别增加了 4.61% 和 7.52%，人均粮食量也分别增加了 3.74% 和 6.98%。

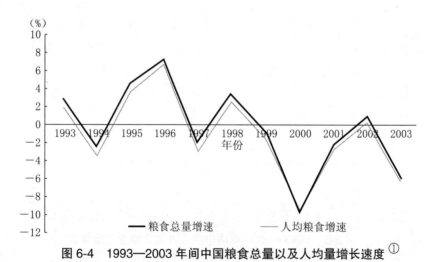

图 6-4 1993—2003 年间中国粮食总量以及人均量增长速度 [①]

---

① 数据来源：《中国历年粮食总产量及其增长速度一览（1949—2014 年）》，http://www.360doc. com/content/15/0916/15/18252487_499530617.shtml，2015 年 9 月 16 日。

　　然而，以上三大措施虽然暂时稳定了粮食价格，但也带来了新的难题。1997 年，CPI 指数增速恢复到正常水平，宏观经济逐步降温。在这样的背景下，由于价格黏性，先前通过三大措施提升的粮食收购价格却无法迅速降下来。此外，粮食产量也由于之前的刺激政策而大幅增长，在 1996 年到 1999 年间，粮食大丰收，出现了明显的供过于求的局面。在这种情况下，如果要让市场机制充分发挥作用，势必要大幅降低粮食销售价格，这会极大地影响农民的生产积极性，让农民蒙受更多的损失，且与三大措施的初衷相违背。但若是一味维持之前的高价，又会给国家财政带来沉重的负担。针对这一难题，中国共产党经过利弊权衡，于 1998 年开始探索农产品流通体制改革的新思路，其中最具代表性的就是出台了"三项政策、一项改革"，其政策改革的目的，旨在保护农民的利益，推进农产品流通体制向市场化转变。

　　所谓"三项政策、一项改革"分别指的是按保护价敞开收购农民余粮、封闭运行粮食收购资金、粮食顺价销售这三条政策，以及改革粮食流通体制这一项改革。[①] 然而，由于当时的粮食系统政企不分，中央和地方职权分离不清，粮食储备和经营不分，以及粮食库容不足等原因，"三项政策、一项改革"在运行中也遇到了困难，相关政策未能得到很好的执行。针对这一情况，1999 年国务院发布了《关于进一步完善粮食流通体制改革政策措施的通知》，2000 年国务院又发布了《关于进一步完善粮食生产和流通有关政策措施的通知》，在两个《通知》中完善了农产品流通体制改革的相关方案，提出了要放松对粮食收购准入的限制，改进粮食补贴办法，扩大粮食风险基金规模，加大投资新建粮库力度等。这些方案的完善，在一定程度上解决了"三项政策一项改革"施行中出现的问题。

　　2001 年，国务院发布的《关于进一步深化粮食流通体制改革的意见》中明

---

　　① 陈锡文、罗丹、张征：《中国农村改革 40 年》，第 325—326 页。

确指出，深化粮食流通体制改革的总体目标是："在国家宏观调控下，充分发挥市场机制对粮食购销和粮食价格形成的作用，完善粮食价格形成机制，逐步建立适应社会主义市场经济发展要求和中国国情的粮食流通体制。"[①] 而深化粮食流通体制改革以实现以上目标的措施主要是：在粮食销区取消农民的粮食定购任务，放开市场，放开经营。放开粮食市场的政策，首先在浙江、上海、福建、广东、海南、江苏、北京、天津这 8 个省市试行，这些省市经济大都比较发达，因此政策试点也取得了比较好的成效。以浙江省为例，粮食生产由"定购"转变为"订单式生产"，并对粮食实行优质优价，激励农民生产优质粮食，这也增加了农民收入。此外，粮食市场主体也日渐多元化，各地粮食批发市场也逐步建成。

2003 年，党中央把粮食购销体制改革列为农村 4 项改革任务之一，并在安徽省开始了粮食补贴改革试点，把在农产品流通环节的补贴改为直接给予农民补贴。此后，同样的粮食补贴改革也在河南省、吉林省等省份开始实行，都取得了较好的效果。

综上所述可见，1993—2003 年这一时期的农产品流通体制改革可以分为两个阶段。第一阶段是在宏观经济过热、通货膨胀背景下，为稳定农产品价格而进行的改革；第二阶段是针对刺激政策后出现的粮食过剩局面而进行的改革。其中，第一阶段的改革，虽然暂时避免了通胀情况下农产品价格不稳定的问题，但也给日后的农产品流通状况埋下了隐患。可以说，第二阶段的改革，一定程度上是为了解决先前改革遗留的问题所进行的改革。

农产品流通体制经历了上述两个阶段的改革，中国的农产品流通体制逐渐向市场化迈进，尤其是在粮食销区，已经放开经营，让市场充分发挥价格发现的作用。而在粮食产区，国家也采取了直接补贴等措施，提高农民生产积极性，

---

① 武力、郑有贵：《解决"三农"问题之路——中国共产党"三农"思想政策史》，中国经济出版社 2004 年版，第 683 页。

稳定农产品产量。此外，农产品经营主体多元化、流通渠道多样化的趋势也开始显现，农产品流通市场体系逐渐向着党的十五届三中全会提出的"开放、统一、竞争、有序"目标迈进。

第三节　现代农产品流通体系的构建与完善

上述农产品流通体制改革，也为现代农产品流通体系的构建，创造了一定的条件。但由于改革的初始动议，在于保障低价供给，防止通货膨胀等，采取的措施都是鼓励农民多生产，加之中国其时民众的消费水平所限等原因，使得农民多生产之后，便时常出现"卖粮难"等问题。在经历了多轮的农产品"多了多了，少了少了"的拉锯，农民的生产积极性受到了一定的影响，作为市场报复性的结果，表现在 2003 年的国家粮食库存快速下降，粮食供不应求等问题。基于此，亟待根据国情、问题，构建起现代农产品流通体系。

一、2004—2012 年：现代农产品流通体系改革的历程及成效

2003 年底，国家粮食库存快速下降，供不应求。针对这一时期的粮食短缺问题，中央开始了新一轮的粮食流通体系改革。[①]2004 年 5 月，国务院颁布的《关于进一步深化粮食流通体制改革的意见》明确指出："一般情况下，粮食收购价格由市场供求形成，国家在充分发挥市场机制的基础上实行宏观调控。要充分发挥价格的导向作用，当粮食供求发生重大变化时，为保证市场供应、保护农民利益，必要时可由国务院决定对短缺的重点粮食品种，在粮食主产区实行最低收购价格。"与 2001 年颁布的《意见》不同，这次的《意见》要求全面

---

① 陈锡文、罗丹、张征：《中国农村改革 40 年》，第 329 页。

放开粮食收购市场，而非仅仅是在粮食销区，对于粮食主产区来说也同样如此，这标志着粮食购销在全国范围内，完全实现了市场化。

在农产品市场化的体系基本形成后，进一步的目标就是要在农业现代化进程中，实现农产品流通的现代化。事实上，在 20 世纪 50 年代，国家就提出了要在 20 世纪末实现农业现代化的愿景。而农产品流通现代化属于农业现代化的重要组成部分，早在 1993 年召开的党的十四届三中全会就明确提出，要"推动流通现代化"。之后，农产品流通现代化开始受到国内学者的关注。[①] 农产品流通现代化包括三个层面，分别是农产品流通组织现代化、农产品流通体系运行现代化和农产品流通支撑系统现代化。2003 年，党的十六届三中全会提出，"要发展电子商务、连锁经营、物流配送等现代化流通方式"，这明确了流通现代化的改革方向。2004 年，商务部颁布的《关于进一步做好农村商品流通工作意见的通知》提出，要加快建设冷链系统，推动农产品物流向专业化、规模化方向发展。随后，商务部于 2005 年和 2006 年启动了"万村千乡市场工程"和"双百市场工程"，在城市和农村之间构建起了农产品现代化流通网络，建设和改造了多家大型农产品批发市场，培育了许多大型农产品流通企业。2007 年颁布的《中共中央国务院关于积极发展现代农业扎实推进社会主义新农村建设的若干意见》明确指出，社会主义新农村建设要把建设现代农业放在首位，要用现代科学技术改造农业，用现代产业体系提升农业，用现代经营形式推进农业。在先前工程的基础上，2009 年商务部、财政部出台了《关于加强农产品流通网络建设推进"双百市场工程"的通知》，要求在农产品重点销区和产区，支持建设和改造 200 家大型鲜活农产品批发市场，以及支持 400 家县乡农贸市场进行标准化建设和改造。其目的旨在形成以批发市场为核心、农贸市场为基础的农产品流通体系，不断降低流通成本，减少农产品损耗，拓宽流通渠道，解决农产

---

① 涂洪波：《中国农产品流通现代化的实证、战略与对策》，经济日报出版社 2014 年版，第 63 页。

品"买卖难"的问题，促进农民增收，保证城乡居民吃上放心农产品。2010年，商务部和财政部又颁布了《关于农产品现代化流通综合试点指导意见的通知》，决定在河北、浙江、山东等省份开展试点工作，通过"农超对接"等方式，打造农产品现代化流通链条，在农产品流通模式方面作出创新。2011年，商务部颁布的《关于贯彻农产品流通标准的通知》再次明确指出，农产品现代化流通体系建设的本质要求是农产品流通标准化，其中包括农产品质量等级化、包装规格化、产品品牌化等方面。此外，农产品流通标准化建设也有助于提高流通效率、降低流通损耗、促进农民增收、保障质量安全。因此，有必要建设一批能起到带头作用的大型农产品批发商、大型生鲜超市、大型农产品产业化龙头企业。以上这些改革措施，推动了农超对接、连锁经营、低温仓储、冷链运输等新型农产品流通方式的发展，使得农产品流通由传统方式逐渐转型为现代化方式。

二、党的十八大以来：现代农产品流通体系的深化改革及成效

经过多年的发展，中国农产品流通体系已经逐步趋于完善，形成了以农户、批发商、农民专业合作社、农产品加工企业、零售商为主体，并以批发市场、农贸市场、超市为载体，以农产品集散及现货交易、期货交易为基本流通方式的格局。[①] 这种格局在促进中国农产品流通的同时也存在一些缺点，比如流通的中间环节过多，农产品必须经过长链条、多环节的流通过程才能从生产商到达消费者手里，这样农产品流通的效率就不够高。因此，如何通过新型农产品流通模式提高农产品流通效率，就成了党的十八大以来，中国共产党现代农产品流通体系深化改革的方向。

党的十八大以来，随着电商的快速发展，"电子商务直销"等新型农产品流

---

① 薛建强：《中国农产品流通模式比较与选择研究》，东北财经大学博士学位论文2014年。

通模式应运而生，如何利用电商推动农产品流通体制创新也成为了党的工作的重点。党的十九大明确提出，构建现代农业产业体系、生产体系、经营体系是乡村振兴战略中的主要措施之一。而积极发展生产、供销、信用、电商的综合合作关系，是加快构建现代农业三大体系的重要举措。2018 年，商务部办公厅发布的《中华全国供销合作总社办公厅关于深化战略合作、推进农村流通现代化的通知》提出，要加快农村电商发展，加快推进"互联网 + 现代农业"，促进城乡商品双向流通，更好发挥电商对乡村振兴的推动作用。

电商对农产品流通体制现代化改革的推动作用毋庸置疑。商务部发布的《2019 中国电商兴农发展报告》指出，农村电商在 2014 年至 2018 年间高速发展，农产品网络零售额大幅增长。截至 2018 年，中国农村网络零售额已经达到了 1.37 万亿元。2019 年，中国农产品网络零售额也突破了 3000 万亿元大关，达到了 3975 万亿元。从图 6-5 中可以看出，2017—2019 年间，中国农产品网络零售额增长率稳步上升，三年间零售额平均增长率达到了 38.23%，处于较高水平。

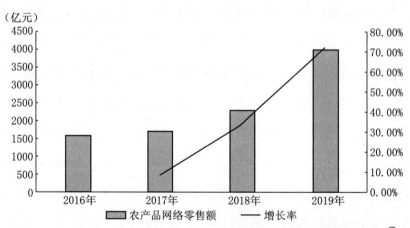

图 6-5　2016—2019 年间中国农产品网络零售额总量及增长情况 ①

---

① 数据来源：《2016—2020 年 H1 中国农产品网络零售额及增长情况》，载自前瞻物流产业研究院，http://bg.qianzhan.com/wuliu/detail/616/210111-7dcs5cd50.html，2021 年 1 月 11 日。

电商的发展打破了时间和空间的限制，大大减少了农产品流通的中间环节，也因而大幅度降低了农产品流通的交易成本，拓宽了销售范围，实现了生产者与消费者的直接对接，克服了传统农产品流通体制中的诸多弊端。农村电商的发展也显著提升了农产品销售额，这也为党中央提出的"因地制宜，产业扶贫"政策提供了条件，为全面建成小康社会扫清了诸多障碍。正如《2019 中国电商兴农发展报告》中所述，在未来的很长一段时间里，农村电商的发展将继续释放农村生产要素，推动农民增收，创造乡村就业机会，促进人才回流，以数字农业发展模式助力农村地区产业结构转型升级，最终实现电商兴农、乡村振兴的目标。

三、中国共产党百年农产品流通思想与实践

回顾中国共产党百年农产品流通体制及其改革的历程可见，新民主主义革命时期，在中国共产党领导下，根据地的农产品生产与流通，主要是满足革命的需要，农产品的流通相对特殊。新中国成立后，中国共产党的农产品流通思想与实践，随着中国经济社会发展环境和农业领域的改革而不断演进和深化。从新中国成立初期的农产品自由流通，20 世纪 50 年代中期的"统购统销"，改革开放初期农产品价格的"双轨制"，到 20 世纪 90 年代至 21 世纪初农产品流通市场化的基本实现，再到党的十八大以来，以电子商务、农超对接为代表的新型现代化农产品流通方式的呈现，这其中思想的演变、实践的历程、经验和失败的汲取，都是建立在中国共产党按照实事求是的原则不断探索、不断调整的基础之上。这体现了中国农产品流通体系的改革与实践始终遵循着中国共产党保持一贯的"先试点，再完善，后推广"的方针，在改革进程中始终依据中国国情，分析问题形成的机理，不断地调整推出契合现实的政策，也进一步证明了农产品流通体制等方面的改革与实践，必须要始终与国家的经济体制、现实情况与人民利益相互协调。

中国共产党百年农产品流通体制及其改革取得了巨大成就，目前已经形成了以批发市场、集贸市场、连锁超市为主要渠道，以农民经纪人、运销商贩、中介组织、加工企业为主体，以"农户＋市场""农户＋经纪人""农户＋批发商""农户＋龙头企业""农超对接"为基本流通模式，以原产品和粗加工产品为营销客体的基础流通格局，中国的农产品流通现代化正在快速发展。① 虽然目前在迈向农产品流通现代化的进程中，还存在很多问题，如农产品批发市场区位不合理、功能趋同；农产品流通保鲜手段落后，冷链输送占比较低；农产品品质缺乏标准化，质量安全监管力度不足；由于运营成本偏高，目前专业化的农产品物流企业数量过少等。但我们相信：在中国共产党的领导下，按照实事求是的原则不断创新探索，这些问题都能在今后的农产品流通体制深化改革中得到解决。

---

① 北京物资学院城市农产品流通研究所：《中国城市农产品流通发展报告（2019）》，中国社会科学出版社 2019 年版，第 1 页。

第七章　中国共产党百年农业税收支持思想与实践

农业是国民经济的基础产业，不仅关系吃饭问题，还会影响整个国民经济的发展。中国共产党一直高度重视农业发展。由于不同时期农业在国民经济中的占比及影响存在动态变化，中国共产党的农业政策也针对着不同时期的关键任务和需要解决的矛盾问题进行着调整。在新民主主义革命时期，农业是经济的支柱产业，中国共产党一方面通过土地革命使农民获得土地，鼓励群众开垦荒地、兴修水利等支持农业发展；另一方面，通过农业税收获得粮食及相应物质资源支持革命事业发展。新中国成立后至改革开放前，中国进入社会主义改造与建设时期，为了实现以工业发展带动国民经济发展的目标，中国共产党采取了农业支持工业的方针路线，通过税收、工农产品价格剪刀差等手段，促使大量农业剩余流向工业、流向城市。改革开放后，中国共产党通过制度放活，促进农业快速发展，尽管二、三产业的快速发展使农业产值在国民经济中的占比越来越低，但在一段时期内农业依然是中国的重要税源。直到 2006 年，在中国整体经济有了较大发展的条件下，中国共产党全面取消了农业税，使得中国真正进入了以工补农阶段，对农业发展加大支持与补贴力度。党的十八大以来，中国共产党立足农业高质量发展目标，立足"农业还是现代化建设的短腿，农村还是全面建成小康社会的短板"的现实，进一步优化农业支持政策体系。总体来看，中国共产党在百年的发展历程中，对农业高度重视，但不同时期的农业政策也存在着较大的差异，随着中国国民经济的整体发展以及中国共产党对农业发展思想定位的转变，农业也由税源产业逐步转变成为重点支持产业。

第一节　新民主主义革命时期：农业税收支持革命事业

新民主主义革命时期，中国经历了国民大革命、土地改革、抗日战争以及解放战争等，其中心任务并不相同，中国共产党领导下的根据地也根据任务的变化，不断对农业税收政策进行调整，以更好地支持中国的革命事业。

一、新民主主义革命时期的农业税收实践

在新民主主义革命时期，中国共产党认识到，不合理的农业税收是导致中国农民生活困难的重要原因之一。因此，在建党后不久就提出，废除名目繁多的封建半封建农业税收，主张建立全国统一的土地税则，实行累进税率。1922年中共二大通过的宣言指出："废除丁漕等重税，规定全国—城市及乡村—土地税则；废除厘金及一切额外税则，规定累进率所得税。"[1]1925年，中共四大通过的《对于农民运动之议决案》规定，应继续注意宣传制定田税额，必须经乡民会议（农民会）的同意，同时要反对预征钱粮，拒绝交纳陋规及一切不法征收。要特别宣传取消普遍的苛税杂捐，加征殷富捐所得税。[2]

土地革命的前期，由于革命根据地刚刚建立，土地斗争还没有深入开展，同时广大农民刚刚摆脱帝国主义、军阀政府和封建地主的重重压榨，迫切需要

---

[1]　中共中央档案馆：《中共中央文件选集》第 1 册，中共中央党校出版社 1991 年版，第 116 页。

[2]　薛金艳：《民主革命时期中国共产党的农税政策》，《长春师范大学学报》2010 年第 11 期。

休养生息。① 因此，中国共产党采取了向剥削者筹粮筹款的方式来解决军政需要。在土地革命后期，随着根据地的巩固和扩大，根据地政权运行以及革命活动都需要税收的支持。因此，一些根据地逐步开始建立起农业税收制度。1931年11月7日中华苏维埃第一次全国代表大会召开，大会通过了《中华苏维埃共和国关于经济政策的决定》，对税收原则进行规定中指出，消灭国民党军阀政府一切的捐税制度和其一切横征暴敛，苏维埃另定统一的累进税则，使之转由资产阶级负担，苏维埃政府应该豁免红军、工人、乡村与城市贫苦群众家庭的纳税，如遇意外灾害亦应豁免或酌量减轻。1931年11月，中华苏维埃共和国中央执行委员会第一次会议拟定并颁布了统一的累进税办法，即《中华苏维埃共和国暂行税则》。1932年7月，中华苏维埃共和国临时中央政府执行委员会又对税则进行了一定的修订。这一时期的农业税收主要有以下几个特点：一是具有很强的阶级性与差别性。《中华苏维埃共和国暂行税则》规定，红军家属，按照红军优待条例免税，红军在服役期间，本人及家属免纳苏维埃共和国之一切捐税；贫农收入虽已达开始征税的数额，但仍不能维持其一家生活的，得由乡苏维埃决定个别减税或免税；遇有水旱灾害或遭受敌人摧残的区域，按照灾情轻重，免税或减税；因改良种子，改良耕种所增加的农业收入免税；开垦荒地所收获之农产品，免税三年，富农则依照收获情形减税或免税一年。② 二是实行累进税率。《中华苏维埃共和国暂行税则》并没有规定统一的税率，但附发了江西省的农业税征收办法，作为各省的参考。江西省农业税的税率分为12个等级，以干谷4石以上开始计算征收，全家每人平均收获干谷4石的税率为1%，15石的税率为16.5%。雇农和分得田地的工人一律免税。对于富农，则从2石起开始计算征收，税率为1%，以上类推。《湘赣苏区土地和商业累进税暂行条例》对土地税的征收规则为，以户为单位，首先确定农户全年收获量，减去全家全年的消费量（以每人每年600斤干谷计算），得出全家总余量，然后按照税

---

① ②　薛金艳：《民主革命时期中国共产党的农税政策》，《长春师范大学学报》2010年第11期。

率算出实际收税量。其征收税率为：100 斤以下免税；100 斤以上 200 斤以下的税率为 10%，实收稻谷 10 斤；200 斤以上 300 斤以下的税率为 11.5%，实收稻谷 23 斤；300 斤以上 400 斤以下的税率为 13%，实收稻谷 39 斤……依此类推，每增加 100 斤就增加 1.5% 的税率。征税次数一年一期，秋后上缴。总体来看，这一时期中国共产党的农业税政策具有鲜明的阶级性质，既打击了地主富农，又保护了穷苦农民，还支持了革命发展。[①]

在抗日战争时期，为了形成统一战线支持抗日，中国共产党的农业税收政策也出现了一些变化，除了对地主、富农征税外，还采取了面向农民的普遍税收政策。在抗战前期，为保证抗日军队和抗日根据地政府的日常支出，中国共产党在各抗日根据地都展开了征收救国公粮的社会动员，救国公粮是临时性的农业税，是根据地一项经常化的政治动员。为了制度化救国公粮的征收，1937 年 10 月，陕甘宁边区政府颁布了《征收救国公粮条例》。救国公粮采用统一累进的原则作为征收的标准，即每人每年粮食收获量在 300 斤以下者免征；300—450 斤征收 1%；451—750 斤征收 2%；751—1050 斤征收 3%；1051—1500 斤征收 4%；1051 斤以上征收 5%。前期征收量不大，但随着边区政府支出的增加，相应的征收量也在增加。1937 年救国公粮的征收量是 1.4 万石，仅占实际农业收获量的 1.27%；1938 年征收 1.6 万石，占收获量的 1.32%，而到了 1939 年征收的救国公粮为 5 万石，1940 年则达到了 9 万石。[②] 在抗战后期，中国共产党在根据地建立了相应的税收制度。1940 年 9 月《中共中央关于晋察冀边区实行统一累进税问题的指示》指出，"累进税乃是应向我区内一切人民征收的税则"[③]。各根据地根据中央的指示和当地的实际情况，制订了具体实施方案。如

① 薛金艳：《民主革命时期中国共产党的农税政策》，《长春师范大学学报》2010 年第 11 期。

② 黄正林：《"救国公粮"征收的是是非非》，《南方都市报》2012 年 7 月 17 日。

③ 《晋察冀抗日根据地》史料丛书编审委员会：《中共中央档案馆·晋察冀抗日根据地第 1 册文献选编上》，中共党史资料出版社 1989 年版，第 459 页。

1940 年 12 月晋察冀边区政府颁布的《晋察冀边区统一累进税暂行办法实行细则》规定，各种资产收入的统一单位规定名为"富力"，根据土地和应纳税的财产多少，将纳税人分为十二等"富力"。1943 年 5 月，陕甘宁边区政府也颁布了《陕甘宁边区农业统一累进税试行条例》，实行了将农业收益与土地财产二税合一的农业税制。为了解决地方建设的经费问题，根据地政府还允许地方在征收农业税的时候，可以遵循合理负担的累进原则征收一定比例的附加粮，留作地方之用。①

在解放战争时期，各新解放区农村在土改前实行累进税制，累进率一般比抗日战争时要高。农业税征收的重点是地主和富农，地主的负担率多数在 35%—50%，富农的负担率多数在 20%—40%，贫农的负担率一般是 5%—8%。实行阶级区别的高额累进税的目的，就是要配合减租减息政策，削弱封建地主经济，限制富农经济，让农民得到实际的物质利益，为土地改革作准备。② 土地改革以后，土地已大体平均分配，为了鼓励农民发展生产，使多生产者多得利，各解放区废除农业累进税制，实行比例税制。1948 年 8 月通过的《华北人民政府施政方针》对税收原则所作的规定指出：改革税制，整顿税收，力求不再加重人民负担，在土地改革已经完成的区域，废除农业统一累进税，实行按土地常年应产量计算的比例负担制，以达到农村负担的公平合理，并规定农业税负担最高不超过全区人口平均的农业总收入的 20%。③

二、新民主主义革命时期农业税收的特点

首先，税收适应革命需要动态调整。在土地革命时期，主要通过没收地主

---

① 张秀芹：《建党以来农业税制的历史变迁》，《河北农业大学学报（农林教育版）》2006 年第 3 期。

② 中华人民共和国财政部：《中国农民负担史（第 3 卷）》，中国财政经济出版社 1994 年版，第 600 页。

③ 薛金艳：《解放战争时期中国共产党的农业政策》，《长春师范学院学报》2012 年第 7 期。

阶级的财产以及向富农征税满足革命的物质需要。而在抗日战争期间，则调整税收政策，主张普遍纳税。在抗日民族统一战线的政策下，富裕的阶级和阶层，无论是地主、富农还是工厂主、商人，只要他们抗日，就是团结的对象，使他们的税负过重，显然不利于团结抗日。1940 年，毛泽东指出：关于税收政策，必须按收入多少定纳税多少。并且，80% 以上居民，不论工人农民，均须负担国家赋税，不应该将负担完全放在地主资本家身上。[①] 而到了解放战争时期，对于土地改革地区的农业税收也相应地进行了调整。

其次，税收具有一定的阶级属性。从税收的政策可以看出，中国共产党这一阶段的农业税收具有明显的阶级属性，重点对地主、富农阶级进行征税，而对于红军、贫农则进行低税或免税。如对于救国公粮，从抗战时期的调查来看，各阶层缴纳的公粮占收入比例是，地主占 22.6%，富农占 13.5%，中农占 8.1%，贫农占 2.1%。[②]

最后，普遍采用累进税制。从以上分析中可以看出，在新民主主义革命的不同时期，累进税制占据了主导地位。1939 年毛泽东在中共六届六中全会上的报告《论新阶段》中指出："要在有钱出钱的原则下，改订各种旧税为统一的累进税，取消苛捐杂税和各种摊派制度，以舒民力而利税收。"[③]

第二节　改革开放前：汲取农业剩余支持工业发展

新中国成立后，中国进入社会主义改造与建设时期，但农业仍然是支撑国

---

① 蒋贤斌、赖红羽：《坚持与调适：新民主主义革命时期中国共产党税收理念的演变》，《中国井冈山干部学院学报》2019 年第 5 期。

② 黄正林：《"救国公粮"征收的是是非非》，《南方都市报》2012 年 7 月 17 日。

③ 薛金艳：《民主革命时期中国共产党的农税政策》，《长春师范大学学报》2010 年第 11 期。

民经济发展的重要力量，需要从农业汲取资金，支持工业发展。这一时期，农业税虽然在中国税收中占有重要地位，但中国共产党仍注意适时调减农业税征收额，长期实行稳定农业税负担和增产不增税的政策。

一、1949—1978 年期间的农业税收政策

在新中国成立初期，由于中国土地改革尚未完成，农业税政策也并未统一。在推进土地改革的过程中，中国于 1950 年 9 月公布了《新解放区农业税暂行条例》，并对老解放区农业税率作了适度的调低。1953 年 6 月，政务院在《关于 1953 年农业税工作的指示》中提出了"增产不增税、稳定负担"的工作方针。在整个社会主义改造时期，1950—1952 年国民经济恢复的三年，农业税负担占农业实际产量的比例大体在 12%—15% 之间；而后 1953—1957 年，平均农业税实际负担率为 11.67%[①]。在新中国成立之初，农业税在中国税收中占有重要的地位，以 1950 年为例，全国农业税收入约占全国税收的三成。

随着农业合作化的推进，原有税收体系已与农业的生产经营模式不相适应。因此，《关于 1953 年农业税工作的指示》提出："农业生产合作社的征税办法，由各省、市人民政府参照去年的办法酌情规定。"[②] 各地参照指示，根据本地的实际情况，规定农业生产合作社的征税办法，归纳起来主要有按社计征、按户计征、社户分担或者从全社土地报酬中统一提交农业税等办法。1956 年 7 月，国务院在批转财政部《关于 1956 年农业税收工作中几个问题的请示》中指出："为了适应农业生产合作社统一经营、统一分配的情况，对于初级社一般也应改

[①]　中华人民共和国财政部：《中国农民负担史（第 3 卷）》，中国财政经济出版社 1994 年版，第 181 页。

[②]　周恩来：《中央人民政府政务院关于一九五三年农业税工作的指示》，《安徽省人民政府公报》1953 年第 9 期。

为以社为单位征收，即是将农业税额从全社收入中统一提交。"至此，全国绝大多数农村都实现了从农户交纳农业税向集体纳税的过渡。[①]

1958 年 6 月 3 日，第一届全国人民代表大会常务委员会第 96 次会议通过了《中华人民共和国农业税条例》，它是中华人民共和国成立后第一部全国统一适用的农业税税法，实现了全国农业税制度的统一。该《条例》指出：全国的平均税率规定为常年产量的 15.5%；各省、自治区、直辖市的平均税率，由国务院根据全国平均税率，结合各地区的不同经济情况，分别加以规定。县级以上人民委员会对所属地区规定的税率，最高不得超过常年产量的 25%。省、自治区、直辖市人民委员会为了办理地方性公益事业的需要，经本级人民代表大会通过，可以随同农业税征收地方附加。地方附加一般不得超过纳税人应纳农业税税额的 15%；在种植经济作物、园艺作物比较集中而获利又超过种植粮食作物较多的地区，地方附加的比例，可以高于 15%，但最高不得超过 30%。从实际税率情况来看，1958—1960 年中国农业税的实际负担率分别为 12.5%、14.3% 和 13.8%。1961 年 6 月 23 日，中共中央批转中共财政部党组报送的《关于调整农业税负担的报告》，大幅度调减了农业税征收额，并长期实行稳定农业税负担、增产不增税的政策。农民负担在 1961—1965 年间有了较大幅度的下降，1965 年全国粮食征购为 973.7 亿斤，比 1959 年减少 28%；1965 年农业税实际负担率为 7%，比 1959 年下降了 7.3 个百分点。[②]在此后的"文化大革命"时期，农业税征收机构的工作受到了较大的影响，农业税水平也维持在较低的水平（见表 7-1）。[③]

---

① 郭慧丽：《工业化进程中的农业税收制度研究》，东北财经大学博士学位论文 2012 年。

② 中华人民共和国财政部：《中国农民负担史（第 3 卷）》，中国财政经济出版社 1994 年版，第 277 页。

③ 张秀芹：《建党以来农业税制的历史变迁》，《河北农业大学学报（农林教育版）》2006 年第 3 期。

表 7-1　1949—1976 年农业税变动情况

年份	农业实产量（细粮：亿斤）	实征税额（细粮：亿斤）	实征税额占农业实产量比例（%）	农业税占农业总产值比例（%）	农业税占国家财政总收入比例（%）
1949	1847.1	248.8	13.5	5.5	29.3
1952	2924.2	357.8	12.2	6.7	14.7
1958	3565.7	445.7	12.5	6.7	8.4
1966	3942.0	256.0	6.5	3.7	5.3
1976	5173.3	251.2	4.9	3.3	3.8

二、1949—1978 年期间的农业支持政策

1950—1978 年，中国财政用于农业的支出总计为 1577.12 亿元，占财政总支出比重的 10.7%。财政支农主要可以分为基础类支出、投入品补贴、农产品价格补贴三大部分。其中，最主要的为农业基础设施等基础类支出。根据彭慧蓉等整理的数据可见，1950 年到 1978 年间，农业基本建设支出为 639.76 亿元，占财政支农支出比重的 40.6%；农林水利气象部门事业费为 332.06 亿元，占财政支农支出比重的 21.1%；小型农田水利和水土保持补助费、农村农技推广和植保补助费、农村造林和林木保护补助费为 170.05 亿元，占财政支农支出比重的 10.8%；科技三项费用为 7.64 亿元，占财政支农支出比重的 0.5%；农村救济费为 134.61 亿元，占财政支农支出比重的 8.5%（见表 7-2）。以上几项支出共占财政支农支出比重的 81.6%。此外，该时期还对农产品投入品进行了补贴，但主要面向对投入品生产企业进行补贴。在农产品价格补贴方面，主要面向对消费者进行补贴，这是因为该时期农产品采取的统购统销政策，出现了农产品购销价格倒挂，即购价高于销价，所以，该补贴相当于在流通和消费环节中进行的补贴。[①]

---

① 彭慧蓉、钟涨宝：《建国六十年我国农业补贴政策演变轨迹及逻辑转换》，《经济问题探索》2010 年第 11 期。

表 7-2　1950—1978 年国家财政用于绿箱政策支出数量　（单位：亿元）

年份	绿箱政策支出总计	基本建设支出	农林水利气象等部门事业费	小型农田水利和水土保持补助费	科技三项费用	农村救济费
恢复时期（1950—1952）	14.71	3.84	8.35	—	—	2.52
"一五"时期（1953—1957）	91.75	40.91	35.24	1.99	—	13.61
"二五"时期（1958—1962）	215.79	126.62	52.96	13.97	—	22.24
调整时期（1963—1965）	152.78	68.16	38.31	15.57	2.86	27.88
"三五"时期（1966—1970）	189.89	98.45	45.66	25.35	1.58	18.85
"四五"时期（1971—1975）	340.11	174.75	77.54	53.64	0.43	23.75
1976—1978	289.09	127.03	74	59.53*	2.77	25.76
总　计	1294.12	639.76	332.06	170.05	7.64	134.61

注：*数据包括农技推广和植保补助费 0.73 亿，造林和林木保护补助费 1.71 亿元。

三、1949—1978 年期间的农业税收与农业支持的特点

新中国成立后，农业仍然是中国的支柱产业，社会主义的建设以及工业的发展迫切需要大量的资金，农业也就成为了支撑国民经济发展的重要力量。尽管该时期中国共产党对农业的发展也高度重视，但总体上还是处在从农业获得剩余支持工业发展的阶段。根据相关研究可见，1950—1978 年国家财政支农资金为 1577.12 亿元，而同期农业税收总额为 818.47 亿元，并且工农业产品"剪刀差"为 5100 亿元，两者相抵，改革开放前共从农业汲取资金 4341.35 亿元。① 农业支持工业在一定程度上导致农民利益受损，在农业生产效率较低的

---

① 彭慧蓉、钟涨宝：《建国六十年我国农业补贴政策演变轨迹及逻辑转换》，《经济问题探索》2010 年第 11 期。

情况下，农业产出的很大一部分被以税收的形式上缴，大部分农民生活在贫困线之下。但是，也应该看到，这一时期党中央仍然高度重视农业的发展，通过对农业的投资，农业基础设施得到了极大改善。

第三节　改革后至农业税取消：支持政策初步形成

在这一时期，为了减轻税费负担，促进农业发展，提高农民收入，中国的农业税收政策和农产品收购价格政策作出了重大调整，直至取消农业税。至此，通过征收农业税以及工农业产品剪刀差方式，促进工业资本积累以及发展的状况开始逐步转变，国家的农业支持政策也初步形成。

一、1978—2006 年期间的农业税收政策

改革开放后，中国的农业税收政策作出重大调整，其重要标志是自 2006 年 1 月 1 日生效的农业税全面取消。1978 年 12 月，国务院转发的《财政部关于减轻农村税收负担问题的报告》指出，从 1979 年起，在粮食生产区，凡是低产、缺粮的生产队，每人平均口粮在起征点以下的，免征农业税。起征点由各省、自治区、直辖市作出规定，并报国务院批准。1983 年 11 月，为了平衡农村各种作物的税收负担，国务院发布《关于对农林特产收入征收农业税的若干规定》，对农林特产征收农业税。1994 年 1 月，为了配合工商税制改革，完善农业特产税收制度，国务院发布的《关于对农业特产收入征收农业税的规定》指出，将农林特产农业税与产品税、工商统一税中的农、林、牧、水产品税目（不包括改征屠宰税的生猪、菜牛、菜羊）合并，改为征收农业特产农业税（简称农业特产税）。20 世纪 90 年代，由农村税费负担过重引发的"农民真苦、农村真穷、农业真危险"问题引发了国家对"三农"问题的高度关注。1996

年，中央二号文件强调，要"采取果断措施减轻农民负担"[1]。2000 年 3 月，中央决定在安徽全省进行农村税费改革试点，其他省、自治区、直辖市可自主选择少数县市试点，调整农业税和农业特产税政策，取消统一规定的劳动积累工和义务工，取消屠宰税，改革村提留征收使用办法等。[2]2003 年 3 月，国务院颁布《关于全面推进农村税费改革试点工作的意见》，对中国的农业税改革进行部署。2004 年 3 月，温家宝总理在十届全国人大二次会议的政府工作报告中宣布，"逐步降低农业税税率，平均每年降低一个百分点以上，五年内取消农业税"[3]。到 2004 年末，黑龙江、吉林两省完成了全省免征农业税；2005 年 12 月，全国人大常委会通过决定废止《农业税条例》，自 2006 年 1 月 1 日生效，这标志着传统的农业税彻底退出了历史舞台。[4]2006 年全面取消农业税后，原来一些地方搭农业税便车、以征税为名行乱收费之实的行为没有了生存载体，从机制上遏制了向农民乱收费的现象。农业税的取消，使得农民每年减负总额超过1000 亿元，人均减负 120 元左右。[5]

二、1978—2006 年期间的农业支持政策

改革开放后，在制度放活的基础上，中国对农业的支持力度也在波动中增加。1979 年，党的十一届四中全会通过的《关于加快农业发展若干问题的决定》提出了一系列财政支农政策，其中包括：今后三至五年内，农业投资在整个基建投资中的比重将逐步提高到 18%，农业支出在国家总支出中的比重将逐步提高到 8%；农业贷款从现在起到 1985 年，要比过去增加 1 倍以上。然而由于中央财政的困难，加之地方政府的重心仍然在城市，这些财政支农政策在某些方

① 朱珍：《改革开放 40 年财政支农政策嬗变的政治经济学分析》，《财经问题研究》2019 年第 8 期。

② 郭慧丽：《工业化进程中的农业税收制度研究》，东北财经大学博士学位论文 2012 年。

③ 温家宝：《政府工作报告》，第十届全国人民代表大会第二次会议，2004 年 3 月 5 日。载自中国政府网，http://www.gov.cn/gongbao/content/2005/content.158717.htm，2005 年 3 月 5 日。

④⑤ 郭慧丽：《工业化进程中的农业税收制度研究》，东北财经大学博士学位论文 2012 年。

面并未完全落实，如农业基本建设投资在一定时期反而出现了减少的情况，由统计可见，农业基建支出由"五五"时期（1976—1980 年）的 238.03 亿元下降到"六五"时期（1981—1985 年）的 158.57 亿元。针对这一情况，1988 年 12 月，国务院下发《关于建立农业发展基金增加农业资金投入的通知》，决定从 1989 年起，逐步建立农业发展基金，由各级财政纳入预算，列收列支，专款专用。1993 年，国家颁布的《中华人民共和国农业法》规定，国家逐年提高农业投入的总体水平，每年对农业总投入应高于财政经常性收入的增长和幅度。《农业法》的颁布使财政支农政策有了明确的法律依据。[①] 分税制改革以后，中国财政支农支出增长速度加快，由 1994 年的 533 亿元增加到 1997 年的 766.4 亿元。1998 年，财政支农资金超过 1000 亿元，随后基本逐年增加，到 2002 年，财政支农资金已高达 1580.8 亿元。[②]

新中国成立后，中国通过征收农业税以及工农业产品剪刀差，促进了工业资本的积累以及发展，但也给农业发展造成了较大的影响。改革开放后，为了促进农业发展，提高农民收入，国家多次提高粮油等农产品的收购价格。1985 年，中央一号文件规定：取消粮食统购，改为合同定购和市场收购；定购粮按"倒三七"比例计价（即三成按原统购价，七成按原超购价）；定购以外的粮食可以自由上市，如市场粮价低于原统购价，国家仍按原统购价敞开收购，以保护农民利益。1990 年出台相关政策规定，各地向农民收购议价粮，不得低于国家规定的保护价，建立了国家专项粮食储备制度。随着中国粮食产量的增加，粮食收购导致政府财政压力增加，并且不利于粮食价格按市场机制形成。于是，2000 年后，政府逐渐缩小了粮食收购补贴范围，下调了谷物的保护价[③]，取而

---

① ② 彭慧蓉、钟涨宝：《建国六十年我国农业补贴政策演变轨迹及逻辑转换》，《经济问题探索》2010 年第 11 期。

③ 杨芷晴、孔东民：《我国农业补贴政策变迁、效应评估与制度优化》，《改革》2020 年第 8 期。

代之的是逐步出台的新型农业补贴政策。2002 年，国家推出了良种补贴制度，先后出台了大豆、小麦、水稻、棉花和油菜补贴政策。

第四节　后农业税时期：全面支持农业局面的形成

2006 年中国取消了农业税，标志着在中国共产党的领导下，中国真正意义上进入了以城带乡、以工补农的发展阶段。之后，中国陆续出台了粮食最低收购价支持政策、临时收储与目标价格支持政策、农业补贴政策等，增加了农民收入，提高了农民农业生产积极性。[①]

一、粮食最低收购价政策

经过多年市场化改革，除粮食、烟草、蚕茧等少数品种外，中国其他多数农产品已放弃国家定价和国家收购政策。2004 年，国务院发布《关于进一步深化粮食流通体制改革的意见》，决定全面放开粮食收购市场，实现粮食购销市场化和市场主体多元化。之后，2004 年出台了稻谷最低收购价政策，2006 年又出台了小麦最低收购价政策。[②]粮食最低收购价让种粮农民直接获得了实惠，激励了农民的粮食生产积极性，对于中国粮食的增产与农民的增收起到了积极的作用。但是由于粮食最低收购价对粮食价格造成了直接干预，属世界贸易组织黄箱政策，受到一定的约束限制，而且对粮食价格的干预也不利于粮食产业链的发展。于是，2014 年到 2019 年期间，中央多次提出要推进粮食价格形成机制和收储制度改革。近年来，中国开始逐步压缩粮食最低收购价的规模。2020 年出台的《关于完善稻谷最低收购价有关政策的通知》规定，自 2020 年起对最

---

① ② 叶兴庆：《我国农业支持政策转型：从增产导向到竞争力导向》，《改革》2017 年第 3 期。

低收购价稻谷限定收购总量，限定 2020 年最低收购价稻谷收购总量为 5000 万吨（籼稻 2000 万吨、粳稻 3000 万吨）。

二、临时收储政策与目标价格政策

为解决部分重要农产品价格下跌和"卖难"问题，2007 年以来，国家先后对主产区玉米、大豆、油菜籽、棉花、食糖等实行临时收储政策，当主产区市场价格低于临时收储价格时，由国家指定企业直接入市收购，以引导市场价格回升。据统计，2009—2012 年间，大豆临时收储价连续 4 年提高，累计提价 24%；2010—2013 年间，玉米临时收储价连续 4 年提高，累计提价 49%；2010—2013 年，油菜籽临时收储价连续 4 年提高，累计提价 38%。[1] 价格的提升，保障了农民的利益，激励了农民的生产积极性。自 2013 年 7 月开始，国内外玉米价格开始出现"倒挂"，为此，2016 年东北三省和内蒙古自治区将玉米临时收储政策调整为"市场化收购"加"生产者补贴"机制，实行"市场定价、价补分离"的改革，改革后的玉米价格基本回归到合理水平。[2] 中国的目标价格政策主要针对棉花、大豆、油菜籽。2014 年，中国开始对大豆、新疆棉花实行目标价格补贴试点，探索农产品价格形成机制与政府补贴脱钩的改革，实行市场化收购加补贴的运行机制。[3]

三、农业补贴政策

2000 年以来，中国先后出台了一系列直接面向农户的农业补贴政策，包括种粮农民直接补贴、良种补贴、农机具购置补贴、农资综合补贴、保费补贴等。中国于 2001 年起将过去的粮食保护价制度改为粮食直接补贴，并于 2002 年起在吉林、安徽等地进行粮食直接补贴试点，同年启动大豆良种补贴政策试点工

---

① 叶兴庆：《我国农业支持政策转型：从增产导向到竞争力导向》，《改革》2017 年第 3 期。

②③ 杨芷晴、孔东民：《我国农业补贴政策变迁、效应评估与制度优化》，《改革》2020 年第 8 期。

作，之后逐步扩大到小麦、水稻等农作物。2004 年，正式推行粮食直补和农机具购置补贴政策。2006 年，为应对农业生产资料价格的上升，开始实行农资综合补贴。至此，农业的"四项补贴"（粮食直补、良种补贴、农机具购置补贴和农资综合补贴）完整建立，有效地促进了农民粮食生产的积极性，保障了中国粮食产量从 2003 年后连续增长。随着农业发展理念的转变，传统保产量、保价格的农业补贴方式也产生了一些负面影响，受到了多方一定的质疑和讨论，在此背景下，中国农业的补贴政策也开始进行了一些调整，以适应农业可持续发展目标的要求。2015 年起，中国启动农业补贴试点改革，将原有"四项补贴"中的良种补贴、粮食直补和农资综合补贴合并为"农业支持保护补贴"，补贴资金统筹用于耕地地力保护和粮食适度规模经营。同年，农业部办公厅、财政部办公厅印发《2015—2017 年农业机械购置补贴实施指导意见》，规定直接从事农业生产的个人和农业生产经营组织继续实施农机具购置补贴。①

此外，近几年来，中央还十分重视对农业的风险管理，加大了对农业保险的补贴力度。2008—2019 年期间，各级财政历年累计投入保费补贴 2981 亿元，为广大农户和农业生产经营组织提供了 19.18 万亿元的农业风险保障。中国农业保险保费收入从 2007 年的 53.3 亿元增加到 2019 年的 672.5 亿元，年均增长 23.52%。至此，中国已经成为亚洲第一、世界第二的农业保险大国。目前，中央财政保费补贴品种已扩大到了 16 个，基本覆盖了关系国计民生和粮食安全的主要大宗农产品，地方自主开展的地方特色优势农产品保险种类达 270 余种，基本覆盖了农林牧渔各个领域。②值得指出的是，2019 年 1 月 29 日，中国人民银行、中国银保监会、中国证监会、财政部、农业农村部联合印发的《关于金融服务乡村振兴的指导意见》明确提出，要持续提高农业保险的保障水平，落实农业保险大灾风险准备金制度，组建中国农业再保险公司，完善农业再保险

---

① 杨芷晴、孔东民：《我国农业补贴政策变迁、效应评估与制度优化》，《改革》2020 年第 8 期。

② 周延礼：《着力抓好农险保费补贴政策落实》，《中国银行保险报》2020 年 3 月 2 日。

体系。2020 年 8 月 27 日，中国银保监会正式发布《关于筹建中国农业再保险股份有限公司的批复》，同意财政部、中国再保险（集团）股份有限公司、中国农业发展银行、中华联合财产保险股份有限公司、中国人寿财产保险股份有限公司、北大荒投资控股有限公司、中国太平洋财产保险股份有限公司、中国平安财产保险股份有限公司、中国人民财产保险股份有限公司 9 家单位共同发起筹建中国农业再保险股份有限公司，注册资本达 161 亿元人民币。

四、中国共产党农业支持政策的效果

这一时期中国共产党的农业支持政策起到了积极的成效。首先，确保了粮食安全。中国是一个人多地少的国家，任何时候都不能忽视粮食安全。"'手中有粮、心中不慌'在任何时候都是真理"[1]。这是习近平总书记在 2020 年全国"两会"政协经济界委员联组会上再一次强调粮食安全重要性时所说的。农业税取消之后，一方面，中央继续加大对农业的补贴力度，确保了农民种粮的积极性；另一方面，实施粮食生产能力建设，通过高标准农田建设、水利等基础设施投资，提升了粮食生产能力；此外，还通过对农业科技的投入，如粮食品种研发的支持提高粮食生产能力。通过加大对农业的支持，中国目前粮食产量稳定在 1.3 万亿斤以上。

其次，增加了农民收入。促进农民收入的持续增长也是这一时期中国农业支持政策的重要目标之一。目前，农业收入在中国的农民收入中还占有一定比重，2006 年农民的人均纯收入为 3587 元，其中人均经营性收入为 1931 元，占比达 53.8%，而到了 2019 年，农村居民人均可支配收入提高到 16021 元，其中经营性收入为 5762 元，占比为 35.97%。通过对农业的补贴与对农业的支持，农民的农业经营收入持续增加，特别是对于新型农业经营主体、种养大户等，

---

① 习近平：《全国政协十三届三次会议的经济界委员联组重要讲话》2020 年 5 月 23 日。载自中国政府网，http://www.gov.cn/xinwen/2020-05/24/content5514289.htm，2020 年 5 月 24 日。

政府的支持已成为其收入的重要组成部分。

最后，转变了农业发展模式。这一时期，中国农业发展的目标更加多元化。在确保粮食安全的基础上，农业支持纳入了政策导向，通过对绿色生态生产模式、新型农业经营主体、农业机械等进行补贴，促进了农业生产经营模式的转变，也促进了中国农业现代化的发展。如从 2004 年农机购置补贴政策实施到 2018 年，中央财政累计投入资金 2000 多亿元，直接惠及农户 3300 多万户，扶持农民和各类农业生产经营主体购置农机具 4000 多万台套。截至 2019 年底，全国已有 300 多个县区率先基本实现全程机械化，农机专业户超过 500 万户，农机合作社等作业服务组织约有 20 万个，每年作业服务面积累计超过 40 亿亩。[①]

第五节　中国共产党百年农业税收支持思想与实践

随着中国新民主主义革命及社会主义建设事业的发展，农业在国民经济中的基础地位虽然没有变化，但因其发展环境以及与二、三产业的产值占比等方面不断发生着较大变化，基于此，中国共产党在促进农业发展的实践过程中，对农业的税收与支持思想也随着这些变化进行着相应的调整。

一、农业定位的变化：由汲取型向支持型转变

受到整体环境的影响，在不同时期农业在中国共产党革命和建设事业中的作用也不同，对于农业的思想定位也发生了较大的变化。总体来看，中国共产党的农业政策实现了由汲取型向支持型的转变。在新民主主义革命时期，党的

---

① 王浩：《中央累计投入农机购置补贴 2000 多亿》，《人民日报》2018 年 12 月 20 日。

根据地在农村，革命事业很大程度上需要获得农业与农民的支持。中国共产党通过土地改革，使根据地农民获得了生产资料，也以农业税的形式使农业为革命事业提供支持。新中国成立后的很长一段时间，由于国家重工业发展的需要，中国共产党的重心放在了工业与城市，通过农业税收、工农业产品价格剪刀差等方式，实现了农业对工业的支持。而随着社会主义建设事业的发展，中国国力的增强，农业产值在国民经济中的占比越来越低，同时，农业发展的滞后也影响了工业以及整个国民经济的发展。这时，中国共产党开始转变农业发展思想，提出了以工补农的总方针，2006 年正式取消农业税，并逐步建立起了多元化的农业补贴与支持政策。可以看出，对于农业，中国共产党实现了由汲取向支持思想的转变，这既有认知层面的因素，也受到了客观环境因素的影响。

二、农业发展观的变化：由产量导向向多目标导向转变

在中国共产党领导下的农业支持政策目标随着发展而不断地调整。在新民主主义革命时期，通过土地改革使农民获得了土地，并且通过降低农业税收提高农民生产的积极性，农业税收与农业支持的目标在于获得更多的粮食产量支持革命事业。在新中国成立之初，中国共产党对农业进行了大量的基础设施投资，使农业生产快速恢复。之后合作化的经营制度在一定程度上影响了农业的生产效率，此时中国共产党农业支持的目标仍然在于粮食产量的提升，并通过税收的方式为工业发展提供更多的资源。改革开放后的很长一段时间内，农业支持的目标仍然主要在产量方面，只是除了产量增加之外，也更加注重农业结构的调整，促进农业为人民群众提供更丰富多样的农产品。近几年来，随着中国粮食产量的增长，加之生态环境压力的增加，中国农业支持与补贴政策的目标也呈现出多元化，既要保障粮食安全，也对新的发展模式进行支持，如在藏粮于地、藏粮于技的战略下，加大绿色农业发展的投入，对绿色肥料等进行补贴；在促进农业适度规模经营的诉求下，支持新型农业经营主体的发展等。

三、支持手段的变化：由粗放式支持向现代化治理体系支持转变

中国共产党在农业发展与支持的政策实践中，逐步转变思想，支持手段越来越精准、越来越成熟。例如，由更多地依靠黄箱补贴转向绿箱补贴。根据世界贸易组织对农业补贴的分类，农业一般分为三类："绿箱"政策、"黄箱"政策和"蓝箱"政策。"黄箱"政策是指政府对农产品的直接价格干预和补贴；"绿箱"政策指的是由政府提供的、其费用不转嫁给消费者，并且对生产者不具有价格支持作用的政府服务计划；"蓝箱"政策是指对一些与限制生产计划相关，不计入综合支持量的补贴。改革开放后，中国对农业的补贴很多是由对农产品价格的干预而实现，其补贴强度受到了世界贸易组织规则的限制，并且对市场造成了一定的扭曲。近几年来，中国开始转变补贴方式，如 2016 年 5 月财政部、农业部印发了《关于全面推开农业"三项补贴"改革工作的通知》，将种粮农民直接补贴、农作物良种补贴和农资综合补贴合并为农业支持保护补贴。此外，在农业补贴方面也更加注重补贴的效率与效果，如在很多农业支持项目中采用以奖代补等。农业支持方式的优化，在一定程度上体现了中国共产党农业支持政策趋于成熟，体现了农业治理体系的现代化。

农村篇

第八章　中国共产党对城乡关系的认识及发展

　　城乡关系是一个国家发展所面临的核心议题，其广义含义包含城市与乡村、城市居民与乡村居民、工业与农业的相互关系及其错综复杂的互动演变过程。自中国共产党成立以来，对工农关系、城乡关系的理论探索和政策实践从未停止。中国共产党对于城乡关系的认知变化，在历史的各个阶段都指导、影响着中国城乡关系的发展。中国共产党在十九大报告中首次提出的"城乡融合发展"理念，与新中国成立以来的"城乡二元发展"到"城乡统筹发展"，再到"城乡一体化发展""城乡发展一体化"的理念相比，"城乡融合发展"更加强调发展过程中城市与乡村之间的良性互动与有机联系，是实现中国"乡村振兴战略"、开启中国特色社会主义现代化建设新征程的重要理论基础。回顾、考察中国共产党建党百年来对城乡关系认识的历史演变，以及由此引发的现实城乡关系的变化历程，总结经验教训，以实事求是的原则科学总结和探索中国城乡发展的社会规律，对推动乡村振兴，促进城乡融合发展，实现农村现代化具有重要的理论与现实意义。

第一节　新民主主义革命时期：农村包围城市的思想

　　建党初期，中国共产党对城乡关系的认识主要受马克思与列宁对城乡发展规律论述的影响。马克思和恩格斯认为，工业革命后资本主义社会生产力和生产关系之间的互动发生了变化，城乡割裂与对立相伴而生。马克思和恩格斯认为，随着城乡对立的加剧，无产阶级革命将首先会在发达的资本主义国家取得胜利，而代表先进生产力的工人阶级则是城市中的重要革命力量，因此城市应当是消灭城乡对立、革命发生的主要空间。列宁创造性地发展了马克思恩格斯关于无产阶级革命的论断，于 1915 年指出："经济和政治发展的不平衡是资本主义的绝对规律。由此得出结论：社会主义可能首先在少数甚至在单独一个资本主义国家内获得胜利。"① 俄国十月革命的胜利是列宁思想的一次成功实践，也是世界上第一次获得成功的无产阶级革命。无论是马克思和恩格斯，还是列宁，他们都认为，无产阶级革命的主要力量是工人阶级，革命活动也应主要以"城市"为中心，走"从城市到农村，最终夺取全国革命胜利"的道路。

中国共产党在建党初期虽然也关注城乡关系问题，如在 1922 年中共二大召开后发表的《中国共产党第二次全国代表大会宣言》中指出："中国三万万的农民，乃是革命运动中的最大要素。"② 但在很长一段时间的实践中，党的工作重心主要是城市工作和组织工人阶级，对农民阶级和城乡关系问题未能给予足够的重视。随着 1924 年至 1927 年的大革命失败，中国共产党改变和国民党合作和消极妥协的方针，开始独立自主探索中国革命的新道路，走"城市领导农村"，"从城市到农村，最终夺取全国革命胜利"的革命道路。在 1927 年中国共产党直接领导发动的以攻占城市为目标的三次武装暴动（南昌起义、秋收起义、广州起义）中，均未能获得革命的成功。究其原因，除了敌强我弱的现实形势，使得党组织始终无法有效地控制城市外，重要原因还在于年轻的

---

① 列宁：《论欧洲联邦口号》（1915 年 8 月），《列宁全集》第 26 卷，人民出版社 1984 年版。

② 《中国共产党第二次全国大会宣言》，载自共产党员网，http://fuwu.12317.cn/2012/09/17/ART11347854076922543.shtml，2012 年 9 月 17 日。

中国共产党没有在正确认识工农关系、城乡关系的基础上，确立正确的革命路线。

新中国成立前的中国与其他资本主义国家不同，并不是一个工业化的资本主义国家，而是一个半殖民地半封建的社会。中国的一些城市虽然已经产生了一些资本主义性质的工商业，在一定程度上辐射带动了乡村农业和手工业的发展。但总体上，城市更主要的地位是外国资本和本国买办阶级掠夺、统治人民大众，特别是广大农民的据点与堡垒。因此，这一时期的城乡关系并不是资本主义性质的，反映资本与地权、商品经济与自然经济对立的城乡关系，而是一种半殖民地半封建性质的，主要反映帝国主义和官僚买办阶级与广大农民尖锐对立的城乡关系。[①]可见，在这一时期，中国的城乡关系是割裂的、对立的，城市不具备完全支配乡村的条件和实力，乡村也可以基本不依赖于城市经济而独立存在，广大的乡村地区可以为革命力量的生存与活动创造空间。因此，当革命受到挫折、党的工作在中心城市难以继续开展的情况下，城市与乡村的性质以及城乡关系问题开始逐步受到党中央与地方干部的重视。[②]在历经不断革命的实践与经验教训的总结过程中，中国共产党逐渐认识到了中国城乡关系的客观规律，及时调整了对城乡关系的理论认识，转变了革命道路的选择。最终统一到"农村包围城市"的战略方向上。"到农村去，建立农村革命根据地"，"在乡村聚集力量，用乡村包围城市，然后取得城市"的"农村包围城市"[③]革命道路由此确立，从而保存并发展了革命力量，为中国革命的最终胜利奠定了理论基础。

中国革命道路的转变反映了中国共产党对中国城乡关系规律认识的深入和

---

① 《毛泽东军事文选》，中国人民解放军军事科学院 1963 年版，第 149 页。

② 付志刚：《新中国成立后中国共产党对城乡关系的认识与定位》，四川大学学报（哲学社会科学版）2018 年第 3 期。

③ 毛泽东：《在中国共产党第七届中央委员会第二次全体会议上的报告》（1949 年 3 月 5 日），《毛泽东选集》第 4 卷，人民出版社 1991 年版，第 1426 页。

尊重，体现了中国共产党善于将马列主义基本原理与中国革命实践相结合，是中国共产党坚持以实事求是原则指导中国革命事业取得胜利的成功范例。"农村包围城市"革命道路的选择将中国广大乡村地区从新民主主义革命历史舞台边缘推向了舞台中央，奠定了中国共产党发展壮大、取得革命最终胜利的基本盘。在这一革命道路形成的过程中，中国共产党对城乡关系的认识经历了从关注革命中的农民运动问题①（但未充分重视广大的农村地区，全党的工作重心依然集中在城市，集中在发展工人运动阶段），到重视农民群体的革命力量②（建立并依靠农村革命根据地），再到全党统一确立"农村包围城市"革命道路的曲折过程。

在抗日战争胜利之后的解放战争初期，中国共产党依然以"农村包围城市"作为思想指导。这种思想对于战争的胜利起到了至关重要的作用。但随着解放战争胜利步伐的快速推进，更新城乡关系认识又一次成为时代需求。首先遇到的问题是，在收复城市过程中的处置方式，"是以游击战的观点，还是以农村的观点来看城市，还是以为占领城市只是暂时的"③。为了迎接解放战争的最终胜利，1949 年 2 月，在中央七届二中全会上毛泽东明确指出："从 1927 年到现在，我们的工作重点是在乡村，在乡村聚集力量，用乡村包围城市，然后取得城市。采取这样一种工作方式的时期现在已经完结。从现在起，开始了由城市

---

① 邓中夏于 1923 年 12 月发表在《中国青年》第 9 期的《农民运动》一文指出："中国的经济基础，大家知道差不多完全是农业"，"占全国人口绝大多数的农业群众……是不可轻侮的伟大势力"，"我们要做农民运动是刻不容缓的事了"。恽代英于 1924 年 6 月写的《农村运动》号召革命者"去结交农民！去团结农民！去教育农民！而且最重要的是研究农民！"

② 毛泽东于 1926 年发表的《中国社会各阶级的分析》和 1927 年发表的《湖南农民运动考察报告》答复当时党内外对于农民革命斗争的争议，论述了农民在民主革命中的重要地位，指出必须"建立农民政权和农民武装"。这为中国共产党以后实现工作重点的转移，开辟农村包围城市道路提供了重要的理论基础。

③ 《中央批转东北局关于保护新收复城市的指示》（1948 年 6 月），《中共中央文件选集》第 17 册，中共中央党校出版社 1989 年版，第 209 页。

到乡村并由城市领导乡村的时期。党的工作重心由乡村转到了城市";"城乡必须兼顾,必须使城市工作和乡村工作,使工人和农民,使工业和农业,紧密地联系起来。决不可以丢掉乡村,仅顾城市,如果这样想,那是完全错误的,但是党的工作重心必须放在城市"①。可见,七届二中全会对城乡关系的论述体现了革命胜利前夕,中国共产党对城乡关系新阶段的认识与展望。此次全会揭开了中国共产党对未来建立社会主义城乡关系的讨论与规划,全会所提出的"城乡兼顾""城市领导乡村"的精神也成为了新中国成立初期城乡关系建设的基本原则。

第二节　新中国成立后到改革前：由兼顾到分割的城乡关系

这一时期,中国的城乡在经历了短暂的城乡兼顾后,进入了城乡分离,直至分割的状态,并逐步开始构建起了农村、农业和农民服务于工业、服务于城市的城乡二元体制。

一、城乡兼顾时期（1949—1952 年）

新中国成立之初,百废待兴,中国共产党此时主要把巩固新生的人民民主政权、迅速医治战争创伤,恢复国民经济运行作为首要的工作目标。在这一时期,关于城乡关系的思想理论延续了党的七届二中全会精神,把"城乡兼顾"作为当时经济工作的指导思想。1949 年 9 月,第一届中国人民政治协商会议通过了《共同纲领》,确立的国家经济建设的根本方针是:"公私兼顾,劳资两利,城乡互助,内外交流",即是著名的"四面八方"政策。

---

① 《中央批转东北局关于保护新收复城市的指示》(1948 年 6 月),《中共中央文件选集》第 17 册,中共中央党校出版社 1989 年版,第 209 页。

在农村，按《共同纲领》所确立的方针，体现这一时期的"城乡兼顾"。《共同纲领》指出："土地改革为发展生产力和国家工业化的必要条件。凡已实行土地改革的地区，必须保护农民已取得土地的所有权。凡尚未实行土地改革的地区，必须发动农民群众，建立农民团体，经过清除土匪恶霸、减租减息和分配土地等项步骤，实现耕者有其田。"[①] 中央人民政府也于 1950 年 6 月颁布了《中华人民共和国土地改革法》，在农村继续展开土地改革运动，到了 1952 年底，除部分少数民族地区外，全国的土改已基本完成，经过土改，农民生产的积极性空前高涨，新中国政权获得了占总人口绝对多数的农民群体的高度信任，从而稳固了新政权的社会基础。

在城市，为了应对新中国成立后不久出现的工厂关门、工人失业、金融物价混乱、贸易不畅等全国性经济困难，新政府采取了包括恢复交通运输、打击制裁投机分子、发放金融贷款、重建地区各级商业渠道，集中调配城乡物资等一系列有效举措，重构、激活了全国商品流通市场，稳定了物价、恢复了生产，增强了城乡之间的经济交流与联系。

总之，在这段"城乡兼顾"时期，国内经济正在调整恢复，伴随着农村土地制度改革的顺利实施，农民的生产积极性被充分调动，农业产出迅速增长。1952 年全国粮食产量比 1949 年增加 40% 左右，棉花等生产原材料产量也大幅增长，农业总产值比 1949 年增长 53.5%。由于"四面八方"的经济政策在城市得到了较好的执行，城市工业经济也得以迅速恢复。到了 1952 年，工业总产值比 1949 年增长了 145.1%。这一时期城乡之间处于兼顾发展的状态。

二、城乡分离时期（1953—1957 年）

1953 年至 1957 年是新中国第一个五年计划时期。在这一时期，中国的社

---

① 《1949 年〈中国人民政治协商会议共同纲领〉全文》，第二十七条，载自品略网，http://www.pinlue.com/article/2018/09/1218/397061747539.html，2018 年 9 月 12 日。

会主义改造基本完成，社会主义公有制形式在国民经济中占据了主导地位。但同时，由于国家工业投资过快，农村流入城市的人口过多，造成了对农产品的需求猛烈增加，全国范围内出现了严重的"盲流"问题。为了稳定城市物资供应，1953 年 10 月中共中央政治局通过了《中共中央关于粮食统购统销的决议》，1953 年、1954 年中共中央和政务院又分别发布了《关于在全国实行计划收购油料的决定》《关于实行棉布计划收购和计划供应的命令》和《关于棉花计划收购的命令》，对农村产出的主要生产资料进行统一管控。同时为了消除农民外流对城市造成的巨大冲击，中共中央相继于 1956 年 12 月和 1957 年的 3 月、9 月和 12 月签发通知和指示，要求各地方采取坚决措施，制止农民外流，禁止城市工矿企业私自招用农村劳动力，禁止粮食部门供应没有城市户口人员的粮食等，来限制城乡之间人口的自由流动。

这一时期所构建的生产资料"统购统销"政策和城乡人口管理制度，不仅切断了农民生产与市场之间的联系，也堵住了城乡人口的自由流动，使城市居民和乡村居民的身份被人为地区分开来，从而开始构建起了农村、农业和农民服务于城市工业化的城乡二元体制。这一时期各项政策与法规的出台，导致了城乡发展的分离，也奠定了未来中国城乡社会二元结构的制度基础，这也是造成至今仍难以解决"三农"问题的重要原因。

三、城乡分割时期（1958—1978 年）

在这一时期，人民公社体制、户籍管理制度以及短缺经济下的统购统销、票证制度的建立，使得城乡要素自由流通受阻，城乡二元体制被固化，城乡发展差距的鸿沟也不断加深。

首先，人民公社体制的形成与运行，将农民捆绑在了农村的土地上。1958 年 8 月中共中央政治局扩大会议通过了《中共中央关于在农村建立人民公社问题的决议》，全国掀起了人民公社化运动高潮。与之前仅作为经济核算单位的农业合作社不同的是，人民公社被作为社会主义社会向共产主义社会过渡的国家政权基层组织，其集经济合作组织、政权组织和社会组织于一身，把农村生产资料都收归社有，并且在社员群体中实行组织军事化、行动战斗化、生活集体化的管理。"集体之外无土地、公社之外无农民"的人民公社制度，实现了在乡村地区对农民的强力控制，把农民牢牢地绑定在了公社的土地上，农民的自主生产受到限制，积极性受到了打击。

其次，户籍管理制度造成了城乡居民的身份割裂。1958 年 1 月中国颁布实施了第一个户籍管理法规《中华人民共和国户口登记条例》，该条例将居民分为"农业户口"和"非农业户口"两类，规定了户口迁移审批和凭证落户制度，限制了城乡之间的人口自由迁徙。户籍管理制度的出台原本是为了减轻城市的人口压力、保障农村和城市经济秩序的健康运转，但是户籍制度的固化，也造成了城乡居民之间的各种不平等。中国的城乡二元户籍制度与一系列社会保障制度相绑定，国家通过向城市提供生活补贴、社会公共品的方式基本解决了城镇居民的生活问题，保障了城市社会的稳定。但是作为占全国人口总数 80% 以上的农村人口，却被排除在国家的保障体系之外。除了极少数农村居民可以通过考取大中专院校、入伍提干以及以招工等方式转为非农业户口外，绝大多数农村居民均没有进城定居的通道和自由，也享受不到城镇居民的福利保障待遇。这一时期的户籍制度实际上体现了城市优先的发展思路，人为制造了城乡之间的割裂与不平等。

最后，"统购统销"以及票证制度加剧了城乡分割的程度。票证制度随着生产生活资料的"统购统销"政策而建立。"统购统销"控制了生产资料的供需分配，票证制度控制了生活资料的供需分配。1955 年国务院颁布了《市镇粮食定量供应暂行办法》，这一年以中华人民共和国粮食部名义印制的粮票开始在全国各地使用，中国人的生活开始正式进入票证时期。中国的票证种类最多的时候达 60 余种，包括粮票、油票、布票、肉票、糖票、豆制品票、工业券等等。票证制度控制了居民日常生活的方方面面，票证成为生活的必需品。但是票证的计划分配在城乡之间也存在着区别。许多紧缺的生活必需品只对城镇人口凭票供应，农村人口除少数如布料等实行"布票"计划供应外，粮食等消费品则需要自给解决。在农业生产效率低下和物资匮乏的年代，"统购统销"政策以及票证制度虽然在一定程度上缓解了物资供需矛盾，但也因此进一步割裂了城乡之间直接的经济互动与人员流动，农村人口不仅要承担粮油等统购物资的生产义务以支援城市工业化建设，而且也无法获得国家相应的社会保障待遇，这进一步加深了城乡之间的分割局面。

总之，在这一时期，工业化是国家发展的主要目标。人民公社、户籍管理制度和短缺经济下的"统购统销"、票证制度体系所构建的城乡二元体制，使得城市工业获得了优先发展，取得了巨大成就。据统计，1978 年，中国的工业总产值比新中国成立时增长了 38 倍，建立起了比较完备的工业体系，为今后中国经济的腾飞打下了坚实的基础。但是，这些制度也使得城乡之间要素的自由交流被基本切断，城乡分化为割裂的二元结构，中国的城市化也基本停滞。为了支持城市工业化，在政策层面对农村生产要素、农业生产成果、农民发展机会方面进行了过多的转移与剥夺，城乡差距不断扩大，引致了各种"三农"问题的产生。

第三节　改革后：由统筹到一体化再到融合的城乡关系

在这一时期，伴随着国家工作重心的转移，城乡关系理论与政策也在经济实践过程中不断调整，至此，中国的城乡关系进入调整时期。中国共产党在不同时期先后提出了城乡统筹、城乡一体化、城乡融合等发展战略，为补齐农村发展不平衡、不充分的短板和弱项，更是提出了乡村振兴战略，并要求"举全党全社会之力推动乡村振兴",标志着中国的城乡关系进入了破除城乡二元结构,落实城乡融合发展的新阶段。

一、城乡关系调整时期（1978—2002 年）

1978 年以党的十一届三中全会为标志,中共中央作出了把党和国家的工作重心转移到社会主义现代化建设和改革开放上来。伴随着工作重心的转移,城乡关系理论与政策也在经济实践过程中不断调整,城乡关系进入调整时期。

在这一时期,伴随着农村家庭联产承包责任制在全国范围内的推广,并逐渐成为中国农村的基本经营制度;伴随着农村人民公社政社合一体制的改革,人民公社制度退出历史舞台;伴随着取消"统购统销",开放城乡农副产品贸易市场,鼓励城乡自由贸易等,也使得原先严格执行的城乡户籍管理制度开始出现松动。1984 年中央一号文件《当前农村经济政策的若干问题》提出:"农村工业适当集中于集镇,……各省、自治区、直辖市可选若干集镇进行试点,允许务工、经商、办服务业的农民自理口粮到集镇落户。"[1] 集镇虽然是一种介于乡村与城市之间的过渡型居民点,并非正式的基层行政区域,但这标志着原先人民公社体制下严格限制劳动力城乡流动政策的松动。1985 年 7 月公安部颁布的《关于城镇人口管理的暂行规定》,进一步健全了城镇暂住流动人口的管理规章。同年 9 月,作为人口管理现代化基础的居民身份证制度颁布实施。在这一时期国家实施了"严格控制大城市规模,合理发展中小城市,积极发展小城镇"的城市化战略,在这一战略的指引下,中小城市和小城镇数量迅速增加,这些小城镇成为容纳农村人口的重要"蓄水池"。1997 年 6 月,国务院批转了公安部《小城镇户籍管理制度改革试点方案和关于完善农村户籍管理制度的意见》,进一步松动了城乡之间的户籍限制,其中规定,已在小城镇就业、居住,并且

---

① 李军:《农民自理口粮到集镇落户若干法律问题》,《广东社会科学》1986 年第 4 期。

符合一定条件的农村人口，可以办理城镇常住户口。2001 年 3 月，国务院批转公安部《关于推进小城镇户籍管理制度改革的意见》，明确规定了县级市的市区、县人民政府驻地镇及其他建制镇办理城镇常住户口的条件。对办理小城镇常住户口的人员，不再实行计划指标管理。同时，在小城镇基本放开户籍限制的推动与冲击下，许多大城市也开始允许符合条件的流动人口获得户口。

总体来看，这一时期，中国共产党重新审视并调整了 1978 年以前的城乡政策，一系列不利于农村发展的制度得到了一定程度的调整。虽然这一时期总体上，"农村支持城市、农业支持工业"的格局依然是主流，但是党中央已根据社会经济发展的形势，提出了"以经济建设为中心、推进城乡改革、实现城乡良性互动"的指导思想。城乡分裂的态势逐步被改革所打破，城乡之间的割裂关系得到了一定程度的改善。但是，造成城乡分离的二元体制仍未破除，城乡关系仍然呈现一种失衡的状态。

二、城乡统筹和一体化发展时期（2002—2017 年）

在改革开放后，农村经营体制、商品流通和价格管制以及户籍制度方面的改革在一定程度上释放了农村的发展活力，农村各项事业和农民收入也得到了较快的发展和增长。但是随着中国城市化的推进和改革开放为城市带来的巨大发展机遇，城市经济的增速远超农村经济增速，城市居民收入增速也超过农村居民的收入增长速度，城乡差距呈现不断扩大的态势，城乡发展不平衡逐渐成为经济社会全面发展的突出矛盾。因此，为了改变 21 世纪以来城乡差距不断扩大，城乡分化逐渐加深的局面，中国共产党适时对城乡关系工作的指导思想和发展理念提出了新的要求。

这一时期，中国乡村地区的发展问题变得更加多元和复杂化，受制于既有制度与经济环境的影响，乡村地区呈现出了内生发展动力不足的问题，难以依靠自身力量解决"三农"问题。也就是说，乡村问题的症结已不在乡村本身，而在于与"三农"问题密切相关的体制、政策、价值观等方面。基于这些现状和认识，由城乡发展失衡所引致的"三农"问题得到党和国家的高度重视，以2002年召开的党的十六大为标志，城乡统筹发展战略被顺势提出："统筹城乡经济社会发展，建设现代农业，发展农村经济，增加农民收入，是全面建设小康社会的重大任务。"[1]2003年，党的十六届三中全会通过的《关于完善社会主义市场经济体制若干问题的决定》进一步提出："按照统筹城乡发展、统筹区域发展、统筹经济社会发展、统筹人与自然和谐发展、统筹国内发展和对外开放的要求，……为全面建设小康社会提供强有力的体制保障。"[2]

城乡统筹发展战略被提出后，相应的农村改革政策也相继出台。2005年10月，党的十六届五中全会通过的《十一五规划纲要建议》提出："要从社会主义现代化建设全局出发，统筹城乡区域发展。坚持把解决好'三农'问题作为全党工作的重中之重，实行工业反哺农业、城市支持农村，推进社会主义新农村建设，促进城镇化健康发展。"[3]并提出，要按"生产发展、生活宽裕、乡风文明、村容整洁、管理民主"的要求，推进社会主义新农村建设。2006年10月，党的十六届六中全会通过的《中共中央关于构建社会主义和谐社会若干重大问题的决定》，进一步提出了建立"覆盖城乡居民的社会保障体系"的具体要求。

2008年10月，党的十七届三中全会通过了《中共中央关于推进农村改革发展若干重大问题的决定》，对进一步推进农村改革发展作出了全面部署，明确指出："新形势下推进农村改革发展，……要把加快形成城乡经济社会发展一体

---

[1] 江泽民：《全面建设小康社会，开创中国特色社会主义事业新局面》，在中国共产党第十六次全国代表大会上的报告，2002年11月8日。载自南方网，http://news.southcn.com/ztbd/llb/bg/200211160429.htm，2002年11月16日。

[2]《中共中央关于完善社会主义市场经济体制若干问题的决定》，载自人民网，http://cpc.people.com.cn/GB/64162/64168/64569/65411/4429165.html，2003年10月14日。

[3]《中共中央关于制定"十一五规划"的建议》，载自中国政府网，http://www.gov.cn/jrzg/2005-10/18/content_79267.htm，2005年10月18日。

化新格局作为根本要求，坚持工业反哺农业、城市支持农村和多予少取放活方针，创新体制机制，加强农业基础，增加农民收入，保障农民权益，促进农村和谐，充分调动广大农民的积极性、主动性、创造性，推动农村经济社会又好又快发展。"经过改革开放 30 年的发展，中国已经总体上进入了工业化、城镇化加快推进的时期，初步具备了工业反哺农业、城市支持农村的基础和实力。进入这一阶段后，中国的城乡互动关系已经发生了根本性的变化。可以说，党的十七届三中全会的《决定》，体现了中国共产党遵循经济社会发展客观规律，准确把握时代特征，对指导中国城乡发展工作思想与战略决策作出了科学的重要转变。

2012 年，党的十八大报告更是进一步强调了解决"三农"问题的重要性，并指出："解决好农业农村农民问题是全党工作重中之重，城乡发展一体化是解决'三农'问题的根本途径……坚持工业反哺农业、城市支持农村和多予少取放活方针，加大强农惠农富农政策力度，让广大农民平等参与现代化进程、共同分享现代化成果。"为了推动深化农村综合改革的进度，2013 年 11 月党的十八届三中全会通过了《关于全面深化改革若干重大问题的决定》，其中对健全城乡发展一体化体制机制作出了全面的布置，在构建新型农业经营体系、赋予农民更多财产权利、推进城乡要素平等交换和公共资源均衡配置、完善城镇化健康发展体制机制等方面提出了一系列强农惠农举措。

从城乡统筹到城乡发展一体化战略的提出，标志着中国共产党对城乡关系的再认识，是经过实践经验总结后，对新中国成立初期城乡兼顾思想理论的继承和发展。这一时期党和国家对已有的城乡二元政策的松绑，在一定程度上激发了"三农"活力，农业与农村经济得到了快速发展。2004—2015 年全国粮食产量保持了"十二连增"，到了 2017 年，农民的收入增幅也连续高于城镇居民，城乡居民收入差距不断缩小。同时，财政对农业转移支付水平不断大幅提高，随着各项农村补贴政策的相继实施，农村交通、水利、能源、市场等基础设施水平得到大幅提升，农村的自然风貌也得到了极大改善。但是，已有的城乡二元体制障碍并未根本破除，城乡之间发展不平衡的现实依然存在，推动城乡发展一体化仍然需要继续深化改革。

三、城乡融合发展时期（2017 年至今）

2017 年以后，中国已经基本形成了以城镇为主的人口分布格局，城镇化发展迈入中后期转型提升阶段。但是制约乡村发展的城乡二元体制障碍依然存在，全面建成小康社会的短板还在农村。为了补齐农村短板和弱项，中国共产党在对国家现代化发展规律的深刻洞察和对城乡关系的科学把握前提下，2017 年 10月党的十九大报告指出："中国特色社会主义进入新时代，我国社会主要矛盾已经转化为人民日益增长的美好生活需要和不平衡不充分的发展之间的矛盾。"[①]中国社会主要矛盾的转化，对农业、农村、农民的发展提出了新要求。一方面，人民日益增长的美好生活需要对粮食安全、生态安全、健康养生、休闲旅游等方面提出了新要求；另一方面，中国发展不平衡不充分的问题在乡村最为突出。在这样的背景下，乡村振兴战略被首次提出，其目的旨在建立健全城乡融合的发展体制机制和政策体系。2017 年 12 月召开的中央农村工作会议再次强调，要重塑城乡关系，走城乡融合发展之路。在这一时期，党和国家不断加码有利于乡村的改革政策。2018 年中央一号文件《中共中央、国务院关于实施乡村振兴战略的意见》，对具体实施乡村振兴战略作出全面部署要求。2018 年 9 月中共中央、国务院印发了《乡村振兴战略规划（2018—2022 年）》，按照"产业兴旺、生态宜居、乡风文明、治理有效、生活富裕"的总体要求，对实施乡村振兴战略作出阶段性谋划，明确了各个阶段的目标任务，细化了各项工作的重

---

① 习近平：《决胜全面建成小康社会 夺取新时代中国特色社会主义伟大胜利》，在中国共产党第十九次全国代表大会上的报告，2017 年 10 月 18 日。载中国政府网，http://www.gov.cn/zhuanti/2017-10/27/content5234876.htm，2017 年 10 月 27 日。

点和政策举措，要求确保乡村振兴战略落实落地。在这一阶段，如何正确处理城乡关系被摆在了至关重要的地位："在现代化进程中，如何处理好工农关系、城乡关系，在一定程度上决定着现代化的成败。"①各项政策都着力清除存在于城乡之间的壁垒和障碍，解决城乡要素流动不顺畅、公共资源配置不合理等问题，以推动城乡系统的全面融合及和谐有序发展。

从"城乡统筹发展"到"城乡发展一体化"，再到"城乡融合发展"，中国共产党各个时期的理论与政策转换，既体现了一脉相承的特点，又与时俱进，符合时代的阶段特征和具体要求。与"城乡统筹发展"和"城乡发展一体化"相比，"城乡融合发展"不仅是一次理论的升华，更具有重大的现实意义："城乡统筹发展"着眼于城乡发展之间的不平衡，政策重点侧重于政府对资源配置的调节作用；"城乡发展一体化"强调"形成以工促农、以城带乡、工农互惠、城乡一体的新型工农城乡关系"，政策实施的主角依然是城市，由城市带动乡村的发展；但是"城乡融合发展"则体现在实施乡村振兴战略的具体行动中，乡村振兴战略首次把乡村放在了优先考虑的位置上。2018年的中央一号文件强调了坚持农业农村优先发展的要求："在干部配备上优先考虑，在要素配置上优先满足，在资金投入上优先保障，在公共服务上优先安排"，也提出了"强化乡村振兴法治保障，抓紧研究制定乡村振兴法的有关工作，把行之有效的乡村振兴政策法定化，充分发挥立法在乡村振兴中的保障和推动作用"②。这些举措体现了中国共产党的城乡发展政策，正从形式上的普惠向着实质上的公平转变。在一系列政策加码下，2019年4月，中共中央、国务院印发《关于建立健全城乡融合发展体制机制和政策体系的意见》，在实践经验总结的基础上，进一步明

---

① 《2018年习近平总书记在主持中共中央政治局第八次集体学习时的讲话》，见中华人民共和国中央人民政府网，http://www.gov.cn/xinwen/2018-09/22/content5324654.htm。

② 2018年中央一号文件：《中共中央　国务院关于实施乡村振兴战略的意见》，载中国农业新闻网，http://www.farmer.com.cn/2t2018/1hao/tt/201802/t201802041354953.htm，2018年2月4日。

确了城乡融合发展体制机制改革的整体框架。2020年4月，国家发展改革委印发了《2020年新型城镇化建设和城乡融合发展重点任务》，进一步细化了相关工作的重点任务。《中华人民共和国乡村振兴促进法（草案）》也于2020年6月在十三届全国人大常委会第十九次会议通过了审议，未来随着乡村振兴战略制度框架的法规健全，城乡融合必将得到更进一步的发展。

在这一时期，随着乡村优先的制度改革和政策实践，中国的"三农"问题有所缓解，农业农村发展取得了一系列历史性成就：城乡收入、基本公共服务之间的差距持续缩小、农村人居环境得到极大改善、限制城乡人口自由流动的户籍制度不断松绑……城乡之间的紧张关系不断缓和，在一些先行地区，城乡已经呈现了融合发展的态势。

四、中国共产党对城乡关系的认识及发展

中国共产党成立以来，经历了不同的历史阶段，不同阶段的目标和任务也不同，有所侧重，所以，其对城乡关系的理论认知也经历了数次转变。在建党初期，中国共产党面临的历史任务是如何带领无产阶级推翻中国社会的"三座大山"，取得新民主主义革命的胜利。因此，在革命实践的不断探索中，中国共产党经历了从组织、领导工人阶级发动城市革命，到重视、依赖农民并建立农村革命根据地，走"城市包围农村"革命道路的转变。历史证明了这条在革命实践中摸索出来的中国特色革命道路的正确性，中国共产党取得了新民主主义革命的最终胜利，建立了新中国。

新中国成立后，城乡经历了一段兼顾发展的时期。随着新政权的稳固，到了20世纪50年代初，迅速推进工业化、提升综合国力成为党和国家面临的迫切任务。在工业化的初级阶段，为了支持城市工业化发展，党和国家采取了以"统购统销"、人民公社、户籍管理、票证管理等一系列制度举措，割裂了城乡之间的要素交流与良性互动，城乡二元体制被固化，城乡发展开始失衡，引致

了之后"三农"问题的产生。直到 1978 年改革开放前这一时期，城乡关系呈现出一种分割的状态。

1978 年党的十一届三中全会作出了工作重心向经济建设转移的决定，实现了思想路线、政治路线和组织路线的拨乱反正。在"以经济建设为中心、推进城乡改革、实现城乡良性互动"思想的指导下和一系列体制机制改革的过程中，中国的农村经济得以在一定程度上摆脱束缚，获得了快速发展，城乡分裂的态势逐步被改革所打破，城乡之间的紧张关系得到了一定程度的改善，城乡关系走过了一段调整期。但是，造成城乡分割的制度障碍虽有所改善却并未根本破除，进入 20 世纪 90 年代，随着开放红利在城市的不断释放，城乡各项差距呈现不断扩大趋势，城乡发展不平衡逐渐成为经济社会全面发展的突出矛盾。

因此，2002 年党的十六大提出了城乡统筹的发展战略，在一系列惠农强农政策支持下，农村在公共服务、社会保障、乡村风貌、农业经营体制方面落后的问题均得到了一定程度的解决，"三农"问题有所缓解。2017 年党的十九大召开，这一时期党和国家面临着实现全面建成小康社会奋斗目标的历史任务。为了补齐乡村短板，顺利建成全面小康社会，党的十九大部署了实施乡村振兴战略。乡村振兴战略首次把乡村放在了优先考虑的位置上，随着乡村优先的制度改革和政策实践的推进，"三农"工作的各项重点任务取得显著成效，在一些先行地区，城乡之间已然呈现融合发展的态势。

建党以来中国共产党对城乡关系的理论认识与政策实践，无不体现着中国共产党善于在实践中总结经验，实事求是确立正确路线的精神特质。虽然目前中国的乡村发展仍不充分，城乡之间发展不平衡的问题尚未完全解决，但是随着改革的推进和政策的落实，中国一定能走出一条中国特色城乡融合发展的道路。

第九章　中国共产党百年农村土地制度
思想与实践

　　发展中国家的主体是农民，农民的主要依靠是农业，而农业最重要的资源是土地，农地制度不仅影响农业的发展、农民的利益，也是一个国家基本制度的重要构成，对于国民经济发展与社会稳定都起着重要的作用。中国作为最大的发展中国家，人多地少的现实决定了农地的重要性，也在某种程度上决定了农地制度安排的重要意义。中国共产党自成立以来就高度重视农村土地制度安排，将之视为农村制度体系的基础。中国共产党成立以来，中国的农地制度几经变迁，以农用地为例，主要经历了五个阶段：第一阶段为新民主主义革命时期，此阶段的主要特征为多种社会制度与形态下的农地私有私营；第二阶段为 1949—1953 年，此阶段的特征主要为土地的私有与农户私营，农户享有农地所有权，分散自主经营；第三阶段为 1953—1978 年，此阶段的特征主要为土地的集体所有与集体经营，农户的土地逐步收归集体所有，在合作经营模式下农民失去自主经营权；第四阶段为 1979 年—20 世纪 90 年代，此阶段的主要特征为农地的集体所有与家庭自营，在农地集体所有条件下，家庭联产承包责任制的实施，使农民再次获得农地的经营权；第五阶段从 20 世纪 90 年代至今，此阶段的主要特征为农地的集体所有与多样经营，在稳定承包经营权的条件下，农地经营成为农民的可行选择，农地实际经营主体出现多样化。而从农村的宅基地及集体建设用地来看，也经历了动态的调整。总体来看，在中国百年的农地制度变迁过程中，既有政治推动的因素，也有经济考量的因素。

尽管中国农地制度依然经历着动态的调整，但主体框架依然是改革开放初期所确立的，在集体所有条件下农地承包经营权均分的基本模式，这一农地制度安排应该说适应了当时的政治环境、生产力发展要求与农民诉求，也极大地促进了中国农业的发展。但从目前的情况来看，中国农业的内外部环境已发生了较大的变化，因而对农地制度的再改革提出了新的要求。一方面，在承包经营权稳定并长久不变，"增人不增地、减人不减地"的既定政策下，农地权属配置被固化；另一方面，随着经济的发展、制度的放活，农业劳动力大量转移，从事农业经营的劳动比重越来越低，这就造成了农地资源权属配置与实际使用之间的矛盾，尽管农地流转可在一定程度上缓解这一人地配置扭曲的状况，但承包权的极度细碎所导致的交易成本，以及流转所必须支付的越来越高的土地租金成本，必然会侵蚀和影响农业的竞争力，对经济效率造成影响。当然，也应注意到，农地不仅仅具有经济功能，在农村社会保障体系不完善的条件下，也承担着农户的风险规避与保障功能。因此，即使在经济上存在低效率，当前中国对农地的改革亦非常谨慎。改革开放后农地制度的改革，其主线可以总结为在保护农民权益的前提下提高农地经营的效率；而改革的具体路径为在总体管控条件下，允许局部创新。党的十八大以来，中国共产党立足中国现实，进一步推进农村土地改革，针对耕地提出了所有权、承包权、经营权的"三权分置"；针对宅基地提出了所有权、资格权、使用权的"三权分置"；并允许农村集体经营性建设用地直接入市，进一步激活了农村土地资源。总体来看，农地制度意义重大，农地制度的改革涉及亿万农民的切身利益，也体现着中国共产党在农村的基本政策。

第一节　新民主主义时期的农地制度实践与思想

在这一时期，中国农村土地制度安排的主要特征表现为多种社会制度与形态下的农地私有私营。针对中国当时的社会矛盾、社会诉求和革命需要，中国共产党通过土地革命，满足了农民对土地的诉求，获得了根据地农民的拥护，进而为夺取中国革命的胜利，奠定了人力和物力的保障。

一、中国共产党的农地制度实践：改变农地分配不均的局面

新中国成立前，中国处于半殖民地半封建的农业社会，土地大部分集中在地主阶级手中，广大农民少地甚至无地。在此背景下，获得土地也就成为广大农民最基本而又迫切的诉求。中国共产党深刻认识到中国当时的社会矛盾和社会诉求，让农民获得土地也就成为中国革命的中心任务之一。毛泽东于1925年在大量调研分析后指出，中国的土地占有状况极端不合理，其中的70%以上土地掌握在只占5%的地主、富农手里，广大的贫雇农则处于无地或少地状态。[①]1931年，无锡的一次调查显示，104个村长中，91.3%为地主，7.7%为富农。[②] 第一次国共合作失败后，1927年8月7日，中共中央召开会议作出关于实行土地革命的决定，指出"土地革命问题是中国资产阶级民主革命中的中心问题"，是"中国革命新阶段的主要的社会经济的内容"[③]。此后，中国共产党领导下的革命根据地，陆续出台了土地改革法令，如1928年12月在井冈山制定的《土地法》，1929年4月在江西兴国县制定的《兴国土地法》等，依据相

---

① 《毛泽东农村调查文集》，人民出版社1982年版，第104页。

② 《中国共产党历史》第1卷（上册），中央党史出版社2011年版，第209页。

③ 孙其明：《共产国际和农村包围城市的中国革命道路》，《学术界》1987年第3期。

关法令，通过土地革命，使无地和少地的农民获得了土地。1931 年，中华工农兵苏维埃第一次全国代表大会通过的《中华苏维埃共和国土地法》规定：所有封建地主、豪绅、军阀、官僚以及其他大私有主的土地，无论自己经营或出租，一概无任何代价地实行没收。被没收来的土地，经过苏维埃由贫农与中农实行分配。1933 年 6 月，中华苏维埃共和国临时中央政府土地委员会颁布《关于实行土地登记》的布告，以法律的形式肯定了农民对土地的所有权。[①] 总体来看，中国共产党在这一时期，通过土地革命，满足了农民对土地的诉求，获得了根据地农民的拥护，为党的革命事业提供了支持。

抗日战争时期，民族矛盾上升为国内的主要矛盾，1935 年 12 月中共中央在瓦窑堡召开政治局扩大会议，明确提出党的基本策略任务是建立广泛的抗日民族统一战线。于是，1937 年 8 月 25 日，中国共产党在洛川会议提出的《抗日救国十大纲领》中，第一次用纲领的形式正式确定了减租减息政策为党在抗战时期的土地政策。[②] 之后又强调，"一方面，应该规定地主实行减租减息；另一方面，要规定农民交租交息"[③]。在根据地地区，中国共产党陆续出台了相应的土地条例，对土地所有权、减租减息等作出了规定。例如，1939 年 4 月颁布了《陕甘宁边区土地条例》，确定了土地私有制，人民经分配所得之土地，即为其私人所有；1941 年 4 月晋绥边区政府颁布的《晋西北减租减息暂行条例》提出，地租照原租额减收 25%；1942 年 1 月中央政治局通过的《中共中央关于抗日根据地土地政策的决定》指出，抗战以来，我党在抗日根据地实行的土地政策，是抗日民族统一战线的土地政策，也就是一方面减租减息，一方面交租交息的土地政策。抗日战争时期，中国共产党通过采取地主减租减息、农民交租

[①]　黄花：《中国共产党农村土地政策的历史变迁及展望》，《中南大学学报（社会科学版）》2011 年第 5 期。

[②]　刘建飞：《建国前后党的农村土地经济理论嬗变》，《东北师大学报》2004 年第 6 期。

[③]　《毛泽东选集》第 2 卷，人民出版社 1991 年版，第 813、766 页。

交息的土地政策，巩固了抗日民族统一战线，使抗日力量进一步扩大；同时，减租减息进一步解放了农村生产力，提高了各阶层的生产积极性，促进了农村生产力的提高，为抗日战争提供了物质基础。

解放战争时期，随着国共内战的展开，国内主要矛盾转化为阶级矛盾，原有减租减息的政策已不能满足农民诉求，并且伴随着中国共产党的发展壮大以及民众的觉醒，开展土地改革的环境也已成熟。于是，1946 年 5 月，中共中央发出《关于清算、减租及土地问题的指示》，决定将党在抗日战争时期实行的减租减息政策改为实现"耕者有其田"的政策。各解放区根据指示精神，迅速开展了土地改革运动。到 1947 年 2 月，已经有约三分之二的解放区进行了土地改革，极大地巩固了解放区，并有利于加强人民对解放战争的支援。1947 年7—9 月，中国共产党在河北省平山县召开全国土地会议，制定和通过了《中国土地法大纲》。《大纲》规定：废除一切地主的土地所有权，并征收富农多余的土地财产；按乡村人口平均分配土地；乡村农会、贫农团及其委员会为土改的合法执行机关。随着土地改革的推进，到 1948 年底，解放区的土改任务基本完成。经过土改运动，大约在一亿六千万人口的地区消灭了封建剥削制度，一亿多农民分得了土地。这一时期的土地改革运动，逐步消灭了封建地主剥削制度，农民分得了土地。这不仅提高了农民生产的积极性，而且也提高了农民参军的积极性，为解放战争的胜利提供了保证。

二、中国共产党的农地思想特点：根据革命需要调整土地政策

在新民主主义革命时期，中国共产党带领中国人民推翻了三座大山，取得了革命的胜利，土地革命及农地改革运动对革命事业的成功起到了至关重要的作用。中国共产党在根据地开展的土地政策实践体现了中国共产党对土地的认识及发展。总体来看，这一时期中国共产党的土地思想呈现出以下几方面的特点：

一是紧紧抓住土地这一中国社会的核心矛盾。中国共产党自成立之初便认识到中国农村的主要矛盾在于土地问题,中国革命的成功需要农民的支持,只有推进土地革命,让农民获得土地或减轻农民的负担,才能更大程度上获得广大农民的支持。

二是配合革命任务需要动态调整土地政策。整个新民主主义革命时期,不同的历史阶段,中国的社会矛盾也有所差异,中国共产党的土地政策也随之进行调整。从土地革命时期的《井冈山土地法》《中华苏维埃共和国土地法大纲》,到抗日战争时期的《中共中央关于抗日根据地土地政策的决定》,再到解放战争时期的《中国土地法大纲》,都体现了中国共产党实事求是的务实精神。土地政策根据革命任务的需要而随之动态调整,从而有效地调动了人民群众参与革命的积极性。

三是始终重视农民的利益。不论是在土地革命阶段,还是在抗日战争时期,或者是在解放战争时期,中国共产党的农地政策尽管不断调整,但始终建立在维护广大农民阶层的利益之上,以尽可能地降低农民负担。

四是确保农民的土地权益。在新民主主义革命时期的各个阶段,中国共产党都紧紧抓住土地问题这一核心关键,通过调整土地所有权体系,以确权颁证的形式保障农民的土地权益,让农民成为革命与土地政策的受益者。

第二节　新中国成立后农地制度变迁逻辑与动因

新中国成立后,中国的农村土地制度安排,经历了 1949—1953 年的土地私有与农户私营,1953—1978 年的土地集体所有与集体经营,1979 年至 90 年代的农地集体所有与家庭自营,以及 90 年代以来的土地集体所有与多样经营的动态调整变化,其根本变化,主要体现在土地权属的界定与配置方面。

一、农地制度变迁的主要表现：由收权到赋权

纵观新中国成立后的农地制度变革以及动态调整，其根本的体现在于权属的界定与配置。从中国农地制度的权属配置来看，集体化涉及所有权调整，其后便是在所有权固定条件下对延伸权的配置。总体来看，新中国成立以后，为适应经济社会发展需要，中国共产党先是上收农地权属，然后在坚持农地集体所有权的条件下逐步向农户让度农地权属。

新中国成立初期，为了回应耕者有其田的诉求，在全国开展了土地改革运动，农民获得了土地所有权。1950 年颁布的《中华人民共和国土地改革法》提出，"废除地主阶级封建剥削的土地所有制，实行农民的土地所有制"。在这一所有权安排下，农户对土地的处置具有相对完整的权利，"土地改革完成后，由人民政府发给土地所有证，并承认一切土地所有者自由经营、买卖及出租其土地的权利"①。然而，在农民获得土地后不久，中国便开始了合作化运动。1953 年中央出台《关于发展农业生产合作社的决议》，肯定了 1951 年颁布的《关于农业生产互助合作的决议》，中国由此开始了由互助组到初级社再到高级社的运动，诱致性和强制性相结合的措施逐步将农地产权变"私有"为"公有"②，在所有权收回以及集体合作经营的条件下，农民不仅失去了农地所有权，同时也失去了自主经营权。1958 年中央出台了《关于在农村建立人民公社问题的决议》，推进"政社合一"的管理体制，农地的权属进一步上升到公社层面。之后的灾荒促使 1962 年《农村人民公社工作条例（修正草案）》（简称"农业六十条"）出台，下放了农业基本核算单位，明确"以队为基础"的核算管理模式，即"生产队范围内的土地，都归生产队所有"。至此，在很长时期内，中国坚持

---

① 周其仁：《"非法"帽子漫天飞》，《农村经营管理》2014 年第 12 期。

② 谢宗藩、姜军松：《中国农地产权制度演化：权力与权利统一视角》，《农业经济问题》2015 年第 11 期。

了农地集体所有以及集体经营。

党的十一届三中全会后，发端于安徽小岗村的生产责任制开启了全国农地制度的改革。1982 年 1 月中共中央发布《全国农村工作会议纪要》，生产责任制正式获得认可与肯定，1983 年 1 月，中央在《当前农村经济政策的若干问题》中正式确立了家庭联产承包责任制的基本经营制度。到 1983 年底，全国已有 1.75 亿农户实行了包产到户，占农户总数的 94.5%。[①] 家庭联产承包责任制使农民重新获得了农地的经营权。在此之后，农民的承包经营权被不断强化，由之延伸的农地功能与权利逐步获得认可与确认。

从承包关系强化方面来看，1984 年《中共中央关于一九八四年农村工作的通知》提出，土地承包期一般应在 15 年以上；1993 年中共中央、国务院在《关于当前农业和农村经济发展的若干政策措施》中指出，在原定的耕地承包期到期之后，再延长 30 年不变；2008 年党的十七届三中全会进一步明确，赋予农民更加充分而有保障的土地承包经营权，现有土地承包关系要保持稳定并长久不变。

从农地功能与权利逐步获得认可与确认方面来看，农民对土地的承包关系还以合同与证书的形式被确认，1982 年的《全国农村工作会议纪要》中指出，"实行各种承包责任制的生产队，必须抓好订立合同的工作"；1997 年《中共中央办公厅、国务院办公厅关于进一步稳定和完善农村土地承包关系的通知》中要求，向农户颁发土地承包经营权证书确定农民的土地使用权；2002 年《中华人民共和国农村土地承包法》进一步要求，向农民签发书面的农村土地承包合同和土地承包经营权证书，以确认土地承包关系。2007 年开始，中国从上至下推进农地的确权登记与颁证工作，进一步落实了农村土地承包关系，稳定了农户承包经营权。[②] 需要指出的是，尽管前期的土地政策一直强调了确权登记，

---

① 陈丹、唐茂华：《中国农村土地制度变迁 60 年回眸与前瞻》，《城市》2009 年第 10 期。

② 冀县卿、黄季焜：《改革三十年农地使用权演变：国家政策与实际执行的对比分析》，《农业经济问题》2013 年第 5 期。

但由于推进的力度有限，加之测量条件有限，农户承包土地账上的面积和实际的面积不一定非常准确，进而影响了农村土地改革的进一步推进。基于此，中共中央、国务院于 2013 年印发的《关于加快发展现代农业　进一步增强农村发展活力的若干意见》提出，要用 5 年时间基本完成农村土地承包经营权确权登记颁证工作，妥善解决农户承包地块面积不准、四至不清等问题。并且，要加快包括农村宅基地在内的农村集体土地所有权和建设用地使用权的地籍调查，尽快完成确权登记颁证工作。按照计划，2020 年底要完成承包地确权登记颁证收尾工作，并且力争 2020 年基本完成宅基地使用权的确权登记颁证工作。

从农户对承包农地的处置方面来看，也体现了农户农地权利的强化。1982年中央 1 号文件规定："社员承包的土地，不准买卖，不准出租，不准转让，不准荒废，否则，集体有权收回。"[①] 但从 1984 年开始，政府开始鼓励农地逐步向种田能手集中；2002 年以后，关于农户农地转让权的具体内容，如流转主体的权利义务、流转方式以及流转收益的归属等，都有了详细的规定。2013 年党的十八届三中全会，进一步提出了"三权分置"、抵押融资等农地改革新探索，再一次丰富了农民对农地的处置权，延伸了农地承包权的功能价值。2016 年 10月，中央出台了《关于完善农村土地所有权承包权经营权分置办法的意见》，进一步为农户农地延伸权利的实现创造了条件。

二、农地制度变迁的动因：由政治考量到经济释放

土地不仅是生产资料，而且还和政治认识密切相关，甚至在相当长的一段时间内被认为是社会制度的具体体现。在此思想的束缚下，新中国成立初期的农地改革，更大程度上被视为是向新社会过渡的政治要求。1950 年的《中华人民共和国土地改革法》指出，该法的目标在于消灭地主阶级的剥削制度，实行

---

① 1982 年中央一号文件：《全国农村工作会议纪要》，1982 年 1 月 1 日。载中国经济网，http://www.ce.cn/cysc/2tpd/08/ncgg/ngr/200809/24/t2008092416903498.shtml，2008 年 9 月 24 日。

按人口均分的土地政策，即通过农地的分配，打破封建社会制度。之后，1953年中共中央发布的《关于发展农业生产合作社的决议》又提出，"这种由具有社会主义萌芽、到具有更多社会主义因素、到完全的社会主义的合作化的发展道路，就是我们党所指出的对农业逐步实现社会主义改造的道路"[①]。在1980年中共中央《关于进一步加强和完善农业生产责任制的几个问题》的通知中，对改革开放前的农地制度调整进行了总结，并指出：新中国成立后，"我们党领导广大农民实现了两项具有深远意义的伟大的社会改革。首先是消灭封建制度，实行土地改革。其次是在这个基础上，对小农经济实行了社会主义改造，引导几亿农民走上了集体化的道路"。从中央一系列的文件表述中可以看出，农地制度被视为社会制度的基本构成，而集体所有甚至集体经营更被认为是社会主义的重要标志。

改革开放后，在坚持农地集体所有的社会主义性质基础上，农地改革也有了更大的探索空间。理论上讲，固定集体所有制下对农地制度的任何调整均在政治上被允许，这也为更加注重经济效率的农地改革提供了理论基础。1982年的中央一号文件指出，"联产承包制的运用，可以恰当地协调集体利益与个人利益，并使集体统一经营和劳动者自主经营两个积极性同时得到发挥"[②]，着重强调了承包关系的经济导向。之后的农地制度调整，基本转向农地改革的经济诉求，让农地有条件地参与市场竞争，提高农地配置效率，促进农地向种田能手流转、向适度规模经营主体集中，成为农地制度改革的主要考虑。1984中央1号文件《中共中央关于一九八四年农村工作的通知》开始提出，"鼓励土地逐步向种田能手集中"；1986年中央1号文件首次涉及了适度规模经营的问题，并指出："随着农民向非农产业转移，鼓励耕地向种田能手集中，发展适度规模

---

① 中共中央：《关于发展农业生产合作社的决议》，《人民日报》1953年12月16日。

② 1982年中央一号文件：《全国农村工作会议纪要》，1982年1月1日。载自中国经济网，http://www.ce.cn/cysc/ztpd/08/ncgg/ngr/200809/24/t20080924_16903498.shtml，2008年9月24日。

的种植专业户。"① 目前，促进农地的流转、实现农地的适度规模经营已成为农地改革的主要诉求。2014 年颁布的《关于引导农村土地经营权有序流转发展农业适度规模经营的意见》进一步指出，"土地流转和适度规模经营是发展现代农业的必由之路，有利于优化土地资源配置和提高劳动生产率"，"坚持农村土地集体所有，实现所有权、承包权、经营权三权分置，引导土地经营权有序流转"②。除了承包地外，在宅基地以及集体经营性建设用地方面的制度也逐步放活，促进了土地资源的高效利用与合理配置。2018 年中央一号文件明确提出，要"探索宅基地所有权、资格权、使用权'三权分置'"，为宅基地的流转与利用提供了条件。2020 年 1 月 1 日开始实施的新《土地管理法》，破除了集体经营性建设用地进入市场的法律障碍，允许农村土地自愿有偿退出，提高闲置宅基地的利用效率，为发挥土地资源的经济效率提供了法律保障。

三、农地制度变迁的推进过程：由自上而下到自下而上

新中国成立后的农地改革以及后来的合作化运动，更大程度上是自上而下的政治推动。尽管新中国成立初期的初级社带有自愿互助的形式，但之后的合作化由于与社会主义改造相联系，主要受到了中央政策的主导，如 1955 年《中共七届中央委员会关于农业合作化问题的决议》中提出，"面临着农村合作化运动日益高涨的形势，党的任务就是要大胆地和有计划地领导运动前进，而不应该缩手缩脚"③。1979 年的《中共中央关于加快农业发展若干问题的决定》

---

① 1984 年中央一号文件：《中共中央关于一九八四年农村工作的通知》，1982 年 1 月 1 日。载自中国经济网，http://www.ce.cn/cysc/ztpd/08/gg/1984/zcbj/200811/24/t20081124_17478432_1.shtml，2008 年 11 月 24 日。

② 《中共中央办公厅、国务院办公厅印发〈关于引导农村土地经营权有序流转发展农业适度规模经营的意见〉》，载自中国政府网，http://www.gov.cn/xinwen/2014-11/20/content_2781544.htm，2014 年 11 月 20 日。

③ 《中国共产党第七届中央委员会第六次全体会议（扩大）关于农业合作化问题的决议》，《江苏教育》1955 年第 21 期。

中也承认，"我们对领导全国的社会主义集体农业既缺乏经验，又缺乏清醒的头脑，犯了瞎指挥、浮夸风、共产风的错误"[①]。

　　发源于安徽小岗村的"包产到户"制，经过一段时间的争议，到 1982 年的认可，开启了中国农地制度的改革。之后，中共中央意识到农业的特殊性、复杂性，特别是由于农地制度的基础性，农地制度调整不仅对农民利益影响深远，也关乎中国社会的稳定与相关制度的协同。因此，国家对农地制度的改革一直非常谨慎，这也导致了改革路径的实验性和多样性。为了防控系统性风险，在改革开放的过程中，中央对于农地制度改革的做法通常为试探性的小步走，即先局部实验，再总结推广。1987 年中共中央政治局在《把农村改革引向深入》中，对中国的农村改革路径进行了描述，即"充分相信群众，让亿万农民参加改革，是我国农村改革的一个特点和优点"；"在改革的深入阶段，可在一个市（地区）、一个县的范围内，按照改革方案进行实际试验"；"要充分发挥群众、干部的首创精神，中央各有关部门对试验区要适当放权，允许突破某些现行政策和体制，以利试验与探索"。之后的农地流转、农地确权登记颁证、农地经营权抵押、农地承包权的退出等农地制度改革，基本都采取自下而上的模式，在探索中总结经验，然后再推广。2015 年 1 月，中共中央办公厅和国务院办公厅联合印发了《关于农村土地征收、集体经营性建设用地入市、宅基地制度改革试点工作的意见》，对新时期中国农村土地制度的改革试点工作作了部署。在试点的基础上，2019 年 8 月新的《中华人民共和国土地管理法》经十三届全国人大常委会第十二次会议表决通过，至此，农村土地制度改革试点取得的经验成为法律。由下至上的农地改革，也造成了当前中国农地制度改革实现形式的多样化，不同的地区，存在差异化的实践形式，这体现了中国共产党一贯

　　[①]《中共中央关于加快农业发展若干问题的决定》，1979 年 9 月 28 日中国共产党第十一届中央委员会第四次全体会议通过，载中国经济网，http://www.ce.cn/xwzx/gnsz/szyw/200706/07/t20070607_11631290.shtml，2007 年 6 月 7 日。

倡导的因地制宜原则。

第三节 中国农地制度改革困境难题与思维底线

农地制度改革是释放农业、农村发展红利的关键，也是推进中国经济社会发展的重要举措。但由于中国前期的制度累积性问题，在农地制度的调整与深化改革中，也面临着诸多困境。但不管改革路上面临如何的困境，中国共产党都会汲取新民主主义时期的土地革命以及新中国成立以来的农地制度变迁的历史经验和教训，坚持底线思维，在破除困境的改革过程中，坚持确保粮食安全、维护农民利益和坚持土地集体所有的底线。

一、中国农地制度改革面临的困境

由于中国前期的制度累积性问题，在农地制度的调整与深化改革中，也面临着诸多困境，集中体现在以下三个方面。

首先，权属界定与具体实现形式的困境。中国农地制度的根本特征在于集体所有、农户经营，但这种权属安排也有一定的模糊性，在相关法律及配套制度不完善的条件下，在现实操作中也会造成相应的问题。其具体表现为：

一是集体所有权下的所有权实现形式与代理人越位问题。根据法律规定，农地所有权主体是农村集体，即集体成员权农户共同所有，这便延伸出了委托—代理关系。在承包经营权被强化的条件下，所有权在一定程度上被虚化，当农地不涉及相应调整变动时，承包经营人作为实际权利承接方享有农地的经营权与收益权，在这种情况下，农地产权安排一般并不会产生问题。但中国的农地因经济发展需要，一直处于快速的调整中，突出表现在：征地规模较大、流转比例趋高；同时，一些经济发展较快地区，承包权的退出与再配置问题也被提上议事日程。在这一系列的权属变动中，所有权人的地位与作用便开始显现。尽管在各地实践中，往往以村民小组共议形式主张农地所有权主体权利，但很多情况下却出现了代理人越位的问题。有些地方政府或是村干部会以所有权代理人自居，对农地调整行使干预权甚至是处置权，从而造成了承包权人的权益受到侵害，引发了诸多矛盾。

二是衍生权利的实现问题。随着承包经营权的强化，并且为激活农地价值，农地的权属功能被逐渐延伸，产生了诸多衍生权利实现上的困境，如农地换保障的实现问题。又如，农地金融功能被提出后，农地抵押融资的实现问题。再如，经营权的定位与权利性质的实现问题等。之后，又提出了承包经营权的让渡、继承与退出等问题。按照中国的现行法律，承包经营权是一种集体成员权的自然延伸权利，但国家为了促进农民的城镇化，提出了户口与承包经营权相分离的政策，这在一定程度上赋予了承包经营权以财产权。在此条件下，同样便会出现承包经营权让渡、继承与退出如何实现的问题。

其次，资源属性、社会功能与政治角色的冲突。在发展中国家，农地的作用不仅仅是作为农业生产资料而具有生产功能，而且由于其对小农生活的重要意义，还在一定程度上存在社会保障功能，而在中国，农地制度在资源属性与社会保障功能之外，还被赋予了政治功能。基于经济学视角的考虑，农地的配置应使之发挥出应有的经济价值，即充分提高其边际生产率。一般来说，只有放松农地交易约束，以市场化的手段促进农地配置，才能更好地达成这一目标。但从中国目前的农地制度来看，均分的承包权配置以及对交易的约束，势必会造成资源配置的扭曲，很多学者也因之提出了农地权利交易的议题。

与经济诉求相对应，中国对农地制度的改革之所以如此谨慎，更大程度上考虑了农地的社会功能，即农户还是当前中国的主要构成。对于大多数农民来说，农地并非可有可无，即便种粮收益越来越低，但农地依然是农民应对风险冲击的重要保障。从国家层面来看，保障农民农地的权属，在很大程度上便可发挥农业就业蓄水池的作用。尽管目前中国农户个体并不拥有农地所有权，但在不断强化承包权的背景下，农地依然可以作为农民应对就业风险甚至生存风险的可靠保障，国家不允许承包权的交易，从而在制度层面防止了农户生存风险问题的出现。另外，在农地流转过程中，政策对企业进入农地经营领域的谨慎，也体现了国家对农户失地风险的担心。

除此之外，在中国的既有观念中，农地制度还具有政治属性。这一认识对集体农地的产权也会提出保护安排。现行施行的维护所有权，稳定承包权，放活经营权的政策，不仅只是体现集体农地资源优化配置和体现农地社会功能的问题，政策维护的"集体所有权"属性，使其从政治上、全局上表现为中国共产党对农民权益和利益的保护。总体来看，在推进农地的改革过程中，如何协调农地的经济功能、社会保障功能以及政治功能，也是中国农地制度改革需要进一步考虑的深层次问题。

再次，社会目标与农民诉求的冲突。诚然，农民的福利是社会发展目标的重要构成，国家发展目标与农民诉求存在内在的一致性，但是，这种一致性在不同的时期又不完全等同。在计划经济时期，为了实现资本快速积累促进经济增长，农业剩余被过度汲取，此时，农地经营与国家及农民便存在一定的背离。当意识到吃饭问题才是最基本需要解决的目标时，由此推动的家庭联产承包责任制，在一定程度上矫正了社会发展目标与农民个体诉求的背离。而从当前现实看，社会与农民个体对农地制度安排的诉求并非完全一致。

从国家层面来看，在促进农民增收的同时，粮食安全是农业制度或是土地制度安排最重要的考量之一；但对于个体农民来说，往往没有这一宏观视野，个体或家庭收入的增加才是其追求的目标。在农业外部就业被限制或机会较少的情况下，农业是农民的主要收入来源，只有努力生产才有可能提高收入，这时国家的期望与农民的行动相一致。但随着中国农民收入结构的变化，农业在农民收入中的份额越来越低，农地经营仅是农民就业的可行选择，在此条件下，农地制度的改革便会存在社会与农民个体期望行为不一致的可能，如基于比较利益的考虑，农民种粮积极性下降，便会导致抛荒现象等。另外，在农产品质量安全、生态环境保护等方面，也存在社会目标与农民农地经营行为不一致的现象。因此，在农地改革过程中，如何协调宏观需求与农户个体微观需求，也是需要面对的问题。

二、中国农地制度改革坚守的底线

中国农地制度的改革既要坚持底线，也要着力破除既有束缚。中国共产党百年来领导中国人民开展土地革命和农地制度改革的经验已经告诉我们，在解除中国农地制度困境的进一步深化改革过程中，必将坚守底线思维，这是中国共产党的执政经验，更是不忘初心的具体体现。总体来看，在中国农地制度进一步深化改革的过程中，要坚持确保粮食安全、维护农民利益和坚持土地集体所有的底线。

从粮食安全底线来看，人多地少的现实决定了中国农地的价值，农地不仅仅是经济资源，还关系国人的吃饭问题，20 世纪 60 年代的粮食大幅减产给了中国深刻的教训，无论什么时候都不能放松粮食安全。这次新冠肺炎疫情对全球农业的冲击，也进一步表明粮食安全的重要性，事实也已表明：面对新冠肺炎疫情以及国内外风险挑战明显上升、经济下行压力明显加大的复杂局面下，在中国共产党的领导下，中国稳住了农业基本盘，粮食生产实现了第"十七连丰"，发挥了"三农"的"压舱石"作用。因此，农地制度的安排一定要有利于农民种粮的积极性。从这一视角来看，赋予农民充分的自主经营权、收益权，以及与之相关联的农地利用激励机制便显得十分重要，无论农地制度如何改革，都要确保不能影响农民种粮的积极性。

从农民收益的底线来看，农民收益是维护农民生产、生活稳定的前提，而农民稳定是中国社会发展的基石。尽管统计数据已显示，非农收入在中国农民收入中的占比越来越高，但一方面中国农户的非农收入来源还非常不稳定，并且非农现期收入并未像城镇居民一样为未来的保障有所支付，而一旦农户受到冲击或丧失非农劳动能力，土地则可以为其提供相应生存保障；另一方面，中国当前仍有2亿多农户，还占到中国人口的相当大的比重，因此，农地制度的改革，必须保障农民的利益与稳定，可以在有条件的地区先行先试，逐步推进。

从坚持农村土地集体所有底线来看，土地集体所有是确保粮食安全与农民利益的必要条件。中国是人多地少的大国，历史经验表明，只有保持农村土地产权的稳定，才能防止农村土地的兼并，保护最广大农民的利益，实现农业经营的稳定。此外，农村土地的集体所有，也是中国特色社会主义"三农"制度的重要体现，是中国共产党领导下"三农"发展道路的制度基础。

第四节　中国农地制度进一步深化改革趋向与思考

针对中国前期的制度累积性问题，以及中国农地制度进一步深化改革面临诸多困境的背景下，提出如下农地改革的趋向与思考。

一、中国农地制度进一步深化改革的趋向

（一）从权属安排视角来看：可清晰纳入法律合约治理体系

构建农地权属清晰的实现机制是农地改革的核心之一。当前，中国农地还面临着权属功能没有有效激活，农民承包权益实现路径有待明晰以及所有权人权益难以体现等现象，影响了农地既有价值功能的发挥以及承包农户权益。究其根源，在于没有很好地厘清土地权属安排及合理的实现机制，政策推进过程中农民承包经营权及相关衍生权得不到充分落实，农民与土地利益相关方存在

不透明、不对等的博弈。解决这一问题的关键在于明晰农地权属，并以正式的合约方式对相关权益进行对等处置。产权的界定与处置规范的设定往往比产权的配置更为重要。因此，根据环境变化以及改革要求，对中国现行农地制度法律规范体系进一步梳理修订，明晰农地所有权、承包权、经营权以及相关衍生权属的合约化，对各类权利的边界、行使主体以及附着利益等进行明确的界定，将相关活动与交易置于主体对等并以法律合约调整的市场运行系统内，将是中国承包农地改革的基础与核心，也是中国农地制度发展的重要趋向。中国对农地的确权颁证即是将农地权属安排置于可法律调整范畴的必要基础条件，新的《土地管理法》《农村土地承包法》在一定程度上解决了中国农村土地制度已有问题，但仍然存在需要进一步改革与完善的地方，未来还应进一步对照农地权属合约机制作用发挥的制约条件，完善农地制度与法律体系。

（二）从资源配置视角来看：目标约束条件下的农地经营权优化配置

解决人地矛盾，优化农地配置，提高农地经营劳动生产率，应是中国农地制度进一步深化改革的主轴。当前，中国大力推进农地流转，促进宅基地的有效利用，允许集体经营性建设用地的入市，即是优化农村土地再配置，发挥农村土地经济功能的重要体现。对于承包农地来说，在中国农地流转过程中，一方面存在小规模复制的问题，另一方面又存在农地被流转的问题，农地流转的交易成本问题也值得关注。因此，在落实农地"三权分置"，促进农地合理流转的过程中，政策将进一步对适度规模经营予以偏向性扶持，通过经营主体的培训、稳定流转合约机制的构建、交易成本的降低等，建立人力资本、土地要素以及市场实现的匹配机制。需要指出的是，在经营权再配置的过程中，农地租金问题将在一定时期内成为中国农业发展不得不面对并需要予以解决的问题。在政策支持以及交易成本等外部因素的约束下，农地经营权流转、委托经营、土地入股等多种形式的农地配置模式将进一步发展。另外，除农地经营权流转外，中国也已到了考虑农地承包权退出的阶段，对农地承包权处置的适当解锁，为农户提供更多的选择，在风险管控条件下逐步促进农地承包权配置的合理化，将是优化中国农地经营权配置后的另一农地权属再配置领域。

（三）从农地价值视角来看：权属功能的逐步激活

当前，中国农地潜在权属价值还未充分发挥，而激活农地既有功能，实现农地潜在价值，在某种程度上做实农地权属的财产属性，将是中国农地改革的又一趋向。以农地金融权能价值为例，探索农地承包经营权的抵押、担保权能，提高农民的农地财产性收入，解决农业生产中的贷款难问题，是促进农业投资、推进农业发展、实现城乡统筹的必要手段，中央也对此作出了明确要求。但现实中农地金融功能的实现还面临着一系列的问题，如权属抵押标的具体化问题、抵押标的评估问题、违约风险中权属的处置问题、相关主体的选择与参与意愿问题等。这些问题的解决，将促进政策的落实与承包耕地金融效能的发挥。三权分置的提出是激活农地金融价值的必要条件，但却不是充分条件。因此，未来农地的改革将进一步明晰农地价值的潜在实现方式，以保障承包农户权益。除此之外，农地承包权的财产属性，农地承包权的继承、退出或者限定范围内的有偿转让问题也将提上政策日程。而在宅基地领域，农户的宅基地权益的实现也需要进一步推进相应的改革。

（四）从制度改革目标来看：可持续性将给予更多的考量

农业不仅具有生产功能，还具有生态功能。前期制度的不当激励以及对产量的过度追求，使中国农地处于高强度的利用状态，不仅引发了大量生态问题，对环境造成了影响，对食品安全构成了挑战，而且还影响了农地的潜在生产力。中国目前已充分意识到推进农地可持续发展的重要性与紧迫性，对农地使用权的有条件限制、休耕等政策已进入中国农地制度改革的视野。从发达国家的经验来看，对农地的保育、休耕等政策，已不仅仅是调节粮食产量的手段，还是推进农地可持续发展的必要措施。可以预见，在今后的农地政策改革中，可进一步关注生态约束，如考虑将农业经营主体补贴与农地利用方式相挂钩等。基于人多地少的现实，中国在适当推进农地休耕保育过程中，更应该注重农地经营过程中的适切利用，通过农业补贴制度的改革等手段，以激励与监管方式影响微观农户的农地利用，促进农地生产能力的可持续发展。

二、中国农地制度进一步深化改革的思考

总体来看，改革开放以来中国农地制度进行了相对审慎的调整，"矫正"与"放松"是中国农地制度调整的关键词，通过确立农户经营体制矫正违背生产规律的农地集体经营制度，通过放松农地经营权的流转优化农地资源配置，进而激励了粮食生产以及保障了农村稳定。而随着制度放松所带来的发展势能逐步耗尽之后，在非农经济快速增长的条件下，如何在保证农地底线约束条件下再次向农地改革要效能，如何进一步激活农地资源的生产以及财产潜能，便成为中国农地制度改革的着力点。"激活"将成为未来中国农地制度改革的关键词，正视并激活农地要素价值，以更加积极的政策使农地权能参与市场，进而发挥农地禀赋潜在的价值。在中国农地制度进一步深化改革与调整的过程中，有两个问题仍值得进一步思考，即农地承包权退出与政府角色问题。

首先，承包权退出与经营权流转。农地制度的改革，很重要的诉求便是矫正人地误配，促进农地的适度规模经营，以提升农业竞争力和从农吸引力。在承包权锁定的情况下，中国目前正大力推进农地经营权的流转，通过经营权的再配置达到适度规模经营的目的。这一模式既考虑了农地之于农民生存保障的功能，也考虑了促进农地向效率主体转移的诉求，作为中国促进农地适度规模经营的主导模式，无疑具有重要意义。但也应该看到，中国区域间发展存在较大的差异，东部有些发达地区农户对农地的依赖已逐渐弱化，很多农民已离乡进城，在此条件下，解锁农地承包权，不但已具备外在客观条件，也存在主体诉求。有研究表明，上海 1255 名受访农户中，表示愿意有偿退出土地承包权的

占比已达 65.3%。① 从中国周边一些国家农地制度变革的经验来看，战后为了保障小农利益，韩国、日本均采取了"耕者有其田"的政策，对农地交易进行了严格的限制，但随着农业劳动力的转移、农民保障体系的完善，很多农户已不存在对农地的生存依赖。在此条件下，提高农地经营效率以及农地竞争力便成为农地改革的主轴，韩国、日本因之均放松了对农地交易的管制，甚至出台相应激励政策，鼓励离农农户对农地的释出。中国长三角地区有些区域发展水平已达到周边的发达国家水平，而相对固化的农地承包权配置也已脱离了政策的初衷。因此，在全国层面推进农地三权分置、促进农地经营权流转的同时，有条件的地区也应探索农地承包经营权的重配机制，一方面从根本上促进农地的适度集中与稳定经营；另一方面，激活承包权的财产价值，提高离农农民的应得福利。

其次，政府在农地再配置中的作用。基于经济学理论，市场是最有效率的资源配置手段。党的十八届三中全会指出，要让市场在资源配置中发挥决定性作用，以减少政府参与所带来的交易扭曲与效率损失。但对于农地的再配置来说，完全的市场化配置似乎并不能达到农地效率提升的目的。从发达国家的经验来看，很多政府均直接参与了农地的租赁、交易，甚至对农地交易的价格进行相应的干预，如法国 1962 年成立农村特别组织（SAFER），所有农地交易须预先向 SAFER 呈报，SAFER 可公开行使优先购买权以干预农地买卖，如果呈报的土地价格太高，SAFER 也可以请准法院按征收价格优先购买。日本于 1970 年实施农地保有合理化制度，直接参与农地买卖与租赁，2014 年又成立农地中间管理机管，大幅提高对农地释出的补贴。韩国于 1995 年成立政府性农地银行，直接介入农地再配置，并对农地价格进行干预。各国政府之所以直接介入农地交易，很重要的原因在于：一方面，农地并非一般性商品，农地的利用

---

① 方志权、张晨、张莉侠、楼建丽：《农村土地承包经营权退出意愿与影响因素——基于上海四区 1255 份农村调查问卷的分析》，《农村经营管理》2017 年第 11 期。

直接关系到农产品生产成本与产量，进而影响到国家农业竞争力与粮食安全，政府有责任通过相应激励手段促进农地的合理利用。如由于比较收益较低，日本部分农地所有权人仅将农地当作日后升值的财产持有，导致大面积的农地废耕，政府则通过出台相应激励政策激励废耕农地的再利用。另一方面，由于市场的不完善，主体间的直接交易具有较高的交易成本，并且合同的稳定性难以获得保障，而农地经营作为固定区域上的自然再生产和社会再生产相结合的过程，不仅需要农地的集中连片，还需要农地的稳定性，在此条件下，以政府介入的形式降低交易成本并保障合同的稳定性，便可在一定程度上促进农地的合理再配置。因此，尽管市场是农地资源再配置的主要手段，政府的介入对于推动农地的合理配置与利用，仍是十分必要的。

第十章 中国共产党百年农村经济
发展思想与实践

中国共产党的农村经济发展政策始于新民主主义时期的苏区及根据地地区，通过发展农村经济，促进了农业以及非农产业的发展，支持了革命事业。新中国成立后，中国农村经济的活力在计划经济体制下受到了一定的影响，改革开放后，约束性的政策逐步被打破，农村地区无论农业产业还是非农产业都出现了空前的发展。特别是乡镇企业作为农村经济的重要构成，对于农村劳动力的非农就业与增收起到了积极的作用。党的十八大以来，中国共产党在"三产"融合的理念下，进一步推进农村经济的发展，并于党的十九大提出了乡村振兴战略，为中国的农村经济发展指明了方向。

第一节 新民主主义革命时期的农村经济发展探索

在新民主主义革命时期，中国共产党逐步壮大，带领中国人民通过农村包围城市取得了革命的胜利。中国也从半殖民地半封建社会发展为人民当家作主的社会主义国家。在这一时期，为了解放农民，释放农业生产潜力，也为了确保战时供应，中国共产党十分重视农村经济的发展，其时的探索也为新中国的农村经济发展提供了实践经验。

一、新民主主义革命时期的农村经济发展实践

新民主主义革命时期，中国的农村经济相对落后，农民的生活水平也很低。以陕甘宁边区为例，抗日战争前，农村土地兼并严重，如绥德辛店区延家岔乡有农户 232 户，耕地 2923 坰（每坰约 3 亩），而 14 户地主占有耕地 1934 坰，占 66%；在陇东镇原王原区四乡有耕地 13069 亩，两家地主就占有土地 7400 亩，占 56.6%。[①]农民承受繁重的税赋。据调查，抗战前延安每年固定的捐税有洋烟税、白地税、警察捐、维持费、灯头捐、印花税、修城费、驴驮捐、羊税、血税、剥皮税、羊毛税、契税等，临时捐税名目繁多，两项总计在 40 种以上。[②]农村手工业也非常凋敝。在新民主主义革命时期，为了推进农村经济发展，中国共产党在根据地进行了一系列的实践，取得了一定的成效，支持了革命事业。

（一）根据地的农业经济发展

农业是农村的主导产业，也是根据地发展的支柱产业，对于人民的生活以及革命事业至关重要。中国共产党在新民主主义革命时期的不同阶段都十分重视农业发展。如抗战初期颁布的《抗日救国十大纲领》中就明确提出要发展农村经济，指出要"整顿和扩大国防生产，发展农村经济，保证战时生产品的自给"[③]。抗日战争时期西北局在《关于 1942 年边区经济建设的决定》中指出："在经济建设上，必须用全力贯彻以农业第一发展的私人经济方针，自给自足的经济是实现长期抗战供给的保障，人民生活的提高，最基本的就是依靠于发展

---

① 陕甘宁边区财政经济史编写组：《抗战时期陕甘宁边区财政经济史料摘编》，陕西人民出版社 1981 年版，第 13—14 页。

② 南汉宸：《复安塞党委的一封信》（1941 年 9 月 26 日），《人民生活》，第 15—16 页。

③ 《中共中央文件选集》（10），中共中央党校出版社 1985 年版，第 318 页。

边区人民经济，而其中最主要的就是依靠发展农业生产。"①

这一时期，中国共产党促进农业经济发展的实践：一是推进土地改革。自土地革命时期，中国共产党就开展了打土豪、分田地运动，使农民获得了土地，这在一定程度上促进了农业生产。二是减租减息。抗日战争期间，为了扩大统一战线，中国共产党采取了减租减息政策。减租减息于 1937 年提出。1942 年 1 月，中共中央颁布了《关于抗日根据地土地政策的决定》，提出实行减租减息，保障农民的人权、政权、地权、财权，借以改善农民生活，提高农民抗日与生产积极性；又必须保障地主、富农的人权、政权、地权、财权，借以联合地主阶级一致抗日。三是开垦荒地，扩大耕地面积。1933 年 2 月，中华苏维埃临时中央政府发布《开垦荒地荒田办法》训令，责成各县、区土地部立即调查本地所有荒地荒田，制定开垦计划。然后发动群众，区分已分配和未分配的情况，由本人或别人领去开垦，或由乡政府组织垦荒队去开垦，务必做到没有一丘荒田为止。② 抗战时期陕甘宁边区为了鼓励移民和边区群众开荒，政府规定公荒谁开归谁所有，3 年免收公粮；私荒如果地主不开，农民可以自由开垦，并免交 3 年地租，3 年后依照租佃条例交租，地主不得任意收回土地。③ 四是推进农业合作经营。新中国成立前，农民生产资料缺乏，独立生产相对困难，中国共产党鼓励农民合作经营，提高生产效率。如苏维埃政府积极动员和组织获得土地的农民群众开展互助合作运动，成立劳动互助社、犁牛合作社，合理调节人力、物力，提高劳动生产率。④ 五是兴修水利。中国共产党在农村大力兴修水力促进农业发展。据统计，江西的瑞金、兴国，福建的长胜、宁德、长汀

---

① 《关于 1942 年边区经济建设的决定》(1941 年 12 月 25 日)，《抗战时期陕甘宁边区财政经济史料编·总论》，陕西人民出版社 1981 年版，第 160 页。

② 曹春荣：《中央苏区春耕运动赠旗大会追记》，《世纪风采》2015 年第 11 期。

③ 闫庆生、黄正林：《抗战时期陕甘宁边区的农村经济研究》，《近代史研究》2001 年第 3 期。

④ 《中国共产党的九十年》，载搜狐网，https://www.sohu.com/a/349970509_120214174。

以及粤赣省，1934 年开垦荒地共 8 万担，兴修水利（修好陂圳）9630 座。^① 此外，中国共产党还通过引进良种、改进耕作方法、发放农业贷款等促进根据地农业的发展。如 1942 年延长、延川、固临三县发放植棉贷款 963650 元，借款户 2120 户，占三县户数的 50%。^②

（二）根据地的农村非农经济发展

为改善经济状况，保障革命战争和群众生活的基本需求，在新民主主义革命时期，中国共产党通过组织生产合作社，鼓励私人手工业及私人作坊生产等，促进了苏区及根据地农村手工业等非农业的发展。^③ 在工业及手工业方面，正如 1934 年 1 月，毛泽东在第二次全国苏维埃代表大会上所述："因为敌人的封锁，使得我们的货物出口发生困难。红色区域的许多手工业生产是衰落了，烟、纸等项是其最著者。两年以来，特别是一九三三年上半年起，因为我们开始注意，因为群众生产合作社的逐渐发展，许多手工业和个别的工业现在是在开始走向恢复。这里重要的是烟、纸、钨砂、樟脑、农具和肥料（石灰等）。而且自己织布，自己制药和自己制糖，也是目前环境中不可忽视的。在闽浙赣边区方面，有些当地从来就缺乏的工业，例如造纸、织布、制糖等，现在居然发展起来，并且收得了成效。他们为解决食盐的缺乏，进行了硝盐的制造。"^④ 在抗日战争时期，根据地农村手工业以合作社和家庭个体生产为主要经营方式。1945 年，抗战结束前，延安手工业生产合作社达到 591 个，占陕甘宁边区合作社总数的 67%，每月生产总值达 3222086525 元（边币）。手工业生产合作社有纺织、服装、食品、化学、建筑、造纸等行业。^⑤ 除此之外，商业与运输业也有一定的发展。土地革命时期，苏区的商业，采取了由政府采办与鼓励私人自由经商相结合、专业办外贸与群众办外贸相结合的方针。商业机构，分国营、合

---

①③④ 《苏区经济建设的开展和成就》，载红色寻根网，http://www.hsxgw.gov.cn/n1337/n2607/n2612/c17833/content.html。

②⑤ 闫庆生、黄正林：《抗战时期陕甘宁边区的农村经济研究》，《近代史研究》2001 年第 3 期。

作社和私营三种形式。苏区的国营商业，主要是苏维埃商店，又名红色商店或红军商店，是红军和苏维埃政府没收豪绅地主和大资本家的财产，投资兴办起来的。合作社的形式有消费合作社、信用合作社、生产合作社等，其中分布范围最广、影响最大的当推消费合作社。1933 年 9 月，江西、福建两省的 17 个县中，统计到的消费合作社和粮食合作社就有 1423 个。[①]1941 年，陕甘宁辖区消费合作社共有 151 个，社员人数为 140218 人。1942 年，边区在《三十一年度交通运输工作计划》中指出："发展边区交通运输应当针对着发展食盐的运销、粮食和工业原料的运输为中心。"[②]1943 年，陕甘宁边区农村运输用牲口为48722 匹。[③]商业与运输业不仅促进了农村物资的流通，而且为许多农民提供了生计。

二、新民主主义革命时期农村经济发展的特点

从产业结构来看，在新民主主义革命时期，中国农村的主导产业是种植业，特别是粮食生产种植，但农村的工业、手工业、商业也有一定的发展。中国共产党通过土地革命、开垦荒地、信贷支持等，促进根据地的农村经济发展，同时，采取各种措施推动多种农产品的种植，促进非农产业的发展，使边区农村呈现出农工商贸运一体化的多元产业格局。如在陕甘宁辖区，随着棉纺织业的发展和棉花自给的需要，种植面积不断扩大，1943 年至 1945 年，棉田面积分别占耕地面积的 1.1%、2.2% 和 2.4%。1944 年边区出口羊约 87533 只，羊毛约 88066 斤，羊皮约 29000 张，羔皮 69000 张，总共牲畜皮毛价值约在 11 亿元（边币）以上。各种手工业合作社、作坊、商业网点、贸易机构、消费合作社、

---

① 《苏区经济建设的开展和成就》，载红色寻根网，http://www.hsxgw.gov.cn/n1337/n2607/n2612/c17833/content.html。

② 建设厅：《三十一年度交通运输工作计划》，《抗日战争时期陕甘宁边区财政经济史料摘编》，陕西人民出版社 1981 年版，第 688 页。

③ 闫庆生、黄正林：《抗战时期陕甘宁边区的农村经济研究》，《近代史研究》2001 年第 3 期。

运输合作社、运输队等在广大的农村乡镇广泛地建立起来，在农村经济中占有重要地位。①

从经营形式来看，在新民主主义革命时期，私营、合作经营以及国有经营等各类经济成分共同发展，特别是合作经营有了较大的发展。在新民主主义革命时期，中国共产党大力支持农户私营发展，促进商品的自由流通，在此基础上，探索推进合作经营模式。中国共产党领导下的第一个农民协会"衙前农民协会"，本质上就是一个合作社。1926 年 9 月，中共第四届中央执行委员会第三次扩大会议提出"提倡农村消费合作运动"。在苏维埃革命时期，深入乡村的中国共产党因地制宜地创造出了许多新的合作模式。劳动合作社、劳动互助社、耕田队、犁牛合作社、粮食合作社等群众生产组织第一次出现在合作运动的文献里，赋予了合作社以新的内涵和内容。但由于缺乏经验，缺少正规的章程与制度，这一时期的合作社发展并不规范。正如毛泽东在《湖南农民运动考察报告》中所指出："当前的问题是没有详细的正规的组织法，缺乏指导"，各地合作社"都是农民自动组织的，往往不合合作社的原则"②。但同时毛泽东也指出，"假如有适当的指导，合作社运动可以随农会的发展而发展到各地"③。随着战争的推进，合作社经济也越来越重要，合作社的规模和数量也不断增加。到 1933 年 9 月，仅闽赣两省已发展合作社 1423 个。在抗日战争时期，中国共产党关于合作运动的政策日渐成熟，发展根据地经济、服务抗日战争、保障军民生活，构成抗日战争时期合作化政策的基本方向。其时，在延安就有集体互助性的农业生产合作社、消费合作社、信用合作社、运输合作社以及手工业合作社等。关于这一时期合作社的性质，毛泽东在《新民主主义论》中指出，"在这个阶段上，一般地还不是建立社会主义的农业，但在'耕者有其田'的基础上所发展

---

① 闫庆生、黄正林：《抗战时期陕甘宁边区的农村经济研究》，《近代史研究》2001 年第 3 期。
② 《毛泽东选集》第 1 卷，人民出版社 1991 年版，第 17 页。
③ 同上书，第 18 页。

起来的各种合作经济，也具有社会主义的因素"①。这一时期的合作社之所以不是完整的社会主义合作社，主要是因为它属于以私有制为基础的劳动群众的集体经济组织。

第二节　改革开放前计划经济下的单一经济发展

在革命战争时期，中国共产党就在根据地、解放区领导农民发展农村经济，建立和发展了各种劳动互助组织，积累了一些经验。② 新中国成立前夕，参照苏联集体化的经验，党的七届二中全会决议提出，"必须谨慎地、逐步地而又积极地引导它们（农业）通过合作社的形式，向着集体化和现代化的方向发展"③。在新中国成立后，中国迅速完成了土地制度改革，实现了"耕者有其田"的目标，这也为中国的农村集体经济发展奠定了制度基础。之后，从老解放区成长起来的各类农村互助合作组织，很快在新解放区得到推广。这些互助合作组织，是以私有制为基础建立的在工人阶级领导的国家政权管理之下的劳动人民群众的集体经济组织。④ 互助组之后，中国农村集体经济组织又经历了初级合作社阶段、高级合作社阶段和人民公社阶段。⑤

值得注意的是，农村经济的合作化运动发展并非"摸着石头过河"，而是有

---

① 《毛泽东选集》第 2 卷，人民出版社 1991 年版，第 677 页。

② 高斐：《农业合作化运动中农民的利益发展与政治认同》，《河南师范大学学报》（哲学社会科学版）2015 年第 4 期。

③ 毛泽东：《在中国共产党第七届中央委员会第二次会议上的报告》，1949 年 3 月 5 日。载人民网，http://dangshi.people.com.cn/n1/2019/1205/c85037-31491454.html，2019 年 12 月 5 日。

④ 贺福中：《中国农民合作经济组织及其收益分配——以山西省为中心的分析》，山西大学博士学位论文 2017 年。

⑤ 各个阶段间并没有确切的时间分割点，同一时间节点往往具有多种类型的集体经济形式。但集体经济一般性地遵循"互助组—初级社—高级社—人民公社"的发展顺序。

计划、有组织的国家战略。1953 年的《关于发展农业生产合作社的决议》就提出，"根据我国的经验，农民这种在生产上逐步联合起来的具体道路，就是经过简单的、共同劳动的、临时互助组和在共同劳动的基础上实行某些分工分业而有某些少量公共财产的常年互助组，到实行土地入股、统一经营而有较多公共财产的农业生产合作社，到实行完全的社会主义的集体农民公有制的更高级的农业生产合作社"①。但农村的合作化进程出现了过急过猛的现象，在没有巩固好初级社成果的情况下就急于发展高级社，不利于农村经济的稳定。同时，由于合作社后期在分配中广泛存在绝对平均主义和迁就主义，合作社内出现了生产懈怠、积极性不高等问题。

新中国成立后的三十年间，农村集体经济从无到有，合作化运动应该是中国农村集体经济发展的重要一环。这一时期，国家确立了农村集体所有制经济，使饱受封建主义摧残的农村社会焕发蓬勃生机，农业生产规模也逐渐扩大。从这个角度来看，农业合作化运动不仅是一场伟大的社会主义改造运动，也是中国农村经济发展模式的一次积极探索。

一、农村集体经济组织的演变

在这一时期，农村的集体经济组织主要经历了四种形态：互助组、初级社、高级社、人民公社，四种形态既联系紧密，又互有区别。互助组是农户间以"互帮互助"为目的而结成的结构松散的经济合作组织。互助组在生产资料私有制的基础上，实现了生产工具的组合化，但不涉及生产资料所有权的问题。初级社同样不改变土地等生产资料私有的属性，但在初级社内，生产经营由合作社统一管理。即，初级社在保留互助组"互帮互助"特点的基础上，建立了"集体决策"的生产管理体系。在高级社内，土地所有权归集体所有，由集体

---

① 《毛泽东选集》第 2 卷，人民出版社 1991 年版，第 467 页。

（合作社）统一管理，统一经营，统一核算，统一分配。自此，合作社也基本具有了完全社会主义特性。[①] 与上述三种经济合作组织不同，人民公社是一个政治经济组织，既保持原有集体经济的特点，又具有行政单位的属性。人民公社更多地为政治经济一体化制度提供了一种参照，而不是作为集体经济制度的创新。

1952 年完成土地改革之后，农村中各类农业经营户的人均土地数量高度均等化。然而，农民仍处于生产工具贫乏，生产能力低下的阶段。[②] 互助组通过"集体劳动，共同生产，统一分配"的方式保护了农民（尤其是贫农），降低了社内收入差距。[③] 互助组制度契合了农户发展生产力的需求，发展也非常迅速。据 1951 年统计，全国有互助组 408 万个，参加的农户达 2100 万户，其中大部分分布在老解放区。但到 1952 年底，农业生产互助组已达到了 802.6 万个，参加农户也翻了一番，达到 4536.4 万户。此时，中国农村地区常年互助组有175.6 万个。[④] 从 1953 年的农业社会主义改造开始，国家鼓励发展农业生产合作组织[⑤]，农业合作化运动在农村如火如荼地进行。1953 年 12 月，中共中央审议并通过了《关于发展农业生产合作社的决议》。该《决议》认为，初级社是引导农民过渡到完全社会主义的高级社的适当形式，要求各地把农村工作的重点更多地转向兴办初级农业生产合作社。到 1956 年底，加入农业生产合作社[⑥] 的社

---

① 毛泽东在《关于农业合作化问题》中称之为"社会主义的高级社"。

② 生产工具不足是农业生产力低下的重要原因。根据调查，土地改革结束时，贫农平均每户拥有耕地 12.64 亩，耕畜 0.47 头，耕犁 0.41 张。而中农的平均耕畜和耕犁约为贫农的两倍（苏星：《关于全民所有制经济内部的商品交换》，《社会科学研究》1980 年第 1 期）。农民内部的生产能力差异较大。

③ 陈锡文、罗丹、张征：《中国农村改革 40 年》，人民出版社 2018 年版。

④ 薛继亮：《农村集体经济发展有效实现形式研究》，西北农林科技大学博士学位论文 2012 年。

⑤ 最早关于互助组的文件是 1951 年的《关于一九五一年农林生产的决定》，其中要求"普遍发展和推广互助组，有领导、有重点地发展土地入股的农业生产合作社"。

⑥ 这其中既包括初级合作社，也包含高级合作社。

员总户数已达全国农户总数的 96.3%，初级社总数目超过 200 万家。这样，广大农村完成了社会主义改造[①]，以合作社为代表的集体经济代替小农经济成为了中国农村经济的表现形式。为了完全实现农业生产社会主义化，消灭土地私有制，国家从 1956 年开始大规模推动初级社到高级社的转型。1955 年，毛泽东在《关于农业合作化问题》中指出："我国的商品粮和工业原料的生产水平，现在是很低的，而国家对这些物质的需要却是一年一年的增大，这是一个尖锐的矛盾。如果我们不能在大约三个五年计划的时期内基本上解决农业合作化的问题……我们就不能解决年年增长的商品粮和工业原料的需要同现时主要农作物一般很低之间的矛盾，我们的社会主义工业化事业就会遇到绝大的困难，我们就不可能完成社会主义工业化。"[②] 为尽快改变这一现状，中央领导人认为必须大力发展高水平的农业合作社[③]，主张通过改变所有制关系来促进农业生产力水平的提高，由此为高级农业生产合作社的建立提供了思想基础。1956 年 1 月 23 日，中共中央政治局审议并通过的《1956 年到 1967 年全国农业发展纲要（草案）》提出，在 1956 年农村 85% 以上的农户要加入农业初级社，并试办高级社的目标，要求在 1958 年基本实现合作社的高级化。当月，全国入社农户即达到 80.3%，中国农村地区初级合作化基本实现。同年年底，有 96.3% 的农户参加合作社，其中 87.8% 的农户参加了高级社。[④] 根据 1956 年 12 月的统计，全国高级社的数量已达到 54 万个，入社农户达 1.07 亿户。至此，中国大部分农业合作社都转变为了高级社。

中国的农村经营组织在人民公社时期进入了"一大二公"的状态。人民公社化运动最初是由高级农业生产合作社的小社并大社引起的。这原本出于

---

① 1956 年，《人民日报》宣布全国农村基本实现了初级形式的农业合作化。

② 《毛泽东文集》第 6 卷，人民出版社 1991 年版，第 431 页。

③ 毛泽东在 1955 年的《关于农业合作化问题》提出了"中国农村社会主义合作运动的高潮就要到来"这一论断，认为合作社的规模越大，其优越性就越强。

④ 杨晓兰：《刍议建国初期的农业合作化运动》，《考试周刊》2008 年第 3 期。

兴修水利、搞农田基本建设的需要，但在"大跃进"的背景下，却演变成不顾客观条件、争相推动农业集体生产组织向所谓更高级的形式过渡的一场普遍的群众性运动。[①] 当时，中央认为，农业合作社的规模和公有化程度，已经不适应生产力发展的要求；由规模较小的合作社合并而成的大社，是农业生产"大跃进"的有效组织形式。从人民公社的发展过程来看，主要经历了三个阶段。第一阶段，以"一大二公"为特点的人民公社。"大"是指公社的规模大。人民公社是由多个高级社合并而来[②]，而高级社基本遵循了"一村一社"的原则，因此人民公社是多个自然村合并而来的政经一体的组织。"公"是生产资料公有化程度高，不仅仅生产资料为集体所有，社员的自留地、自养牲畜等也被"公有化"[③]。第二阶段，以生产大队[④] 为基本核算单位的人民公社。为了遏制分配过程中出现的绝对平均主义现象，必须明确农业生产的基本核算单位。中共中央在 1959 年的郑州会议上提出，整顿人民公社，规定生产大队是人民公社的基本核算单位。第三阶段，以生产队为基本核算单位的人民公社。1962 年，中央规定了生产队而非生产大队为人民公社的基本核算单位。当时大部分生产资料所有权都在生产（小）队，生产队作为核算单位有利于厘清生产关系，更好地经营集体生产资料。这种以生产队为基础的三级所有的人民公社制度一直持续到 1978 年。在人民公社制度下，存在明显的责任权益分配不均的问题。在这种"三级所有，队为基础"下的集体产权中，分享收益的成员实际有五级，分别是国家、公社、生产大队、生产队、农民。农民作为唯一的劳动参与者，既无法独享劳动成果，更不可能决定其自身在这一收益中所占的比例。这种扭曲所带来的直接后果就是，农民作为社员参与生产的

---

① 中共中央党史研究室：《中共中央党史》，中共党史出版社 2011 年版。
② 韩俊、宋洪远：《新中国 70 年农村发展与制度变迁》，人民出版社 2019 年版。
③ 黄修荣、黄黎：《中国共产党简史：1921—2011》，人民出版社 2011 年版。
④ 生产大队大致相当于过去的高级社的范围，生产队相当于过去的初级社的范围。

积极性变差，"磨洋工"等现象普遍，由此，人民公社这一农村集体经营实现形式的生产率也比较低。人民公社在确保城市工业化发展的同时，使得农村经济受到了一定的影响。这也是改革开放后农村集体经济实现形式创新的着力点。

二、农村集体经济发展的产业结构

新中国成立之初，中国农村的产业基础非常薄弱，传统农业在农村经济中占有绝对重要的地位。之后的政治与经济改革（"大跃进"、人民公社化运动、知青下乡等），并未改变传统农业作为中国农村支柱产业的定位和事实。在这一时期，由于长期实施计划经济体制，这也直接催生了中国特殊的城乡二元结构制度。"城市搞工业、农村搞农业，城里人当市民、农村人当农民。"广大农民被局限在"一亩三分地"上，只能从事农业甚至只能是粮食生产。这种特殊的二元结构，抑制了其他农村产业的发展，加深了城乡经济结构差异。这些因素共同导致了这一时期中国农村呈现的一种以种植为主的片面、单一的产业结构。

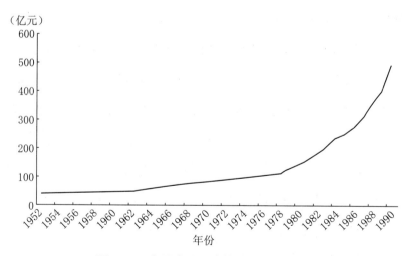

图 10-1　中国农业总产值（1952—1990 年）

注：数据来源于 CEIC 中国经济数据库。

在这一时期，中国的农业总体上取得了长足的发展。图 10-1 展示了 1952—1990 年期间，中国农业总产值的增长状况。从该图中可以看出，改革开放前的增长速度虽然不如改革开放后的高，但是 1952—1978 年之间，中国的农业仍取得了巨大的进步。考虑到当时中国内外交困环境，经济压力非常大，取得这样的成绩殊为不易。

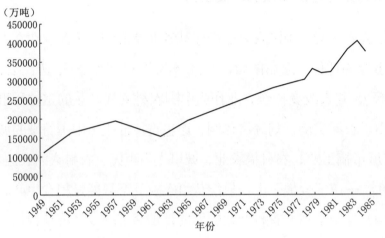

图 10-2　粮食总产量（1949—1985 年）

注：数据来源于 CEIC 中国经济数据库。

图 10-2 展示了 1949—1985 年期间，中国的粮食总产量的增长情况。从该图中可以发现，1957 年是一个分水岭，1957 年之后中国的粮食总产量经历了为期五年的下滑阶段，而在 1957 年之前，中国的粮食总产量是逐年增加的。除了三年自然灾害带来的负面冲击外，农业经营模式的快速变动，是对粮食产出产生影响的重要原因。在农业生产力极低的条件下，土地等生产资料以及劳动力集中利用有着合理性，但应建立在相应的激励机制上。1963 年之后，在"三级所有，队为基础"的生产体制下，虽然中国粮食等主要农产品呈现持续增长，但也应该看到，自高级社开始，中国农业合作化迈上以"一大二公"为基础的经营模式后，在政经合一的体制下，中国的农村经济受到了一定影响。

第三节　改革开放后市场经济下的多元经济发展

改革开放以来，伴随着社会主义市场经济体制的建立与完善，中国共产党不断推进农村市场经济的发展，在农业经营模式的改革，农村集体经济形式的探索与创新，农村二、三产业的发展等方面进行了相应的制度设计和实践。这些农村市场经济发展的改革措施，极大地解放和发展了农村生产力，为农村多元经济的可持续发展奠定了坚实基础。

一、农业经营模式的改革

（一）家庭联产承包责任制的发展与成效

家庭联产承包责任制的基本特点是在坚持土地等主要生产资料集体所有的前提下，农户同集体通过合同形式保持承包关系，把集体统一经营同家庭分散经营有机地结合起来，以家庭为生产经营单位，以产量计算报酬的承包责任制。用通俗的语言表达，就是"交够国家的，留足集体的，剩下都是自己的"。与合作社运动不同，家庭联产承包制的兴起是一场"自下而上"的运动。1978年，安徽旱情十分严重，秋种无法进行。凤阳县小岗村生产队的18户农民要求将土地分开，包干到户。18位农民在拟订的合同上一一按下手印。这一创举成为安徽农村和中国农村改革的先声和标志。1979年春，安徽实行包产到户的生产队，占全省总队数的1%左右，到年底，已达10%。至1982年6月，全省实行大包干责任制的生产队总数占到了98.8%。党中央对群众的首创精神和实践活动给予了充分肯定和支持，并总结经验，因势利导，逐步推广。特别是邓小平发表了系列讲话，为改革指明了方向。1980年5月31日，邓小平同中央负责农村工作人员谈农村政策问题时说："农村政策放宽以后，一些适宜搞包产到户的地方搞了包产到户，效果很好，变化很快……有些同志担心，这样搞会不会影响集体经济。我看这种担心是不必要的。"①邓小平的重要指示极大地鼓舞了广大农民和农村干部，使农村改革的积极性更为高涨。1980 年 9 月 27 日，中共中央印发《关于进一步加强和完善农业生产责任制》的通知，1981 年中央一号文件正式放开双包到户（即家庭联产承包），明确其为社会主义性质的生产责任制。家庭联产承包制在全国迅速得到普及。到 1984 年，全国广大农村 569 万个生产队实行了各种形式的承包责任制，落实联产承包的农户达 18397.9 万户，占全国农户总数的 96.6%。至此，人民公社"三级所有，队为基础"的集体经营体制，被家庭承包经营所取代。

20 世纪 80 年代初，凡是搞了包产到户的地方，农民的生产积极性都被充分地调动起来，农村形势远远好于没有搞包产到户的地方。在先行地区的示范带动作用下，"大包干"迅速在全国普及开来。"包产到户"释放了劳动生产力，粮食年年丰收。1984 年粮食产量达到 40713 万吨，创历史最高水平；棉花产量从 1978 年的 216.7 万吨增至 1983 年的 463.7 万吨；农业总产值从 1980 年的 1922 亿元增加到 1986 年的 3947 亿元；农民的生活水平也有了很大的改善，1978 年全国农民人均纯收入为 134 元，而到 1986 年则达到了 424 元；农民储蓄从 1978 年底的 55.7 亿元增加到 1983 年底的 3199 亿元。

（二）家庭联产承包责任制的评价

起源于安徽凤阳县小岗村的"包产到户"改革，在产生巨大产出效应下，也推动了人民公社制度的瓦解。家庭联产承包责任制的建立不仅是党的十一届三中全会以来中国农村经济体制改革的起点，其建立及广泛的推行也是中国农村改革的开端。直至今日，家庭联产承包责任制在广大农村仍有旺盛的生命力，

---

① 《邓小平文选》第 3 卷，人民出版社 1993 年版，第 65 页。

是中国农村基本的经营制度。家庭联产承包责任制度打破了中国农业生产长期停滞不前的局面，激发了农村集体经济的发展活力，直接改变了农户的生产经营模式。首先，家庭联产承包责任制把劳动者的收入同生产经营成果直接联系起来，有效地克服了吃"大锅饭"的平均主义弊端，较好地贯彻了按劳分配原则，大大调动了农民的生产积极性。其次，农户成了农业生产中相对独立的经营主体，其所使用的农业生产工具和各种投入品基本都由自己购置，这就使农业经营实际上成为集体土地与农户投入相结合的混合经营。除此之外，集体经济组织下的农户拥有自主权。这也为之后的多门类产业、多种所有制经济发展的改革提供了实践经验。

随着市场经济的发展，城镇化与工业化不断地冲击着以"家庭联产责任制"为核心的农村集体经济制度。尤其是21世纪以来，村落"空心化"，人员"老龄化"给农村经济发展造成了一定的影响。农村集体经济发展遇到了一定的挑战。在此背景下，中共中央、国务院积极探索集体经济新的经营形式，创新农村集体经济运行机制，在产业结构调整、经营权流转、股份制改革等方面取得了丰硕成果。目前，中国农村集体经济改革已进入深水区，家庭承包经营为基础，统分结合的双层经营体制仍将是中国农村的基本制度，如何"激发集体经济增量、盘活集体经济存量"将是进一步促进中国农村经济发展的重要考量。

二、农村集体经济形式的探索与创新

"包产到户"将农户与市场紧密联系在一起，这同时也意味着农户必须直接面对市场风险。千家万户的农民在极为分散和闭塞的条件下进行生产和经营，生产什么，生产多少，卖给谁，卖多少价格，都带有很大的盲目性和风险性，很难适应大市场变化的需求。此外，集体经济组织的发展也存在市场能力有限、资金有限等约束。因此，为了更好地发挥集体经济的优势，各地对集体经济的实现形式进行了大胆的探索。

20世纪90年代的农村集体经济探索大致分为两类。第一类是传统合作社转型为农民专业合作社。农民专业合作组织把农民组织起来，增强了其与龙头企业签订产销合同的谈判能力。合作组织起到了把农民组织起来共同致富的作用，在较大程度上克服了龙头企业与农户利益联结松散、利益分配不合理的弊病。有的专业合作组织在内部"能人"的带动下，逐渐延伸产业链，直接从事农产品的加工和销售，具备了产业化经营的雏形。第二类是集体经济组织与乡镇企业①的结合，农户入股集体设立的农业公司。一些农村集体经济组织成立属于集体的乡镇企业，集体经济组织和农民以土地、资金、设备、技术等不同生产经营要素参股，农民既是所有者又是劳动者。这种方式融合了股份制与合作制，充实了集体经济组织实力，扩大了农业、工业生产。同时，乡镇企业还可以吸纳外部资金，从而在转换企业经营机制中使其更适应市场经济的需要。这两类探索均在不违背双层经营体制的前提下缓解了农户与市场的矛盾，对农村集体经济发展、农户增收起到了积极作用。

进入21世纪后，城镇化与工业化创造了广泛的就业机会，大量农村人口从农村流动至城市，这为农村集体经济的发展带来了新的机遇与挑战。一方面，人口流动导致农村人口和产业的"空心化"②，农村经济组织的生产力下降。大量农村青壮年劳动力③流入城镇，导致农村人口数量、结构发生了巨大变化。留居人口呈现老龄、低技能的特征。另一方面，城镇化与工业化进一步扩充了农产品市场，激发了农业经济活力。城镇化与工业化必然伴随需求的"扩大"，这种"扩大"不仅指需求规模的增加，也代表着对农产品需求的种类越来越多，

---

① 不是所有乡镇企业属于农村集体经济。只有乡镇集体企业才属于农村集体经济，包括乡镇、村办的集体企业。

② 在20世纪90年代，农村存在大量剩余劳动力，人口流动可在一定程度上提升农业生产效率。但到了21世纪，农村人口过度流失，对农村农业生产带来严重的负面影响。根据全国农业普查行政村普查抽样数据，2016年我国行政村的人口空心化率已达到23.98%。

③ 根据2010年流动人口调查数据，75.1%的农民工为年龄在18岁至40岁之间的青年劳动力。

这为农村集体经济组织带来一定的机遇。

2003 年①以来，集体经济组织在集体产权制度改革和产业结构调整优化方面进行了探索实践。集体产权制度改革主要通过资产量化、股权设置、股权界定、股权管理四个步骤构建新型农村集体经济组织，之后通过资产运营增强农村集体组织经济实力和服务功能，实现了集体资产多种形式的保值增值。②整体来看，集体产权制度改革，明确了集体组织成员的权利和责任，丰富了集体经济的内涵。不同地区集体经济组织在产权制度改革的具体实践上采取了不同的方法，尤其是在集体经济组织成员资格确认、股权份额分配、集体资产管理组织构建等方面差异明显③。比如，针对股权份额，上海市闵行区采用以"农龄"为核心尺度确认股权的方式，江苏省苏州市按人头股实行一人一股制度，而佛山市采用以户为单位进行股权登记和股份分红的方法。鉴于不同地区集体经济组织的发展阶段不同，因此，集体产权制度改革宜从当地的实际出发，坚持"因地制宜，实事求是"的原则。

三、农村二、三产业的发展与成效

家庭承包经营制度的普遍实行，不仅极大地调动了农民生产积极性，提高了农业生产效率，也使得农村富余劳动力迅速增加，这就为农民从事非农产业提供了条件。党的十一届三中全会后，中央改变了以往"以粮为纲"的农村经济发展路线，开创了农村以农业为基础多产业并行发展的新格局。农村经济结构从单一产业为主向多门类、多产业共同发展转变，传统农业与工业部门、服务业部门良性互动的格局快速形成。

---

①　2003 年 3 月 1 日起，我国开始实施《中华人民共和国农村土地承包法》，其中规定土地承包经营权可以采取转包、出租、互换、转让或者其他方式流转，这也开启了农村土地流转的新篇章。

②　中华人民共和国农业农村部：《农业部关于稳步推进农村集体经济组织产权制度改革试点的指导意见》，http://www.moa.gov.cn/nybgb/2007/dshiq/201806/t20180614_6152044.htm，2007 年 10 月 20 日。

③　宋洪远、高强：《农村集体产权制度改革轨迹及其困境摆脱改革》，《改革》2015 年第 2 期。

（一）乡镇企业的崛起与成效

1958 年的人民公社化运动中，在党中央"人民公社必须大办工业"的号召下，各地办起了一批水泥厂、缝纫厂等社队企业。但由于政策调整及经济形势的变化，大部分社队企业很快就夭折了。随着国家经济体制改革的深化和农村经济水平的提高，由社队企业演化而来的乡镇企业又开始兴起，带动了农村经济新一轮的结构调整。

党的十一届三中全会制定的《中共中央关于加快农业发展若干问题的决定》明确提出了农民大力发展家庭副业、发展社队企业，积极开展多种经营的方针政策。在此方针下，国务院开始逐渐解除原有体制对农民经营自由的限制，准许农民发展二、三产业，发展商品经济。到了 1985 年左右，乡镇企业开始成为中国农村经济的一大支柱，成为国家财政收入和农民收入的重要来源。至 1995年，中国国内生产总值和财政收入的四分之一及工业增加值的近一半来自乡镇企业。邓小平把乡镇企业称作农村改革中"完全没有预料到的最大收获"，是"异军突起"。

乡镇企业及各种非农产业的快速发展，从根本上改变了农村产业结构的单一性，完善了农村的产业结构，促进了农村经济的繁荣与不断发展。一是乡镇企业弱化了城乡二元结构，加快了农村非农产业的发展。在原有制度下，农民不能参与工业化过程、共享工业化成果。乡镇企业发展崛起后，将农村各种资源进行整合，吸引城市要素流向农村，逐步弱化了城乡分割，农村经济得到了较快发展。二是乡镇企业吸纳了大批农村剩余劳动力。正如邓小平所指出的那样，"乡镇企业的发展，主要是工业，还包括其他行业，解决了占农村剩余劳动力百分之五十的人的出路问题。农民不往城市跑，而是建设大批小型新型乡镇"[1]。三是乡镇企业支撑了农业现代化的发展。乡镇企业不仅为农副产品提供

---

[1] 《邓小平文选》第 3 卷，人民出版社 1993 年版，第 373 页。

市场销售、运输、储藏等服务，而且承担了许多发展农业生产所必需的生产资料的生产，还用乡镇企业的利润去补贴农业生产所需的投入。

当然，这一时期乡镇企业也存在不少问题。一是乡镇企业集体所有制先天不足，存在着投资主体过于单一、产权关系不明晰、政企不分、权责不清、管理落后等问题。二是乡镇企业走的是一条外延扩张粗放经营的发展道路。企业的初、中级产品多，产品附加值低，企业规模效益不明显，注重经济总量的增长，而经济效益低和经济运行质量不高。三是国有企业的壮大挤压了乡镇企业的生存空间。在同一地区，不同类型企业之间在资金、劳动力和市场等方面会存在一定的竞争。乡镇企业发展迅速在一定程度上意味着国有企业人力资源、资金资源的流失。随着国有经济的发展，乡镇企业原有的吸纳劳动力、提供生产生活资料的功能很大程度上被国有企业取代。此外，乡镇企业也存在过度投资[1]、融资渠道不足[2]等问题。

整体来看，乡镇企业对充分利用农村地区的自然及社会经济资源，对改变单一的产业结构，吸收数量众多的农村剩余劳动力，以及改善工业布局、逐步缩小城乡差距和工农差距，建立新型的城乡关系等方面，发挥了一定的积极作用。

（二）农村产业发展与结构变化

20世纪80年代之后，随着乡镇企业的发展，农业劳动力开始由第一产业向第二、第三产业转移，农村二、三产业蓬勃发展。1984年，粮食和棉花由长期的供不应求首次转变为供过于求，短缺的状况有了很大改变，中共中央适时提出，要"抓紧粮多棉多的有利时机，加快农村产业结构的变革"。1990年，"八五"计划的建议中进一步提出，"进一步调整与优化农村产业结构，推进小

---

[1] 张军：《改革以来中国的资本形成与经济增长：一些发现及其解释》，《世界经济文汇》2002年第1期。

[2] 陈天明：《当前中国乡镇企业发展中存在的问题与应对之策》，华中师范大学博士学位论文2014年。

城镇建设进程"。2002 年，党的十六大提出了工业反哺农业、城市支持农村、"多予少取放活"的基本方针。经过对农村产业结构的调整，农业产业的比重逐步降低，非农产业的比重相对提高。图 10-3 显示，中国二、三产业占比分别从 1980 年的 25.9% 和 5.2% 提高至 2012 年的 47.65% 和 28.93%，第一产业产值占比从 1980 年的 68.90% 下降至 2012 年的 23.42%。农村三次产业结构排序已由原来的"一、二、三"转变为"二、三、一"。农村经济形式多样化，农民收入来源更加多元，农民收入水平也不断增加。

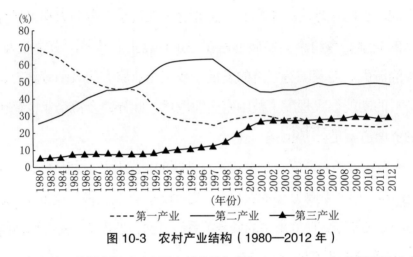

图 10-3 农村产业结构（1980—2012 年）

注：2001 年之前的数据来源于《中国农村统计年鉴》，2001—2012 年来源于历年《农村绿皮书》。① 横轴为年份，纵轴为产业总值占当年总产值的百分比。

改革开放后，尤其是进入新世纪以来，农业的生产效率得到了大幅提高，农民的物质生活获得了极大丰富，农民的收入水平也有了较快增长。受人均收入水平提高的影响，人们的食品消费结构也发生了较大变化。这种变化主要表现在：人们对粮食的直接消费需求减少，城乡居民对动物类食品的消费需求明显增加。如果农业生产仍以传统种植业为主，一味追求产量的增加，则会出现

---

① 其中 1997—2000 年的结果为根据《中国农村统计年鉴》数据估算。尽管核算方式及数据来源稍有差异，但总体与陈天明的结果保持一致。（陈天明、周航、王坤：《经济发展与利用外资水平的计量分析——基于中国 2008—2013 年相关数据》，《中国商贸》2014 年第 21 期）

一些农产品供给过剩实现不了价值，农民收益也因之得不到提高。因此，当温饱不再是农村首要问题时，对高品质、多样化农产品的需求也将扩大，畜牧业和渔业就有了更广阔的发展空间。从图10-4可以看出，农村第一产业中，种植业所占比重越来越低，畜牧业占比节节攀升。从1980年到2007年，中国种植业在第一产业中的占比从75.6%下降至50.4%，畜牧业则从18.4%上升至33.0%。尽管迄今为止，种植业仍是农村第一产业中产值最高的，但产业结构的改变表明，市场需求和产业发展阶段发生了重大变化。中共中央一直重视农村农业产业结构的变化。1998年的《政府工作报告》明确指出："要以市场为导向，调整和优化农业结构，在不放松粮食生产的同时，积极发展畜牧业、水产业和林业，促进农业向高产、优质、高效方向发展。"[①] 同时强调，要选择适合本地条件的发展重点和优势产业，避免地区间产业结构趋同化，积极推动地区间的优势互补、合理交换和经济联合。2007年的中央一号文件进一步提出，"要立足当地自然和人文优势，培育主导产品，优化区域布局"[②]。

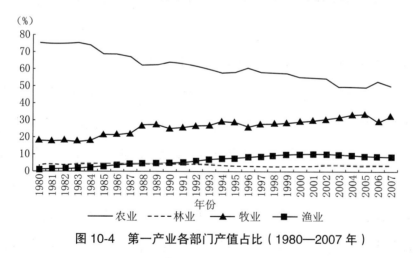

图10-4　第一产业各部门产值占比（1980—2007年）

注：数据来源于中华人民共和国国家统计局农村社会经济调查司：《改革开放三十年农业统计资料汇编》，中国统计出版社2009年版，第10页。

---

① 《进一步稳定和加强农业》，《农村农业农民：上半月》1998年第6期。

② 《2007年中央"一号文件"（全文）》，见华夏经纬，http://www.huaxia.com/zt/tbgz/09-007/1336390.htm/?ejnc5，2009年3月2日。

四、农村经济发展思想

（一）坚持以家庭联产承包责任制为基础的双层经营体制，释放农民生产积极性

党的十一届三中全会以来，中国农业快速发展，其中一个重要的原因就是推行了多种形式的家庭联产承包责任制。家庭联产承包责任制具有利益直接、责任明确、方法简便等特点，保证了农民在生产、经营上的自主权，克服了分配上的平均主义，把小规模的分户经营与专业化、社会化生产结合起来，使集体所有制的优越性和家庭经营的积极性结合起来。家庭承包经营符合中国生产力发展的实际，有利于提高资源利用效率、保障国家粮食安全和促进农民收入增长。同时，以家庭承包经营为基础、统分结合的双层经营体制，也是适应社会主义市场经济体制、符合农业生产特点的制度。坚持以家庭联产承包责任制为基础的双层经营体制是中国农村经济发展的基石。正如党的十五大报告所述，"要长期稳定以家庭联产承包为主的责任制，完善统分结合的双层经营体制，逐步壮大集体经济实力"。

（二）优化农村产业结构，促进统筹和谐发展

从 20 世纪 80 年代开始，中国的工业快速发展，农业开始处于"弱势"地位，但农业是当时农村的支柱产业。为了给农村经济"补缺"，中共中央多次出台政策，指导农村经济改革，其中最重要的就是农业产业化和农村产业结构调整。农业产业化经营是解决千家万户进入市场、扩大经营规模的有效方式，是提高农业效益、增强农业市场竞争力、增加农民收入的举措，也是繁荣农村经济的基本方法。而农村产业结构调整，则是增加农民收入和提高农业发展水平的举措，也是促进农村剩余劳动力转移，实现农村剩余劳动力与小城镇建设和谐配套的重要举措。农业产业化经营和农村产业结构调整，使得农业生产、农产品加工、销售以及相关服务部门紧密联系在一起，带动了农村二、三产业的发展，促进了农村大量剩余劳动力在农村内部实现就业。

（三）坚持市场化方向，推进农村经济改革

从中国共产党多年农村经济体制改革实践的历程来看，一个很重要的经验就是农村的经济改革发展坚持了市场化这个基本主线，也就是说，坚持了农村市场经济的发展。这一时期，伴随着社会主义市场经济体制的建立与完善，不断推进农村市场经济的发展，在农村基本经营制度、农产品流通体制、农村金融和财税体制、国家宏观调控体制等方面都进行了相应的制度设计和实践。这些农村市场经济发展的改革措施，极大地解放和发展了农村的生产力，为农村市场经济的可持续发展奠定了坚实的基础。

第四节　党的十八大以来乡村振兴下的农村经济发展

党的十八大以来，以中国工业化、信息化、城镇化和农业现代化同步推进，农村劳动力大量转移、新型农业经营主体不断涌现为背景，中国共产党为实现农业的现代化、农村的繁荣发展和农民的全面小康进行了新一轮农村综合改革。短短不到十年的时间，中国的农村已呈现出诸多新业绩、新成就、新气象。在"统"的层面，集体合作组织、社会化服务组织等新型主体不断发展壮大。在"分"的层面，传统承包农户开始逐步向家庭农场、专业大户等转变。这种新面貌离不开两个政策改革的推行。一是土地制度的改革，农村承包地坚持集体所有权、稳定农户承包权、放活土地经营权的"三权分置"制度正式确立；二是确立农村产业融合的发展道路，促进农业生产、农产品加工流通、农资生产销售和休闲旅游等服务业有效融合。

一、党的十八大以来农村经济发展的实践

（一）"三权分置"制度与农村经济发展

党的十八届三中全会提出，赋予农民更多的财产权利，进一步深化农村土

地改革。"三权分置"是中国共产党在农村土地制度方面的又一次创新，既坚持了家庭承包经营责任制，又消除了农民大量进城后的农业生产资源优化配置的障碍，是对家庭承包经营责任制的完善，对农村经济发展产生了重大影响。

首先，"三权分置"提高了土地利用效率，优化了生产资源配置。在土地"两权分离"时期，由于土地权属结构不明晰，农户土地流转的积极性不高。土地"三权分置"将经营权从承包经营权中分离出来，促进了农业生产要素的优化组合，有利于解决土地撂荒问题，促进了农地的有效利用。其次，"三权分置"增加了农户和集体的收入来源。这一制度改革促进了农地流转，为经营的入股、抵押提供了条件。土地流转租金收入、土地股份合作分红等有望成为农户收入来源。此外，"三权分置"还为农业企业利用土地资源提供了机会。龙头企业通过合法进入农地利用领域，带动农户从事农业产业化经营，同时为农户提供农资供应、技术指导、产品购销、仓储物流等服务，吸纳农民就业。

总体来看，"三权分置"制度进一步激活了农地配置，也促进了农业发展，进而带动了农村经济的发展。

（二）农村产业的融合发展

党的十八大以来，国家不断加大对"三农"的支持力度推进农业农村经济发展，许多农村地区呈现了农业与二、三产业融合发展的良好势头。休闲观光农业、信息化农业、农村电子商务等新型业态在大中城市郊区蓬勃发展。许多地区还基于一、二、三产业融合，有力地推动了地区经济的发展。

农村产业融合对发展现代农业、增加农民收入和实现乡村全面振兴具有十分重要的作用和意义。一是农村产业融合发展提高了农业生产效益。一方面，推进产业融合发展，能够有效延长农业产业链、提升价值链，拓展农业生产结构和销售渠道；另一方面，产业融合发展还可以使农村经营主体实现农业生产规模效应，形成了有竞争力的产业集群。据测算，通过第一产业与二、三产业的有效融合，粮油薯可增值2—4倍，畜牧水产品可增值3—4倍，果品蔬菜可增值 5—10 倍。[①] 二是农村产业融合发展，可以使农户分享二、三产业发展成果，增加农户收入的多样化来源。

在实践过程中，中国的产业融合发展有两类模式：一类是产业链扩展模式；另一类是产业交叉模式。产业链扩展模式是指以第一产业为核心，通过产业链上下游贯通、副产品开发，扩展产业范围，实现由农产品生产向上游和下游产业的延伸。例如，由农业生产拓展到农产品加工就属于这种模式。产业交叉模式是指通过构建横跨农村一、二、三产业的经济体系，以休闲农业、乡村旅游等方式实现农业多功能开发利用的模式。在维持土地用途不变的前提下，该模式不仅能提升经济运营主体的收入，而且还能保护当地的自然环境，为当地创造大量的就业机会。

除了经营模式之外，产业融合政策也与中国农村集体经济组织产生了良好的互动。一些有条件的农村集体经济组织，在符合土地利用规划和用途管制的前提下，通过以自身资源出租、入股、联营等方式，引入社会资本来发展各种新产业、新业态，如设施农业、乡村旅游、电商网购等，使集体经济组织的自然和人文资源与社会资本实行多种形式的结合，以此来增加集体经济组织的收入。这种"企业＋集体＋农户"的模式既能为企业降低生产成本，也能为农民创造就业机会，更能实现集体资产的保值增值，实现了"三赢"。同时，产业融合也加深了集体组织间的联系，促进了合作社之间的合作与联合，实现了不同主体协同发展的局面。合作社之间通过资源互补或上下游合作等方式，促进了一体化经营和三次产业融合发展。

从中国目前的农村产业融合实践来看，农村产业融合发展取得了显著成效，但总体上仍处于初级发展阶段。依然存在一、二、三产业融合度较低，产业链开发不充分，产业利益分享机制不健全等问题。基于此，农业农村部已经制定

[①] 宗锦耀：《农村一二三产业融合发展理论与实践》，中国农业出版社 2017 年版，第 1 页。

《全国乡村产业发展规划（2020—2025年）》，对农产品加工业、乡村特色产业、乡村休闲旅游业等作了重点部署。在中国共产党的领导下，中国的农村产业将进一步融合发展，进而推进乡村的振兴。

二、中国农村集体经济发展的成就

党的十八大以来，在中国共产党采取多项有效举措的推动下，中国的农村集体经济发展取得了巨大成就，具体表现在以下几个方面。

一是中国农村集体资产不断壮大。近几年来，中国共产党不断推进农村集体资产改革，农村集体经济资产规模也不断增加。全国农村集体账面资产总额从2012年的2.18万亿元增加到2017年底的3.44万亿元。从2017年开始，中央农办、农业农村部组织开展了全国农村集体资产清产核资工作。统计显示，截至2019年底，全国共有集体土地总面积65.5亿亩，账面资产6.5万亿元，其中经营性资产3.1万亿元，占47.4%；非经营性资产3.4万亿元，占52.6%。集体所属全资企业超过1.1万家，资产总额1.1万亿元。村级资产4.9万亿元，占总资产的75.7%，村均816.4万元；乡镇、组级资产总额分别为0.7万亿元和0.9万亿元，分别占11.2%和13.1%。可见，中国农村集体资产不断壮大。但也存在不均衡的问题。从地域分布看，农村集体资产大体呈"6、2、2"地区分布格局，东部地区资产为4.2万亿元，占总资产的64.7%，中部和西部地区资产大体相当，分别占总资产的17.7%、17.6%，可见，农村集体资产的地区分布，东部地区远高于中西部地区。此外，村庄之间的资产分布也不均衡，有超过3/4的资产集中在14%的村。从资产经营收益看，有10.4%的村收益在50万元以上，主要集中在城中村、城郊村和资源充沛的村庄。[①]

二是农村产业融合发展成效显著。农村经济的发展不仅需要做实做强农业

---

① 《全国农村集体家底，摸清了》，载新华网，http://www.xinhuanet.com/politics/2020-07/13/c_1126228923.htm，2020年7月13日。

的基础地位，还需要发展农村的二、三产业。近几年来，中国共产党重点关注农业多元产业的发展，特别是在乡村振兴的引领下，加强农村产业融合发展的推进，取得了显著成效。从农产品加工情况来看，2019 年，全国建成农产品加工园 1600 个，发展规模以上农产品加工企业 8.1 万家，农产品加工业营业收入超过了 22 万亿元，吸纳 3000 多万人就业。从乡村特色产业发展情况来看，建设了一批产值超过 10 亿元的特色产业镇和超 1 亿元的特色产业村，发掘了一批乡土特色工艺。从乡村休闲旅游业发展情况来看，建设了一批休闲旅游精品景点，推介了一批休闲旅游精品线路。2019 年，休闲农业接待游客 32 亿人次，营业收入超过了 8500 亿元。从乡村新型服务业发展情况来看，2019 年农林牧渔专业级辅助性活动产值 6500 亿元，各类涉农电商超过 3 万家，农村网络销售额 1.7 万亿元，其中农产品网络销售额 4000 亿元。[①]

三、农村集体经济发展的经验启示

新中国成立以来，尤其是改革开放之后，中国农村经济不断发展，取得了举世瞩目的成就。农村经济在促进农村发展、农民增收、农业现代化中发挥了重要作用。从农业互助合作化运动到农村集体经济的发展壮大，中国农村经济发展经历了一系列的实践探索，有经验也有教训，为新时代中国农村经济的进一步发展探索出了适合的道路。

（一）以实现和维护农民利益为目标

农民是农村发展、乡村振兴的建设主体，是整个经济系统的实践者、维护者和推动者。[②] 是否实现和维护农民的利益是一个农村经济制度存续的核心问题。

---

① 《农业产业融合发展如何？农业农村部：2019 年农产品加工营收超 22 万亿　吸纳 3000 多万人就业》，载每日经济新闻，https://baijiahao.baidu.com/s?id=1681673917920873771&wfr=spider&for=pc，2020 年 10 月 27 日。

② 韩俊、宋洪远：《新中国 70 年农村发展与制度变迁》，人民出版社 2019 年版。

毛泽东在《组织起来》中提到"群众生产，群众利益，群众经验，群众情绪，这些都是领导干部们应时刻注意的"。以人民公社和当前的集体经济改革为例。在人民公社时期，"共产风"打击了农户的积极性，严苛的管理制度也束缚了生产的灵活性。此时，农民的主体地位并没有被很好地坚持下来，农业生产受到很大的破坏。① 近几年来，国家大力推行"土地确权""身份确认"工作，这很好地明晰了农户的土地权益，维护了农民的主体地位，为集体经济发展注入了新的活力。实践证明，任何不以实现和维护农民利益为目标的经济制度都具有不可持续性。只有坚持农民的主体地位，切实尊重农民的生产经营自主权，农村集体经济才能获得更大发展。而要想始终坚持农民的主体地位，就必须以农民的利益为首要考量，将维护农民利益作为农村政策、集体经济改革的出发点和落脚点。

（二）坚持农村集体所有制不动摇

农村集体所有制是中国农村经济发展的基石，而农地的集体所有又是集体所有制的根本。新中国成立后，中国的农村土地制度经历了"三权统一，集体所有"阶段，"土地所有权与土地承包经营分离"阶段，"集体所有权、农户承包权、土地经营权"三权分置阶段。尽管土地集体所有制的实现形式不同，但在这三个阶段中，农村的改革与发展都是建立在土地集体所有的基础之上。针对土地改革，正如习近平总书记所说，"不管怎么改，都不能把农村土地集体所有制改垮了，不能把耕地改少了，不能把粮食生产能力改弱了，不能把农民利益损害了"②。一方面，农村的集体所有制为实现社会主义共同富裕的目标提供了条件。③ 另一方面，土地作为农业生产的核心资源，长期以来都是农民赖以生存的根基。土地集体所有制可以充分保护农民权益，实现"耕者有其田"，并

---

① 高鸣、芦千文：《中国农村集体经济：70 年发展历程与启示》，《中国农村经济》2019 年第 10 期。

② 王立彬：《长久不变，是为了变得更好》，载新华社，http://www.xinhuanet.com/2019-11/28/c_1125286700.htm，2019 年 11 月 28 日。

③ 此处的生产资料指代一种或多种必要生产资料。不要求全部生产资料公有化。

且避免农民贫富两极分化。农村土地集体所有制既是社会主义的应有之义，也是保障农民利益的必由之路。习近平总书记强调，"新形势下深化农村改革，最大的政策，就是必须坚持和完善农村基本经营制度，坚持农村土地集体所有，坚持家庭经营基础性地位，坚持稳定土地承包关系"[①]。事实上，只有在保持农村基本经营制度不变的背景下，遵循市场规律，发挥本地优势，创新探索集体经济的新形式，才能使农村集体经济发展壮大。

（三）坚持提高集体经济组织的市场竞争力

在市场经济下，市场竞争力是一个经济主体的"试金石"。经济发展不能"闭门造车"，只有经过市场检验的制度才是可持续、有效的制度。20世纪90年代后，很多农村集体经济组织日益弱化、边缘化，一个关键原因是很多集体经济组织市场竞争力较弱，进而被其他市场主体挤压了生存空间。近几年来，农村集体经济的迅速发展，也是得益于农业生产效率的提升以及集体经济组织与其他市场主体的合作，适应了市场的需求。因此，进一步推进农村集体经济改革，要把立足点放在增强农村集体经济组织的市场竞争力上。[②]

（四）坚持经济制度与经济事实的相互促进、相互适应

坚持经济制度与经济事实的统一，是确保农业经营制度活力及农村经济发展的保证。制度的创新与探索一定不能脱离广大农村实际。随着中国经济的不断发展和改革的不断深入，农村集体经济组织的实现形式也会越来越多，但无论采用何种形式，集体经济组织都应该适应生产力的发展需求，适应本地区的现状。目前中国各地区农村的生产力水平和产业结构差别较大，因此，集体经济组织也不能固定为某一种形式。实践表明，根据不同时期的生产实际，及时调整完善农村经济制度，可以有力推动农村经济更好地发展。

---

① 新华社：《习近平：深化农村集体产权制度改革，发展壮大新型集体经济》，转新华社，http://www.llxnjxxw.com/html/news_2020727152537.html，2020年7月27日。

② 高鸣、芦千文：《中国农村集体经济：70年发展历程与启示》，《中国农村经济》2019年第10期。

第十一章 中国共产党百年乡村治理思想与实践

乡村治理问题具有世界性和历史性，它关系重大，涉及面广，影响因素多，本身是不断变化的。[①] 不同的学者对乡村治理的内涵也有着不同的理解，如有些学者认为，乡村治理是指以乡村政府为基础的国家机构和乡村其他权威机构给乡村社会提供公共品的活动[②]；还有些学者认为，社会治理就是如何构建国家和社会的关系[③]，相应的乡村治理也就是如何构建国家与乡村社会的关系；党的十九届四中全会专门研究了国家治理问题，对治理问题的分析形成了一个基本框架，即首先树立一面旗子，重点研究两方面内容，一个方面是要坚持和巩固什么，另一个方面是要完善和发展什么，在此基础上建立良好稳定秩序，推进国家治理工作现代化。[④] 由此延伸来看，乡村治理是内涵丰富的概念，广义上涉及农村的政治体系、经济体系、文化体系、生态体系的综合管理与协调发展机制；狭义上更多的是秩序稳定及发展诉求下的乡村组织架构及权力运行机制。中国共产党成立之初便重视农村工作，革命的成功也得益对根据地农村的良好治理。新中国成立之后，政权进入农村，农村的社会秩序发生了巨大的变化。

---

① ④　秦中春：《乡村振兴背景下乡村治理的目标与实现途径》，《管理世界》2020 年第 2 期。

②　党国英：《我国乡村治理改革回顾与展望》，《社会科学战线》2008 年第 12 期。

③　蔡清伟：《中国共产党农村社会治理的基本特点研究（1949—2013）》，西南交通大学博士学位论文 2014 年。

尽管经历了人民公社时期的相对低效，但改革开放后，中国共产党调整了农村的发展路线，对农村的治理也开始逐步完善，特别是党的十八大以来，中国共产党进一步推进农村治理的现代化，在适应中国农村社会变革的同时，更好地促进农村的全面发展。

第一节　新民主主义革命时期的乡村治理探索

在新民主主义革命时期，中国共产党便重视农村工作，革命的成功也得益于对根据地农村的良好治理。中国共产党在这一时期的乡村治理探索，主要体现在组织建设、党风与民风建设以及让人民获得发展与参与治理权利等方面。

一、新民主主义革命时期乡村治理的主要实践

（一）大革命时期中国共产党农村治理的萌芽

中国共产党历来重视农村与农民工作。中国共产党是以工农联盟为基础的无产阶级政党，是在半殖民地半封建中国的工人运动基础上产生的，阶级属性决定了它必须依靠发动最广大劳动人民的力量为革命而奋斗。[1]1921年，中国共产党一大通过的党纲就明确提出，"把工农劳动者和士兵组织起来"[2]。中共二大也指出："我们既然是为无产阶级奋斗的政党，我们便要到群众中去，要组成一个大的群众党。"[3]农村是中国共产党革命活动的基地，共产党在农村的活动也体现着早期的农村治理实践与思想。中国共产党在农村最早的组织与政治影

---

[1] 李晓波：《中国共产党各时期政权建设述评》，《财经政法资讯》2011年第6期。

[2] 《一大党纲》，《中国共产党历次党章汇编（1921—2012）》，中国方正出版社2012年版，第49页。

[3] 《中国共产党第二次全国代表大会宣言》，载央视网，来源于人民网，http://news.cntv.cn/china/20120821/104810.shtml，2012年8月21日。

响形态可以追溯到农民协会。1921 年 9 月，中国共产党在浙江萧山县衙前村成立第一个农民协会；1922 年 6 月，澎湃在广东省海陆丰地区发动农民运动，成立了农会；1924 年国共合作形成后，毛泽东等在广州创办农民运动讲习所。之后，广东、湖南、湖北、江西、陕西等省农会纷纷成立，由村、乡逐步发展到县、省一级。1927 年 3 月，广东、湖南、湖北、江西、河南省的农会代表举行联席会议，成立了中华全国农民协会临时执行委员会。①

在农会发展的基础上，中国共产党开始了以农村为基地建立政权的主张。1926 年 11 月，中共中央和共产国际远东局共同拟定农民运动政纲，提出要推翻乡村地主劣绅政权，建立乡村农民政权，没收土地归给农民，帮助农民和农村经济。②1927 年，毛泽东在《湖南农民运动考察报告》中指出，"政权""族权""神权"和"夫权"等压迫农民的"有系统的权力"，宣传了放手发动群众、组织群众、依靠群众、相信群众自己解放自己的思想，充分肯定了把农民组织在农会里开展文化运动、合作社运动等具体革命行动，提出在农村中掀起一个大的革命热潮。③此时，中国共产党尚未真正建立政权，在农村更多的是进行革命宣传活动，但农民协会在农村社会也已成为一种有影响力的力量。

（二）土地革命时期农村治理的探索

大革命失败后，1927 年 8 月，中共中央在汉口召开八七会议，正式确立了土地革命和武装反抗国民党反动统治的总方针。中国共产党根据革命斗争的需要，提出了建立"工农共和国"的口号，并开始由城市转入农村，进行土地革命，开展武装斗争，建立革命根据地和红色政权。1927 年 9 月，毛泽东等领导了秋收起义，同年 10 月，毛泽东与朱德在井冈山会师，创立了井冈山革命根据地。井冈山革命根据地是中国共产党领导建立的第一个农村革命根据地，成

---

① 尹中卿：《人民代表大会制度的形成和发展（上）》，《人大研究》2004 年第 9 期。
② 《中共中央文件选集》第 2 册，中共中央党校出版社 1989 年版，第 436—437 页。
③ 《毛泽东选集》第 1 卷，人民出版社 1991 年版，第 12—44 页。

为中国共产党执政的开始。1927 年 11 月，中共中央临时政治局召开扩大会议，会议确定"一切政权归工人、士兵、贫民代表会议，是武装暴动的总口号"。在这一口号的指导下，革命根据地的政权组织形式开始由农民协会向工农兵代表会议转变，各根据地纷纷率领工农群众武装建立了自己的政权。[①] 到 1930 年 6 月，全国工农红军已经发展到了十几个军，约 10 万人，建立了十多块根据地，分布于江西、湖南、福建等 10 多个省。1931 年 11 月，中华苏维埃第一次全国代表大会在江西瑞金召开，大会通过了《中华苏维埃共和国宪法大纲》。大纲明确规定：中华苏维埃共和国"是工人和农民的民主专政国家"，"苏维埃全部政权是属于工人、农民、红军战士及一切劳苦大众的"。

根据地政权的建立，使中国共产党开始了真正意义上的农村治理。此时的农村治理体现在很多方面。在政治参与方面，《中华苏维埃共和国宪法大纲》规定："苏维埃公民在十六岁以上皆享有苏维埃选举权和被选举权，直接选派代表参加各级工农兵会议（苏维埃）的大会，讨论和决定一切国家的地方的政治事务"；"为着只有无产阶级才能领导广大的农民与劳苦群众走向社会主义，中国苏维埃政权在选举时给予无产阶级以特别的权利，增多无产阶级代表的比例名额"。在土地管理方面，《中华苏维埃共和国宪法大纲》规定："中国苏维埃政权以消灭封建制度及彻底的改善农民生活为目的，颁布土地法，主张没收一切地主阶级的土地，分配给贫农，中农，并以实现土地国有为目的"[②]。此时，广大农民特别是贫农，获得参与农村治理的机会，获得了土地。

（三）抗日战争时期农村治理政策的调整

1934 年 10 月，第五次反围剿失败后，中国工农红军主力开始由长江南北

---

① 尹中卿：《人民代表大会制度的形成和发展（上）》，《人大研究》2004 年第 9 期。

② 第一次全国苏维埃代表大会：《中华苏维埃共和国宪法大纲》，1931 年 11 月 7 日，载自百度百科，https://wenku.baidu.com/view/fceccfe4fc0a79563c1ec5da50e2524de518d0df.html，2018 年 11 月 13 日。

各苏区向陕甘苏区转移。1935 年 12 月 25 日，瓦窑堡会议通过《中央关于目前政治形势与党的任务决议》，为了使民族统一战线具有更加广泛和强有力的基础，中国共产党把"工农共和国"的口号改为"人民共和国"的口号。1936 年 8 月，中共中央作出《关于抗日救亡运动的新形势与民主共和国的决议》，又把"人民共和国"的口号改为"民主共和国"①。1937 年 9 月，国共开启了第二次合作，中共中央宣布取消中华苏维埃共和国的称号，将中华苏维埃共和国临时中央政府西北办事处改为中华民国特区政府即陕甘宁边区政府，将边区的工农民主专政性质的政权转为抗日民族统一战线的政权。中国共产党中央共在陕北待了十三年，经历了抗日战争与解放战争，直到革命胜利前夕迁至西柏坡。

抗日战争期间，为了组成最广泛的抗日阵线，中国共产党的农村治理政策也进行了调整。从选举制度来看，1940 年 3 月，毛泽东在《抗日根据地的政权问题》中指出："根据抗日民族统一战线政权的原则，在人员分配上，应规定为共产党员占三分之一，非党的左派进步分子占三分之一，不左不右的中间派占三分之一。"②中国共产党在 1941 年《陕甘宁边区施政纲领》中对"三三制"进行了进一步的明确。根据地乡村政权体制也按此进行改组。例如，据统计，在 1940 年的选举中，晋西北兴县 18 名村长中，地主富农占 11.2%，冀中地区的村代表中地主富农代表占 8.1%，村长和书记中地主富农占 7.6%，村委员会主席中地主富农阶层的占 6.8%。到了 1941 年和 1942 年，按"三三制"改造过的村政权中，地主富农阶层的占比明显提高，如太行五分区 281 名村代表中，地主富农占了 21.1%。尽管广大贫雇农和中农民众在其中依然占据着优势地位，地主富农阶层的参政热情比以前有了很大的提高。③

---

① 中央关于抗日救亡运动的新形势与民主共和国的决议，载自中国经济网，http://www.ce.cn/xwzx/gnsz/szyw/200705/21/t20070521_11438344.shtml，2007 年 5 月 21 日。

② 《毛泽东选集》第 2 卷，人民出版社 1991 年版，第 742 页。

③ 李伟中：《论抗日根据地的乡村民主政治建设及其意义》，《玉林师范学院学报》2004 年第 6 期。

（四）解放战争时期农村治理的调整

解放战争时期，中国共产党的农民治理也适应环境变化有了一定的调整。一方面，对农村政权的组织形式进行了调整。抗日战争时期中国共产党在根据地实行的"三三制"政权已不能适应形势发展变化的需要，以农会和贫农团为基础的人民代表会议制的人民政权便在解放区农村应运而生。在人民代表会议制中，乡（村）、区人民代表会议为乡（村）、区两级正式的最高权力机关；乡（村）、区人民代表由全体选民直接选举产生；并由乡（村）、区政府委员会由同级人民代表会议选举成立乡（村）区两级人民政府。[①] 1946 年 4 月，在陕甘宁边区召开的第三届参议会一次会议上通过的《陕甘宁边区宪法原则》规定："边区、县、乡人民代表会议（参议会）为人民管理政权机关。"[②] 另一方面，通过土地改革赋予农民生产资源。1946 年 5 月 4 日，中共中央颁布《关于土地问题的指示》(即"五四指示")，正式将抗战时期的"减租减息"政策转变为"耕者有其田"，标志着解放区土地改革运动的全面展开。[③] 土地改革进一步增强了中国共产党在农村地区的领导力，也激发了农民发展生产和支援革命战争的热情。仅 1946 年 8 月到 10 月的三个月中，各解放区就组织 30 万翻身农民参军，300 万至 400 万农民参加民兵。在 1948 年 11 月 6 日至 1949 年 1 月 10 日的淮海战役中，解放区农民一共出动小推车 88 万多辆，挑担 31 万副，上阵民工达 543 万人，平均每一个战士身后都有 9 个民工支援保障作战。[④] 农民对中国共产党的支持，充分表明了该时期中国共产党在农村工作的成功。

---

① 江燕：《试论解放战争时期的农村基层政权建设》，《学理论》2013 年第 24 期。

② 韩大梅：《〈陕甘宁边区宪法原则〉论析》，《中共中央党校学报》2004 年第 1 期。

③ 《解放战争时期土地改革文件选编（1945—1949 年）》，中共中央党校出版社 1981 年版，第 7 页。

④ 孟然：《解放战争时期的农村基层党建》，《组织人事报》2016 年 7 月 14 日。

二、新民主主义革命时期乡村治理的主要经验与思想

首先，加强组织建设。主要表现在两个方面：一是通过对农村党员的发展，以党支部的形式加强对农村地区的领导。1923 年，李大钊领导建立了第一个农村党支部"中共安平县台城特别支部"，在农村发展党员、组织群众工作，成为"政党下乡"的开端。① 从乡村党支部的设置上看，在根据地开始基本上是以乡为单位建立党的支部，村建立党的小组。之后，随着党员队伍的扩大和农村工作任务的增多，中共支部逐步建在行政村上，进一步加强了党直接领导乡村的力量和力度。1939 年，陈云提出"根据地内的党支部要领导党、政、军、民、学各项工作，应该是乡村政权机关的领导者、地方武装的领导者、民众团体的领导者"②，党支部要"真正成为乡村一切组织的核心，成为完成一切任务的领导力量"③。在新民主主义革命的各个时期，中国共产党在农村的组织建设以及对农村的领导权，成为该时期农村治理的主要特征。二是建立社会组织。中国共产党在中央苏区构建起严密的组织系统，以党组织为核心，广泛建立了青年团、少年先锋队、赤卫队、儿童团、互济会、反帝大同盟、贫农团、雇农工会、识字班、合作社等各种外围组织，使每个村庄 80% 以上的人都纳入组织中。④ 群众组织的建设，增强了党在农村的领导力与组织力。

其次，加强党风与民风建设。一是加强党员教育，主要表现在两个方面：一方面加强农村党员的理论教育。1925 年 10 月，中共第四届中央执行委员会第一次扩大会议强调，一切社会上的革命分子入党后，都要"受到党的训练"，"真能了解党的理论"⑤。1939 年 6 月 13 日，毛泽东指出："党已在全国有了大

---

① 李术峰：《"政党统合型"乡村治理体系研究》，北京大学博士学位论文 2019 年。
② 陈云：《陈云文选》第 1 卷，人民出版社 1995 年版，第 145—152 页。
③ 同上书，第 175 页。
④ 方志敏、邵平式等：《回忆闽浙赣苏区》，江西人民出版社 1983 年版，第 146 页。
⑤ 《中国共产党历史》第 1 卷（上册），中共党史出版社 2011 年版，第 169 页。

数量的发展。现在的任务是巩固它"①。1939 年 8 月 25 日，中共中央印发《关于巩固党的决定》，要求"加强党内的马克思列宁主义教育、阶级教育和党的教育"②。对于农村党员来说，知识水平普遍不高，加强党的教育使党员的觉悟与能力得到了提升，农村的治理效率也得到了保障。另一方面，加强党的廉政建设。中国共产党历来重视廉政建设，发挥艰苦朴素精神，也成为能够团结农村群众并获得农村群众拥护的原因之一。正如一首苏区流传的民歌歌词所述："苏区干部好作风，自带干粮去办公；日穿草鞋搞调查，夜打灯笼访贫农。"③ 在抗日根据地时期的法律规定："凡贪污 500 元以上者处死刑，满 50 元处 6 个月以下徒刑或劳役。各级政权人员发生贪污案件依法惩处时，其直接上级须受连带处分。"④ 二是加强对农村群体的教育与引导。对农民的教育也是农村治理的重要内容，同时也促进了中国共产党在农村治理政策的推进。中国共产党在不同时期都注重对农民的教育工作。1934 年，毛泽东在第二次全国苏维埃代表大会上作出开展苏维埃领土上的"文化革命"指示，要推动苏区文化教育工作，提高群众的文化水平，用共产主义武装工农群众的头脑，增加革命战争中动员民众的力量。⑤

最后，让人民获得发展与参与治理的权利。一方面推进土地革命，为农民提供生产资料，满足了人们的物质需要。中国共产党的革命史，在农村很大程度上就是土地革命史。从土地革命到抗日战争，再到解放战争，中国共产党通过土地革命让广大贫农获得了土地，在解决农民生存与生活的同时，也为获得农民的支持奠定了基础。另一方面，通过农村治理体系的变革，让农民获得参

---

① 《1939 年 6 月 13 日：毛泽东在延安党的高级领导干部会议上关于反投降问题的结论提纲［2］》（1939 年 6 月 13 日），载人民网，http://dangshi.people.com.cn/n/2015/0615/c85037-27156490-2.html，2015 年 6 月 15 日。

② 《中国共产党历史》第 1 卷（下册），第 516 页。

③ 魏久明：《中国共产党早期政权建设的实践：读〈中华苏维埃共和国史〉》，《中共党史研究》2001 年第 2 期。

④ 李伟中：《论抗日根据地的乡村民主政治建设及其意义》，《玉林师范学院学报》2004 年第 6 期。

⑤ 李术峰：《"政党统合型"乡村治理体系研究》，北京大学博士学位论文 2019 年。

与治理的权利。一是鼓励农民入党获得相应的党员权利。从 1930 年赣西南根据地统计情况来看，党员中农民出身的占 80%。[①] 二是建立相应的代表大会制度。《中华苏维埃共和国宪法大纲》规定："中国苏维埃政权所建设的是工人和农民的民主专政的国家。苏维埃政权是属于工人、农民、红军兵士及一切劳苦民众的。在苏维埃政权下，所有工人、农民、红军兵士及一切劳苦民众都有权选派代表掌握政权的管理。"[②] 1937 年，陕甘宁边区就颁布了《陕甘宁边区选举条例》，明确规定了实行村选的具体办法。1938 年，晋察冀边区开始实行民主选举，并于 1939 年 1 月发出《晋察冀边区行政委员会关于村选的指示信》，要求党的干部向群众深入宣传解释村选意义，并且在县、区两级成立村选促进会，村成立村选筹备会。农民参与投票选举的积极性也非常高，如在太行根据地，村选中投票人数占到村民总数的 80%，有的地方这一比率高达 95%。[③]

第二节　新中国成立后由政社合一到多元治理体系构建

新中国成立后中国共产党对乡村治理的关系进行了重构，主要体现在：政治治理下乡，完善村民参与治理的制度等方面，同时也完善了乡村多元治理的模式。

一、新中国成立后中国共产党的乡村治理实践

（一）新中国成立之初的乡村治理实践

1949 年 9 月颁布的《中国人民政治协商会议共同纲领》第十四条规定："凡人民解放军初解放的地方，应一律实施军事管制，取消国民党反动政权机

---

① 李术峰：《"政党统合型"乡村治理体系研究》，北京大学博士学位论文 2019 年。
② 《建国以来重要文献选编》第 5 册，中央文献出版社 1993 年版，第 611 页。
③ 太行革命根据地史总编委会：《太行革命根据地史稿》，山西人民出版社 1987 年版，第 142 页。

关"，原农村的保甲制在农村被逐步废除。在 1950 年政务院颁发了《乡（行政村）人民政府组织通则》和《乡（行政村）人民代表会议组织通则》，确立行政村与乡均为一级地方政府机关，中国共产党开始在广大农村地区建立政权。1953 年 2 月中央人民政府委员会第二十二次会议通过了《中华人民共和国全国人民代表大会及地方各级人民代表大会选举法》，并于 1953 年 3 月由中央人民政府公布施行，其中第三条规定，"乡、镇、市辖区和不设区的人民代表大会代表，由选民直接选举之"①。1954 年《宪法》及《地方政权组织法》中撤销了行政村的建制，并在随后中央人民政府内务部发布的《关于健全乡政权组织的指示》中，明确了乡、行政村、自然村、村居民组的组织体系，规定乡镇级政权可以直接领导村以下工作。②1955 年，中国开始扩大乡镇级的管辖范围，到 1957 年 12 月底，全国共有 12.08 万个乡镇政府。

（二）1958 年到 1978 年的乡村治理实践

为了促进农民的合作经营，从 1953 年开始党中央逐步推进合作化运动，从互助组、初级社、高级社，合作化程度不断提高。1958 年 8 月 6 日，毛泽东在七里营视察时用肯定的语气说："人民公社这个名字好！"③。在此背景下，1958 年 8 月 29 日，中共中央通过了《关于在农村建立人民公社问题的决议》，全国掀起了人民公社建设热潮。至 1958 年底，全国 74 万个合作社被改组为 2 万多个人民公社④，全国 99% 以上的农户加入。⑤此外，该时期为了管理农民的无序流动，1958 年 1 月 9 日，中央出台的《中华人民共和国户口登记条例》规定：

---

①　杨宾：《中华人民共和国全国人民代表大会和地方各级人民代表大会选举法》，《新法规月刊》1995 年第 5 期。

②　唐黎明：《北京市乡村治理问题研究——产权关系视角》，见张英洪等著：《善治乡村：乡村治理现代化研究》，中国农业出版社 2019 年版，第 44—76 页。

③　《伟人调研留风范：毛泽东在专列上召开豫北地区负责人座谈会》，载人民网：中国共产党新闻网，http://dangshi.people.com.cn/n/2013/0215/c85037-20441106.html，2013 年 2 月 5 日。

④　党国英：《我国乡村治理改革回顾与展望》，《社会科学战线》2008 年第 12 期。

⑤　国家统计局：《伟大的十年》，人民出版社 1959 年版，第 43 页。

"公民由农村迁往城市，必须持有城市劳动部门的录用证明，学校的录取证明，或者城市户口登记机关的准予迁入的证明，向常住地户口登记机关申请办理迁出手续。"① 户籍制度的出台，开启了限制农村人口流动的历史，户籍也附着了越来越多的无形内容，对于农村社会的治理产生了重大的影响。

人民公社的基本制度安排是集体所有制、"三级所有，队为基础"的组织体系、"一体化"的管理体制。集体所有制即是乡村生产资料的集体所有，消灭了个体私有制；"三级所有"是人民公社的组织架构为公社、生产大队、生产队，"队为基础"是指生产队成为农村基本的产权单位、生产单位和核算单位；"一体化"是指"党、政、经"不分的高度集中的组织和管理体制。② 政社合一的农村人民公社既是农村基层政权机关，又是人民的生产和生活的组织者，对乡村治理产生了重要影响。人民公社化以后，国家权力广泛介入了乡村经济、社会、文化生活的各个层面。以社队基层干部的管理职能为例，社队基层干部不仅承担着生产管理的职能，如派工派活、劳动计量、工分和钱粮柴草分配等，而且承担着许多国家管理的公共职能，如户籍登记、征兵、结婚批准、计划生育、纠纷调解、治安和地方政治等。③ 人民公社时期政治挂帅成为思想主导，计划经济成为生产经济的主导，农民受到了多方面的限制，农村治理演化为行政计划与命令。

（三）1978 年到 2012 年的乡村治理实践

1978 年安徽小岗村的大包干，揭开了中国改革开放的序幕。最初由生产方式的变革引发了农村社会各个领域的改革，原先通过人民公社而渗透到农村最

---

① 公安部治安管理局编：《户口管理法律法规规章政策汇编》，中国人民公安大学出版社 2001 年版，第 4—5 页。

② 赵一夫、王丽红：《新中国成立 70 年来我国乡村治理发展的路径与趋向》，《农业经济问题》2019 年第 12 期。

③ 蔡清伟：《中国共产党农村社会治理的基本特点研究（1949—2013）》，西南交通大学博士学位论文 2014 年。

底层的行政命令也逐步从农村社会的各个领域退出。但是，家庭联产承包责任制也弱化了农村组织对公共事务的管理。在人民公社解体以后，中国农村基层就出现了一个"治理真空"。[1]在此条件下，很多村庄开始自发探索治理方式。1980年春，为了维护集体和个人财产，广西合寨村果地屯20多位农民组织村民选举产生了村民委员会，并制定了《村规民约》，中国第一个农民委员会由此诞生。这一经验很快被各地仿效，并被国家所认可。村民委员会的村庄事务管理模式很快被国家承认并纳入宪法。1982年《宪法》第111条规定："城市和农村按居民居住地区设立的居民委员会或者村民委员会是基层群众性自治组织。居民委员会、村民委员会的主任、副主任和委员由居民选举"，明确了村委会为农村基层自治组织的法律地位。中央适应农村改革的需要，于1983年10月出台了《中共中央、国务院关于实行政社分开建立乡政府的通知》，将人民公社改建为乡镇人民政府，将原有的生产大队和生产小队改制为村民委员会。到1985年，人民公社时期的5.6万多个人民公社，被改建为9.2万多个乡、镇政府，并成立了82万多个村民委员会。[2]《中共中央、国务院关于实行政社分开建立乡政府的通知》还进一步提出，"各地在建乡中可根据当地情况制订村民委员会工作简则，在总结经验的基础上，再制订全国统一的村民委员会组织条例"[3]。1987年，第六届全国人民代表大会常务委员会第二十三次会议通过的《中华人民共和国村民委员会组织法（试行）》指出，"村民委员会是村民自我管理、自我教育、自我服务的基层群众性自治组织"，"乡、民族乡、镇的人民政府对村民委员会的工作给予指导、支持和帮助"[4]，还进一步明确了村民委员会的性质、

---

① 蔡清伟：《中国共产党农村社会治理的基本特点研究（1949—2013）》，西南交通大学博士学位论文2014年。

② 章奇、刘明兴、单伟：《政府管制、法律软约束与农村基层民主》，《经济研究》2004年第6期。

③ 《关于实行政社分开建立乡政府的通知》，《中华人民共和国国务院公报》1983年第23期。

④ 全国人民代表大会常务委员会法制工作委员会编：《中华人民共和国法律汇编（1985—1989）》，人民出版社出版1991年版，第313—315页。

职能、村委会的人员构成及选举和乡镇与村委会的关系等等。1998 年 11 月 4 日，《中华人民共和国村民委员会组织法》正式颁布。

随着村民委员会的建立，中国共产党相应的农村治理举措也逐步完善。各级地方政府根据本地实际情况对村民民主选举制度、民主议事制度和民主监督制度进一步作出了规定。1998 年 4 月 18 日出台的《中共中央办公厅、国务院办公厅关于在农村普遍实行村务公开和民主管理制度的通知》、2000 年 6 月 22 日出台的《中共中央办公厅、国务院办公厅关于健全和完善村务公开和民主管理制度的意见》及 2009 年 4 月 24 日出台的《中共中央办公厅、国务院办公厅关于加强和改进村民委员会选举工作的通知》等，进一步从全国层面规范了农村村务公开与村务管理工作，这些都使得村民自治制度步入一个不断完善的新时期。① 为了适应农村治理需要，2010 年、2018 年中国分别对《中华人民共和国村民委员会组织法》进行了修订。随着《中华人民共和国村民委员会组织法》的完善，中国农村的自治体系框架基本建立。

2005 年 12 月，全国人大常委会通过关于废止《中华人民共和国农业税条例》的决议，农业税于 2006 年 1 月 1 日起全面取消，延续了两千多年的"皇粮国税"退出了历史舞台。农业税的取消，对于乡村治理也产生了重要的影响。一方面，农村基层的治理任务清单简化，农村干部与农民之间的关系发生转变，村干部的核心工作由原来的税费征收转向计划生育、社会治安以及落实各种惠农政策②；另一方面，农村财政面临着一定的压力，农村的公共物品供给出现一定程度的不足。在此情况下，中央推行了乡镇机构改革，进一步精简机构、压缩人员编制。③ 重视调整中央与地方政府间的关系，在预算财政管理、干部管理、"维稳"体制等方面出台若干重要措施。如在对农村干部的工资来源方面，

① 汪荣：《我国乡村治理模式的历史演进及其发展路径浅探》，《理论月刊》2013 年第 7 期。

② 刘行玉：《乡村治理四十年：回顾与总结》，《山东农业大学学报（社会科学版）》2018 年第 4 期。

③ 赵一夫、王丽红：《新中国成立 70 年来我国乡村治理发展的路径与趋向》，《农业经济问题》2019 年第 12 期。

1995 年上级支付工资的村子只有 15%，2005 年则达到 91%。[①] 税费改革后，村干部工资主要由财政直接负担，村级组织主要干部的工资实行由乡镇核定年薪制，其他干部实行补贴制。[②] 除工资外，村级组织办公经费也由财政给付。[③]

此外，中国乡村的行政单位也在进行着调整。随着市场化的改革，乡镇的计划职能逐步弱化，加之为了降低财政压力，中国自 1986 年起在全国各地推行乡镇撤并，1993 年的政府机构改革进行了乡镇合并和人员、机构精简，乡镇人员编制精简了 42%。1999 年对乡镇采取适度撤并、压缩财政供养人员和裁撤事业编制等改革。到 2002 年，全国乡镇区划数量为 44850 个，比 1986 年、1993 年和 1999 年分别减少了 39168 个、10013 个和 5900 个，年均减少幅度为 7.18%、8.32% 和 22.96%。[④] 为了适应城镇化发展，同时降低财政压力、提高农村治理效能，农村村庄也经历了合并过程，全国村委会个数及其职工数从 1990 年的 1001272 个、409.4 万人减少到 2015 年的 580856 个、229.71 万人，年均分别减少了 2.2% 和 2.34%。[⑤]2005 年 10 月，党的十六届五中全会提出了按照"生产发展、生活宽裕、乡风文明、村容整洁、管理民主"的要求推进新农村建设，综合提高了党在乡村的治理效能。

二、新中国成立后中国共产党的乡村治理思想

（一）乡村治理关系的重构

一是以党领政，政治治理下乡。中国乡村经历了秦汉时的乡亭制，南朝时的里制，北朝时的三长制、党族闾里之制，隋唐宋初时的乡里制，宋至清末时

---

①　肖唐镖：《近十年我国乡村治理的观察与反思》，《华中师范大学学报（人文社会科学版）》2014 年第 11 期。

②　周其仁：《城乡中国（修订版）》，中信出版社 2017 年版。

③　刘守英：《城乡中国的土地问题》，《北京大学学报（哲学社会科学版）》2018 年第 3 期。

④⑤　刘守英、熊雪锋：《中国乡村治理的制度与秩序演变——一个国家治理视角的回顾与评论》，《农业经济问题》2018 年第 9 期。

的里社制、村甲制、保甲制，太平天国时的乡官制等[1]，实际上中国传统乡村的控制存在两种形式，一种是官方的行政控制系统；另一种是非官方的控制系统，但核心内涵基本上是一致的，带有较强的自治性质，不完全依赖王朝行政机构的命令而整合乡村社区的体制[2]。中国传统的村落更大程度上带有自治的成分。但在新中国成立后，中国共产党的治理深入到了乡村，改变了乡村的权力体系与运行机制，传统的国家政权、士绅或地主、农民的三角关系被政权组织同农民的"双边关系"所替代。[3] 这既是社会发展的结果，即农村相对封闭的社会走向开放过程中，必然也会逐步纳入政治的治理范畴。此外，中国共产党对乡村治理的深度介入与主导，也是由共产党这一工农政党的性质及革命中依靠群众的历史所决定的。

二是完善村民参与治理的制度。新中国成立后，农村社会阶层划分被打破，农民有了平等的政治参与权，真正成为乡村治理参与者及主导者。一方面，农民获得了选举权，1988 年，中国在全国范围内进行了乡村选举。另一方面，村民委员会及代表会制度的建立，满足并适应了农民参与乡村治理的诉求。1987 年的《中华人民共和国村民委员会组织法（试行）》规定，村民会议在村民自治组织中拥有最高决策权。1990 年 9 月，民政部下发了《关于全国农村开展村民自治示范活动的通知》，以中央部委文件的形式肯定了村民代表会议。1998 年 10 月 14 日，《中共中央关于农业和农村工作若干重大问题的决定》首次确立了村民代表会议这一制度。1998 年 11 月 4 日全国人大所通过的《村民委员会组织法》第 21 条规定："人数较多或者居住分散的村，可以推选产生村民代表，由村民委员会召集村民代表开会，讨论决定村民会议授权的事项。村民代表由

---

① 方江山：《非制度政治参与：以转型期中国农民为对象分析》，人民出版社 2000 年版，第 106 页。

② 蔡清伟：《中国共产党农村社会治理的基本特点研究（1949—2013）》，西南交通大学博士学位论文 2014 年。

③ 许源源、左代华：《乡村治理中的内生秩序：演进逻辑、运行机制与制度嵌入》，《农业经济问题》2019 年第 8 期。

村民按每五户至十五户推选一人，或者由各村民小组推选若干人。① " 中国农民参与乡村治理的制度体系逐步完善，农民当家作主的权利进一步得到保障。

（二）多元治理模式的完善

中国共产党不断进行着乡村治理模式的探索，通过法治、自治与德治提高乡村治理的效果。一方面，乡村治理的法律体系不断健全。自 1987 年《中华人民共和国村民委员会组织法（试行）》出台以来，先后在 1998 年、2010 年以及 2018 年进行了修订与完善，在加强法制的基础上不断完善农村的自治。到 1990 年，全国各地普遍开展了村民自治示范活动。1994 年，《全国农村村民自治示范活动指导纲要（试行）》颁布，该《纲要》全面地系统地对村民自治示范的目标、任务、措施等作了具体规定，并首次提出了在中国农村建立 " 民主选举、民主决策、民主管理、民主监督 " 四项村民自治民主制度。除从政府层面对乡村自治进行规范外，农村也在自发通过村规民约促进农村事务的有效运行。20 世纪 80 年代初，广西合寨村制定了第一部《村规民约》。1991 年 6 月 7 日，中国第一部《村民自治章程》在山东省章丘县（现为章丘市）埠村镇埠西村诞生。1998 年的《村民委员会组织法》的第 20 条规定：" 村民会议可以制定和修改村民自治章程、村规民约，并报乡、民族乡、镇的人民政府备案。" ② 此外，农村的自治还体现在监督机制方面。1957 年 3 月 15 日《中共中央关于民主小社几个事项的通知》和 1961 年 6 月颁布的《农村人民公社条例（修正草案）》中都有财务公开的明确规定。1987 年《村民委员会组织法（试行）》第 17 条规定：" 收支账目应当按期公布，接受村民和本村经济组织的监督。" ③ 1997 年 9 月 12 日，江泽民在党的十五大会议中明确提出：" 扩大基层民

①② 全国人大常委会法制工作委员会编：《中华人民共和国现行法律法规（上卷）》，知识产权出版社 2002 年版，第 306 页。

③《中华人民共和国村民委员会组织法（试行）》，载自中国人大网，http://www.npc.gov.cn/wxzl/gongbao/1987-11/24/content_1481517.htm，1987 年 11 月 24 日。

主，保证人民群众直接行使民主权利，依法管理自己的事情，创造自己的幸福生活，是社会主义民主最广泛的实践"，并首次把"民主选举、民主决策、民主管理和民主监督"规定为健全民主制度的基本内容。[1]2009 年，中纪委、中组部和国家民政部等 12 个部委联合发布《关于印发〈关于开展村务公开和民主管理"难点村"治理工作的若干意见〉的通知》，要求各地加强对"难点村"的治理，通过强化村委会选举的民主性，落实村庄公共权力的"由下至上"的授予方式，来提高基层的民主管理水平。[2]

第三节　党的十八大以来乡村治理体系的思想与实践

为了改变乡村治理面貌，推进乡村振兴，党的十八大以来，中国共产党进一步加强了乡村治理工作，主要体现在：加强党在乡村治理中的领导作用，开展乡村治理现代化体系的构建探索，增加乡村地区人民群众的获得感等方面。

一、党的十八大以来中国共产党的乡村治理实践

随着城镇化进程的不断加快，一方面有力地改善了乡村面貌，成为解决"三农"问题的重要途径；另一方面又出现了大量"村庄空心化"现象，带来了乡村"三留守"（留守儿童、留守妇女、留守老年人）现象增多的严峻问题。[3]2010 年，中国农村拥有 0—17 岁的留守儿童达 6102.55 万，占农村儿童

---

[1]　蔡清伟：《中国共产党农村社会治理的基本特点研究（1949—2013）》，西南交通大学博士学位论文 2014 年。

[2]　肖唐镖：《近十年我国乡村治理的观察与反思》，《华中师范大学学报（人文社会科学版）》2014年第 11 期。

[3]　赵一夫、王丽红：《新中国成立 70 年来我国乡村治理发展的路径与趋向》，《农业经济问题》2019年第 12 期。

总数的 37.7%，占全国儿童总数的 21.88%，与 2005 年全国 1% 抽样调查估算数据相比，5 年间增加了约 242 万。^①在一些乡村社会治理薄弱的地区，村民自治制度得不到有效落实，非法干扰村民自治活动、损害村民自治权益的事件时有发生，甚至在一些地方黑恶势力操纵着乡村自治组织的日常活动。到 2014 年底，全国共排查确定软弱涣散村党组织 57688 个，占总数的 9.6%。^②为了改变乡村治理面貌，党的十八大以来，党中央进一步加强了农村治理工作。

一是加强乡村党建。一方面，推进农村党建制度建设。2018 年修订后的《中国共产党农村基层组织工作条例》强调，"农村基层党组织是党在农村的战斗堡垒，是党在农村的全部工作和战斗力基础"^③。2019 年，中共中央又印发了《中国共产党农村工作条例》，确立了新时期党管农村工作的总依据。^④另一方面，开展党员教育活动。2014 年，习近平总书记在江苏调研时提出"全面从严治党"的口号。2016 年 2 月 28 日，中共中央办公厅印发了《关于在全体党员中开展"学党章党规、学系列讲话，做合格党员"学习教育方案》。2019 年 5 月 13 日，中共中央政治局召开会议，决定从 2019 年 6 月开始，在全党自上而下分两批开展"不忘初心、牢记使命"的主题教育。在党员教育的基础上，加强对农村党员的培训。如河北省 2015 年以来连续三年开展村党支部书记"万人示范培训"^⑤。通过党的教育，提高了农村党员的思想认知，也提高了农村党组织的领导能力与服务意识。此外，还大力加强农村反腐败工作。党的十八大以来，以习近平同志为核心的党中央开展了史无前例的反腐败工作，"苍蝇老虎一

---

① 刘维涛：《报告称中国农村留守儿童超 6000 万 5 年增加 242 万》,《人民日报》2013 年 5 月 11 日。

② 华春雨：全国整顿 6 万余个软弱涣散基层党组织，载群众路线网，http://qzlx.people.com.cn/n/2014/0530/c364565-25086718.html，2014 年 5 月 30 日。

③ 中共中央印发《中国共产党农村基层组织工作条例》，载自中国政府网，http://www.gov.cn/zhengce/2019-01/10/content_5356764.htm，2019 年 1 月 10 日。

④ 高强：《健全现代乡村治理体系的实践探索与路径选择》,《改革》2019 年第 12 期。

⑤ 赵秀玲：《十八大以来中国乡村治理重要变革》,《福建论坛（人文社会科学版）》2018 年第 10 期。

起抓",通过基层反腐,净化了农村干部。

二是全面推进乡村振兴,健全治理体系。党的十九大报告提出,加强农村基层基础工作,健全自治、法治、德治相结合的乡村治理体系。党在农村的治理日益规范化、制度化,手段呈现多元化。根据十九大的总体部署,2018 年 1 月 2 日出台的《中共中央、国务院关于实施乡村振兴战略的意见》指出:"乡村振兴,治理有效是基础。必须把夯实基层基础作为固本之策,建立健全党委领导、政府负责、社会协同、公众参与、法治保障的现代乡村社会治理体制,坚持自治、法治、德治相结合,确保乡村社会充满活力、和谐有序。"①其从加强农村基层党组织建设、深化村民自治实践、建设法治乡村、提升乡村德治水平、建设平安乡村等方面作了全面部署。2019 年,中共中央办公厅、国务院办公厅印发的《关于加强和改进乡村治理的指导意见》提出了乡村治理的目标:"到2035 年,乡村公共服务、公共管理、公共安全保障水平显著提高,党组织领导的自治、法治、德治相结合的乡村治理体系更加完善,乡村社会治理有效、充满活力、和谐有序,乡村治理体系和治理能力基本实现现代化"②,并且给出了乡村治理的十七条具体任务,分别为:完善村党组织领导乡村治理的体制机制、发挥党员在乡村治理中的先锋模范作用、规范村级组织工作事务、增强村民自治组织能力、丰富村民议事协商形式、全面实施村级事务阳光工程、积极培育和践行社会主义核心价值观、实施乡风文明培育行动、发挥道德模范引领作用、加强农村文化引领、推进法治乡村建设、加强平安乡村建设、健全乡村矛盾纠纷调处化解机制、加大基层小微权力腐败惩治力度、加强农村法律服务供给、支持多方主体参与乡村治理、提升乡镇和村为农服务能力。从具体任务中可以

---

① 《中共中央国务院关于实施乡村振兴战略的意见》,载自农业农村部官网,http://www.moa.gov.cn/ztzl/yhwj2018/spbd/201802/t20180205_6136480.htm,2018 年 2 月 5 日。

② 中共中央办公厅 国务院办公厅印发《关于加强和改进乡村治理的指导意见》,载自中国政府网,http://www.gov.cn/zhengce/2019-06/23/content_5402625.htm,2019 年 6 月 23 日。

看出，中国共产党的乡村治理体系已形成相对完整的体系。

三是以全面建成小康为抓手，促进农村全面发展。党的十八大以来，乡村治理在满足农村日常公共服务供给的过程中，也有着明确的目标与任务。党的十八大报告首次正式提出，全面建成小康社会，这也成为乡村治理的重点目标任务。2012 年，习近平总书记到河北阜平看望慰问困难群众时指出：“全面建成小康社会，最艰巨最繁重的任务在农村、特别是在贫困地区。没有农村的小康，特别是没有贫困地区的小康，就没有全面建成小康社会。”为了实现全面建成小康社会的目标，党中央开启了脱贫攻坚任务。2015 年 11 月 29 日中共中央、国务院颁布的《中共中央国务院关于打赢脱贫攻坚战的决定》提出，“到 2020 年，稳定实现农村贫困人口不愁吃、不愁穿，义务教育、基本医疗和住房安全有保障”。此外，全面小康社会涵盖社会的方方面面，如为了改善人居环境，中央农办等九个部门联合发布《关于推进农村“厕所革命”专项行动的指导意见》等。农村一系列的发展目标的实现，都离不开基层治理；同时，乡村的发展也推动着农村治理效能的进一步提升。围绕脱贫攻坚、环境治理等任务，乡村党组织在乡村治理中发挥着越来越大的作用。[1]

二、党的十八大以来中国共产党的乡村治理思想

一是加强党在乡村治理中的领导作用。党的十八大之前，随着乡村自治体系的建设，党组织在农村基层的作用有所弱化，党员的思想觉悟也有所摇摆，部分农村党组织的活动存在形式化倾向等一系列问题，有的地方甚至出现村委会驾空甚至凌驾于党组织之上，从而造成村党支部严重涣散的状况。[2] 习近平总书记明确指出，“加强和完善城乡社区治理要以基层党组织建设为关键，以居民需求为导向，健全完善城乡社区治理体系，提升城乡社区治理水平，补齐城

---

[1][2] 赵秀玲：《十八大以来中国乡村治理重要变革》,《福建论坛（人文社会科学版）》2018 年第 10 期。

乡社区治理短板，推动形成党领导下的政府治理和社会调节、居民自治良性互动格局，全面提升城乡社区治理法治化、科学化、精细化水平"①。党的十九大报告提出，要"加强社会治理制度建设，完善党委领导、政府负责、社会协同、公众参与、法治保障的现代乡村社会治理体制"②。2019年中共中央印发的《中国共产党农村工作条例》，为坚持和加强党对农村工作的全面领导提供了基本遵循依据。抓住党建，摆正执政党在农村基层的地位，充分实现党组织领导作用与农民自治机制的有效结合，是中国共产党在农村治理中的经验，也是真正实现中国农村治理现代化的根本保证。

二是乡村治理现代化体系的构建探索。农村的治理体系是农村各项事业发展的基础，是乡村振兴战略的重要内容。党的十八大以来，中国共产党对社会治理有了更清晰的认识，进一步认识到了社会治理对于推进中国各项事业发展的重要性，并将之上升到执政能力的视角来建设。同样，乡村治理反映了党在农村的执政能力，影响着中国农村社会主义建设事业。为此，党中央开始从系统的视角审视乡村治理存在的问题，并从系统的视角对乡村治理体系进行建设，出台了《关于加强和改进乡村治理的指导意见》等一系列的政策文件。应该说，没有乡村的有效治理，就没有乡村的全面振兴，更无法实现国家治理体系和治理能力现代化的战略目标。中国共产党不断探索，在顶层设计的基础上，通过制度的法制化、执行的规范化、任务的明晰化、手段的现代化，不断促进乡村治理体系的构建和完善。

三是增加乡村地区人民群众的获得感。进入新时代，中国乡村因人而变，因人而治，在治理上关键是要解决重大问题和现实难题。这些问题主要集中在三个领域，主要是人的精神思想问题、人的社会管理问题和人的公共服务问题

---

① 《谈加强和完善城乡社区治理》，《中国民政》2017年第1期。
② 《打造共建共治共享的社会治理格局》，载自人民网，http://theory.people.com.cn/n1/2017/1127/c40531-29669679.html，2017年11月27日。

等。① 党的十八大之后，党的乡村治理目标体系更为清晰，即满足农村居民对美好生活的需要。为了满足人民的需要与诉求，中国共产党着力加强自身能力建设以及乡村治理制度建设，关注农村治理中的薄弱环节和弱势群体，努力让乡村居民有更多的获得感。

回顾历史，农村治理对于中国共产党革命的成功有着重大的影响，展望未来，农村治理也将影响着中国的总体发展。总体来看，中国共产党在对农村的治理过程中不断进行着探索与调整，积累了丰富的经验。特别是党的十八大以来，随着农村治理体系的进一步成熟，农村治理现代化建设也取得了一系列成效。通过法律制度的建立，党组织的建设，使法治、自治与德治有机结合，提高了农村治理效能。

但也必须看到，百年前，中国农村人口占比高达 90%，到 2019 年底，户籍人口占比依然超过 55%。因此，进入新时代，如何实现对农村的更高效治理，是中国共产党执政能力的重要体现。由于中国社会还正处在城镇化快速推进的变革期，在户籍制度、土地制度等一系列制度改革的背景下，在互联网等新技术的冲击下，中国的农村经济社会也正经历着巨大变化，传统的农村经济社会已然发生了变化，在此背景及其变化过程中，如何进一步适应这些变革，促进农村经济社会的发展；如何进一步发挥中国共产党的治理优势，促进农村与农民的更好发展，将是摆在中国共产党面前的重要课题。

---

① 秦中春：《乡村振兴背景下乡村治理的目标与实现途径》，《管理世界》2020 年第 2 期。

农民篇

第十二章　中国共产党对农民阶层的认识及发展

建党百年来，无论是在新民主主义革命时期，还是在社会主义建设时期，中国共产党都高度重视农民阶层，重视农民工作，积极团结和带领农民为实现不同时期的目标而努力。中国共产党对农民阶层的认识，反映了中国共产党的农民思想，也影响着中国共产党的农民政策。

第一节　团结农民阶层推动中国共产党的革命事业

农民阶级是党在新民主主义革命中最主要的依靠力量之一。这一时期，中国共产党通过阶级划分的认识，团结广大农民；通过土地改革，发展农业生产，使农民阶层成为了中国革命最坚实的同盟军和主力军。

一、建党初期对农民在革命中所起作用的认识

在中国共产党成立之初，中国正处于半殖民地、半封建社会。在这一时期，中国的主要矛盾是中华民族以及人民群众与帝国主义、封建主义、官僚资本主义之间的矛盾，中国共产党要领导新民主主义革命并取得胜利，急需解决两方面的问题。一方面需要解决革命的道路问题；另一方面需要解决革命的军费来

源问题。在新民主主义革命时期，党的工作重心由初期的城市转向农村，形成了农村包围城市的中国革命道路，并且通过团结广大农民，使农民成为了革命最坚实的同盟军、主力军。

农民阶级是中国共产党在早期革命运动中最主要的依靠力量之一。1922 年7 月发表的《中国共产党第二次全国代表大会宣言》中指出："中国三万万的农民，乃是革命运动中的最大要素"①。该文件将农民划分为：富足的农民地主、独立耕种的小农、佃户和农业雇主。并且指出，富足的农民地主占比为 5%，后两类农民占比为 95%。

毛泽东在 1925 年 12 月发表的《中国社会各阶级的分析》中，对农民也作出了阶级划分，并判断了他们对革命的影响。其中，"自耕农"被列为小资产阶级，"绝大部分半自耕农"与"贫农"被列为半无产阶级，"长工、月工、零工等雇农"被列为无产阶级，"绝大部分半自耕农和贫农是农村中一个数量极大的群众。所谓农民问题，主要就是他们的问题"②。这种结论的得出，是基于中国农民中半无产阶级、无产阶级的数量占农民阶级总数绝大多数的实际情况，而且这些数量较大的群众具有强烈的反封建愿望，因此毛泽东断定，农民是中国革命中无产阶级数量最广、革命性最强、忠实度最高的同盟军，解决了中国革命中最重要的同盟军问题。1926 年 9 月，毛泽东在《国民革命与农民运动》中指出："农民问题乃国民革命的中心问题，农民不起来参加并拥护国民革命，国民革命不会成功；农民运动不快速地做起来，农民问题不会解决；农民问题不在现在的革命运动中得到相当的解决，农民不会拥护这个革命。"③另外，毛泽东在该文中还鼓励党内同志收集材料以研究农民问题。1927 年 3 月，毛泽东在中国农民运动的中心——湖南经历了 32 天的实地考察后，发表了《湖南农民运

①　中央档案馆编：《中共中央文件选集》第 1 册，中共中央党校出版社 1989 年版，第 113 页。
②　《毛泽东选集》第 3 卷，人民出版社 1991 年版，第 6、8 页。
③　《毛泽东选集》第 1 卷，人民出版社 1993 年版，第 37 页。

动考察报告》。该《报告》将农民划分为"富农、中农、贫农"三类，在数量分布上，"贫农占 70%，中农占 20%，地主和富农占 10%"。该《报告》还分别分析了各类农民对革命的态度。其中，富农的态度"始终是消极的"，中农的态度是"游移的"，贫农的态度是"积极奋斗"，而且贫农"最听共产党的领导"[①]。经过立足于国情的实地考察，中国共产党在无产阶级领导的革命实践中开辟出了一条具有中国特色的发展道路，不仅明确了农民是中国革命的主力军，也为农村包围城市的革命道路提供了选择依据。

在 1924 年至 1927 年间，中国共产党与中国国民党建立了统一战线，通过国共合作的方式进行国民革命运动。但在 1927 年，中国国民党中代表军阀买办官僚资本家的右派背叛革命，致使大革命失败。随后，南昌起义、秋收起义、广州起义等起义的失利，再加上以王明为代表的"左"倾冒险主义的错误路线干扰，中国共产党损失惨重，并被迫转移革命阵地，以农村为重心建立革命根据地。

二、农村包围城市革命道路下对农民的依靠

国民革命运动的失败，使得中国共产党意识到资产阶级对无产阶级革命的影响，并在实践中对农民阶级进行了内部分化与对立。党的六大召开后，在 1928 年 7 月颁布的《土地问题议决案》中，将农民按照阶级划分为富农、中农、小农、最小农四个小阶级。[②]1929 年 6 月《中共六届二中全会土地问题报告记录》中，将农村无产阶级从农民阶级中分化了出来，具体表述为"雇农没有生产工具专门出卖劳动力，所以他们是农村无产阶级（农业工人）而非农民"[③]。1930 年，在中共红四军前委和闽西特委联席会议中，富农被界定为"农

---

①　《毛泽东选集》第 1 卷，人民出版社 1991 年版，第 19—21 页。

②　中央档案馆编：《中共中央文件选集》第 4 册，中共中央党校出版社 1989 年版，第 344—345 页。

③　第二次国内革命战争时期土地革命文献选编组：《第二次国内革命战争时期土地革命文献选编（1927—1937）》，中共中央党校出版社 1987 年版，第 171 页。

村资产阶级",因其是阻碍农民无产阶级化的最大障碍。①1931 年 8 月发布的《中共苏区中央局关于土地问题的决议案》中,明确了在民主革命阶段不能消灭富农,但是中国革命进入社会主义革命阶段将消灭富农。② 至此,中国共产党形成了依靠雇农、贫农,联合中农,限制富农,消灭地主阶级的土地革命路线,并在中央苏区开展了查田运动。查田运动的开展基础是查阶级,但在实践中产生了一些偏向性问题。1933 年 10 月毛泽东撰写了《怎样分析农村阶级》,详细界定了地主、富农、中农、贫农、工人(雇农在内)五个农村阶级,为查田运动的实际操作提供了依据。随后出台的《苏维埃共和国中央政府关于土地斗争中一些问题的决定》中,对实践中出现的"富裕中农""反动富农""破产地主""游民无产者"等作出了说明。1935 年召开的遵义会议上,中国共产党确立了以毛泽东为代表的中央领导,毛泽东所主张的农村包围城市路线也逐步发展成熟并得到贯彻。

自 1931 年"九·一八事变"以来,中日两国的民族矛盾日益激化,已上升为中国革命所面临的主要矛盾,中国共产党对于农民的认识也在此背景下作出了新的判断。1935 年 12 月发布的《关于改变富农策略的决定》放宽了对富农的限制政策,将富农纳入抗日民族统一战线。"西安事变"和平解决后,1937 年 2 月 10 日中共中央致电中国国民党三中全会,提出了停止一切内战、集中国力、一致对外等五项要求,并作出了停止没收地主土地政策,制定了坚决执行抗日民族统一战线之共同纲领。③ 为了巩固抗日民族统一战线,发动广大群众的抗日和生产积极性,1942 年 1 月通过的《中共中央关于抗日根据地土地政策的决定》作出了三项承认,即"承认农民(雇农包括在内)是抗日与生产的

① 第二次国内革命战争时期土地革命文献选编组:《第二次国内革命战争时期土地革命文献选编(1927—1937)》,中共中央党校出版社 1987 年版,第 297 页。

② 同上书,第 471 页。

③ 蒋海曦、蒋瑛:《毛泽东在中国土地革命时期的经济学贡献》,《政治经济学评论》2014 年第 3 期。

基本力量；承认地主的大多数是有抗日要求的，一部分开明绅士是赞成民主改革的；承认资本主义生产方式是中国现时比较进步的生产方式，而资产阶级、特别是小资产阶级与民族资产阶级，是中国现时比较进步的社会成分与政治力量"①。这一时期，中国共产党调整了土地政策，实施减租减息，一方面要求地主减租减息，以改善农民的生活条件；另一方面要求农民交租交息，照顾地主富农的利益。这一政策适当处理了地主与农民之间的矛盾，为抗日战争时期抗日根据地的经济发展营造了良好氛围，也为夺取抗日战争的胜利打下坚实基础。

1945 年，在延安召开的中共七大是中国共产党在新民主主义革命时期的最后一次代表大会，会议确立了毛泽东思想为党的指导思想并写入党章。抗日战争胜利后，国内阶级矛盾成为中国革命的主要问题，农民迫切地要求土地，中国共产党及时改变了土地政策。1946 年 5 月 4 日，中共中央发布《关于土地问题的指示》，土地政策从"减租减息"转变为"没收地主土地分配给农民"，以实现"耕者有其田"。

1947 年 9 月制定的《中国土地法大纲》，提出"废除封建性及半封建剥削的土地制度，实行耕者有其田的土地制度"，"乡村中一切地主的土地及公地，由乡村农会接收，连同乡村中其他一切土地，按乡村全部人口，不分男女老幼，统一平均分配"②。《中国土地法大纲》不仅落实了《关于土地问题的指示》中"没收地主土地分配给农民"的原则，还改正了《关于土地问题的指示》中对某些地主照顾过多的不彻底性。同年 12 月，毛泽东在《目前形势和我们的任务》中也强调，"我们的方针是依靠贫农，巩固地联合中农，消灭地主阶级和旧式富农的封建的和半封建的剥削制度"③。落实土地制度改革，不仅符合了中国广大

---

① 《中共中央关于抗日根据地土地政策的决定》，载中国网，http://sczg.china.com.cn/2019-10/08/content_40912807.htm，2019 年 10 月 8 日。

② 《毛泽东选集》第 4 卷，人民出版社 1991 年版，第 1261 页。

③ 同上书，第 1250 页。

农民群众的要求，也是彻底消灭封建制度、消灭地主阶级的方法。

土地改革在中国农村的开展存在时间和地区的差异，从《在不同地区实施土地法的不同策略》（1948年2月）中可知，中国农村在时间维度上被划分为三种地区，分别是"日本投降以前的老解放区"、"日本投降至大反攻，即1945年9月至1947年8月两年内解放的地区"、"大反攻后新解放的地区"①。因此，《中国土地法大纲》的实施在不同地区采取了与之相适应的策略。随着土地改革在中国农村的开展，农民内阶级的数量分布发生了变化。任弼时在1948年撰写的《对晋绥土改整党工作的意见》中指出，"原来贫雇农成分约占党员百分之六七十，在几年过程中相当一部分已上升为中农，现在雇农成分只占百分之三十左右，而新旧中农成分约占百分之六十左右"②。中国共产党为了贯彻土地政策中"依靠贫农"的原则，推出了贫农团这一组织推动中国农村土地改革，但是随着土地改革的深入，出现了许多侵犯中农的现象，并且有着愈演愈烈的趋势。③此时，毛泽东认为，"土地改革在群众尚未认真发动和尚未展开斗争的地方，必须反对右倾；在群众已经认真发动和已经展开斗争的地方，必须防止'左'倾"，并在《关于目前党的政策中的几个重要问题》中指出，"必须将贫雇农的利益和贫农团的带头作用，放在第一位"，"必须避免对中农采取任何冒险政策"，"必须将新富农和旧富农加以区分"④。1948年4月，毛泽东《在晋绥干部会议上的讲话》中再次强调，"依靠贫农，团结中农，有步骤地、分类地消灭封建剥削制度，发展农业生产，这就是中国共产党在新民主主义的革命时期，在土地改革工作中的总路线和总政策"⑤。同年5月，毛泽东在《一九四八年的

① 《毛泽东选集》第4卷，人民出版社1991年版，第1277—1278页。

② 《任弼时选集》，人民出版社1987年版，第441页。

③ 黄道炫：《盟友抑或潜在对手？——老区土地改革中的中农》，《南京大学学报》（哲学·人文科学·社会科学版）2007年第5期。

④ 《毛泽东选集》第4卷，人民出版社1991年版，第1268—1270页。

⑤ 同上书，第1317页。

土地改革工作和整党工作》中提出，"凡属封建制度已经根本消灭，贫雇农已经得到大体上相当于平均数的土地，他们同中农所有的土地虽有差别（这种差别是许可的），但是相差不多者，即应认为土地问题已经解决，不要再提土地改革问题。在这类地区的中心任务，是恢复和发展生产，完成整党建设工作和支援前线的工作"[①]。正如刘少奇在《关于土地改革的报告》中说明的，"土地改革的基本目的，不是单纯为了救济穷苦农民，而是为了要使农村生产力从地主阶级封建土地所有制的束缚之下获得解放，以便发展农业生产"[②]。

第二节　由政治导向的阶级划分到效率导向的全面帮扶

新中国成立以来，中国共产党顺应农民意愿，引导其开展了互助合作，并在强化阶层划分，完成社会主义改造的过程中，中国的农民阶层也从新民主主义革命时期的主力军转变为社会主义建设时期的改造对象，并经历快速的农业合作化运动后，通过户籍制度和人民公社制度将农民束缚于土地之上，使得中国的社会主义建设事业走了一段弯路。改革开放后，中国共产党直面问题，进行了前所未有的自我革命，开始了由传统社会主义理论向中国特色社会主义理论的转变，并在效率导向下，重视农民利益，促进了农村多元化发展，通过建立以工促农、以城带乡的体制机制，使得农民阶层能共享改革开放的发展成果。

一、顺应农民意愿引导互助合作的政策

1949 年新中国成立后，农村工作的重心逐步转向发展农业经济，如何改造小农经济成为土地改革以后中国农业面临的主要问题。中国共产党认为，土地

---

① 《毛泽东选集》第 4 卷，人民出版社 1991 年版，第 1331 页。

② 《刘少奇选集》（下），人民出版社 1981 年版，第 34 页。

改革只解决了反封建问题，但是没有也不能解决小农经济的落后、分散、生产率低下问题。在马克思主义理论中，小农经济作为一种落后的生产方式，要么在资本主义社会里不断分化，最后消失在资产阶级和无产阶级两大对立阵营里，要么在无产阶级夺取政权后，被改造成社会主义集体经济。因此，如何使广大农民既摆脱资本主义式的发展道路，又能迅速改变农村经济的落后现实，成为了新中国成立之后中国共产党解决"三农"问题的核心。

1950 年 6 月，中央人民政府委员会通过了《中华人民共和国土地改革法》，其中内容较《中国土地法大纲》在没收封建土地和财产方面、分配土地及其他生产资料方面作了一些调整，提出了要废除地主阶级封建剥削的土地所有制，实行农民土地所有制。为了保证阶级成分的有效划分，同年 8 月，政务院颁布了《关于划分农村阶级成分的决定》。1951 年中央政府开始积极倡导农业互助合作，2 月政务院颁布《关于 1951 年农林生产的决定》，这是新中国成立后首个全国性鼓励互助合作的文件，强调"劳动互助不但可以克服劳动力不足的困难，而且可以进一步达到提高生产的目的。自愿结合、等价交换和民主管理，是组织起来的根本原则，必须遵守"[①]。到 1951 年底，全国参加互助组织的农户共 2100.2 万户，占农户总数的 19.2%。其中，参加互助组的农户为 2100 万户，参加初级社的农户为 1588 户。12 月中共中央通过的《关于农业生产互助合作的决议（草案）》提出，"农民在土地改革基础上所发扬起来的生产积极性，表现在两个方面：一方面是个体经济的积极性；另一方面是劳动互助的积极性。农民的这些生产积极性，乃是迅速恢复和发展国民经济和促进国家工业化的基本因素之一"。"新中国成立后农民对于个体经济的积极性是不可避免的。党充分地了解了农民这种小私有者的特点，并提出不能忽视和粗暴地挫伤农民这种个体经济的积极性。在这方面，党是坚持了巩固地联合中农的政策。对于富农

---

① 中国社会科学院、中央档案馆：《1949—1952 中华人民共和国经济档案资料选编·农业卷》，社会科学文献出版社 1991 年版，第 39 页。

经济，也还是让它发展的。根据我们国家现在的经济条件，农民个体经济在一个相当长的时期内，将还是大量存在的"[①]。土地改革完成后，农村中一部分农民已达到富裕中农的程度，中国农村经济发展的主要形式表现为个体经济，农村中处于底层的"贫下中农"因不具备独立从事家庭经营能力而具有农业合作化的积极性。1952年在农村整党中，批判和处理党员中的自发资本主义倾向，也反映出按照党的七届二中全会的思路，引导土地改革后的农民跟中国共产党走集体致富的道路。中共中央要求："应切实帮助在土地改革中获得土地的贫农、雇农解决生产问题；应切实照顾贫农、雇农，防止和纠正排斥贫农、雇农和使他们吃亏的现象。互助组和农业生产合作社的领导骨干应以贫农、雇农和中农中的积极分子充任。"[②] 到1952年底，全国参加互助组织的农户共4542.3万户，占农民总数的39.95%。其中，绝大部分农户参加互助组，参加初级社的农户为57188户。其时，中国也基本上完成了国民经济的恢复任务。

新中国成立初期，中国共产党根据马克思主义关于生产关系要适应生产力发展的原理，认为在工业化之前，即工业能够为农业提供现代机械和设备，将传统农业改造成现代农业之前，私有制和家庭经营将仍然是农业生产的主要形式。由于广大农民缺乏独立从事家庭经营的物资条件等，中国共产党鼓励农民加入互助组。在土地改革完成较早的地区出现互助组涣散现象恰恰表明这些地区农民的生产条件得到提升，可以进行独立生产，这些地区的经济得到了恢复和发展。由于中国共产党对富农的政策从消灭富农转变为保存富农经济，富农经济适应了小农经济自发发展规律，农村经济在发展过程中便表现出农民在小农经济基础上自发发展资本主义的趋势，这与中国共产党所领导的互助合作运动产生矛盾。于是，中共中央提出，当前农村中的主要矛盾是"农民小生产者

---

① 黄道霞：《建国以来农业合作化史料汇编》，中共党史出版社1992年版，第50页。

② 中共中央党校党史教研室：《中共党史教学参考资料》第19册，国防大学出版社1986年版，第542—543页。

经济自发发展着的资本主义与党所领导的合作化道路的矛盾"①。

二、强化阶层划分完成社会主义改造

经过新中国成立初期的快速恢复与发展，为了社会主义建设事业的发展需要，这一时期，中国共产党对农民阶层的认识也应时发生了变化或转折，中国的农民阶层也由革命的主力军成为了社会主义的改造对象，并经历快速的农业合作化运动后，通过户籍制度和人民公社制度将农民束缚于土地之上，农民的一些正当要求被视为"资本主义自发倾向"而受到压抑，社会主义建设事业也因此走了一段弯路。

1953 年中国实施第一个五年计划，开始大规模经济建设后，由于国家投资增长过快，积累与消费、市场与计划、农业与工业的矛盾突然以农副产品供应短缺的形式表现出来。这似乎再次验证了列宁关于小生产每日每时自发产生资本主义的论断，验证了斯大林关于社会主义工业化与小农经济矛盾的论断。于是，无论从理论上还是从逻辑上来说，改造小农经济就成为当时不容置疑的迫切任务，成为保证工业化任务顺利实现的前提。当年开始实行的农副产品统购统销和大张旗鼓地宣传过渡时期的总路线，都表明，中国共产党对农民的基本认识，已经从新民主主义革命时期的主力军转变为社会主义建设时期的改造对象。②

1953 年 2 月，中共中央通过的《关于农业生产互助合作的决议》，是第一个农业合作化文件。为了减少统购统销的阻力和迅速推行农业合作化，中国共产党在新民主主义革命完成以后，再次使用了划分阶级阵线、开展阶级斗争的方法。为尽可能扩大依赖面，中共中央进一步对中农实行细分，将"下中农"从中农中划分出来，"算作依靠对象的一部分"，后来所谓"贫下中农"的提法，

---

① 黄道霞：《建国以来农业合作化史料汇编》，第 273 页。

② 武力：《中国共产党对"三农"问题的认识历程及其启示》，《党的文献》2002 年第 5 期。

即是该政策的延续。此时农民阶级的阵线划分，以贫下中农为一方，以富裕中农和富农为一方。划分依据是贫下中农的经济地位不高、生产条件不足，个人难以进行生产经营活动，希望走社会主义集体化道路，具有社会主义的积极性，因而是中国共产党在农村中依靠的阶级力量；而富裕中农和富农，具备较好的家庭经济条件，有能力也愿意独立进行生产经营活动，并且对于国家实行的统购统销等政策不满意，希望自由发展、走资本主义道路，代表着农村中自发的资本主义倾向，因而是中国共产党在农村中需要战胜的阶级力量。

1954 年 9 月，刘少奇在《关于中华人民共和国宪法草案的报告》中指出，"在逐步过渡到社会主义的过程中，农民是要起变化的，这种变化现在已经开始了，这就是从经济生活不稳定的个体农民逐步变化为社会主义的合作化的农民"[1]。同年 12 月，中央农村工作部在《关于全国第四次互助合作会议的报告》中明确强调，"党在农村的阶级政策是：依靠贫农（包括全部原来是贫农的新中农在内，这样的贫农占农村人口总数百分之五十到七十），巩固地团结中农，发展互助合作，由逐步限制到最后消灭富农剥削"[2]，并作出了政策解读："实现对农业的社会主义改造是一场严重的阶级斗争，党必须找到支持社会主义的阶级力量"。在社会主义革命阶段，"贫农是最积极支持社会主义的力量"，土改后产生的新中农"一般都会积极拥护社会主义"。在数量上，已分得土地的雇农、贫农、中农占农村总人口的 50%—70%，具备数量优势；该《报告》还提出了"由逐步限制到最后消灭富农经济"的方法和步骤。1955 年，毛泽东对贫农、下中农、富裕中农等对待农业合作化的态度进行了分析，中国共产党进一步对农村施行的阶级政策作出了新的解释。同年 9 月，在毛泽东起草的党内指示中指出，"将新中农中间已经上升为富裕中农的人们，不算作依靠对象的一部分，而将老中农中间的下中农算作依靠对象的一部分。这是按照他们的经济地位和

---

[1] 中央文献研究室编：《建国以来重要文献选编》第 5 册，中央文献出版社 1993 年版，第 478 页。

[2] 黄道霞：《建国以来农业合作化史料汇编》，中共党史出版社 1992 年版，第 205 页。

对于合作社运动是否采取积极态度来划分的"①。同年 10 月,毛泽东指出,"地主过了几年之后,就有了选举权,他就不叫地主了,叫农民了。农民这个阶级还是有的,但他们也变了,不再是个体私有制农民,而变成合作社集体所有制的农民了"②。1955 年底,初级社的数量达到 190 多万个,入社农户占农户总数的 63%。1956 年 9 月,刘少奇在中共八大上所作的政治报告中强调:"封建地主阶级,除个别地区以外,也已经消灭了;富农阶级也正在消灭中,原来剥削农民的地主和富农,正在被改造成为自食其力的新人","广大的农民和其他个体劳动者,已经变为社会主义的集体劳动者"③。1956 年底,参加高级社的农户达 10742.2 万户,入社农户占农户总数的 97%,以实行生产资料公有制为特征的农业社会主义改造基本完成。由于农业社会主义改造"要求过急,工作过粗,改变过快,形式也过于单一",收入减少、自由受限以及社内矛盾频起,导致加入高级社的农民纷纷退社。1957 年 8 月,中共中央发出《关于向全体农村人口进行一次大规模的社会主义教育的指示》,在运动开展期间,对合作化不满、对统购统销不满等情绪以及"退社""单干"等行为都被视为反对社会主义,走资本主义道路。

从 1953 年到 1957 年,中国共产党在农村以阶级斗争和运动的方式看待和处理社会主义改造以及改造后产生的问题。在这种政策下,单干或追求自己富裕的农民成为被摒弃的对象,农民的意愿在一定程度上受到了抑制,合作化运动出现了冒进的现象。

1956 年中国共产党完成农业社会主义改造以来,农村的集体经济以全体社员共同占有财产和共同进行生产经营的方式进行。集体所有制下农民的行为具有外部性,在人民公社发展初期"一平二调"的方针下,农民的劳动并不能显

---

① 《毛泽东选集》第 5 卷,人民出版社 1977 年版,第 240—241 页。

② 中央文献研究室编:《建国以来重要文献选编》第 7 册,中央文献出版社 1993 年版,第 345 页。

③ 中央文献研究室编:《建国以来重要文献选编》第 8 册,中央文献出版社 1994 年版,第 39 页。

著提升其个人收入，因此农民的生产积极性受挫，其在进行生产决策时往往表现出"搭便车"现象。在"政社合一"的制度框架下，农民在公社、生产大队、生产队这三级层面都失去了其作为经济组织独立运行的权利，即在生产经营过程中基本没有自主权，一切重要的生产经营和分配活动，都必须服从上级安排，而不能因地制宜、因时制宜地组织生产和安排各种农事活动，在一定程度上影响了农业的生产效率。

始于 1958 年的人民公社化运动以及 1958 年至 1960 年的"大跃进"表明，农业经营单位并非越大越好，农业生产过程中的"一大二公"并不能彻底解决农村问题。1961 年到 1962 年，邓子恢提出通过"三自一包"（即自负盈亏、自由市场、自留地、包产到户）的农村经济政策来调整生产关系，但 1963 年和 1964 年毛泽东批评了"三自一包"，认为长久地搞"三自一包"将破坏社会主义农业集体经济和社会主义制度基础，并再次使用"社会主义教育运动"巩固当时的政策。在农村强化"阶级路线"，成立贫下中农协会这一革命群众的阶级组织，充分发动贫下中农去"团结中农，团结农村中一切可以团结的人"。

1966 年党的八届十一中全会发动了"文化大革命"，并开始推广具有浓厚政治色彩的"农业学大寨"运动。1970 年国务院召开北方地区农业会议，继续肯定了大寨的政治典型。1975 年 9 月召开的第一次全国农业学大寨会议上，"普及大寨县"成为全国性口号，"学大寨"运动成为中国农业发展模式。"学大寨"运动在所有制问题上部署"穷过渡"规则，在分配制度上实行平均主义，脱离了中国农村生产力落后、各地区发展很不平衡的实际情况，伤害了农民的既得利益，违背了农业发展的经济规律，使得农村生产关系混乱，农民积极性受到挫伤，农村经济遭到影响。

三、肯定农民首创作用开启改革开放

1978 年党的十一届三中全会以后，中国共产党的执政理论有了进一步发

展，开始了由传统社会主义理论向中国特色社会主义理论的转变，并形成了邓小平理论。1978 年以后，中国共产党逐步淡化关于"阶级"和"阶级斗争"的意识，停止以"阶级斗争为纲"的路线，将工作重心转移到了经济建设上来。中国共产党认可了农民包产到户的创新性行为，给予农民生产的自主权，尊重农民选择，重视农民的诉求与利益，并开始放活农村经济，以农村改革为起点推动了整个改革。也正如邓小平所说，"改革开放中许许多多的新东西，都是由人民群众在实践中提出来的，是群众的指挥。我的功劳是把这些新事物概括起来，加以提倡"①。

1978 年 3 月，在全国科学大会开幕式上邓小平指出，"全面实现农业、工业、国防和科学技术的现代化，把我们的国家建设成为社会主义的现代化强国，是我国人民肩负的伟大历史使命"②。党的十一届三中全会作出了把工作重心转移到社会主义现代化建设上来的战略决策。全会通过的《中共中央关于加快农业发展若干问题的决定（草案）》提出，要"走出一条适合我国情况的农业现代化的道路"。1979 年 9 月召开的党的十一届四中全会对这个决定进行了修正，正式通过并公布实行。中国共产党对新中国成立后农业发展的经验和教训进行了总结，该《决定》指出，"确定农业政策和农村经济政策的首要出发点，是充分发挥社会主义制度的优越性，充分发挥中国 8 亿农民的积极性。我们一定要在思想上加强对农民的社会主义教育的同时，在经济上充分关心他们的物质利益，在政治上切实保障他们的民主权利，离开一定的物质利益和政治权利，任何阶级的任何积极性是不可能自然产生的"；"我们还必须切实加强国家对农业的物质支持和技术支持，使农业得到先进的技术装备，使农民的科学技术水平不断提高"。在中国共产党"解放思想、实事求是"的思想路线指引下，一系列的政策与制度实现了改革，农村生产关系与生产力更为匹配，农民群众的积极

---

① 《邓小平建设有中国特色社会主义论述专题摘编》，中央文献出版社 1995 年版，第 30—31 页。
② 《邓小平文选》第 2 卷，人民出版社 1994 年版，第 85—86 页。

性和创造性得到了充分发挥。

中国农村改革由农民自下而上发动，首先从家庭联产承包责任制开始。1980 年 5 月，邓小平在同中央负责同志谈话时指出，"只要生产发展了，农村的社会分工和商品经济发展了，低水平的集体化就会发展到高水平的集体化，集体经济不巩固的也会巩固起来。关键是发展生产力，要在这方面为集体化的进一步发展创造条件"①。同年 9 月，中共中央转发的《关于进一步加强和完善农业生产责任制的几个问题》规定，"在那些边远山区和贫困落后的地区，长期'吃粮靠返销，生产靠贷款，生活靠救济'的生产队，群众对集体丧失信心，因而要求包产到户，应当支持群众的要求，可以包产到户，也可以包干到户。并在一个较长的时间内保持稳定"②。在改革实践中，除"三靠"地区以外的农民群众也积极探索包产到户、包干到户的政策。1981 年底，全国实行包产到户、包干到户的生产队达 50%。1982 年 1 月，中共中央转批了《全国农村工作会议纪要》，第一次明确了包产到户、包干到户的社会主义性质，农业家庭承包经营制度正式确立。1983 年 1 月，中共中央印发的中央一号文件《当前农村经济政策的若干问题》指出，"联产承包责任制采取了统一经营与分散经营相结合的原则，使集体优越性和个人积极性同时得到发展。这一制度的进一步完善和发展，必将使农业社会主义合作化的具体道路更加符合我国的实际。这是在党的领导下我国农民的伟大创造，是马克思主义合作化理论在我国实践中的新发展"③。1983 年底，全国实行包产到户、包干到户的生产队达 99.5%。家庭联产承包责任制以农民利益为导向，土地所有权归集体，承包权归农户，提高了农民的积极性，解放了农村劳动力，为农村劳动力从事非农产业提供了条件。

①《邓小平文选》第 2 卷，人民出版社 1994 年版，第 315—316 页。
② 中共中央：《关于进一步加强和完善农业生产责任制的几个问题》，载自中国经济网，http://www.ce.cn/xwzx/gnsz/szyw/200706/13/t20070613_11735658.shtml，2007 年 6 月 13 日。
③《1983 年：中央印发第 2 个涉农的 1 号文件》，载中华人民共和国农业农村部官网，http://www.moa.gov.cn/ztzl/xzgnyslan/gd/200909/t20090918_1353792.htm，2009 年 9 月 18 日。

随着中国农村改革的推进,"政社合一"的人民公社体制已适应不了新形势。1982 年底,第五届全国人民代表大会第五次会议通过了新的《中华人民共和国宪法》,要求"改变人民公社政社合一的体制,设立乡政府,人民公社只是农村集体经济的一种组织形式"。1983 年 10 月,中共中央、国务院发出《关于实行政社分开建立乡政府的通知》,要求各地展开政社分开的工作,恢复乡级人民政府,规定人民公社为集体经济组织。到 1985 年,这项工作基本完成。

1978 年至 1984 年,中国农村改革取得了初步成效,农产品连续六年丰收,中国人民的温饱问题已基本解决。1985 年 1 月,中共中央、国务院发布中央一号文件《关于进一步活跃农村经济的十项政策》,决定全面改革农产品统购派购制度。继家庭承包经营制度的确立使农民获得生产经营自主权后,农产品统购派购制度的取消,使农民获得了产品交换的自主权,推动了中国农村从自给半自给经济向商品经济的转化,为中国农业经济市场化改革创造了条件。在《关于进一步活跃农村经济的十项政策》中,还有一项重大政策就是大力推进农村产业结构调整,乡镇企业的发展活跃了农村经济,农村剩余劳动力也得到有效转移。1986 年,全国乡镇企业总产值中非农产业产值为 3472 亿元,首次超过全国农业总产值 3010.7 亿元。

但在 20 世纪 80 年代后期,农业生产与农民收入之间出现了波动与反复的现象,农业发展不一定带来农民收入增加,农民收入减少必定导致农业生产下降。[1]1991 年 11 月,党的十三届八中全会通过的《关于进一步加强农业和农村工作的决定》指出,"农业是经济发展、社会安定、国家自立的基础,农民和农村问题始终是中国革命和建设的根本问题。没有农村的稳定和全面进步,就不可能有整个社会的稳定和全面进步;没有农民的小康,就不可能有全国人民的

---

① 贾俊民、葛文光:《关于"三农"概念与"三农"问题提法的考察》,《中国农村观察》2013 年第 5 期。

小康；没有农业的现代化，就不可能有整个国民经济的现代化"①。至此，中国共产党逐步将"三农"问题放在国家体制的宏观背景下深入思考，并在国家宏观政策中，将农业、农村、农民联系起来，融为一体。1993 年 10 月，江泽民在中央农村工作会议中指出，"农业、农村和农民问题，始终是一个关系我们党和国家全局的根本性问题"②。

总体来看，20 世纪 80 年代中国农村经济改革的巨大成就和乡镇企业的崛起，为改革开放和邓小平理论的形成奠定了坚实的基础。中国共产党对于"三农"问题的认识发生了深刻改变，家庭联产承包责任制得以确立，乡、镇政府取代了人民公社，改变了过去长期强调的农民就地发展、主要依靠农业致富的思想，将促进农民非农就业作为发展农村经济、增加农民收入的关键举措。中国共产党在解决"三农"问题的过程中，摆脱了传统社会主义理论的局限，不再局限于单一的公有制和计划经济，形成了坚持公有制为主体、多种所有制经济共同发展和市场经济为特征的社会主义初级阶段理论，继而发展成为邓小平理论。在此基础上，中国共产党根据人口多、底子薄、经济发展不平衡、城市化水平低等特征，形成了符合中国国情的"三农"发展思路。

四、重视农民利益促进多元化发展

1992 年邓小平南方谈话之后，党的十四大确立了建立社会主义市场经济体制的改革目标，为中国农村改革提供了良好的政策环境。1993 年 3 月，第八届全国人大第一次会议通过了新的《中华人民共和国宪法》，将以家庭联产承包为主的责任制和统分结合的双层经营体制，作为农村经济的一项基本制度载入其

---

① 《中共中央关于进一步加强农业和农村工作的决定》，《中华人民共和国国务院公报》1991 年第 42 期。

② 《江泽民〈论社会主义市场经济〉主要篇目介绍》，载自人民网，http://cpc.people.com.cn/GB/47816/4337372.html，2006 年 4 月 28 日。

中。在农村基本经济制度确定的前提下，中国共产党开始探索引导农村经济向市场经济过渡。1996 年的中央一号文件明确指出，要研究解决农户与市场的结合问题，推行农业产业化经营。同年 3 月，第八届全国人大第四次会议审议通过的《中华人民共和国国民经济和社会发展"九五"计划和 2010 年远景目标纲要》指出，"鼓励发展多种形式的合作与联合，发展联结农户与市场的中介组织，大力发展贸工农一体化，积极推进农业产业化经营"①。1998 年 9 月，江泽民在安徽省考察时强调，"必须把调动农民的积极性作为制定农村政策的首要出发点"②。1998 年，党的十五届三中全会通过的《中共中央关于农业和农村工作若干重大问题的决定》指出，"以公有制为主体、多种所有制经济共同发展的基本经济制度必须长期坚持"；"在家庭承包经营基础上，积极探索实现农业现代化的具体途径，是农村改革和发展的重大课题。农村出现的产业化经营，不受部门、地区和所有制的限制，把农产品的生产、加工、销售等环节连成一体，形成有机结合、相互促进的组织形式和经营体制。这样做，不动摇家庭经营的基础，不侵犯农民的财产权益，能够有效解决千家万户的农民进入市场、运用现代科技和扩大经营规模等问题，提高农业经济效益和市场化程度，是我国农业逐步走向现代化的现实途径之一"③。2000 年，中国各类农业产业化经营组织发展到 6.67 万个，带动农户 5900 多万户，占中国农户总数的 25%。

在中国"三农"的发展过程中，也伴随着一系列的问题与矛盾：在农村经济向市场经济的过渡时期，随着农业产业化经营的推进以及中国市场化程度的提高，农民的增收需求与农业收益比较低之间产生了矛盾；随着城镇化进程的

---

① 《中华人民共和国国民经济和社会发展"九五"计划和 2010 年远景目标纲要》，《人民论坛》1996 年第 4 期。

② 载自人民网，http://www.people.com.cn/item/ldhd/Jiangzm/1998/jianghua/jh0031.html，1998 年 10 月 5 日。

③ 《1998 年：关于农业和农村工作若干重大问题的决定通过》，载自中华人民共和国农业农村部官网：http://www.moa.gov.cn/ztzl/xzgnylsn/gd/200909/t20090923_1356562.htm，2009 年 9 月 23 日。

加快，农村剩余劳动力的转移与户籍制度之间产生了矛盾；随着农村经济的发展，农民素质普遍较低与农村高素质劳动力需求之间产生了矛盾。当农业、农村、农民三者之间以及"三农"与城镇化之间产生矛盾时，中国共产党认识到"三农"问题的解决需要系统思考，城市与农村发展需要统筹协调。

2002 年 11 月，党的十六大召开，中国共产党根据中国经济发展水平、要求以及世界科技发展的趋势，提出了农业现代化建设的新理论、新政策。会议指出，"统筹城乡经济社会发展，建设现代农业，发展农村经济，增加农民收入，是全面建设小康社会的重大任务"[①]。中国特色农业现代化进入了以科学发展观为指导的新时期。2003 年 1 月，胡锦涛在中央农村工作会议上指出，"全面建设小康社会，必须统筹城乡经济社会发展，更多地关注农村，关心农民，支持农业，把解决好农业、农村和农民问题作为全党工作的重中之重，放在更加突出的位置，努力开创农业和农村工作的新局面"[②]。同年 10 月，党的十六届三中全会提出的新时期"三农"工作的指导思想是"多予、少取、放活"。这一思想，为城乡二元经济和社会结构的改变以及农村经济体制的完善指明了改革方向。2004 年 10 月，胡锦涛在党的十六届四中全会中指出，"综观一些工业化国家发展的历程，在工业化初始阶段，农业支持工业、为工业提供积累是带有普遍性的趋向；但在工业化达到相当程度以后，工业反哺农业、城市支持农村，实现工业与农业、城市与农村协调发展，也是带有普遍性的趋向"，并进一步提出，"我国现在总体上已到了以工促农，以城带乡的发展阶段"。[③]2005 年 10 月，党的十六届五中全会通过的《中共中央关于制定国民经济和社会发展第十一个五年规划的建议》提出，按照"生产发展、生活富裕、乡风文明、村容整洁、管理民主"的要求，扎实推进社会主义新农村建设。同年 12 月 29 日，第十届全国人大常委会第

---

① 中共中央文献研究室：《十六大以来重要文献选编》(上)，中央文献出版社 2005 年版，第 17 页。
② 同上书，第 112 页。
③ 中共中央文献研究室：《十六大以来重要文献选编》(中)，中央文献出版社 2006 年版，第 511 页。

十九次会议通过《全国人民代表大会常务委员会关于废止〈中华人民共和国农业税条例〉的决定》。2006 年 2 月，国务院颁布《国务院令第 459 号》，正式废止了《国务院关于对农业特产收入征收农业税的规定》以及《屠宰税暂行条例》。2007年 10 月，胡锦涛在党的十七大会议上再次提出，"解决好农业、农村、农民问题，事关全面建设小康社会大局，必须始终作为全党工作的重中之重。要加强农业基础地位，走中国特色农业现代化道路，建立以工促农、以城带乡长效机制，形成城乡经济社会发展一体化新格局。坚持把发展现代农业、繁荣农村经济作为首要任务，加强农村基础设施建设，健全农村市场和农业服务体系"[①]。至此，中国共产党"三农"政策进入补贴与支持农民的发展阶段。

第三节　党的十八大以来推进农民阶层共享改革发展成果

2013 年 7 月，习近平总书记在湖北考察时强调，"全面建成小康社会，难点在农村。我们既要有工业化、信息化、城镇化，也要有农业现代化和新农村建设，两个方面要同步发展。要破除城乡二元结构，推进城乡发展一体化，把广大农村建设成农民幸福生活的美好家园"[②]。党的十八大报告指出，"要加大统筹城乡发展力度，促进城乡共同繁荣。加大强农惠农富农政策力度，让广大农民平等参与现代化进程、共同分享现代化成果"[③]。中国共产党从"让广大农民平等参与现代化进程"的战略高度重视农民，反映了对中国农民主体地位的认

---

① 《胡锦涛在党的十七大上的报告（全文）》，载自中国日报网，http://www.chinadaily.com.cn/hqzg/2007-10/25/content_6205616_11.htm#，2007 年 10 月 25 日。

② 《习近平在湖北考察改革发展工作时强调坚定不移全面深化改革开放脚踏实地推动经济社会发展》，载自人民网，http://politics.people.com.cn/n/2013/0723/c70731-22298976.html，2013 年 7 月 23 日。

③ 《胡锦涛在中国共产党第十八次全国代表大会上的报告》，载自人民网，http://cpc.people.com.cn/n/2012/1118/c64094-19612151.html，2012 年 11 月 18 日。

识。习近平总书记指出，"农村要发展，根本要依靠亿万农民。要坚持不懈推进农村改革和制度创新，充分发挥亿万农民主体作用和首创精神，不断解放和发展农村社会生产力，激发农村发展活力"①。这有助于中国全面建成小康社会，也有利于中华民族伟大复兴。土地制度是农民的基本制度，关系到农民的切身利益。2013 年 7 月，习近平总书记提出，要深化农村改革，完善农村基本经营制度，要好好研究农村土地所有权、承包权、经营权三者之间的关系。同年 12 月，中央农村工作会议指出，要顺应农民保留土地承包权、流转土地经营权的意愿，把农民土地承包经营权分为承包权和经营权，实现承包权和经营权分置处理。习近平总书记进一步指出，"要不断探索土地集体所有制的有效实现形式，落实集体所有权、稳定农户承包权、放活土地经营权，加快构建以农户家庭经营为基础、合作与联合为纽带、社会化服务为支撑的立体式复合型现代农业经营体系"②。2015 年 10 月，党的十八届五中全会明确要求，完善土地所有权、承包权、经营权分置办法。同年 12 月，中央农村工作会议首次提出了农业供给侧结构性改革，要求以市场需求为导向，着力调整优化农业结构。根据第三次全国农业普查数据，2016 年底，中国小农户数量占农业经营户的 98.1%，小农户农业从业人员占农业从业人员总数的 90%，小农户经营耕地面积占总耕地面积超过 70%。2017 年的中央一号文件强调，发展多种形式适度规模经营，培育新型农业经营主体，健全农业社会化服务体系，实现小农户与现代农业发展有机衔接。同年 10 月，党的十九大作出了实施乡村振兴战略的重大决策部署。党的十九大报告明确指出，"农业农村农民问题是关系国计民生的根本性问题，必须始终把解决好'三农'问题作为全党工作的重中之重。按照产业兴旺、

---

① 《2020 告别贫困！习近平要求限时完成的目标》，载自人民网，http://politics.people.com.cn/n1/2017/0615/c1001-29342594.html，2017 年 6 月 15 日。

② 中共中央文献研究室：《十八大以来重要文献选编》（上），中央文献出版社 2014 年版，第 669 页。

生态宜居、乡风文明、治理有效、生活富裕的总要求，建立健全城乡融合发展体制机制和政策体系，加快推进农业农村现代化"[①]。同年 12 月，中央农村工作会议首次提出走中国特色社会主义乡村振兴道路，会议明确了实施乡村振兴战略的目标任务。2018 年 1 月，中共中央、国务院发布的中央一号文件《中共中央国务院关于实施乡村振兴战略的意见》指出，实施乡村振兴战略是决胜全面建成小康社会、全面建设社会主义现代化国家的重大历史任务，是新时代"三农"工作的总抓手。该《意见》为实施乡村振兴战略定方向、定思路、定任务、定政策。同年 9 月，中共中央、国务院印发了《乡村振兴战略规划（2018—2022）》，明确了到 2020 年全面建成小康社会和 2022 年召开党的二十大时的目标任务，细化、实化了乡村振兴的工作重点和政策举措。乡村振兴的战略的提出，正是中国共产党重视农民，重视农民发展权益的充分体现。

总之，随着农业农村现代化与城镇化的不断推进，农民阶层也将进一步分化，如职业农民阶层、进城务工农民阶层、农村中非农就业农民阶层等，且不同的农民群体所具备的条件与能力具有异质性，发展的路径也存在差异。中国发展不平衡不充分的问题，突出表现在广大农村地区，表现在农民身上，为了充分发挥农民积极性、主动性、创造性，中国共产党在新时代的"三农"工作中立足农民，进一步提升农民综合能力、进一步解放农民思想、进一步赋予农民权利，为农民的发展提供多样化的道路。

---

① 《习近平在中国共产党第十九次全国代表大会上的报告》，载自人民网，http://cpc.people.com.cn/n1/2017/1028/c64094-29613660.html，2017 年 10 月 28 日。

第十三章　中国共产党百年农民流动就业思想与实践

就业是收入的保障。长期以来，中国农民都是以农为业，收入也受到一定的限制。改革开放后，中国共产党调整了经济体制，特别是人口流动约束逐步放松，农民的就业也有了多样化的选择，收入大幅增加。当前，农民工已成为中国劳动力市场的重要群体，中国共产党不断推进户籍改革、开展农民就业帮助，在推进农民多元就业的同时，促进农民进城落户。随着中国经济的发展，在中国共产党的领导下，农民在迁移及就业方面将获得更公平的对待、更大力度的帮扶，也将有更多元的选择。

第一节　改革开放前限制流动下的以农为业

这一时期，在工业化建设和发展尚在起步还不能提供更多就业岗位，且农业剩余也不能充分供给更多城市人口的背景下，针对城市中失业较为严重问题，中国共产党作出了回乡生产的部署，包括了之后全面开展的知识青年"上山下乡"运动。这一时期，还针对农村剩余劳动力的问题，国家鼓励发展社队工业，社队工业的发展，有效地解决了农村剩余劳动力的出路问题，切实增加了农民收入，为农村经济结构的改变提供了思路，也为 20 世纪 80 年代乡镇企业的发展打下了基础。

一、新中国成立之初的农民转移与就业

中国共产党一直高度重视农村劳动力的转移，1945 年毛泽东在党的七大上指出，"农民——这是中国工人的前身。将来还要有几千万农民进入城市，进入工厂。如果中国需要建设强大的民族工业，建设很多的近代的大城市，就要有一个变农村人口为城市人口的长过程"[①]。

1949 年以后，中国共产党领导的土地改革使得农民拥有了土地，农村劳动力失业问题基本得到解决。但在城市中，国民经济亟待恢复，失业问题较为严重。1950 年 6 月，中共中央作出回乡生产的部署，向离乡不久或有条件返回农村从事生产的人员，提供一定的旅费、安家费，帮助其回乡从事农业生产。工作开展以自愿为原则，动员城市中来自农村的失业、无业人员回乡，回乡前，联系其家乡县区政府做好对接工作，确保其回乡后从事农业生产的基本条件得到满足。为了限制农民盲目流入城市，各大区政府也通报县区政府，禁止任意介绍农民进入城市求职。城市劳动部门亦作出相应规定，如对盲目流入城市的农民不予以劳动介绍所进行求职登记，不纳入失业人员，企业自行招聘时，不得聘用盲目流入城市的农民等。

1952 年 7 月，政务院通过的《关于劳动就业问题的决定》提出，"在农村中因已耕的土地不足，农村劳动力过去就有剩余。土地改革后，人人有地种、有饭吃了，但已耕土地不足的情况基本并未改变，劳动力仍有大量剩余，加以互助合作运动的开展与目前条件下可能的农具改良，如不在农业、副业、林业、畜牧业、手工业等方面积极设法，农村劳动力的剩余将更加多，农村中的剩余

---

① 《毛泽东选集》第 3 卷，人民出版社 1991 年版，第 1077 页。

劳动力目前是在无组织无计划地盲目地向城市流动着，这也增加了城市中的失业半失业现象"①。中国共产党认为，解决农村剩余劳动力的办法是推进其从事农业生产，发展农副业，以及有步骤地部分进城，"从根本打算，必须有计划有步骤地向东北、西北和西南地区移民，在不破坏水土保持及不妨害畜牧业发展的条件下，进行垦荒，扩大耕地面积。大量发展小型水利，变旱地为水池，改良种子，改良耕作技术，提倡精耕细作，提高单位面积产量"。"此外，有计划地发展有销路的副业、手工业和农副产品的初步加工，植树造林，养鱼捕鱼，疏浚河道，修筑道路以及建设大型水利工程等，都是可以容纳大批剩余劳动力的，各主管部门应订出计划，因地制宜，逐步推行"。"城市与工业的发展，国家各方面建设的发展，将要从农村吸收整批的劳动力，但这一工作必须是有计划有步骤地进行，而且在短时间内不可能大量吸收，故必须大力说服农民，以克服农民盲目地向城市流动的情绪"②。

1953 年，中国共产党开始实施第一个五年计划，中国进入大规模经济建设阶段，城市就业机会增加，大量农民流入城市求职。1954 年 4 月，政务院发出"关于劝止农民盲目流入城市的指示"，要求县、区、乡政府、农会劝止农民自行进城求职；对于已经进入城市未被雇用的农民进行回乡动员；未经政府劳动部门许可或介绍的企业不得擅自到乡村招工。国务院又连续于 1956 年 12 月发出《关于防止农村人口盲目外流的指示》，于 1957 年 9 月发出《关于防止农民盲目流入城市的通知》，规定城市不得随意雇用工人，针对盲目进城的农民要实行随到随遣返的措施。1957 年 12 月，中共中央、国务院又发出《关于制止农村人口盲目外流的指示》，其指出："去冬今春曾有大量农村人口盲目流入城市，虽经各地分别劝阻和遣送返乡，但是还没有能够根本制止"，"农业在我国社会

---

① 《中央人民政府政务院关于劳动就业问题的决定》，《江西政报》1952 年第 8 期。

② 中共中央文献研究室：《建国以来重要文献选编（1952）》第 3 册，中央文献出版社 2000 年版，第 286—293 页。

主义的建设中占有很重要的地位。农村人口大量外流，不仅使农村劳动力减少，妨碍农业生产的发展和农业生产合作社的巩固，而且会使城市增加一些无业可就的人口，也给城市的各方面工作带来了不少困难"①。为了进一步限制农民自由流入城市，加强对城乡间人口流动的控制，中国共产党逐步实施了生产资料所有制改造、城市粮食定人定量供应、严格户籍管理制度等方法。

中国共产党还鼓励城市人口流向农村就业。1955 年，毛泽东在《中国农村社会主义高潮》中号召，"一切可以到农村中去工作的这样的知识分子，应当高兴地到那里去。农村是一个广阔的天地，在那里是可以大有作为的"②。1957 年 10 月，党的八届三中全会通过的《1956 年到 1967 年全国农业发展纲要》（该纲要草案于 1956 年 1 月由中国共产党中央委员会提出）指出，"城市的中、小学毕业的青年，除了能够在城市升学、就业的以外，应当积极响应国家的号召，下乡上山去参加农业生产，参加社会主义农业建设的伟大事业。我国人口百分之八十五在农村，农业如果不发展，工业不可能单独发展。到农村去工作是非常必要的和极其光荣的"③。1955 年、1956 年两年间，各地方政府相继组织城市失业、无业人员下乡插社、插场。根据北京、上海、天津、沈阳、旅大、重庆、黑龙江、浙江六市两省的统计，城镇失无业人员下乡插社、插场的人数达 86 万。④1957 年 6 月，周恩来在第一届全国人大第四次会议上所作的《政府工作报告》中指出，"长时期内，劳动就业的重要方向仍然是参加农业生产劳动"⑤。费正清指出，在"一五"计划时期，"虽然非农业总就业量增加很快，但是，所

---

① 中国人民大学农业经济系资料室：《农村政策文件选编》（三），中国人民大学农业经济系资料室 1978 年版，第 232 页。

② 《毛泽东选集》第 5 卷，人民出版社 1977 年版，第 218—219 页。

③ 史敬棠：《中国农业合作化运动史料》（下册），生活·读书·新知三联书店 1959 年版，第 190 页。

④ 何光：《当代中国的劳动力管理》，中国社会科学出版社 1990 年版，第 47 页。

⑤ 李丰谟：《从事农业生产是当前解决就业问题的最主要途径》，《中国劳动》1957 年第 15 期。

有的证据都表明，它的增长速度远远低于城市就业年龄人口的增长速度"，"到'一五'计划结束时，非农业男性失业总人数据估计已达 1000 万至 1600 万"[①]。

二、"大跃进"与"文化大革命"时期的转移与就业

一般而言，城乡之间的人口转移，需要考虑三个因素：一是城乡对人口的吸纳程度；二是城乡之间的收入差距；三是人口流动的便宜程度。"一五"计划时期，城乡间人口流动壁垒尚未形成，大量青年农民流入城市，在此背景下，中共中央、国务院相继出台政策，限制农民盲目流入城市。但是在"大跃进"时期，尤其是 1958 年 5 月，党的八大二次会议掀起"大跃进"高潮后，各方面表示出劳动力不足，中共中央将劳动管理权限下放至企业，企业招工限制被放松，企业工人相较于务农的高收入，又吸引了大量农民进城求职。据国家统计局的统计数据显示，1958 年，中国新增职工 2082 万人，从社会招收职工 1661 万人，其中从农村招收职工 1104 万人。1959 年庐山会议后，在"反右倾、鼓干劲"的口号下，职工规模进一步扩张。城镇人口以及职工规模的持续扩张，直接导致了农村劳动力大幅减少，农业生产受到影响，粮食与副食品供给出现了短缺。1960 年 9 月，中共中央转发国家计委党组、劳动部党组的《关于当前劳动力安排和职工工资问题的报告》提出，"劳动力是生产力的决定性因素"，"一个社会究竟能够拿出多少劳动力从事工业、交通、商业、文教事业，等等，归根结底取决于从事农业生产的劳动力能够为社会提供多少商品粮食，为工业提供多少农产品原料"[②]。在保证粮食生产的前提下，从 1961 年起，中共中央掀起了以保粮、保钢为中心的增产节约运动，动员企业招收的农民职工流回农

---

① 麦克法夸尔、费正清：《剑桥中华人民共和国史（1949—1965）》，上海人民出版社 1990 年版，第 194 页。

② 中共中央转发国家计委党组、劳动部党组《关于当前劳动力安排和职工工资问题的报告》的指示，载自中国经济网，http://www.ce.cn/xwzx/gnsz/szyw/200706/11/t20070611_11693780.shtml，2007 年 6 月 11 日。

村以补充农业生产（尤其是粮食生产）的劳动力。到 1963 年 6 月，精减职工 1940 万人，其中回乡务农人数达 1300 余万。[①]

1962 年 2 月，中国共产党成立"国家机关编制小组""中央精减小组"，开展行政编制、精减职工、减少城镇人口等工作。同年 5 月，中共中央、国务院在《关于进一步精减职工和减少城镇人口的决定》中指出，"城市中一般不能升学或就业的青年，有条件的可以下乡或者安置到农场去劳动。其中，不能下乡的，可以组织自学。城市青年合乎应征条件的，可以动员参军"[②]。同年 11 月，中共中央、国务院在国务院农林办公室成立"中央安置城市下乡青年领导小组"，并要求各省、自治区、直辖市成立专门领导小组，开展城市下乡青年的安置工作。安置的主要方式是将城市青年首先插入人民公社的生产队；其次是插入国营农场、林场、牧场、渔场；再次是建立新的国营农场、林场、牧场、渔场。安置计划是在未来的 15 年内，每年安置百万左右的城市青年下乡参加农业生产。1964 年 1 月，中共中央、国务院发出《关于动员和组织城市知识青年参加农村社会主义建设的决定（草案）》，肯定了以插队为主的安置方向。1965 年 4 月，中共中央、国务院转发中央安置领导小组的《关于安置工作会议的报告》指出，"动员城市知识青年和闲散劳动力下乡上山，是城乡劳动力安排上的一个方面，必须纳入城乡劳动力整体规划之中。目前在城乡劳动力安排上存在着分散现象，需要加强统一管理"[③]。1962 年至 1966 年上半年，中国城镇知识青年上山下乡人数累计达 129 万人，其中插队人数达 87 万，占比为 67%；安置到国有农场的人数达 42 万，占比为 33%。1966 年下半年，"文化大革命"全

---

① 袁伦渠：《新中国劳动经济史》，劳动人事出版社 1987 年版，第 3 页。

② 中共中央文献研究室：《建国以来重要文献选编》第 15 册，中央文献出版社 1997 年版，第 469 页。

③ 中共中央文献研究室：《建国以来重要文献选编》第 20 册，中央文献出版社 1998 年版，第 170—173 页。

面发动，上山下乡工作暂时中止。[①] 之后，全国性的知识青年"上山下乡"运动全面展开，直到改革开放后的大量知青"返城"结束。

1960 年 11 月，中共中央在《关于农村人民公社当前政策问题的紧急指示信》中指出，"用于农业生产第一线的劳动力，农忙季节必须达到80%，社办工业、短途运输、林、牧、副、渔，生活福利、文化教育等各项事业所用的劳动力，合计起来不能超过 20%。在农业没有实现机械化、农业劳动生产率还没有根本的提高前，这种比例维持不变"[②]。1961 年 3 月，中共中央在《农村人民公社工作条例（草案）》中对社队工业可以使用的农村劳动力进行了严格的数量控制。其中，社办企业"占用生产大队的劳动力，一般地不得超过生产大队劳动力总数的 2%"；"生产大队兴办的企业和事业，从生产队占用的劳动力，一般地不能超过生产队劳动力总数的 3%"[③]。1962 年 5 月，中共中央、国务院在《关于进一步精减职工和减少城镇人口的决定》中指出，"在调整阶段，农村人民公社一般地不办工业企业"[④]，释放了 126 余万农村劳动力回到生产队进行农业生产。

20 世纪 70 年代初期，社队工业又迎来了发展机遇。第一，农村人口的持续增长以及人民公社限制劳动力流动的制度使得中国地少人多的矛盾在部分地区凸显，农村剩余劳动力急需转移；第二，国家号召实现农业机械化，却无法实现财政资金的全覆盖，允许部分农村自行解决；第三，"文化大革命"导致城市内大中型国有企业的效益处于较低水平，城乡的产品需求无法得到有效满足；第四，1964 年开始的"三线"建设以及 1969 年开展的下放企业运动增加了部分农村地区的资金与设备；第五，1967 年 10 月开始的城市知识青年

---

① 何光：《当代中国的劳动力管理》，中国社会科学出版社 1990 年版，第 54 页。

② 黄道霞：《建国以来农业合作化史料汇编》，中央党史出版社 1992 年版，第 615 页。

③ 同上书，第 633—634 页。

④ 中共中央文献研究室：《建国以来重要文献选编》第 15 册，中央文献出版社 1997 年版，第 464 页。

上山下乡运动以及 1968 年 10 月掀起的下放干部高潮，为农村带来了科学、文化、技术人才。社队工业的发展，再一次展现了中国农民的创造性，激发了中国农民的积极性。20 世纪 70 年代中期，社队工业的发展引起中共中央的重视。1975 年 10 月，华国锋在第一次全国学大寨会议的总结报告中提出，"社队企业的发展，使公社、大队两级经济强大起来，有效地帮助了穷队，促进了农业生产，支援了国家建设，加速了农业机械化的步伐。它是促进人民公社制度进一步发展的重要物质保证"。1976 年 12 月，华国锋在第二次全国学大寨会议中重申，社队企业的发展，"对于巩固发展人民公社集体经济，对于加速实现农业机械化，消灭'三大差别'，都具有重大意义，它代表了人民公社的伟大希望和前途"。1965 年至 1976 年，按不变价格计算，社办工业产值由 5.3 亿元增长至 123.9 亿元，占全国工业产值比重由 0.4% 上升至 3.8%。[①] 社队工业在发展过程中，有效解决了农村剩余劳动力的出路问题，切实增加了农民收入，为农村经济结构的改变提供了思路，为 20 世纪 80 年代乡镇企业的发展打下了基础。

第二节　改革开放后的兼业经营与进城务工

这一时期，针对农村剩余劳动力的问题，中国共产党一方面肯定和支持农业专业户的发展，鼓励多种经营；另一方面也鼓励农民就地向非农产业转移，乃至进城务工，乡镇企业得到大力发展。与此同时，也重视农村城镇化建设，推进户籍制度的改革。此外，针对农民进城务工出现的一些问题，开始进行城乡就业公共服务网络建设。

---

① 　国家统计局：《中国统计年鉴（1983）》，中国统计出版社 1983 年版，第 214—215 页。

一、改革开放初期就业限制的放松

在改革开放初期，城乡之间的人口流动仍然受到限制，1979 年中央工作会议提出，"目前全国全民所有制单位在计划外使用的农村劳动力有 500 万人，要做好细致的工作，把这部分人动员回农村，改变大批农村劳动力进城，而城镇又有大量人员待业的不合理现象，今后不经国家劳动总局批准，不准从农民中招工"[①]。1981 年 10 月，中共中央、国务院发布的《关于广开门路，搞活经济，解决城镇就业问题的若干决定》指出，"严格控制农村劳动力流入城镇。对农村多余劳动力，要通过发展多种经营和兴办社队企业，就地适当安置，不使其涌入城镇。根据目前我国的经济情况，对于农村人口、劳动力迁进城镇，应当按照政策从严掌握"[②]。20 世纪 80 年代，中国共产党实行鼓励农民就地向非农产业转移的政策，即"离土不离乡，进厂不进城"，乡镇企业与小城镇是农村劳动力的主要转移方向。

改革开放后，中国农村实行家庭承包经营制度，使得农户获得了相对独立的经济地位，农村剩余劳动力逐步增加，其中一部分农村劳动力开始向生产专业化发展，种植、养殖专业户开始出现，后续又衍生出了承包集体某项生产或经营的承包专业户以及在家庭副业基础上出现的自营专业户，农村多种经济成分并存的局面逐渐形成。中国共产党对专业户的出现较为重视，并及时给予了肯定与支持。在 1981 年中共中央、国务院转发国家农委《关于积极发展农村多种经营的报告》中，提出了在统一经营的前提下，按专业承包、联产计酬的生产责任制，组织各种形式的专业队、专业组、专业户、专业工，同时要通过订立合同和其他形式，积极鼓励和支持社员个人或合伙经营服务业、手工业、养殖业、运销业等，应允许一些半劳动力和辅助劳动力不出集体工，以便专心从

---

① 中共中央文献研究室：《三中全会以来重要文献选编》(上)，人民出版社 1982 年版，第 132 页。

② 中共中央文献研究室：《三中全会以来重要文献选编》(下)，人民出版社 1982 年版，第 991 页。

事力所能及的家庭副业。1981 年，农村中登记个体工商户达 96.1 万户，从业人员达 121.9 万人；1987 年，农村中登记个体工商户达 1034.2 万户，从业人员达 1666 万人，占农村劳动力总数的 4.2%。

1978 年，党的十一届三中全会提出"社队企业要有一个大发展"，这一年中国社队企业数量达 152 万家，吸收农村劳动力达 2827 万人，总产值达 515 亿元。①1979 年至 1983 年，中国共产党制定了一系列政策扶持社队企业发展。1984 年 3 月，中共中央、国务院转发农牧渔业部和部党组的《关于开创社队企业新局面的报告》指出，"发展多种经营，是我国实现农业现代化必须始终坚持的战略方针。只有不断开辟新的生产门路，妥善安排不断出现的多余劳动力，充分利用农村的剩余劳动时间，逐步改变八亿人搞饭吃的局面，使农村商品生产得到充分的发展，农村才能富裕起来，也才能逐步积累农业现代化所需要的大量资金"。该《报告》提出的乡镇企业概念，也将社队企业涵盖其中；并指出，乡镇企业的发展，"有利于实现农民离土不离乡，避免农民涌进城市"。1986 年 6 月，邓小平肯定了乡镇企业对于农村剩余劳动力问题的解决，"乡镇企业的发展，主要是工业，还包括其他行业，解决了占农村剩余劳动力 50% 的人的出路问题。农民不往城里跑，而是建设大批小型新型乡镇"②。1987 年，党的十三大报告提出，通过乡镇企业转移农业剩余劳动力以解决社会经济矛盾。1984 年到 1988 年，乡镇企业吸纳农村劳动力从 5208 万人增加至 9545 万人。

在农村劳动力流动问题上，中国共产党从过去的严格限制，开始向允许甚至鼓励流动转变，但是仍然禁止农村劳动力的盲目流动。随着中国农业现代化进程的不断推进，农村剩余劳动力必将逐年增加，为了有序引导农村人口向城市人口转化，中国共产党开始重视农村城镇化建设。1979 年 9 月，党的十一届四中全会通过的《中共中央关于加快农业发展若干问题的决定》要求"有计划

---

① 刘仲藜：《奠基——新中国经济五十年》，中国财政经济出版社 1999 年版，第 255 页。

② 《邓小平文选》第 3 卷，人民出版社 1993 年版，第 238 页。

地发展小城镇建设和加强城市对农村的支援"，并指出，"我们一定要十分注意加强小城镇的建设，逐步用现代工业交通业、现代商业服务业、现代教育科学文化卫生事业把它们武装起来，作为改变全国农村面貌的前进基地。全国现在有两千多个县的县城，县以下经济比较发达的集镇或公社所在地，首先要加强规划，根据经济发展的需要和可能，逐步加强建设。还可以运用现有大城市的力量，在它们的周围农村中，逐步建设一些卫星城镇，加强对农村的支援"[①]。1984年中央一号文件指出，"随着农村分工分业的发展，将有越来越多的人脱离耕地经营，从事林牧渔等生产，并将有较大部分转入小工业和小集镇服务业"，提出"各省、自治区、直辖市可选择若干集镇进行试点，允许务工、经商、办服务业的农民自理口粮到集镇落户"[②]。1985年中央一号文件指出，"要加强对小城镇的指导"，提出"在各级政府统一管理下，允许农民进城开店设坊，兴办服务业，提供各种劳务。城市要在用地和服务设施方面提供便利条件"[③]。

二、市场经济过渡时期民工潮的兴起

1992年初，邓小平南方谈话之后，中国改革开放进入新阶段，确立了社会主义市场经济体制改革目标，生产力得到进一步解放与发展。乡镇企业在20世纪90年代的发展以改制为主旋律，方向是从劳动密集型企业向技术以及资本密集型企业转型。乡镇企业在20世纪90年代中期又兴起了"二次创业"，但这时

---

① 《中共中央关于加快农业发展若干问题的决定》，1979年9月28日中国共产党第十一届中央委员会第四次全体会议通过，载中国经济网，http://www.ce.cn/xwzx/gnsz/szyw/200706/07/t20070607_11631290.shtml，2007年6月7日。

② 中共中央：《关于1984年农村工作的通知》，载自中国经济网，http://www.ce.cn/cysc/ztpd/08/gg/1984/zcbj/200811/24/t20081124_17478432_1.shtml，2008年11月24日。

③ 《1985年中央一号文件》，载自中国经济网，来源人民网，http://www.ce.cn/cysc/ztpd/08/gg/1985/zcbj/200811/24/t20081124_17480490.shtml，2008年11月24日。

乡镇企业对农村剩余劳动力的吸纳能力有所下降。随着城市粮油定量供应制度的取消，由"农民工"组成的"民工潮"开始成为这一时期中国农村剩余劳动力转移的主要现象，是中国经济转型时期独有的现象。在农民向城镇转移的过程中，首先放开的是小城镇。1993 年 11 月，《中共中央关于建立社会主义市场经济体制若干问题的决定》指出，要"加强规划，引导乡镇企业适当集中，充分利用和改造现有小城镇，建设新的小城镇，逐步改革小城镇的户籍管理制度，允许农民进入小城镇务工经商，促进农村剩余劳动力的转移"[①]。1996 年 3 月，第八届全国人大第四次会议通过的"九五"计划和 2010 年远景目标纲要指出，要"引导乡镇企业合理集中，把发展乡镇企业与建设小城镇结合起来，促进农业剩余劳动力有序转移"。1997 年 6 月，国务院转批公安部《小城镇户籍管理制度改革试点方案》和《关于完善农村户籍管理制度意见》的通知，认为应当适时进行户籍管理制度改革，允许已经在小城镇就业、居住并符合一定条件的农村人口在小城镇办理城镇常住户口，以促进农村剩余劳动力就近、有序地向小城镇转移，促进小城镇和农村的全面发展。中国共产党认识到，阻碍城乡间人口流动的壁垒是户籍制度，并以小城镇为突破口逐步推进了户籍制度改革。

2000 年 6 月，中共中央、国务院出台了《关于促进小城镇健康发展的若干意见》。该《意见》是中国改革开放以来首个关于小城镇建设的专门文件，提出了"尊重规律，循序渐进；因地制宜，科学规划；深化改革，创新机制；统筹兼顾，协调发展"等四项小城镇发展的基本原则。同年 10 月，中国共产党在关于"十五"计划的建议中提出，"随着农业生产力水平的提高和工业化进程的加快，我国推进城市化条件已渐成熟，要不失时机实施城镇化战略"[②]。2001 年 5

---

① 《中共中央关于建立社会主义市场经济体制若干问题的决定（中国共产党第十四届中央委员会第三次全体会议 1993 年 11 月 14 日通过）》，载自人民网，http://www.people.com.cn/item/20years/newfiles/b1080.html，2021 年 3 月 24 日。

② 《中共中央关于制定"十五"计划的建议》，载中国新闻网，https://www.chinanews.com/2000-10-18/26/51430.html，2000 年 10 月 18 日。

月，国务院批转公安部《关于推进小城镇户籍管理制度改革的意见》，确定了小城镇户籍管理制度改革的实施范围，提出"对经批准在小城镇落户的人员，不再办理粮油供应关系手续；根据本人意愿，可保留其承包土地的经营权，也允许依法有偿转让"[①]。

三、全面建设小康社会时期农工就业帮扶机制的完善

2002 年 1 月，中共中央、国务院发布的《关于做好农业和农村工作的意见》提出，"把小城镇建设同引导乡镇企业合理聚集、完善农村市场体系、发展农村服务业结合起来，充分发挥小城镇增加农村就业、带动经济发展的功能"[②]。为了促进农村劳动力跨地区流动，该《意见》提出，要"推进户籍制度改革"；为了使进城务工农民受到公平对待，维护其合法权益，要求"各地区要认真清理对农民进城务工的不合理限制和乱收费，纠正简单粗暴清退农民工的做法"，提出"逐步形成城乡统一的劳动力市场"[③]。到 2003 年底，中国农村转移劳动力突破 1 亿人，达 16950 万人，占农村劳动力总数的 34.9%。为了改善农民进城就业环境，2004 年的中央一号文件指出，"进一步清理和取消对农民进城就业的歧视性规定和不合理收费，简化农民跨地区就业和进城务工的各种手续，防止变换手法向进城就业农民及用工单位乱收费"[④]。此外，由于大中城市也是农民工的主要流入地，为了放宽农民进城就业和定居的条件，中国也开始推进大中城市户籍制度改革，2004 年的中央一号文件也提出要"推进大中城市户籍制度改革"。

---

① 《国务院批转公安部关于推进小城镇户籍管理制度改革意见的通知关于推进小城镇户籍管理制度改革的意见 _2001 年第 15 号国务院公报》，载自中国政府网，http://www.gov.cn/gongbao/content/2001/content_60769.htm，2001 年 3 月 30 日。

②③　中共中央国务院：《关于做好农业和农村工作的意见》，《中国乡镇企业》2003 年第 2 期。

④ 《2004 年中央一号文件》，载中华人民共和国中央人民政府网，http://www.gov.cn/test/2006-02/22/content_207415.htm，2006 年 2 月 22 日。

农民工进城务工成为工业带动农业、城市带动农村、发达地区带动落后地区的有效形式，但是这个过程中，农民工遇到了新的问题，如工资偏低，被拖欠现象严重；劳动时间长，安全条件差；缺乏社会保障，职业病和工伤事故多；培训就业、子女上学、生活居住等方面也存在诸多困难，经济、政治、文化权益得不到有效保障。针对农民进城务工出现的这些问题，2006年中央一号文件提出，"建立健全城乡就业公共服务网络，为外出务工农民免费提供法律政策咨询、就业信息、就业指导和职业介绍。严格执行最低工资制度，建立工资保障金等制度，切实解决务工农民工资偏低和拖欠问题。完善劳动合同制度，加强务工农民的职业安全卫生保护。逐步建立务工农民社会保障制度，依法将务工农民全部纳入工伤保险范围，探索适合务工农民特点的大病医疗保障和养老保险办法。认真解决务工农民的子女上学问题"①。同年3月，第十届全国人大第四次会议通过的"十一五"规划，将加快农业劳动力向非农产业转移作为"十一五"时期中国共产党解决"三农"问题的重点。为了全面加强农民工权益保障，2008年的中央一号文件提出，"建立统一规范的人力资源市场，形成城乡劳动者平等就业的制度。加快大中城市户籍制度改革，探索在城镇有稳定职业和固定居所的农民登记为城市居民的办法。采取强有力的措施，建立农民工工资正常增长和支付保障机制。健全农民工社会保障制度，加快制定低费率、广覆盖、可转移、与现行制度相衔接的农民工养老保险办法，扩大工伤、医疗保险覆盖范围"②。针对农民工子女教育问题，该文件也分别向农民工输入地、输出地政府提出了要求。2008年爆发的国际金融危机对中国的经济也造成了一定影响，针对这一情况，2009年的中央一号文件提出，"最大限度安置好农民工""落实农民工返乡创业扶持政策""鼓励农民就近就地创业"，以积极扩大农村劳动力就业。2010年的中央一号文件指出，要"把建设社会主义新农村和推

①② 《2006年中央一号文件（全文）》，载自中国经济网，来源新华网，http://www.ce.cn/xwzx/gnsz/szyw/201201/30/t20120130_23027711.shtml，2012年1月30日。

进城镇化作为保持经济平稳较快发展的持久动力"①，并提出要"完善促进创业带动就业的政策措施，将农民工返乡创业和农民就地就近创业纳入政策扶持范围。加大农民外出务工就业指导和服务力度，切实维护农民工合法权益，促进农村劳动力平稳有序转移"②。同年 10 月，党的十七届五中全会通过的《中共中央关于制定国民经济和社会发展第十二个五年规划的建议》提出，"引导农产品加工业在产区布局，发展农村非农产业，壮大县域经济，促进农民转移就业，增加工资性收入"③。

第三节　党的十八大以来城乡融合下的多元就业

随着工业化、城镇化的深入推进，中国的农业农村发展也进入了新阶段，农村劳动力大量流动、农户兼业化趋势显著，城乡二元结构没有发生根本性改变，缩小城乡发展差距任重而道远。基于此，中国共产党认识到，"城乡发展不平衡不协调，是我国经济社会发展存在的突出矛盾，是全面建成小康社会、加快推进社会主义现代化必须解决的重大问题"，同时提出，"必须健全体制机制，形成以工促农、以城带乡、工农互惠、城乡一体的新型工农城乡关系，让广大农民平等参与现代化建设、共同分享现代化成果"④。

2013 年的中央一号文件指出，要"把推进人口城镇化特别是农民工在城镇

①② 《中共中央　国务院关于加大统筹城乡发展力度进一步夯实农业农村发展基础的若干意见——2010 年第 4 号国务院公报》，载自中国政府网，http://www.gov.cn/gongbao/content/2010/content_1528900.htm，2009 年 12 月 31 日。

③ 《〈中共中央关于制定国民经济和社会发展第十二个五年规划的建议〉辅导读本》编写组：《中共中央关于制定国民经济和社会发展第十二个五年规划的建议》，人民出版社 2010 年版。

④　习近平：《论坚持全面深化改革》，中央文献出版社 2018 年版，第 35—36 页。

落户作为城镇化的重要任务"①。并提出，要"加快改革户籍制度，落实放宽中小城市和小城镇落户条件的政策。加强农民工职业培训、社会保障、权益保护，推动农民工平等享有劳动报酬、子女教育、公共卫生、计划生育、住房租购、文化服务等基本权益，努力实现城镇基本公共服务常住人口全覆盖"②。同年 12 月，习近平总书记在中央城镇化工作会议上指出，"解决好人的问题是推进新型城镇化的关键，城镇化最基本的趋势是农村富余劳动力和农村人口向城镇转移"，同时提出，"推进农业转移人口市民化，要坚持自愿、分类、有序"，并分别对自愿、分类、有序作出了阐述，要求"各地区要尽快出台具体的、可操作的户籍改革措施"，"争取到二零二零年解决一亿左右农民工和其他常住人口在城镇定居落户的问题"③。2014 年的中央一号文件提出，要"加快推动农业转移人口市民化"，并指出要"积极推进户籍制度改革，建立城乡统一的户口登记制度，促进有能力在城镇合法稳定就业和生活的常住人口有序实现市民化。全面实行流动人口居住证制度，逐步推进居住证持有人享有与居住地居民相同的基本公共服务，保障农民工同工同酬。鼓励各地从实际出发制定相关政策，解决好辖区内农业转移人口在本地城镇的落户问题"。同年 7 月 30 日，国务院发布的《关于进一步推进户籍制度改革的意见》提出，要"建立城乡统一的户口登记制度，取消农业户口与非农业户口性质区分"。④2015 年 10 月，习近平总书记在《对新常态怎么看，新常态怎么干》中指出，"推进城镇化要回归到推动更多人口融入城镇这个本源上来，促进有能力在城镇稳定就业和生活的农业转移人口举家进城落户，这既可以增加和稳定劳动供给、减轻人工成本上涨压力，又可以扩大房地产等消费。这也是缩小城乡差距、改变城乡二元结构、推进农

---

① ② 《新华社受权发布 2013 年中央一号文件》，载新华网，http://www.gov.cn/jrzg/2013-01-31/content_2324293.htm，2013 年 1 月 31 日。

③ 习近平：《论坚持全面深化改革》，中央文献出版社 2018 年版，第 66、68 页。

④ 《国务院关于进一步推进户籍制度改革的意见》，载中国政府网，http://www.gov.cn/zhengce/content/2014-07/30/content_8944.htm，2014 年 7 月 30 日。

业现代化的根本之策"①。2016 年的中央一号文件提出，"推进农村劳动力转移就业创业和农民工市民化"，"健全农村劳动力转移就业服务体系，大力促进就地就近转移就业创业，稳定并扩大外出农民工规模，支持农民工返乡创业。大力发展特色县域经济和农村服务业，加快培育中小城市和特色小城镇，增强吸纳农业转移人口能力"；"进一步推进户籍制度改革，落实 1 亿左右农民工和其他常住人口在城镇定居落户的目标，保障进城落户农民工与城镇居民有同等权利和义务，加快提高户籍人口城镇化率。全面实施居住证制度，建立健全与居住年限等条件相挂钩的基本公共服务体制机制，努力实现基本公共服务常住人口全覆盖"。②

2017 年 12 月，习近平总书记在《走中国特色社会主义乡村振兴道路》中提出，要"重塑城乡关系，走城乡融合发展之路"，并指出"要坚持以工补农、以城带乡，推动形成工农互促、城乡互补、全面融合、共同繁荣的新型工农城乡关系"，"要想方设法创造条件，让农村的机会吸引人、让农村的环境留住人，特别是要让一部分年轻人热爱农村农业，培养造就一支新型职业农民队伍，优化农业从业者结构，改善农村人口结构"；"我国城镇化正在推进，农民进城还是大趋势。这方面还有很多事情要做，当务之急是让符合条件的农业转移人口在城市落户定居，加快实现基本公共服务常住人口全覆盖。要通过制度保障，让进城的进得放心，让留在农村的留得安心，实现城镇与乡村相得益彰"③。2018 年 9 月，习近平总书记在十九届中央政治局第八次集体学习时指出，"要深化户籍制度改革，强化常住人口基本公共服务，维护进城落户农民的土地承

---

①　习近平：《论坚持全面深化改革》，中央文献出版社 2018 年版，第 223 页。

②　《中共中央国务院关于落实发展新理念加快农业现代化实现全面小康目标的若干意见（全文）》，载自中华人民共和国农业农村部官网，http://www.moa.gov.cn/ztzl/2016zyyhwj/2016zyyhwj/201601/t20160129_5002063.htm，2016 年 1 月 28 日。

③　习近平：《论坚持全面深化改革》，中央文献出版社 2018 年版，第 395—397 页。

包权、宅基地使用权、集体收益分配权，加快农业转移人口市民化"①。2019 年的中央一号文件提出，要"落实更加积极的就业政策"以促进农村劳动力转移就业，要扶持发展吸纳就业能力强的乡村企业以增加农民就地就近就业岗位；稳定农民工就业，加快农业转移人口市民化；完善乡村创新创业支持服务体系，鼓励外出农民工返乡创新创业。2020 年的中央一号文件提出，要落实涉企减税降费等支持政策，加大援企稳岗工作力度，放宽失业保险稳岗返还申领条件，提高农民工技能提升补贴标准；鼓励地方政府设立公益性就业岗位；深入实施农村创新创业带头人培育行动。

　　总之，在工业化过程中，农业劳动力向非农产业转移、农村人口向城市流动，是一种必然产生的现象。在经历了工业与城镇偏向的发展后，中国共产党从中国整体发展以及农民发展视角出发，着力构建城乡融合发展格局。农民的转移就业是一个综合性问题，不仅是农民的身份转变，还涉及农民的居住、医疗卫生、社会保障、子女教育等问题，农民转移就业的过程，更是中国社会变革的过程。

---

① 中共中央党史和文献研究院:《习近平关于"三农"工作论述选编》，中央文献出版社 2019 年版，第 45—46 页。

第十四章　中国共产党百年农民扶贫增收思想与实践

战胜贫困是中华民族的千年夙愿。中国共产党成立之初，就致力于带领中国人民摆脱贫困，走向共同富裕。百年前的中国，农民普遍处于贫困状态，中国共产党通过新民主主义革命，建立了新中国，使农民获得了土地，摆脱了受剥削、受压迫的境地，但农民的收入水平仍然较低。改革开放后，农民收入实现了较大幅度的增加，农民的温饱问题基本得以解决。为了推进共同富裕，中国共产党开启了扶贫攻坚，特别是党的十八大以来，更是举全党、全国之力推进精准扶贫，并于 2020 年顺利实现贫困县全部摘帽，完成全面建成小康社会的目标。可以说，中国的减贫史就是中国共产党带领中国人民的奋斗史，充分体现了中国特色社会主义的制度优势，也为全人类的减贫事业作出了突出贡献。

第一节　改革开放前的中心任务：解决温饱

中国共产党成立之初，农民普遍处于贫困状态，中国共产党通过新民主主义革命，使农民获得了土地，摆脱了受剥削、受压迫的境地，但绝大多数农民仍处于贫困之中，温饱得不到保障。因此，新中国成立后至改革开放前期，党的中心任务之一就是发展生产，解决温饱，摆脱贫困。

一、新中国成立前中国共产党的农民扶贫增收思想实践

新中国成立前，绝大多数农民处于贫困之中。毛泽东在《中国社会各阶级的分析》中，对各阶层农民所作的描述指出：半自耕农"食粮每年大约有一半不够，须租别人田地，或者出卖一部分劳动力，或经营小商，以资弥补。春夏之间，青黄不接，高利向别人借债，重价向别人籴粮。租于别人的部分虽只收获一半或不足一半，然自有的部分却可全得"；贫农中"有比较充足的农具和相当数量的资金的"一部分，"每年劳动结果，自己可得一半。不足部分，可以种杂粮、捞鱼虾、饲鸡豕，或出卖一部分劳动力，勉强维持生活"，另一部分"既无充足的农具，又无资金，肥料不足，土地歉收，送租之外，所得无几，更需要出卖一部分劳动力。荒时暴月，向亲友祈哀告怜，借得几斗几升，敷衍三日五日，债务丛集，如牛负重"。雇农"不仅无土地，无农具，又无丝毫资金，只得营工度日。其劳动时间之长，工资之少，待遇之薄，职业之不安定，超过其他工人"①。毛泽东认为，农民贫困的根源在于土地问题，解决了土地问题，不仅可以解决农民温饱问题，还可以引导农民加入革命。1934 年 1 月毛泽东在第二次全国工农兵代表大会上所作的《我们的经济政策》报告中提出，经济建设的中心是发展农业生产，发展工业生产，发展对外贸易和发展合作社。"经过分配土地后确定了地权，加以我们提倡生产，农民群众的劳动热情增长了，生产便有恢复的形势了"②。

二、新中国成立后至改革开放前的增收与扶贫思想实践

新中国成立之初，经过多年的战争，中国农村普遍处于贫困状态。中国共

---

① 《毛泽东选集》第 1 卷，人民出版社 1991 年版，第 6—8 页。

② 同上书，第 131 页。

产党进行土地改革，使农民获得了土地，农民的生产积极性大幅提升，粮食产出与农业收入实现恢复性的增长，农村的贫困状况也有所改善。但随之而来的人民公社合作化运动，特别是"大跃进""文化大革命"等，导致农民收入增长相对缓慢。据统计，农民的人均收入从 1949 年的 44 元，增加到 1978 年的 132 元，农民的消费指数小幅提高至 1978 年的 157.6（见表 14-1）。改革开放前的近三十年里，大部分农民收入水平相对较低。

表 14-1　中国农民收入和消费变化（1952—1978 年）

年份	农民人均收入（元）	农民消费指数（1952 年 =100）	年份	农民人均收入（元）	农民消费指数（1952 年 =100）
1952	62	100.0	1967	110	136.2
1954	70	104.4	1968	106	129.7
1956	78	115.0	1969	108	133.5
1957	79	117.0	1970	114	141.3
1958	83	120.0	1971	116	142.1
1959	65	94.6	1972	116	141.5
1960	68	90.3	1973	123	150.2
1961	82	91.9	1974	123	148.9
1962	88	98.8	1975	124	151.0
1963	89	106.8	1976	125	151.4
1964	95	114.0	1977	124	151.0
1965	100	125.2	1978	132	157.6
1966	106	130.7			

转引自李小云、于乐荣、唐丽霞：《新中国成立后 70 年的反贫困历程及减贫机制》，《中国农村经济》2019 年第 10 期。

这一时期的农村减贫与增收政策主要可以归纳为：一是通过土地改革促进农业收入的增加。1950 年，中央人民政府颁布《中华人民共和国土地改革法》，将大约占全国耕地面积 43% 的土地以及地主乡绅的牲畜、大部分的生产和生活资料分配给了无地的贫穷农民，全国 3 亿农民共分得 7 亿亩土地，土地改革提高了农民生产的积极性，也增加了粮食产量与农民收入（见表 14-1）。二是通过教育减贫。新中国成立以后开始大规模建立全国普惠性教育体系，并开展了大规模扫盲运动。新中国成立初期，文盲在全国人口中的比例占到 70% 左右，农村人口中的文盲则高达 80% 以上。通过教育及扫盲运动，中国的文盲率由 1949 年的 80%，下降至 1978 年的 22%。农村教育在人民公社时期基本形成了生产大队办小学、公社办中学、"区委会"办高中的格局，创造了"政府补贴 + 公社的公共经费分担"的全民办教育模式。农村小学毕业生的初中升学率由 1962 年的 32.3% 上升到 1978 年的 86.4%。三是通过社会公共服务减少贫困。20 世纪 50 年代后期以人民公社集体经济体制为依托，农村建立了对丧失劳动能力和无人抚养或赡养的人口提供食物、衣服、住处、医疗、教育和丧葬等的救济制度，并一度建立了对农村居民具有普遍覆盖性的社区合作医疗制度。各种公共服务与帮扶的举措都在一定程度上有助于减少农村贫困。①

第二节　改革开放后到党的十八大前：扶贫攻坚

改革开放后，中国贫穷落后面貌急需改变。邓小平指出，"向穷的方向发展，这不能叫社会主义。社会主义总要使人民生活逐步改善，人民群众的收入不断增加，当然也包括使整个国家一步一步地富强起来"②。改革开放以来，中国温饱问题逐步得到解决，中国共产党在着力提高农民收入的同时，开展了大规模的扶贫运动。

---

① 李小云、于乐荣、唐丽霞：《新中国成立后 70 年的反贫困历程及减贫机制》，《中国农村经济》2019 年第 10 期。

② 中共中央文献研究室：《邓小平年谱（1975—1997）》下册，中央文献出版社 2004 年版，第724 页。

一、改革开放初期的帮扶工作

在改革开放初期，中国农民大部分仍处于贫困状态，为此，扶持贫困地区发展生产成为了改革的一项重大措施。1978 年，党的十一届三中全会通过的《中共中央关于加快农业发展若干问题的决定（草案）》指出，"国务院要设立一个有关部门负责同志参加的专门委员会，统筹规划和组织力量，从财政、物资和技术上给这些地区以重点扶持，帮助他们发展生产，摆脱贫困"[①]。其中，"这些地区"是指西北、西南一些地区以及其他一些革命老根据地、偏远山区、少数民族地区和边境地区。国务院于 1980 年还设立支援经济不发达地区发展基金，基金每年向贫困地区提供 5 亿元用于扶持发展。为了扶持甘肃省以定西为中心的中部地区、河西走廊地区以及宁夏回族自治区西海固地区的发展，国务院于 1982年成立"三西"农业建设领导小组，自 1983 年起每年向"三西"地区划拨 2 亿元专款，重点扶持该地区 28 个县的生产建设。1984 年 9 月，《中共中央、国务院关于帮助贫困地区尽快改变面貌的通知》要求，"各级党委和政府必须高度重视，采取十分积极的态度和切实可行的措施，帮助贫困地区的人民首先摆脱贫困，进而改变生产条件，提高生产能力，发展商品生产，赶上全国经济发展的步伐"。[②]据统计，1978 年至 1985 年，没有解决温饱的贫困人口从 2.5 亿人减少至 1.25 亿人，占农村总人口的比例从 30.7% 下降至 14.8%。农民人均纯收入增长了 2.6 倍。

二、1986—2001 年期间的扶贫攻坚计划

中国农村在自然禀赋和社会历史条件上存在较大的不平衡，在推进贫困地区自身发展的同时，还需要通过外部的力量促进贫困地区的发展。1986 年的中

[①]《中共中央关于加快农业发展若干问题的决定（草案）》，1979 年 9 月 28 日中国共产党第十一届中央委员会第四次全体会议通过，载中国经济网，http://www.ce.cn/xwzx/gnsz/szyw/200706/07/t20070607_11631290.shtml，2007 年 6 月 7 日。

[②]　白人朴：《关于贫困标准及其定量指标的研究》，《农业经济问题》1990 年第 8 期。

央一号文件《关于 1986 年农村工作的部署》提出，要切实帮助贫困地区逐步改变面貌。该文件强调，要深入贫困地区进行调查，利用本地资源禀赋进行规划；要求国务院和有关省、自治区建立贫困地区领导小组。同年 6 月，国务院贫困地区经济开发领导小组成立。同年，中国政府首次确定了国家重点扶持贫困县标准，即以县为单位，1985 年农民年人均纯收入低于 150 元的县。到 1993 年，按当时标准，农村贫困人口减少至 8000 万人，占农村总人口的 8.7%，国家重点扶持贫困县农民人均纯收入达 483.7 元。

1994 年 3 月，国务院印发并实施《国家八七扶贫攻坚计划》，这标志着中国扶贫开发进入攻坚阶段。所谓"八七"，即力争用 7 年时间基本解决中国农村 8000 多万贫困人口的温饱问题。计划明确了扶贫攻坚的奋斗目标：一是到 20 世纪末，使全国绝大多数贫困户年人均纯收入按 1990 年不变价格计算达到 500 元以上，扶持贫困户创造稳定解决温饱问题的基础条件，减少返贫人口；二是加强基础设施建设；三是改变文化、教育、卫生的落后状态，把人口自然增长率控制在国家规定的范围内。同年，中国政府重新调整了国家重点扶持贫困县的标准，即以县为单位，凡是 1992 年农民人均纯收入低于 400 元的县全部纳入国家重点贫困县扶持范围；凡是 1992 年人均纯收入高于 700 元的原国家重点扶持贫困县，一律退出国家扶持范围（根据当时的测算，凡是人均纯收入超过 700 元的县，90% 以上的贫困人口已基本上解决了温饱问题）。按照最新标准，共有 592 个县被列为国家重点扶持贫困县，它们分布于全国 27 个省、自治区、直辖市，涉及 72% 以上的农村贫困人口。

1996 年 9 月，江泽民同志在中央扶贫工作会议上强调，"全党要进一步统一思想，加强领导，层层实行责任制，更广泛更深入地动员全社会力量参与开发式的扶贫，下决心，坚决如期实现'八七'扶贫攻坚计划"[①]。1999 年 6

---

① 《江泽民文选》第 1 卷，人民出版社 2006 年版，第 547—560 页。

月，江泽民同志在中央扶贫工作会议上再次重申，"不论今后两年的扶贫攻坚任务有多么艰巨，全党全国都要同心协力啃下这块硬骨头"[①]。到2000年底，国家"八七"扶贫攻坚目标基本实现，具体体现在：一是解决了2亿多农村贫困人口的温饱问题。农村尚未解决温饱问题的贫困人口由1978年的2.5亿人减少到2000年的3000万人，农村贫困发生率从30.7%下降到3%左右。二是生产生活条件明显改善。1986年到2000年的15年间，在中国农村贫困地区修建基本农田9915万亩，解决了7725万多人和8398万多头大牲畜的饮水困难。到2000年底，贫困地区通电、通路、通邮、通电话的行政村分别达到95.5%、89%、69%和67.7%。三是经济发展速度明显加快。"八七"计划执行期间，国家重点扶持贫困县农业增加值增长54%，年均增长7.5%；工业增加值增长99.3%，年均增长12.2%；地方财政收入增加近1倍，年均增长12.9%；粮食产量增长12.3%，年均增长1.9%；农民人均纯收入从648元增加到1337元，年均增长12.8%。四是各项社会事业发展较快。贫困地区人口过快增长的势头得到初步控制，人口自然增长率有所下降。办学条件得到改善，592个国家重点扶持贫困县中有318个实现基本普及九年义务教育和基本扫除青壮年文盲的目标。职业教育和成人教育发展迅速，有效地提高了劳动者素质。大多数贫困地区乡镇卫生院得到改造或重新建设，缺医少药的状况得到缓解。推广了一大批农业实用技术，农民科学种田的水平明显提高。群众的文化生活得到改善，精神面貌发生了很大变化。五是解决了一些集中连片贫困地区的温饱问题。沂蒙山区、井冈山区、大别山区、闽西南地区等革命老区群众的温饱问题已经基本解决。一些偏远山区和少数民族地区，面貌也有了很大的改变。历史上"苦瘠甲天下"的甘肃定西地区和宁夏的西海固地区，经过多年开发建设，基础设施和基本生产条件明显改善，贫困状况大为缓解。

---

① 江泽民：《全党全社会进一步动员起来，夺取"八七"扶贫攻坚决战阶段的胜利——在中央扶贫开发工作会议上的讲话》，《人民日报》2001年10月15日。

2001 年 5 月中央召开的扶贫开发工作会议，总结了 20 多年来中国开展扶贫开发的经验，部署了 21 世纪前 10 年的中国农村扶贫开发工作。江泽民同志在会上指出，过去的扶贫开发工作中取得的经验主要是"政府主导、社会动员，立足发展、坚持开发，因地制宜、综合治理，自强不息、艰苦创业"，下一阶段扶贫开发的奋斗目标是："尽快解决少数贫困人口的温饱问题，进一步改善贫困地区的基本生产生活条件，巩固温饱成果，提高贫困人口的生活质量和综合素质，加强贫困乡村的基础设施建设，逐步改变贫困地区社会、经济、文化的落后状态，为达到小康水平创造条件。"[①] 会后，国务院印发了《中国农村扶贫开发纲要（2001—2010 年）》。

农业和农村经济的发展离不开农民，党的十四大以来，中国共产党出台了一系列政策，包括提高粮食定购价格、按保护价敞开收购农民余粮、农村税费改革等，其目的旨在调动农民的积极性。1998 年，党的十五届三中全会通过的《中共中央关于农业和农村工作若干重大问题的决定》指出，"调动农民的积极性，核心是保障农民的物质利益，尊重农民的民主权利"[②]。保障农民物质利益的具体表现即增加农民收入。2001 年 1 月，《中共中央国务院关于做好 2001 年农业和农村工作的意见》中指出，"必须高度重视农民收入问题，把千方百计增加农民收入作为做好新阶段农业和农村工作、推进农业和农村经济结构调整的基本目标，并放在整个经济工作的突出位置"[③]。

三、深入部署和推进开发式扶贫时期

2008 年以前，中国政府设定了两个扶贫标准，即绝对贫困标准和低收入

---

① 江泽民：《在中央扶贫开发工作会议上的讲话》，《人民日报》2001 年 9 月 17 日。

② 刘智广：《把调动农民工作积极性作为农村工作的出发点》，《探索与求是》1999 年第 4 期。

③ 《关于做好 2001 年农业和农村工作的意见》中共中央、国务院 2001 年第 8 号国务院公报，载中国政府网，http://www.gov.cn/gongbao/content/2001/content_61314.htm，2001 年 1 月 11 日。

标准。1986 年的绝对贫困标准为 206 元，2007 年调整为 785 元；2000 年的低收入标准为 865 元，2007 年底调整为 1067 元。2008 年，绝对贫困标准和低收入标准合一，统一使用 1067 元作为国家扶贫标准。2010 年 10 月，中国共产党十七届五中全会上通过的《中共中央关于制定十二五规划的建议》中指出，"深入推进开发式扶贫，逐步提高扶贫标准，加大扶贫投入，加快解决集中连片特殊困难地区的贫困问题，有序开展移民扶贫，实现农村低保制度与扶贫开发政策有效衔接"①。2011 年 11 月，胡锦涛同志在中央扶贫开发工作会议上强调，"我国扶贫开发已经从以解决温饱为主要任务的阶段转入巩固温饱成果、加快脱贫致富、改善生态环境、提高发展能力、缩小发展差距的新阶段"。并指出，到 2020 年，深入推进扶贫开发的总体目标是："稳定实现扶贫对象不愁吃、不愁穿，保障其义务教育、基本医疗和住房（也就是'两不愁''三保障'）。贫困地区农民人均纯收入增长幅度高于全国平均水平，基本公共服务主要领域指标接近全国平均水平，扭转发展差距扩大趋势。"② 会议决定，将农民人均纯收入 2300 元（2010 年不变价）作为新的国家扶贫标准，该标准较 2010 年 1274 元标准提高了 80.53%，全国贫困人口数量和覆盖面也从 2010 年的 2688 万人调增为 1.28 亿人，占农村总人口的 13.4%，占全国总人口（除港澳台地区外）的近十分之一。

第三节　党的十八大以来：扶贫实践与思想

党的十八大以来，中国共产党更是把扶贫开发工作放在了治国理政的突出

---

① 《中共中央关于制定"十一五"规划的建议》，见中华人民共和国中央人民政府网，www.gov.cn/ztzl/2005-10/19/content_95091.htm。

② 《中央扶贫开发工作会议在北京召开》，载中国政府网，http://www.mof.gov.cn/zhengwuxinxi/caijingshidian/xinhuanet/201111/t20111130_611507.html，2011 年 11 月 30 日。

位置。针对以往扶贫开发工作中出现的问题，提出了精准扶贫理念，开启了规模空前、前所未有的精准扶贫攻坚战，并建立了脱贫攻坚责任体系和工作机制。

一、党的十八大以来的扶贫工作

增加农民收入、减少贫困人口是"三农"工作的主要任务。在全面建成小康社会时期，衡量农民迈向小康的主要标准是农民生活水平的显著提升，而农民收入的增加则是农民生活水平显著提升的重要体现。此外，农村贫困人口全部脱贫也是一个标志性指标。党的十八大以来，扶贫开发工作被摆在治国理政的突出位置。党的十八届五中全会从实现全面小康社会奋斗目标出发，明确提出，到 2020 年我国现行标准下农村贫困人口实现脱贫，贫困县全部摘帽，解决区域性整体贫困。[①]

2013 年 11 月，习近平总书记在湖南省花垣县十八洞村首次提出了精准扶贫。2014 年，国务院将 10 月 17 日确定为全国扶贫日，每年组织开展扶贫日系列活动。2015 年 6 月，习近平总书记在贵州召开部分省区市党委主要负责同志座谈会，论述了精准扶贫、精准脱贫的总体思路和基本要求。2015 年 11 月，中央召开扶贫开发工作会议，习近平总书记全面阐述了精准扶贫的基本方略，强调要做到"六个精准"，即扶持对象精准、项目安排精准、资金使用精准、措施到户精准、因村派人精准、脱贫成效精准；要实施"五个一批"，即发展生产脱贫一批、易地搬迁脱贫一批、生态补偿脱贫一批、发展教育脱贫一批、社会保障兜底脱贫一批，此外还要实施健康扶贫、资产收益扶贫等；要解决"四个问题"，即扶持谁、谁来扶、怎么扶、如何退。[②] 扶贫开发工作会议对新时期的扶贫工作作出了总体部署，中国共产党也开启了规模空前、前所未有的扶贫工

---

① 中共中央文献研究室：《十八大以来重要文献选编》（下），中央文献出版社 2018 年版，第 29 页。
② 中共国务院扶贫办党组：《脱贫攻坚砥砺奋进的五年》，《人民日报》2017 年 10 月 17 日。

作。2016 年 2 月，中共中央办公厅、国务院办公厅印发的《省级党委和政府扶贫开发工作成效考核办法》明确，考核工作从 2016 年到 2020 年，每年开展一次。2017 年 12 月，中共中央办公厅、国务院办公厅印发《关于加强贫困村驻村工作队选派管理工作的指导意见》。2018 年 8 月，《关于打赢脱贫攻坚战三年行动的指导意见》公布，为脱贫攻坚三年行动明确了时间表和路线图。2019 年 2 月，中央一号文件再次聚焦"三农"，提出 2020 年确保农村人口脱贫。[1]

　　党的十八大以来，中国共产党建立了脱贫攻坚责任体系，强化"中央统筹、省负总责、市县抓落实"的工作机制，形成了五级书记抓扶贫的责任机制；建立了脱贫攻坚投入体系，据统计，党的十八大以来，中央补助地方财政专项扶贫资金从 379 亿元增加到 2020 年的 1461 亿元，增加了 2.85 倍；强化精准扶贫举措，自 2014 年开始在全国开展建档立卡工作，对贫困人口按照收入低于国家扶贫标准，综合考虑"不愁吃、不愁穿，义务教育、基本医疗和住房安全有保障"的情况进行识别；建立广泛的扶贫帮扶参与机制，2013 年中共中央办公厅、国务院办公厅印发关于创新机制扎实推进农村扶贫开发工作的意见，要求每个贫困村都有驻村工作队；着力推进"五个一批"扶贫工程，如党的十八大以来，截至 2020 年 10 月中国易地扶贫搬迁 960 多万贫困人口，同步新建了约 3.5 万个安置社区，一揽子解决了搬迁群众的吃、住、行、就医、就学等方面的问题。党的十八大以来的扶贫工作取得了巨大的成效，现行标准下的农村贫困人口从 2012 年底的 9899 万人减少到 2019 年底的 551 万人，贫困县从 832 个减少到 52 个，贫困村由 12.8 万个下降到 2707 个，至 2020 年底，中国已如期完成了全面脱贫的预定目标。中国共产党的扶贫工作，保障了农民的发展权益，提升了农民的生活水平，对世界的减贫进程作出了重大贡献，也彰显了中国特色社会主义制度的优越性。

---

[1]　《十八大以来中国脱贫攻坚大事记》，《解放军报》2019 年 3 月 11 日。

二、习近平扶贫思想

党的十九大报告中提出了全面建成小康社会的三大攻坚战，其中之一，即是精准脱贫攻坚战。打好脱贫攻坚战是实施乡村振兴战略的优先任务。习近平总书记指出："消除贫困、改善民生、逐步实现共同富裕，是社会主义的本质要求，是我们党的重要使命。"[①] 从梁家河插队时的大队书记，到全中国的领导者，习近平总书记始终关注着、从事着扶贫工作，并在实践中形成了完整、系统的扶贫思想。精准扶贫、精准脱贫及其扶贫攻坚战略思想，已成为习近平新时代中国特色社会主义思想的主要内容，成为马克思主义中国化的重大理论发展成果。[②] 在习近平扶贫思想的指导下，近年来中国扶贫工作取得了突出的成绩。贫困人口从 2012 年年底的 9899 万人减到 2019 年年底的 551 万人，贫困发生率由 10.2% 降至 0.6%，到 2020 年底，已如期完成了全面脱贫的预定目标。

习近平扶贫思想不仅注重如何更快地让贫困群众脱贫，而且更注重扶贫的长效机制，坚持群众主体，激发内生动力。2012 年 12 月习近平总书记在河北省阜平县考察扶贫开发工作时指出："贫困地区发展要靠内生动力，如果凭空救济出一个新村，简单改变村容村貌，内在活力不行，劳动力不能回流，没有经济上的持续来源，这个地方下一步发展还是有问题。一个地方必须有产业，有劳动力，内外结合才能发展。最后还是要能养活自己啊！"[③]2016 年 3 月习近平总书记参加十二届全国人大四次会议青海代表团时指出，"要更加注重提高脱贫效果的可持续性"[④]。可见，习近平扶贫思想的核心之一在于建立脱贫的内生

---

① 《习近平论扶贫工作——十八大以来重要论述摘编》，《党建》2015 年第 12 期。

② 雷明：《绿色发展下生态扶贫》，《中国农业大学学报》(社会科学版) 2017 年第 5 期。

③ 习近平：在河北省阜平县考察扶贫开发工作时的讲话，载自央广网，https://baijiahao.baidu.com/s?id=1691748438038037160&wfr=spider&for=pc，2012 年 12 月 29 日、30 日。

④ 习近平参加十二届全国人大四次会议青海代表团，载新华网，http://www.xinhuanet.com/politics/2016lh/2016-03/10/c_1118286141.htm，2016 年 3 月 10 日。

动力。

（一）注重激发贫困群众的奋斗意志

导致贫困的原因有多种，除少部分丧失劳动力的群众外，其余群众后续的发展与脱贫最终还是需要依靠自身劳动。2017 年 12 月 31 日，习近平总书记发表 2018 年新年贺词时提出："幸福都是奋斗出来的"，贫困人口的脱贫也需要群众在社会的帮扶下努力奋斗，这就需要鼓励贫困群众树立信心、增强斗志，并且还要为群众的奋斗提供公平的社会环境。

一方面，扶贫先扶志。习近平总书记多次强调扶贫与扶志、扶智相结合，"脱贫致富贵在立志，只要有志气、有信心，就没有迈不过去的坎"①。2017 年 6 月，习近平在深度贫困地区脱贫攻坚座谈会上指出："扶贫要同扶智、扶志结合起来。智和志就是内力、内因。我在福建宁德工作时就讲'弱鸟先飞'，就是说贫困地区、贫困群众首先要有'飞'的意识和'先飞'的行动。没有内在动力，仅靠外部帮扶，帮扶再多，你不愿意'飞'，也不能从根本上解决问题。现在，一些地方出现干部作用发挥有余、群众作用发挥不足现象，'干部干，群众看''干部着急，群众不急'。一些贫困群众'等、靠、要'思想严重，'靠着墙根晒太阳，等着别人送小康'。要注重调动贫困群众的积极性、主动性、创造性，注重培育贫困群众发展生产和务工经商的基本技能，注重激发贫困地区和贫困群众脱贫致富的内在活力，注重提高贫困地区和贫困群众自我发展能力。"② 随着扶贫工作的推进，如何保证脱贫人口的不返贫，成为下一步工作的重点，而返贫的潜在原因之一便是部分群众存在"等、靠、要"的思想。因此，要注重从思想上让群众树立自我发展的意愿。

另一方面，要建立公平的机制。只有建立公平的机制，才能激励贫困群众自我奋斗。习近平总书记指出，"我们要以更大的力度、更实的措施保障和改善

①　习近平：《在湖南考察时的讲话》，《人民日报》2013 年 11 月 6 日。

②　习近平：《在深度贫困地区脱贫攻坚座谈会上的讲话》，《人民日报》2017 年 9 月 1 日。

民生，加强和创新社会治理，坚决打赢脱贫攻坚战，促进社会公平正义，在幼有所育、学有所教、劳有所得、病有所医、老有所养、住有所居、弱有所扶上不断取得新进展，让实现全体人民共同富裕在广大人民现实生活中更加充分地展示出来"①，"我们的方向就是让每个人获得发展自我和奉献社会的机会，共同享有人生出彩的机会，共同享有梦想成真的机会，保证人民平等参与、平等发展权利，维护社会公平正义，使发展成果更多更公平惠及全体人民，朝着共同富裕方向稳步前进"②。习近平也指出，只要解决好社会公平正义问题，全体人民推动发展的积极性、主动性、创造性就能充分调动起来。③从习近平扶贫思想中可以看出其对社会公平与正义的重视，也看到了社会公平对于建立长效脱贫机制的重要性。

（二）注重提升贫困群众的人力资本

只有人力资本获得提升，才能促进贫困群众更好地就业，而教育是提升人力资本的最重要的方式。针对下一代的教育，也是防止贫困代际传递的重要手段。习近平总书记多次强调了教育在扶贫中的作用，他在给"国培计划（二〇一四）"北师大贵州研修班参训教师的回信中指出："让贫困地区的孩子们接受良好教育，是扶贫开发的重要任务，也是阻断贫困代际传递的重要途径。党和国家已经采取了一系列措施，推动贫困地区教育事业加快发展、教师队伍素质能力不断提高，让贫困地区每一个孩子都能接受良好教育，实现德智体美全面发展，成为社会有用之才。"④在习近平扶贫思想的指导下，通过一系列的举措，2019年底，全国832个国家级贫困县义务教育阶段辍学学生人数已由台

---

① 习近平：《在第十三届全国人民代表大会第一次会议上的讲话》，《人民日报》2018年3月21日。

② 习近平：《在中法建交五十周年纪念大会上的讲话》，《人民日报》2014年3月29日。

③ 中共中央文献研究室：《以新的发展理念引领发展，夺取全面建成小康社会决胜阶段的伟大胜利》，《十八大以来重要文献选编》（中），中央文献出版社2016年版，第827页。

④ 习近平：《给"国培计划（二〇一四）"北师大贵州研修班参训教师的回信》，《人民日报》2015年9月10日。

账建立之初的 29 万减少至 2.3 万，其中建档立卡家庭贫困学生人数由 15 万减少至 0.6 万。全国 99.8% 的义务教育学校（含教学点）办学条件达到 "20 条底线" 要求，贫困地区义务教育学校办学条件显著改善。[①]

开展职业技能培训也是提升贫困群体能力的主要路径。习近平总书记指出："俗话说得好，家有良田万顷，不如薄技在身。要加强老区贫困人口职业技能培训，授之以渔，使他们都能掌握一项就业本领。"在习近平扶贫思想的指导下，2019 年 5 月，国务院印发实施《职业技能提升行动方案（2019—2021 年）》，加大贫困劳动力和贫困家庭子女技能扶贫工作力度，聚焦贫困地区特别是 "三区三州" 等深度贫困地区的技能扶贫。2019 年中国全年共组织补贴性职业技能培训 1877.1 万人次，其中涉及农民工 741.4 万人次，培训贫困劳动力 259.7 万人次。[②]

（三）注重发挥产业扶贫的作用

产业扶贫是稳定脱贫的根本之策。习近平总书记十分重视贫困地区的产业发展，多次强调了产业扶贫的重要性，在打好精准脱贫攻坚战座谈会上（2018 年 2 月 12 日）他指出："贫困群众短期脱贫容易、长期稳定致富难度大的问题也很突出。产业扶贫是稳定脱贫的根本之策，但现在大部分地区产业扶贫措施比较重视短平快，考虑长期效益、稳定增收不够，很难做到长期有效。如何巩固脱贫成效，实现脱贫效果的可持续性，是打好脱贫攻坚战必须正视和解决好的重要问题。"[③]

在具体的产业扶贫工作中，一方面，习近平强调了要结合当地特色发展产业，"要做到宜农则农、宜林则林、宜牧则牧，宜开发生态旅游，则搞生态旅

---

① 王思北等：《为你点灯，照亮前行——让教育扶贫 "斩断" 贫困代际传递》，载中国政府网，http://www.gov.cn/xinwen/2020-04/29/content_5507490.htm，2020 年 4 月 29 日。

② 中华人民共和国人力资源和社会保障部：《2019 年度人力资源和社会保障事业发展统计公报》，2020 年 9 月。

③ 习近平：《在打好精准脱贫攻坚战座谈会上的讲话》，《求是》2020 年第 9 期。

游，真正把自身比较优势发挥好，使贫困地区发展扎实建立在自身有利条件的基础之上"，只有这样，才能实现区域可持续发展与脱贫工作的有效结合，才能实现长效的产业脱贫效果。习近平在宁德时就主张充分发挥闽东在茶叶、特色水果和海产方面的优势，抓好老茶园改造，鼓励水果种植，发展海洋捕捞和滩涂养殖。并发展配套的乡镇企业，吸引富余劳动力，逐步调整产业结构，帮助农民脱贫致富。① 此外，习近平的"两山理念"也是发挥特色优势，实现长效产业脱贫思想的重要体现。

另一方面，习近平总书记也一直强调扶贫工作中的区域优势互补。2016 年 7 月，习近平在银川主持召开东西部扶贫协作座谈会上指出，东西部扶贫协作和对口支援，是推动区域协调发展、协同发展、共同发展的大战略，是加强区域合作、优化产业布局、拓展对内对外开放新空间的大布局，是实现先富帮后富、最终实现共同富裕目标的大举措。习近平的"闽宁协作"实践，已成为区域对口帮扶的典型范例，为后来的区域协作提供了借鉴和启发。② 在区域扶贫、社会帮扶过程中，既需要无私的奉献，也需要从各自资源禀赋条件出发，寻找可以合作的空间与机会。并且，建立在优势互补上的扶贫机制，更加具有共同发展的生命力，是建立长效扶贫机制、促进贫困地区与群众内生式可持续发展的主要路径。

（四）在国家重大战略实施中推进扶贫工作

2020 年，习近平总书记在陕西考察调研时指出："我更关心的，就是今年以后是不是能够稳定下来，是不是有一个长效的机制，就看这些基本的措施是不是稳定的、持续的。"③ 从国家层面来看，一系列国家重大战略的出台，如区域发展战略、乡村振兴战略等，都体现着通过区域发展、乡村发展实现扶贫长

---

① ② 杨力源：《习近平新时代扶贫攻坚工作思想的基本特征》，《毛泽东思想研究》2018 年第 1 期。

③ 黄钰钦：《习近平陕西考察为脱贫攻坚划出"三条线"》，载中新网，http://www.chinanews.com/gn/2020/04-23/9165967.shtml，2020 年 4 月 23 日。

效机制的探索。如从乡村发展战略来看，2018 年 9 月，习近平在中共中央政治局第八次集体学习上强调："打好脱贫攻坚战是实施乡村振兴战略的优先任务。贫困村和所在县乡当前的工作重点就是脱贫攻坚，目标不变、靶心不散、频道不换。"[1] 习近平在决战决胜脱贫攻坚座谈会上进一步指出，要接续推进全面脱贫与乡村振兴有效衔接，推动减贫战略和工作体系平稳转型，统筹纳入乡村振兴战略，建立长短结合、标本兼治的体制机制。2019 年 9 月，习近平在黄河流域生态保护和高质量发展座谈会上同样指出："黄河流域经济社会发展相对滞后，特别是上中游地区和下游滩区，是我国贫困人口相对集中的区域。积极支持流域省区打赢脱贫攻坚战，解决好流域人民群众特别是少数民族群众关心的防洪安全、饮水安全、生态安全等问题，对维护社会稳定、促进民族团结具有重要意义。"将扶贫工作融入国家重大战略推进中，是建立长效扶贫机制的重要探索。

三、党的十八大以来扶贫工作的主要特征

一是体现着以人为中心的思想。一方面，注重贫困群众能力的提升。相对传统社会救济式的扶贫与帮扶，十八大以来的扶贫工作更加注重从根本上提升群众的致富技能，促进群众实现自我发展。授人以鱼，不如授人以渔。通过加强教育与培训，提高贫困人口的自身素质与技能，破解制约贫困人口发展的瓶颈，从而实现贫困群众的自我发展。中国在贫困地区的培训包括三个方面：第一，针对农民农业生产技术的培训；第二，针对贫困家庭"两后生"的职业技能培训；第三，面向成人贫困劳动力的各类职业技能的培训，所有的这些培训，国家都给予了补贴政策。另一方面，以人为中心还体现在共同富裕的目标追求方面。习近平有一个金句："小康不小康，关键看老乡。"要想实现全面建成小

---

[1]　习近平：《在十九届中共中央政治局第八次集体学习时的讲话》，《习近平关于"三农"工作论述摘编》，中央文献出版社 2019 年版，第 179 页。

康社会的奋斗目标，贫困人口全部脱贫是一个标志性指标。2018 年 2 月，习近平在大凉山视察调研时说："全面建成小康社会，一个民族、一个家庭、一个人都不能少。"①2020 年 6 月，习近平在宁夏考察时再次强调，中华民族是多元一体的伟大民族，全面建成小康社会，一个民族也不能少。

二是体现着科学扶贫的理念。脱贫的主要表现为收入的增长，从经济学视角来看，人力资本与技能的提升是收入增长最重要和最持久的因素。十八大以来的扶贫工作非常重视贫困群众人力资本的提升。此外，从宏观经济发展来看，如何充分利用地区资源禀赋，发挥比较优势推进产业发展，也是尊重科学规律的重要体现。习近平总书记一方面强调地区要因地制宜，发展适合的产业，不同的地区要采取不同的发展举措；另一方面，要求在对口帮扶的过程中，也要实现优势互补，充分发挥比较优势。除此之外，当前的扶贫实践还体现着永续发展的思想。习近平在主政浙江省工作时就提出了"两山理念"，强调了将自然保护与生态环境优势转化为经济发展优势。近年来，他又提出了长江经济带高质量发展战略、黄河流域生态保护与高质量发展战略等，这都体现了经济发展、脱贫攻坚与生态环境协同发展的思想，可持续发展的思想。通过合理、有效地利用资源，发展产业，获得可持续性的收入，从而实现脱贫的可持续机制。

三是体现着社会主义制度优势。改革开放 40 多年来，中国共减少贫困人口8.5 亿多人，对全球减贫贡献率超过 70%。这样的扶贫成效依靠的就是坚持历史唯物主义和政治经济学的方法论，充分发挥社会主义制度优势。②扶贫的第一步也需要社会的帮扶，使贫困群众跨过可持续发展的门槛。在社会帮扶过程中，习近平总书记指出，"我们坚持动员全社会参与，发挥中国制度优势，构建了政府、社会、市场协同推进的大扶贫格局，形成了跨地区、跨部门、跨单位、

---

① 习近平：《全面建成小康社会，一个民族都不能少》，载人民网，http://theory.people.com.cn/GB/n1/2017/0612/c40531-29333825.html，2017 年 6 月 12 日。

② 江宇：《中国扶贫实践彰显制度优势》，《人民日报海外版》2019 年 10 月 18 日。

全社会共同参与的多元主体的社会扶贫体系"①。围绕精准扶贫战略目标的实施，全国共派出25.5万个驻村工作队、累计选派290多万名县级以上党政机关和国有企事业单位干部到贫困村和软弱涣散村担任第一书记或驻村干部，党政机关、企业、社会组织都积极投身到脱贫攻坚行动中来，真正做到了全民动员、全民参与。②全社会都参与到扶贫工作之中，不仅政府，而且国有企业、民营企业等都在扶贫中发挥了重要的作用，充分体现了社会主义的制度优势。

四是体现着共产党的治理能力。中国的扶贫成效充分体现了中国共产党的治理能力。在总体方针方面，2013年11月，习近平到湖南湘西考察时提出了"实事求是、因地制宜、分类指导、精准扶贫"的扶贫方略。在组织方面，坚持中国共产党的领导，在实际工作中形成了"五级书记抓扶贫"的局面。习近平指出，"加强领导是根本，发挥各级党委领导作用，建立并落实脱贫攻坚一把手负责制，实行省市县乡村五级书记一起抓，为脱贫攻坚提供坚强政治保障"③，"省对市地、市地对县、县对乡镇、乡镇对村都要实行这样的督查问责办法，形成五级书记抓扶贫、全党动员促攻坚的局面"④。中国的扶贫工作，是中国共产党社会治理能力的充分展现，也为世界的扶贫工作以及乡村的治理提供了样本。

总体来看，党的十八大以来，以习近平同志为核心的党中央举全社会之力推进扶贫工作，整体消灭了绝对贫困，实现了中国人几千年来的梦想，充分体现了中国共产党执政为民的宗旨，也体现了中国特色社会主义的巨大优势。在这一过程中，形成了中国共产党的扶贫思想。在如期完成脱贫攻坚战、实现全面建成小康社会、开启社会主义现代化新征程之际，中国共产党也进一步提出，

---

① 习近平：《在2015减贫与发展高层论坛发表主旨演讲》，《人民日报》2015年10月17日。

② 吴传毅：《决战决胜脱贫攻坚彰显制度优势》，《光明日报》2020年3月11日。

③ 习近平：《在十八届中央政治局第三十九次集体学习时的讲话》，载人民网，http://theory.people.com.cn/n1/2018/0917/c421125-30297204.html，2017年2月21日。

④ 习近平：《在中央扶贫开发工作会议上的讲话》，《十八大以来重要文献选编》（下），中央文献出版社2018年版，第47页。

要做好脱贫攻坚与乡村振兴的有效衔接，巩固脱贫攻坚成果，建立脱贫的长效机制。

第四节 新时代贫困治理：阶段特征与目标取向[①]

贫困治理是新时代实施乡村振兴战略的重要基础，也是破解城乡发展不平衡、乡村发展不充分的根本要求，更是建设社会主义现代化强国的历史使命。在如期全面建成小康社会、决胜脱贫攻坚之际，在世界百年未有之大变局之下，在迈向现代化新征程重要转折和"三农"工作重心历史性转移之际，在构建新发展格局、推动新型城镇化高质量发展和全面推进乡村振兴之中，必须准确把握中国贫困治理演进的阶段特征，深入思考新时代贫困治理转型的目标取向，着眼谋划缓解相对贫困治理的实现路径。

一、贫困治理的阶段性特征：相对贫困、城乡协调与常态防控

贫困是一种社会物质生活和精神生活贫乏窘困的综合现象。长期以来，国际社会把促进发展、消除贫困作为国际人权保障的重要目标。基于此，贫困发生了怎样的变化，成为了国际社会衡量一个国家或地区是否发展的重要标准。中国共产党自成立以来，尤其是新中国成立后以来，都一直高度重视贫困问题，并积极参与全球贫困治理，全面落实联合国《千年发展目标》和《2030年可持续发展议程》，为中国的全面脱贫以及国际的减贫和人权发展作出了重大贡献。中国成为了最早实现千年发展目标的发展中国家，减贫的贡献率超过70%；2020年脱贫攻坚任务的如期完成，更意味着中国提前10年实现了2030年可持

---

① 本节内容来自顾海英：《新时代中国贫困治理的阶段特征新及相对贫困治理思考》，《上海交通大学学报（哲学社会科学版）》2020年第12期。

续发展议程确定的减贫目标。

从演进和观念转变的角度来看，中国的贫困治理经历了从改革开放前的救济式扶贫到改革开放后的大规模开发式扶贫，再到党的十八大以来的决战攻坚式扶贫的发展阶段。综观这些演进过程可见，中国的贫困治理大致呈现以下几个方面的重要特征：

一是着重解决满足生理基本需要的绝对贫困。绝对贫困中的"绝对"规定性，决定了对贫困治理的目标就是要解决人类生理形式被剥夺，生存受到威胁的状况，亦即是要解决营养、健康、教育、住所等生理方面的基本需要无法得到满足的状况。从中国贫困治理的行动和贫困线标准的确立来看，国家确定的救济式和开发式扶贫方针，实施的精准扶贫方略，开展的脱贫攻坚行动；以及从采用恩格尔系数法 [①]，到利用"马丁法" [②]，到设定保障"有吃、有穿" [③]，再到设定"两不愁、三保障" [④] 确立的贫困线标准，都是以解决贫困人口温饱问题和极大地解决绝对贫困现象为主要目标的治理。

二是重点围绕农村地区开展减贫脱贫行动。在中国，绝对贫困人口主要集中在农村。众所周知，中国为建立和提高工业化、城镇化基础和水平，长期实施"农业支持工业""农村服务城市"的系列制度和政策，加之这些制度和政策并未随着工业化、城镇化水平的提高而逐渐消除，反而形成了城乡二元经济社会结构发展的观念定势，直接加大了绝对贫困人口沉淀、聚集在农村的局面。据统计，改革开放初期，中国农村贫困人口规模达 7.7 亿，绝对贫困发生率为 97.5%。基于此，中国绝对贫困治理的重点、范围主要集中在农村，国家制定

---

① 将生活支出分为食物消费和非食物消费（衣着、住房、交通、燃料、医疗、教育和娱乐等）两部分来确定贫困线。

② 选择每人每日 2100 大卡热量摄入作为必要的营养摄入量来测算贫困线。

③ 按低收入标准来设定保障"有吃、有穿"基本温饱标准的贫困线。

④ 按农村年人均纯收入来设定"两不愁、三保障"（不愁吃、不愁穿、保障义务教育、基本医疗和住房）的基本温饱标准。

的系列减贫计划、纲要、规划等主要针对农村地区，实施的减贫标准、行动、举措等，也都是以实现农村贫困人口全部脱贫为主要目标。

三是致力于经济发展带动减贫脱贫。贫困治理与国家的经济发展水平密切相关。从中国农村贫困线历史演进过程来看，起始于 1981 年确定的第一条贫困线，人均年纯收入仅为 40—50 元，相当于当时统销价计算的 150 千克小麦或 200 千克水稻。[①] 之后不断调整提升，2011 年始与国际对标，以人均年纯收入 2300 元作为新的国家扶贫标准，并按此为不变价基准进行动态调整，先后超过人均每天 1 美元、1.25 美元和 1.9 美元计算的名义国际贫困标准线。党的十八大以来，农村贫困线标准调整提高的密度进一步加大。据统计，2016—2019 年期间，标准先后调整提高为 3146 元、3335 元、3535 元和 3747 元。预计 2020 年将突破 4000 元[②]，这一标准将比 2011 年的 2300 元提高 174%。可见，伴随着改革开放以来经济的快速增长，中国的农村贫困线对标国际标准，历经多次调整，标准不断提高。

四是走了超常规的决战决胜之路。从改革开放前期开展大规模"扶贫攻坚战"，到党的十八大以来开展精准式"脱贫攻坚战"，形成了跨地区、跨部门、跨单位、全社会共同参与的多元主体社会扶贫体系，全国由上至下、方方面面，广泛投入到这场浩大的扶贫行动中。这表明，中国对绝对贫困的治理，走的是在明确自身反贫困的世界历史方位和历史坐标基础上展开的超常规决战决胜之路，取得了举世瞩目的成就，其目的旨在帮助量大面广的农村贫困人口摆脱绝对贫困。

全面建成小康社会、决胜脱贫攻坚的如期完成，意味着中国农村的贫困状态和格局已发生根本性、战略性变化，也标志着中国的贫困治理进入了从解决绝对贫困转向缓解相对贫困的新阶段。相较绝对贫困，相对贫困具有长期性、

---

① 汪三贵：《贫困问题与经济发展政策》，农村读物出版社 1994 年版。

② 刘永富：《2020 年贫困户脱贫收入要达 4000 元》，《北京青年报》2019 年 3 月 7 日。

隐蔽性、复杂性、多维性、动态性等特征，这决定了相对贫困不能像绝对贫困治理那样，用"突破"和"决战"的方式来解决，而只能用"协调"和"常态"的方式来缓解。因此，在进入相对贫困治理的新阶段，必须要从农村重点突破转向城乡协调发展，从超常规决战转向常态化防控，其目的旨在不断、渐进地减缓相对贫困的程度。

二、相对贫困治理的目标取向：人民至上、城乡融合与共享发展

"消除贫困，实现共同富裕"，是中国特色社会主义的本质要求。在中国贫困治理进入缓解相对贫困的新阶段，必须深入思考新时代贫困治理转型的目标取向。所谓相对贫困，是指在特定的社会生产和生活方式下，在特定的经济社会发展约束下，个人或家庭获得的合法收入虽然可以维持其基本生存性需求，但无法满足当地条件下所认为的其他基本生活需求的状态，其衡量标准是就整个社会的平均状态或一般状况而言。可见，相对贫困中的"相对"规定性，决定了相对贫困治理是一个长期的、复杂的系统工程，要求对其隐蔽性、动态性、相对性、多样性和多维性等开展综合治理。因此，缓解相对贫困，必须始终秉持以人民为中心的核心价值理念，以实现城乡融合、共享发展的治理目标。

首先，相对贫困治理仍要秉持人民至上的核心价值理念，以不断满足人民日益增长的美好生活需要。从理论上说，在现代化的发展过程中，满足基本需要，提高人类尊严和扩大选择自由是全部经济活动的基本功能，也是逐渐实现美好生活的基本元素。因此，如期全面建成小康、决胜脱贫攻坚，意味着中国的基本品已极大地满足了人民基本生活的需求，或者说已拥有了满足人民基本生存需要的能力。目前中国已迈向"提高人类尊严"和"扩大选择自由"的发展阶段，所谓"提高人类尊严"就是要不断提高人们的生活水平，这种水平除了更高的收入外，还要提供更多的工作岗位、更好的教育机会，并对文化和人道主义给予更大的重视，亦即不仅要增加人们物质上的福利，还要给个人带来

更大的自尊。这种"自尊"是一种觉得自己有价值、有尊严的感觉，使人们能够感受到自身存在的价值。正如中国确定的人权事业发展目标所述：再经过几十年的不懈奋斗，中国人民的各项权利必将得到更好和更高水平保障，中国人民将更加享有尊严、自由和幸福。[①] 历史已进入新时代，中国社会的主要矛盾也已转化，在相对贫困的治理中，如何满足人民日益增长的美好生活需要，解决发展中的不平衡、不充分问题？必须要根据相对贫困的本质属性，始终贯彻以人民为中心的根本价值取向，并将其转化为契合、适当的具体实践行动，不断、渐进地减缓相对贫困的程度。

其次，相对贫困治理要摒弃二元结构发展的观念定势，以实现城乡融合发展。相对贫困理论最核心的观点就是要解决相对排斥与相对剥夺问题。毋庸讳言，长期以来，在城乡二元结构的推动下，中国经历了一个史无前例的快速工业化和城镇化进程。得益于此的后发优势发挥，中国的工业增加值从1952年的120亿元增加到2019年的386165亿元，增长了970多倍；一、二、三产业结构从1949年的68：13：19转变为2019年的7.1：39：53.9；城镇化率也从1949年的10.64%提高到了2019年的60.6%。然而，这也直接导致了对农村的相对排斥与相对剥夺，形成了至今都难以破解的"三农"问题。虽然为改变这种排斥与剥夺的状况，国家制定了从城乡统筹到城乡一体化发展，再到城乡发展一体化等系列方针和政策，对解决农村的绝对贫困问题发挥了巨大作用，"三农"问题的表现形式和强度也发生了很大变化。但由于长期以来的观念定势，这种排斥与剥夺并未得到根本解决，反而导致原有未解决或破解的城乡二元结构进一步向城市延伸，形成了所谓的因农民身份转化滞后于农民就业转移的"新二元结构"问题，这也致使城镇化停留在常住人口的统计层面或"土地城镇化"层面，未能真正迈入"人的城镇化"或"完全城镇化"。这是进入相对贫困治理阶

---

① 中华人民共和国国务院新闻办公室：《改革开放40年中国人权事业的发展进步》白皮书，2018年12月12日。

段必须正视并致力于要缓解和解决的问题。新时代相对贫困治理的目标，既要从根本上解决原有的城乡二元结构引致的排斥与剥夺，还要破解"新二元结构"问题，即要消除已进城农民工不能享有与城镇有户籍从业人员甚或人才类居住证获得者同等机会和待遇的排斥性体制，让农民工靠自身努力有机会实现向上流动，并能公平地享有参与城市建设、经济发展的成果和待遇，向高质量的城镇化迈进，以真正实现城乡融合发展。

再次，相对贫困治理要提升收入差距的收敛速度，以促进共享发展。从理论上说，解决贫困的实现途径就是"公平"。所谓"公平"的要义包括：机会公平、过程公平、结果公平等。就结果公平而言，主要追求的是收入和财富的合理分配，而实现结果公平的关键就是要破解收入分配的不平等。在现代化的发展过程中，收入分配不平等往往呈先扩大后缩小的趋势，即长期变动轨迹呈库兹涅茨倒 U 形曲线。从中国倒 U 形曲线轨迹形成的原因来看，除了上述的二元结构导致的工农、城乡收入差距外，还来自改革开放以来劳动和资本等要素禀赋结构的变化和政府调节收入分配能力的变化。改革开放初期，为促进经济发展和激发社会活力，党和国家倡导"效率优先、兼顾公平"的收入分配原则，这在让一部分地区、一部分人先富起来的同时，也使得中国的收入分配差距不断扩大。从基尼系数来看，改革开放前，中国的基尼系数一直低于 0.2，收入分配属于相对平均的状态。随着改革开放的深入和经济快速增长，基尼系数一路上升，2000 年始，已超过国际公认的 0.4 警戒线，之后一直保持在接近 0.5 的高位。这表明，中国的收入分配进入了不公平区间，国民财富的集中度过高。党的十八大以来，党和国家致力于缩小收入分配差距，收入分配政策也向着更加注重社会公平的方向转变，强调"初次分配和再分配都要处理好效率和公平的关系，再分配更加注重公平"，并把公平观的认识上升到高质量发展和社会公平正义的新高度，提出了"共享发展"的理念。由此，取得了中国居民收入基尼系数连续缩小，名义城乡收入差距从 3.33 倍下降为 2.7 倍以下，城乡居民家庭恩格尔系数差距也逐渐收窄的改革成效。但仍必须正视中国目前收入分配差距过大的现实，2017 年的基尼系数仍为 0.467，城乡居民家庭恩格尔系数仍有近 3 个百分点的差距，名义城乡收入差距仍有 2.7 倍左右，且这种差距的比较，很大程度建立在农村按纯收入、城市按可支配收入的基础之上，若均按可支配收入计算比较，则城乡收入差距会更大。虽然中国如期解决了绝对贫困问题，但因城乡和区域间经济发展呈现明显差异，相对贫困人群处于多种社会资源的不均等状态仍存在且严重，贫富差距过大的局面改变仍未达到预期。在看到目前中国 1 亿人扰动国内外消费市场给人"超"富裕国家印象的同时，更要看到仍有"6 亿人每月收入 1000 元"① 或"9 亿人月收入在 2000 元以下"②。因此，进入相对贫困治理阶段，必须按以人民为中心的价值理念，以全体人民共同富裕为目标，不断缩小贫富收入差距，并加大差距的收敛速度，促进共享发展。

三、缓解相对贫困治理的实现路径：长效机制、有效融合、乡村振兴与缩差共富

相对贫困的治理，也是推进国家治理体系和治理能力现代化的重要内容。必须结合实际，从战略眼光、全局意识，着手谋划缓解相对贫困治理的实现路径。

（一）制定"能发展""能长效"的相关法规，构建相对贫困治理的长效机制

相对贫困将伴随着经济发展的全过程而长期存在，既不可能在短期内解决，也不可能制定长期目标根本消除，只能通过持续性的治理，使其贫困的程度不断缓解，广度逐渐收窄，深度渐进趋缓。因此，相对贫困的治理是一项长期性、常态化的艰巨任务。在中国如期决胜脱贫攻坚，从解决农村绝对贫困转向常态

---

① 李克强：十三届全国人大三次会议记者会，载中国政府网，http://www.gov.cn/xinwen/2020-05/27/content_5515409.htm，2020 年 5 月 28 日。

② 北京师范大学中国收入分配研究院：《月收入不足千元，这 6 亿人都在哪》，2020 年 6 月 3 日。

化缓解相对贫困中，必须建立与完善相关法规，为相对贫困的治理提供法律依据和制度保障，并明确各相关主体的权利和责任。相关法律和制度是保证常态化缓解相对贫困治理的效率基础，也是相对贫困治理走向可持续性的前提。

相关法规的制定，首先要体现"能发展"的要求。这是因为，贫困不仅只是经济上的概念，更关乎基本的公民权利和能力，其实质是一种权利和能力的贫困。按阿马蒂亚·森的理论，所谓能力贫困，就是指一个人可以获得各种功能性活动的不同选择组合能力被剥夺而产生的贫困。所谓权利贫困，就是指一批特定群体和个人应享有的政治、经济、文化权利和基本人权缺乏而导致的贫困。因此，必须通过法律和制度的规定性，来不断减少和消除一切形式不公正的社会排斥制度和政策，使贫困人口享有更公平的发展权利，这是相对贫困治理实现公平的重要基础和途径。

其次要体现"能长效"的要求。相对贫困的多维性、动态性和复杂性等特征，决定了相对贫困治理不能沿袭运动式扶贫、政策性扶贫等诸多行动，必须要通过常态化的法治，构建起缓解相对贫困的长效机制。目前，中国虽然已有了一些地方层面的治贫法规，但内容单一、作用有限，亟待出台与完善国家层面的法规，以约束致贫、返贫，引领相对贫困的缓解，这是相对贫困治理实现更高质量、更有效率、更加公平、更可持续的重要途径。

（二）按相对贫困治理的要求和原则，构建城乡融合发展的有效机制

针对长期以来城乡二元结构及其观念定势形成的"三农"问题和导致的"新二元结构"问题，以及目前仍存在的城乡要素流动不顺畅、公共资源配置不合理等引致贫困的突出问题，必须从问题形成的根源着手，破除二元经济社会结构体制，构建起有效的城乡融合发展机制，形成工农互促、城乡互补、全面融合、共同繁荣的新型工农城乡关系。值得强调的是，为提升城乡融合发展机制构建的有效性，必须要以消除"排斥性"为目标，以公平公正为原则，真正落实"工业反哺农业、城市支持农村"方略。这是破除二元结构的有效路径，

其逻辑解释是，一方面可以用这种形式偿还"二元"推进工业化和城镇化的"借款"；另一方面可以补偿"青山、绿水"生态外部性的利益。

长期以来，为破除二元结构，很多学者聚焦城乡二元户籍体制开展了众多有价值的研究，国家也出台了系列政策措施，为缓解二元经济社会结构发挥了重要作用。但值得指出的是：随着经济社会的发展，农村居民的很多观念也随之发生了很大变化，一些地区还出现了"逆城市化"的行为，究其原因，主要是附着在农业户口上的一些集体福利诱使或利益实现途径缺乏等，这是新时代户籍制度改革更深层次的问题。因此，针对这些问题，依据相对贫困治理的要求和原则，可尝试以下路径，破解二元结构，以提升城乡融合发展的有效性：

一是可以选择"淡化"户籍、"强化"常住的制度安排。所谓"淡化"户籍，就是城市户籍要回归人口管理和服务功能，"淡化"附着在只有户籍才有的各种机会和待遇。所谓"强化"常住，就是将原只有城市户籍才有的各种机会和待遇也同样赋予外来农民工，城市的各种福利或待遇，均按"常住人口"设计和实施，即将城市的公共服务、社会保障和福利待遇等政策引入"常住人口"管理。以推动城市户籍从业人员与农民工之间的人口发展政策衔接、管理服务机制联动，实现"同管理、同服务"，以推进"常住人口"的"一元化"管理。

二是要推进已有政策的衔接，协调好城乡民生常量政策的有效接续普惠。事实上，为破解城乡二元经济社会结构，近几年来国家已出台了很多制度与政策，就户籍制度改革而言，国家已颁发"建立城乡统一的户口登记制度，取消农业户口与非农业户口性质区分"①的文件，之所以现阶段仍存在很多农业转移人口及其他常住人口合法权益保障难的诸多问题，关键是衔接、协调等方面的问题。因此，在构建城乡融合发展机制过程中，在考虑提出更多新政策的过程中，更要重视对已有政策的梳理，检视其政策衔接、协调的有效执行和落实，

---

① 国务院：《关于进一步推进户籍制度改革的意见》，2014年7月30日。

以及政策衔接、协调的受益面情况等。

（三）按乡村振兴与相对贫困治理的一致性目标和内容，构建两者之间的衔接机制

鉴于中国贫困人口主要集中在农村，以及当前中国经济社会中最大的"不平衡"是城乡发展不平衡，最大的"不充分"是农村发展不充分的现实，进入相对贫困治理新阶段，必须要"接续推进全面脱贫与乡村振兴有效衔接"①，构建起乡村振兴战略与相对贫困治理有效衔接的新机制。乡村振兴战略与相对贫困治理衔接机制构建的逻辑，就是要将乡村振兴战略总要求融入具体的缓解相对贫困的治理行动中。

实施乡村振兴战略是中国实现现代化进程中，"补齐"农业、农村、农民"短板"的重要内容；也是实施"四化同步"协调发展，"伸长"农业农村现代化"短腿"的内在要求；更是践行"以人民为中心"，增强"弱项"的重大战略任务。可见，乡村振兴战略与缓解相对贫困的目标取向一致。实施乡村振兴战略的总要求是：产业兴旺、生态宜居、乡风文明、治理有效、生活富裕②，其目的旨在从根本上解决"三农"问题，让农业成为真正的朝阳产业，让农民成为真正的职业身份，让农村成为真正的美好家园。这与贫困治理涵盖的具体实践内容也相一致。因此，构建起打通二者之间的衔接渠道，实现两者之间的相互交融，就可以实现两者相互促进。这样，既可促进两者共同目标的实现，也可促进贫困治理从绝对贫困向相对贫困，从农村重点突破向城乡协调发展，从超常规决战向常态化防控的阶段转型。构建乡村振兴战略与相对贫困治理的衔接机制，既是缓解相对贫困治理的新要求，更是缓解相对贫困的新动力和新保障。

---

① 习近平：《在决战决胜脱贫攻坚座谈会上的讲话》，载人民网，http://cpc.people.com.cn/n1/2020/0311/c419242_31626389.html，2020 年 3 月 6 日。

② 习近平：《决胜全面建成小康社会　夺取新时代中国特色社会主义伟大胜利——在中国共产党第十九次全国代表大会上的报告》，人民出版社 2017 年版。

（四）按渐进调整提高的方式，制定符合基本国情、发展阶段和贫困特征的相对贫困线标准

解决相对贫困的目标在于缩小收入差距、实现美好生活。在如期解决了绝对贫困后，中国贫困治理的重心将转向标准更高、范围更广的相对贫困问题。在这里，"标准更高"主要是指贫困线的标准更高。相对贫困的测量与绝对贫困不同，一般采用相对收入法来定义相对贫困，即通过整体收入的比例来确定。目前，国际相对贫困标准一般"以一个国家或地区中等收入或社会中位收入或平均收入的 50% 作为这个国家或地区的贫困线"[①]。"范围更广"就是指按相对贫困标准测算的贫困人口范围广泛，即属于收入分布最底层的一定比例的人口自动成为贫困人口，这不仅包括农村的贫困人口，也包括城市的贫困人口。

鉴于目前中国相对贫困人口较多、贫富差距过大的现实，决定了中国的相对贫困治理是一项长期任务，是一个循序渐进的过程，不可能一蹴而就。因此，在进入相对贫困治理阶段，可以在参考国际相对贫困标准设定的方法，并将其标准设定为中国缓解相对贫困治理目标的同时，更要结合中国的基本国情、发展阶段和贫困特征，借鉴解决绝对贫困的经验，采取渐进式地提高相对贫困线标准的办法。例如，先期可借鉴类似新加坡贫困标准设定的方法，按最低收入排序后，将 10% 或 20% 的家庭认定为贫困家庭，之后可按收入低于平均收入的百分比渐次调整提高标准，再之后可按可支配收入中位数的百分比渐次调整提高标准。事实上，近期有关"6 亿人每月收入 1000 元"或"9 亿人月收入在2000 元以下"的讨论，以及国家统计局明确将低收入群体定义为月收入在 2000元以下的标准等，已经为中国进入相对贫困治理阶段，提出了可实施的相对贫困线先期标准。

总之，全面建成小康、决胜脱贫攻坚的如期完成，中国的贫困治理呈现了

[①] 这是经济合作与发展组织（OECD）1976 年组织对其成员国进行的一次大规模调查后提出的一个贫困标准，后来作为国际贫困标准被广泛运用。

从绝对贫困转向相对贫困，从农村重点突破转向城乡协调发展，从超常规决战转向常态化防控的阶段特征。在相对贫困的治理过程中，仍要秉持人民至上的核心价值理念，以实现城乡融合发展和共享发展。在此目标下，相对贫困的治理要通过构建长效、融合和衔接机制，制定符合基本国情、发展阶段和贫困特征的贫困线标准等路径，以实现缓解相对贫困的治理目标。

第十五章　中国共产党百年农村公共服务
思想与实践

　　农村公共服务水平影响着农民的生活水平。在新民主主义革命时期，中国共产党就在苏区以及根据地农村开展了救济、教育、医疗等工作。新中国成立后，系统的农村公共服务体系逐步建立，但受制于经济发展水平，新中国成立后的很长一段时期内，农村的公共服务水平都不高，相应的保障项目农民参与的积极性也不高，农民可以获得的公共服务与保障并不多。改革开放后，随着经济的发展，农村免费义务教育开始实施，新农合、新农保也陆续推出，农村的各类公共服务也逐步完善。进入新时代，城乡的差距逐步缩小，医疗保险、养老保险逐步向着城乡统一的标准迈进，农民获得的公共服务水平不断提升，农民生产生活的便利性、稳定性进一步增强。

第一节　新民主主义革命时期的农村公共服务实践

　　新民主主义革命时期，中国共产党就十分重视农村的公共服务，不仅通过土地革命、减租减息，提高农民的收入水平，而且在救济、教育、医疗等方面为农民提供相应的照顾。

在土地革命战争期间，中国共产党给养情况十分艰巨。1927 年 8 月，《中共中央关于湘鄂赣粤四省农民暴动大纲》规定，"自耕农及已取得大地主田地之佃农应对其革命政权（农会）交纳田税"。中国共产党以军民兼顾为原则，在向农民征税的同时，重视改善农民生活。根据地废除旧制度，使得农民在土地革命中享受普惠。1931 年 11 月，中华苏维埃共和国中央执行委员会颁布《中华苏维埃共和国暂行税则》，以全额累进税率作为计税标准，农民以阶级作为征税原则，其中贫农、中农税轻，富农税重，雇农及红军家属免税。1931 年 11 月颁布的《中华苏维埃共和国宪法草案》规定："在苏维埃政权领域内的工人，农民，红军兵士及一切劳苦民众和他们的家属，不分男女、种族、宗教，在苏维埃法律面前一律平等"[①]，这从根本大法上保证了工农大众的权益。《中华苏维埃共和国劳动法》规定，对一切雇佣劳动者"实行免费的医药帮助，……不论是普通病或因工作致病、遇险受伤、职业病等，都支付医药费，其家属也同样享受免费的医药帮助"[②]。中国共产党领导下的苏维埃中央政府不仅颁布了卫生防疫相关法规条例，建立相应管理机构和医疗卫生防疫体系，还推进卫生防疫运动。如出台了《苏维埃区暂行防疫条例》，1932 年 1 月，中央政府人民委员会第 4 次常委会决定，在苏维埃区域内普遍开展以预防常见病、流行病为主要内容的卫生防疫运动等。[③]中央苏区所在地区属偏僻落后的农村，并且自然灾害相对严重。资料显示，江西在 1928 年、1934 年曾爆发过大的旱灾，1931 年、1932 年、1933 年、1935 年发生洪涝灾害，中华苏维埃共和国成立以后，成立劳动人民委员部对难民、灾民、贫民、孤寡以及被改造的流民予以救济。1931 年 12 月，中华苏维埃共和国第一次全国代表大会通过的《土地法》规定："老

---

① 《中华苏维埃共和国宪法大纲（1934）文献资料》，载明德公法网，http://www.calaw.cn/article/default.asp?id=3118，2007 年 12 月 22 日。

② 《中华苏维埃共和国劳动法（中华苏维埃工农兵第一次代表大会通过）》，载百度文库，https://wenku.baidu.com/view/0b481148767f5acfa1c7cd61.html，2012 年 4 月 22 日。

③ 田刚：《中国共产党领导的苏区卫生防疫运动》，《北京党史》2007 年第 3 期。

弱残废以及孤寡，自己不能劳动，而且没有家属可依靠的人，应由苏维埃政府实行社会救济。"①

抗日战争时期，根据地经济情况愈加困难，中国共产党在军民兼顾的基础上，实行合理负担政策。毛泽东指出，"虽在苦难时期，我们仍要注意赋税的限度，使负担虽重而民不伤。而一经有了办法，就要减轻人民负担，借以休养民力"②。1942 年 1 月，中央政治局通过的《中共中央关于抗日根据地土地政策的决定》提出，"抗日经费除赤贫者外，一切阶级的人民均需按照累进的原则向政府交纳，不得畸轻畸重，不得抗拒不交"③。同期还实行了减租减息政策，不仅改善了农民生活，还保障了地主的地权、财权。这两项政策在阶级路线的框架内，夯实了抗日民族统一战线，为夺取抗日战争胜利奠定了基础。为有效地动员民间力量，向群众提供医疗卫生福利，根据地积极组建民众医院与医疗合作社。④兴办学校，推动农村青少年教育。为了消灭文盲，根据地在一些村庄办起了成人识字班，以推动农村的青壮年文化教育。⑤此外，该时期中国共产党还积极开展救济工作。由于生产力水平低下，加之战争、自然灾害影响，抗日战争时期农民中的难民数量巨大，中国共产党在根据地开展了一系列的救助工作，如 1941 年，晋冀鲁豫根据地的沁县为受灾群众发放粮款，"经过短短的十天，沁县军政民慰问团，挨门挨户地慰问了二十八个村子的被灾民众，发放赈款一千六百七十五元，赈济了二百零二户人家，计有一千一百五十三口人，医治了三十四个受伤民众，对被灾抗属赈济了十石八斗五升小米，二十四石六斗

①　杜俊华：《论苏维埃时期中共的社会救济》，《甘肃社会科学》2007 年第 3 期。

②　《毛泽东选集》第 3 卷，人民出版社 1991 年版，第 895 页。

③　《中共中央关于抗日根据地土地政策的决定》，见 https://wenku.baidu.com/view/6ef17d27af45b307e871979a.html，2012 年 4 月 15 日。

④　吴云峰：《华北抗日根据地与陕甘宁边区的医疗卫生事业研究》，《西北工业大学学报（社会科学版）》2014 年第 4 期。

⑤　薛金慧：《陕甘边革命根据地的农村社会建设》，《社科纵横》2019 年第 3 期。

杂粮，被灾民众受到政府这些帮助，十分感激"①。

解放战争期间，中国共产党通过土地改革、财税制度改革保障农民生产生活与革命事业的同时，也初步建立了针对农民的公共服务体系。长期的战争使得解放区的经济情况处于严重困难的状态，1947 年 4 月，中共中央召开华北财经会议，提出"军民兼顾、公平合理、鼓励生产、节省开支"四项原则来保证这一时期的战争供给，解放区实行有免征额的比例税制以取代抗日战争时期实行的累进税制。解放战争时期，中国共产党在农村的政权逐步建立起来，通过正规的政权体系推进农村的公共服务。如在东北解放区，村政府即村行政委员会，下设财粮、生产、文教、民政、人民武装、公安、调解等委员，具体管理本村内的各项事务。解放战争期间，对于教育、医疗、救济等公共服务也非常重视。如在教育方面，早在 1945 年毛泽东同志在《论联合政府》一文中就明确指出："要从百分之八十的人口中扫除文盲"②。据有关资料统计，到 1949 年 9 月，东北解放区所辖各省，在农村办起了 30762 所冬学，入学人数达 1232299 人，不少学员经过学习，都能认识 150 个字以上。③

第二节　新中国成立后的农村公共服务探索

新中国成立后，国库空匮，国民经济进入恢复时期，农业税仍是国家财政的主要来源，农业税税种及相关收费是维持基层政府运转和发展农村公共事业的基本财力保障。1950 年，农业各税占国家各项税收收入总额的比重达 40%。

---

① 吴云峰：《华北抗日根据地灾荒救济工作研究——以政权与民间社会互动为视角》，《新乡学院学报》2019 年第 10 期。

② 《毛泽东选集》第 3 卷，人民出版社 1991 年版，第 994 页。

③ 曹国华：《试析解放战争时期教育工作的特点》，《辽宁师范大学学报》1995 年第 6 期。

各地经济发展不平衡，老解放区继续实行解放战争时期的比例税制。1950 年 9 月，中央人民政府发布《新解放区农业税暂行条例》，规定新解放区实行累进税制。为了减轻农民负担，1952 年 6 月，政务院发布的《关于 1952 年农业税收工作的指示》规定，"全国各地农业税的地方附加，一律取消。今后对农业只由中央统一征收一道农业税，不再附加"。新中国成立前，农村医疗卫生条件相对城市来说几乎为零，1950 年周恩来提出，"人民政府决定在最近几年内在每个县和区建立起卫生工作机关，以便改进中国人民长期的健康不良状况"①。到 1952 年底，县级卫生机构基本覆盖全国。

1953 年，过渡时期总路线明确提出，以工业化为主体，中国共产党工作的重点从农业转向重工业，从农村转向城市、工矿、交通线，从农民转向工人。医疗卫生工作也进入重工轻农基调，农村医疗卫生处于低水平发展状态，农民仍自费医疗。20 世纪 50 年代，农业合作化运动开始后，部分地区农民自发组织起了具有互助共济属性的合作医疗，即由公社、大队集体和农民个人共同出资，分担农民部分医疗费用。1956 年，农村"五保"供养制度确立，即保障农村鳏寡孤独及残疾人的生存权，实行保吃、保穿、保住、保医、保葬，资金来源于农村集体经济组织公益金。1965 年 6 月 26 日，毛泽东指示卫生部，要"把医疗卫生工作的重点放到农村去"，即"六二六指示"。

在"大跃进"过程中，许多人民公社成立了卫生站，解决了部分农村地区非法行医的状况。但这些基层集体医疗组织缺乏经济基础，农村医疗卫生出现了专业人员空缺的情况。1968 年 9 月，《红旗》杂志刊发了《从"赤脚医生"的成长看医学教育革命的方向》一文，"赤脚医生"这一称呼正式进入大众视野。"赤脚医生"大多来自医学世家或初高中毕业生中略懂医术病理者，经挑选进入县级卫生学校短期培训后，为农民提供医疗服务，因这类人员不脱离

---

① 《周恩来选集》下卷，人民出版社 1984 年版，第 48 页。

农业生产，亦农亦医，便被称为"赤脚医生"。到 1975 年，全国共有"赤脚医生"130 多万，实行合作医疗的大队数量占比达 70% 以上，全国卫生经费 65% 以上用于农村，农村医疗卫生供给不足的情况得到缓解。1971 年 8 月，中共中央转发的《全国教育工作会议纪要》要求，争取在"四五"期间，在农村普及小学五年教育。为了解决教育经费紧张问题，国家计委、国务院教科组、财政部联合发出通知，决定追加 35 亿元教育经费，用于解决农村中小学教育经费不足的问题。这一时期，农村中小学数量达到了新中国成立以来的高峰。

第三节　改革开放后的农村公共服务推进

改革开放后，中国共产党在不断减税降费，直至取消农业税的基础上，依据财力，不断积极推进农村的公共服务，在义务教育、合作医疗、养老保险、文化事业、社会保障等方面，开展了农村公共服务的实践探索。

一、改革开放初期的农村公共服务政策和实践

家庭联产承包责任制在农村实施后，农民吃饭问题基本得到解决，农村社会保障成为了中国共产党需要解决的新问题。20 世纪 80 年代初，部分富裕农村开始探索社区型退休养老制度。20 世纪 80 年代中期，中共中央开始着手减轻农民负担。但由于体制没有根本理顺，财政支撑能力不足，改革始终在减了增、增了减的情形中摸索徘徊。1985 年，中共中央发布的《关于教育体制改革的决定》明确提出，要把发展基础教育的责任交给地方。1986 年 7 月，《中华人民共和国义务教育法》开始施行，东中西三个地区分阶段有计划地逐步实施九年制义务教育。但部分县的财政情况难以支撑本地的教育支付，需向农民征收税外费用。同年，国务院决定由民政部牵头，建立农村基层社会保障制度试

点。1991 年，国务院决定由民政部负责在有条件的地区开展县级农村社会养老保险试点工作。

20 世纪 90 年代，社会主义市场经济体制框架在中国基本建立，经济总量和财政收入达到相当规模，公共财政逐步发展起来。1993 年，《中共中央关于建立社会主义市场经济体制若干问题的决定》中提出要"发展和完善农村合作医疗制度"。1997 年 5 月，国务院批转卫生部、国家计委、财政部、农业部、民政部《关于发展和完善农村合作医疗的若干意见》，继续推动农村合作医疗的发展，提出力争到 2000 年在农村多数地区建立起各种形式的农村合作医疗制度，实现 20 世纪末"人人享有初级卫生保健"的目标。1998 年，国家开始酝酿农村税费改革，改革内容主要为取消乡统筹、农村教育集资等专门面向农民征收的行政事业性收费和政府性基金、集资，取消屠宰税，取消统一规定的劳动积累工和义务工，调整农业税和农业特产税政策，改革村提留征收使用办法。

二、全面建设小康社会时期的农村公共服务

2000 年，农村税费改革试点在安徽启动，改革后安徽省农民的税费负担减少 16.9 亿元，减幅达 31%。2002 年 3 月，党中央下发《中共中央　国务院关于进行农村税费改革试点工作的通知》，其中一项重要内容是取消乡统筹费、农村教育集资等专门面向农民征收的行政事业性收费和政府性基金、集资。乡村两级九年义务教育、计划生育、优抚等开支纳入各级政府财政预算。农村卫生医疗事业逐步实行有偿服务，政府适当补助。取消在农村进行教育集资。另一项重要内容是调整农业税政策。农业税按照农作物的常年产量和规定的税率依法征收。2001 年，中央财政对全国 21 个省份发放农村教师工资补助 50 亿元。2003 年 4 月，国务院召开全国农村税费改革试点工作电视电话会议，要求深化县乡财政体制改革和教育管理体制改革。国家财政今后每年新增加的教育、卫生和文化事业经费，主要用于农村。有条件的地方，要逐步扩大农村义务教育

收费"一费制"实施范围，让更多农民受益。2004 年 7 月，温家宝在全国农村税费改革试点工作会议上进一步强调，中央决定从 2004 年起全面取消农业特产税，推进减征、免征农业税改革试点。2005 年 12 月，第十届全国人大常委会第十九次会议通过《关于废止〈中华人民共和国农业税条例〉的决定》，农业税条例被依法废止。农村税费改革成功后，农民每年减负超过 1250 亿元，农民得到了休养生息。

2002 年 10 月，《中共中央　国务院关于进一步加强农村卫生工作的决定》指出，"到 2010 年，在全国农村基本建立起适应社会主义市场经济体制要求和农村经济社会发展水平的农村卫生服务体系和农村合作医疗制度"；"从 2003 年起，中央财政对中西部地区除市区以外的参加新型合作医疗的农民每年按人均 10 元安排合作医疗补助资金，地方财政对参加新型合作医疗的农民补助每年不低于人均 10 元，具体补助标准由省级人民政府确定"[①]。这是中国政府历史上第一次为解决农民的基本医疗卫生问题进行大规模的投入。新型农村合作医疗（简称"新农合"）坚持农民自愿原则，实行农民个人缴费、集体扶持和政府资助相结合的筹资机制，重点解决农民因患传染病、地方病等大病而出现的因病致贫、返贫的问题，让农民实现病有所医。到 2004 年 12 月，全国共有 310 个县参加了新农合，有 1945 万户，6899 万农民参合，参合率达到了 72.6%。2012 年起，各级财政对新农合的补助标准提高到每人每年 240 元。其中，原有 200 元部分，中央财政继续按照原有补助标准给予补助，新增 40 元部分，中央财政对西部地区补助 80%，对中部地区补助 60%，对东部地区按一定比例补助。农民个人缴费原则上提高到每人每年 60 元，有困难的地区，个人缴费部分可分两年到位。公共财政覆盖农村更加深入人心，尤其是 2003 年的"非典型性肺炎"事件，引发了中共中央对公共服务的进一步重视，农业农村的发展存在着外部

---

① 中共中央国务院：《关于进一步加强农村卫生工作的决定》，《中华人民共和国国务院公报》2002 年第 33 期。

性，可以通过加大对农业农村公共服务的投入予以补偿，否则将对全国的发展造成影响。

针对部分农村特困群众自己解决不了温饱问题的现实情况，2006 年已有 21 个省（自治区、直辖市）实行了农村最低生活保障制度。2006 年 12 月召开的中央农村工作会议以及 2007 年的中央 1 号文件明确提出，2007 年要在全国范围内建立农村居民最低生活保障制度的任务，鼓励已建立制度的地区完善制度，支持未建立制度的地区建立制度，中央财政对财政困难地区给予适当补助。2007 年 7 月，国务院发布《关于在全国建立农村最低生活保障制度的通知》，这是中国关于建立和实施农村居民最低生活保障制度的第一个政策性文件，让农民实现困有所济。2011 年底，全国有农村低保对象 2672.8 万户、5305.7 万人，全年各级财政支出农村低保资金 667.7 亿元，其中中央补助资金 502.6 亿元，占 75.3%，全国农村低保月人均补助水平为 106.1 元（含一次性生活补贴）。

2009 年 9 月，国务院发布《关于开展新型农村社会养老保险试点的指导意见》，这是中国农民第一次在 60 岁后可以享受到国家普惠式的养老金。按照指导意见的任务目标，2009 年试点覆盖面为全国 10% 的县（市、区、旗），以后逐步扩大试点，在全国普遍实施，2020 年之前基本实现对农村适龄居民的全覆盖。新型农村社会养老保险（简称"新农保"）以"保基本、广覆盖、有弹性、可持续"为原则，采用个人缴费（个人缴费标准最初设为每年 100 元、200 元、300 元、400 元、500 元五档）、集体补助和政府补贴相结合的三方筹资结构，切实保障老年农民生活质量，让农民实现老有所养。到 2010 年 6 月底，全国 320 个试点县（市、区、旗）和 4 个直辖市全部启动参保缴费和发放基础养老金工作，参保人数 5965 万人，其中领取待遇人数 1697 万人，总参保率超70%。由于"新农保"深得人心，2012 年基本实现了农村新型社会养老保险制度全覆盖。

2001 年，国家发布关于基础教育改革和发展的决定，明确把农村义务教育的责任由农民承担转为政府承担，国家对农村义务教育阶段贫困家庭学生实施了"免学杂费、免书本费、逐步补助寄宿生生活费"的政策。为了加快农村教育发展，深化农村教育改革，促进农村经济社会和城乡协调发展，2003 年9 月，国务院出台的《关于进一步加强农村教育工作的决定》强调，农村教育在全面建设小康社会中具有基础性、先导性、全局性的重要作用。发展农村教育，办好农村学校，是直接关系 8 亿多农民切身利益，满足广大农村人口学习需求的一件大事。该《决定》提出，农村教育在构建具有中国特色的现代国民教育体系和建设学习型社会中具有十分重要的地位。农村教育面广量大，教育水平的高低关系各级各类人才的培养和整个教育事业的发展，关系全民族素质的提高。党中央还认识到，农村教育整体薄弱状况没有得到根本扭转，城乡教育差距有扩大趋势，因此将农村教育作为教育工作的重中之重，一手抓发展，一手抓改革，促进农村各级各类教育协调发展。2001 年，农村小学的预算内生均教育经费为 551.0 元，相当于城镇的 85.4%；农村初中的预算内生均教育经费为 656.2 元，相当于城镇的 80.4%。为了强化政府对农村义务教育的保障责任，普及和巩固九年义务教育，促进社会主义新农村建设，2005 年 12月，国务院决定深化农村义务教育经费保障机制改革，印发了《国务院关于深化农村义务教育经费保障机制改革的通知》，扩大了公共财政覆盖范围，进一步减轻了农民负担，让农民子女享受更公平与高质量的教育。改革主要涉及四项内容，包括全部免除农村义务教育阶段学生学杂费，提高农村义务教育阶段中小学公用经费保障水平，建立农村义务教育阶段中小学校舍维修改造长效机制，巩固和完善农村中小学教师工资保障机制。2006 年 6 月 29 日，全国人大常委会表决通过了新的《中华人民共和国义务教育法》，进一步明确了中国义务教育的公益性、统一性和义务性。2008 年 10 月，党的十七届三中全会审议通过了《中共中央关于推进农村改革发展若干重大问题的决定》，提出了到 2020 年农村改革发展的基本目标任务，其中农村教育事业被作为建设社会主义新农村、形成城乡经济社会发展一体化新格局的重要战略步骤。该《决定》提出，要大力办好农村教育事业，发展农村教育，促进教育公平，提高农民科学文化素质，培育有文化、懂技术、会经营的新型农民，让农民实现学有所教。

第四节　党的十八大以来的农村公共服务拓展

党的十八大以来，中国共产党继续不断加大对农村公共服务领域的投入，积极拓展农村基层医疗卫生、农村社会养老保险、农村义务教育等公共服务，不断提高农村基本公共服务的标准和水平，不断构建与完善城乡统一的公共服务体系。

一、农村基层医疗卫生服务

2013 年 9 月，国家卫生和计划生育委员会、财政部下发《关于做好 2013 年新型农村合作医疗工作的通知》。在筹资水平层面，2013 年起，各级财政对新农合的补助标准从每人每年 240 元提高到每人每年 280 元。其中，原有 240 元部分，中央财政继续按照原有补助标准给予补助；新增 40 元部分，中央财政对西部地区补助 80%，对中部地区补助 60%，对东部地区按一定比例补助。在农民个人缴费层面，原则上相应提高到每人每年 70 元，有困难的地区个人缴费部分可分两年到位。在保障水平层面，将政策范围内住院费用报销比例提高到 75% 左右，进一步提高统筹基金最高支付限额和门诊医药费用报销比例，并以省为单位开展儿童白血病、先天性心脏病等 20 个病种的重大疾病保障试点工作。

2014 年 4 月，财政部、国家卫生计生委、人力资源社会保障部印发《关于提高 2014 年新型农村合作医疗和城镇居民基本医疗保险筹资标准的通知》，各级财政对新农合和居民医保人均补助标准在 2013 年的基础上提高 40 元，达到 320 元。其中，中央财政对原有 120 元的补助标准不变，对 200 元部分按照西部地区 80% 和中部地区 60% 的比例安排补助，对东部地区各省份分别按一定比例补助。农民和城镇居民个人缴费标准在 2013 年的基础上提高 20 元，全国平均个人缴费标准达到每人每年 90 元左右。

为推进医药卫生体制改革，实现公共服务均等化，2016 年 1 月，国务院印发《关于整合城乡居民基本医疗保险制度的意见》，以"统筹规划、协调发展，立足基本、保障公平，因地制宜、有序推进，创新机制、提升效能"为基本原则，提出实行"六统一"（统一覆盖范围、统一筹资政策、统一保障待遇、统一医保目录、统一定点管理、统一基金管理），实现一体化经办服务，以建立城乡统一的居民基本医疗保险制度。

2018 年 7 月，国家医疗保障局会同财政部、人力资源社会保障部、国家卫生健康委员会联合印发《关于做好 2018 年城乡居民基本医疗保险工作的通知》，一方面明确了 2018 年城乡居民医保财政补助和个人缴费标准同步提高；另一方面提出 2019 年全国范围内统一的城乡居民医保制度全面启动实施，在医保方面正式迈入城乡一体化的时代。

2020 年 6 月，国家医保局、财政部、国家税务总局印发《关于做好 2020 年城乡居民基本医疗保障工作的通知》，在财政补助层面，2020 年城乡居民基本医疗保险（以下简称居民医保）人均财政补助标准新增 30 元，达到每人每年不低于 550 元。中央财政按规定对地方实行分档补助。在个人缴费层面，原则上个人缴费标准同步提高 30 元，达到每人每年 280 元。在待遇保障层面，政策范围内住院费用支付比例达到 70%。在大病保险保障层面，全面落实起付线降低，并统一至居民人均可支配收入的一半，政策范围内支付比例提高到 60%，鼓励有条件的地区探索取消封顶线。

二、农村社会养老保险服务

2013 年 12 月 23 日，习近平总书记在中央农村工作会议上指出，经过多年努力，我们已基本改变了农民的事农民办的做法，基本建立了覆盖全国的新型农村社会养老保险等制度，在制度上实现了从无到有的历史性转变。下一步，要不断提高农村基本公共服务的标准和水平，实现从有到好的转变。

2014 年 2 月 7 日，李克强总理主持召开的国务院常务会议决定，合并新农保和城镇居民社会养老保险，会后印发了《国务院关于建立统一的城乡居民基本养老保险制度的意见》。在基金筹集层面，仍由政府补贴、集体补助、个人缴费构成。政府对符合领取城乡居民养老保险待遇条件的参保人全额支付基础养老金，其中，中央财政对中西部地区按中央确定的基础养老金标准给予全额补助，对东部地区给予 50% 的补助。地方人民政府应当对参保人缴费给予补贴，对选择最低档次标准缴费的，补贴标准不低于每人每年 30 元；对选择较高档次标准缴费的，适当增加补贴金额；对选择 500 元及以上档次标准缴费的，补贴标准不低于每人每年 60 元，具体标准和办法由省（自治区、直辖市）人民政府确定。对重度残疾人等缴费困难群体，地方人民政府为其代缴部分或全部最低标准的养老保险费。有条件的村集体经济组织应当对参保人缴费给予补助，补助标准由村民委员会召开村民会议民主确定。个人缴费标准目前设为每年 100 元、200 元、300 元、400 元、500 元、600 元、700 元、800 元、900 元、1000 元、1500 元、2000 元 12 个档次，省（自治区、直辖市）人民政府可以根据实际情况增设缴费档次。城乡居民养老保险待遇由基础养老金和个人账户养老金构成，支付终身。中央确定基础养老金最低标准，建立基础养老金最低标准正常调整机制，根据经济发展和物价变动等情况，适时调整全国基础养老金最低标准。地方人民政府可以根据实际情况适当提高基础养老金标准；对长期缴费的，可适当加发基础养老金，提高和加发部分的资金由地方人民政府支出，具体办法由省（自治区、直辖市）人民政府规定，并报人力资源社会保障部备案。个人账户养老金的月计发标准，目前为个人账户全部储存额除以 139（与现行职工基本养老保险个人账户养老金计发系数相同）。参保人死亡，个人账户资金余额可以依法继承。

2017 年，中央全面深化改革领导小组将"建立城乡居民基本养老保险待遇确定和基础养老金正常调整机制"列入年度改革任务。党的十九大要求进一步完善城乡居民基本养老保险制度。2018 年 1 月 23 日，习近平总书记主持召开中央全面深化改革领导小组第二次会议，会议审议通过了《关于建立城乡居民基本养老保险待遇确定和基础养老金正常调整机制的指导意见》。习近平总书记作出重要指示强调，要按照兜底线、织密网、建机制的要求，建立激励约束有效、筹资权责清晰、保障水平适度的城乡居民基本养老保险待遇确定和基础养老金正常调整机制，推动城乡居民养老保险待遇水平随经济发展逐步提高，确保参保居民共享经济社会发展成果。

三、农村义务教育服务

为落实全面建成小康社会要求，促进义务教育事业持续健康发展，2016 年 5 月 20 日，习近平总书记主持召开中央全面深化改革领导小组第二十四次会议。习近平总书记在会议上强调，义务教育是重中之重，促进城乡义务教育一体化改革发展具有重要意义，要放在全面建成小康社会背景下来考虑。会议审议通过了《关于统筹推进城乡义务教育一体化改革发展的若干意见》；同年 7 月，由国务院正式印发。该《若干意见》以"优先发展、统筹规划、深化改革、创新机制，提高质量、公平共享，分类指导、有序推进"为基本原则，提出了"同步建设城镇学校，努力办好乡村教育，科学推进学校标准化建设，实施消除大班额计划，统筹城乡师资配置，改革乡村教师待遇保障机制，改革教育治理体系，改革控辍保学机制，改革随迁子女就学机制，加强留守儿童关爱保护"等十项重大改革和发展措施。该《若干意见》还提出了"四个统一""一个全覆盖"和其他有关重点工作目标，即要加快推进县域内城乡义务教育学校建设标准统一、教师编制标准统一、生均公用经费基准定额统一、基本装备配置标准统一和"两免一补"政策城乡全覆盖，到 2020 年，城乡二元结构壁垒基本消除，义务教育与城镇化发展基本协调；城乡学校布局更加合理，大班额基本消除，乡村完全小学、初中或九年一贯制学校、寄宿制学校标准化建设取得显著进展，乡村小规模学校（含教学点）达到相应要求；城乡师资配置基本均衡，乡村教师待遇稳步提高、岗位吸引力大幅增强，乡村教育质量明显提升，教育脱贫任务全面完成。义务教育普及水平进一步巩固提高，九年义务教育巩固率达到 95%。县域义务教育均衡发展和城乡基本公共教育服务均等化基本实现。

受办学条件、地理环境、家庭经济状况和思想观念等多种因素影响，中国一些地区特别是老少边穷岛地区仍不同程度存在失学辍学现象，初中学生辍学、流动和留守儿童失学辍学问题仍然较为突出。为切实解决义务教育学生失学辍学问题，确保实现到 2020 年全国九年义务教育巩固率达到 95% 的目标，2017年 7 月，国务院办公厅印发的《关于进一步加强控辍保学提高义务教育巩固水平的通知》要求，坚持依法控辍，建立健全控辍保学工作机制；提高质量控辍、避免因学习困难或厌学而辍学；落实扶贫控辍，避免因贫失学辍学；强化保障控辍，避免因上学远上学难而辍学；加强组织领导，狠抓工作落实。

2017 年 11 月 20 日，习近平总书记主持召开十九届中央全面深化改革领导小组第一次会议，会议审核通过了《全面深化新时代教师队伍建设改革的意见》，这是新中国成立以来党中央出台的第一个专门面向教师队伍建设的里程碑式政策文件。该《意见》提出了要大力提升乡村教师待遇。深入实施乡村教师支持计划，关心乡村教师生活。认真落实艰苦边远地区津贴等政策，全面落实集中连片特困地区乡村教师生活补助政策，依据学校艰苦边远程度实行差别化补助，鼓励有条件的地方提高补助标准，努力惠及更多乡村教师。加强乡村教师周转宿舍建设，按规定将符合条件的教师纳入当地住房保障范围，让乡村教师住有所居。拿出务实举措，帮助乡村青年教师解决困难，关心乡村青年教师工作生活，巩固乡村青年教师队伍。在培训、职称评聘、表彰奖励等方面向乡村青年教师倾斜，优化乡村青年教师发展环境，加快乡村青年教师成长步伐。为乡村教师配备相应设施，丰富精神文化生活。

乡村小规模学校（指不足 100 人的村小学和教学点）和乡镇寄宿制学校是农村义务教育的重要组成部分，也是教育的短板，迫切需要进一步关注与加强建设。为切实解决两类学校发展滞后问题，努力办好公平优质的农村义务教育，2018 年 4 月，国务院办公厅印发的《关于全面加强乡村小规模学校和乡镇寄宿制学校建设的指导意见》，以"统筹规划、合理布局，重点保障、兜住底线，内涵发展、提高质量"为基本原则，提出了"统筹布局规划，改善办学条件，强化师资建设，强化经费保障，提高办学水平，加强组织领导"等六项措施。计划到 2020 年，基本补齐两类学校短板，进一步振兴乡村教育。

2020 年中央一号文件要求进一步提高农村教育质量，具体指出：加强乡镇寄宿制学校建设，统筹乡村小规模学校布局，改善办学条件，提高教学质量；加强乡村教师队伍建设，全面推行义务教育阶段教师"县管校聘"，有计划安排县城学校教师到乡村支教；落实中小学教师平均工资收入水平不低于或高于当地公务员平均工资收入水平政策，教师职称评聘向乡村学校教师倾斜，符合条件的乡村学校教师纳入当地政府住房保障体系；持续推进农村义务教育控辍保学专项行动，巩固义务教育普及成果；增加学位供给，有效解决农民工随迁子女上学问题；重视农村学前教育，多渠道增加普惠性学前教育资源供给；加强农村特殊教育；大力提升中西部地区乡村教师国家通用语言文字能力，加强贫困地区学前儿童普通话教育；扩大职业教育学校在农村招生规模，提高职业教育质量。

四、中国共产党百年农村公共服务思想与实践

为中国人民谋幸福是中国共产党的使命，而人民幸福不仅需要收入的不断增加，还需要相应的公共服务。在新民主主义革命时期，中国共产党就在农村开展了一系列的医疗、教育以及救济工作，获得了农民的拥护，支持了中国革命事业的发展。新中国成立后，农村公共服务网络进一步建立，但由于当时中国经济发展水平不高，财力有限，加之重工业以及城市优先的发展战略，农民的养老、医疗、教育等资源投入很大程度上还需要农民来负担。改革开放后，国民经济发展迅速，国家财力显著增强，公共财政有了一定基础，为国家支持农业农村公共事业、提升农民的保障水平创造了条件。在农业税取消的基础上，新农保、新农合、免费义务教育等公共服务不断发展，农民的生活获得了保障。党的十八大以来，中国共产党着力解决农民关心的实际问题，强农惠农富农政策不断完善，义务教育、医疗服务、最低生活保障、养老等公共服务工作显著提升，农民的获得感进一步增强。现阶段，尽管城乡间公共服务仍然存在差距，但已逐步缩小。在如期全面建成小康社会之后，中国共产党依然坚持把"三农"问题作为全党工作的重中之重，农村公共服务水平将不断提升，农民也将获得更高的保障水平。

展望篇

第十六章　迈向第二个百年的中国"三农"发展展望

百年来，从新民主主义革命到社会主义建设的整个过程，中国共产党带领广大农民筚路蓝缕、发奋图强，中国的"三农"发展取得了巨大成就。农村面貌发生了翻天覆地的变化，农业生产为世界创造了辉煌和奇迹，农民收入和生活水平获得了大幅跃升。在实践过程中，中国共产党的"三农"思想也在不断地演进与完善，并进一步指导着中国"三农"的发展与进步。在中国共产党成立百年之际，中国农村贫困人口全部脱贫，如期实现全面建成小康社会。面对下一个百年目标，中国"三农"领域既有发展机遇，也有挑战。在迈向现代化新征程重要转折和"三农"工作重心历史性转移之际，在构建新发展格局、推动新型城镇化高质量发展和全面推进乡村振兴之中，在习近平新时代中国特色社会主义思想指引下，中国共产党坚持将"三农"问题作为全党工作的重中之重，必将通过不断破除城乡二元经济社会体制，全面解决因历史发展需要，运用二元结构制度安排所形成的"三农"问题。关于未来我们相信：在第二个百年到来之际，中国必将不再有因二元体制下界定的"三农"问题，而有的只是国民经济整体发展与城乡融合发展中的农村区域问题、农业产业问题和农民职业问题。

第一节　迈向第二个百年　"三农"发展的机遇与挑战

百年来，在中国共产党的领导下，中国"三农"领域取得了巨大的成就，特别是改革开放以来，农业、农村与农民工作都取得了巨大的进步。依据党的十八大提出"两个百年"的第二个百年发展目标，到 21 世纪中叶，即中华人民共和国成立 100 周年时，就要建成富强民主文明和谐的社会主义现代化国家。应该看到，在实现第一个百年目标的过程中，"三农"问题是短板，中国共产党始终把解决好"三农"问题作为全党工作的重中之重，带领中国人民打硬仗、啃"硬骨头"，在中国共产党成立 100 年之际，第一个目标已然全面完成。站在第二个百年的历史新起点，中国共产党正带领中国人民为实现第二个百年目标而奋斗，已作出了"十四五"规划和 2035 年远景目标。无疑，面对实现第二个百年目标的实际，"三农"问题依然需要重视。只有充分把握中国"三农"面临的机遇与挑战，才能更好地实现农业的发展、农村的繁荣与农民的富足，进一步补足"三农"的短板和弱项，以顺利实现第二个百年目标。

一、迈向第二个百年　"三农"发展的条件与机遇

首先，全面建成小康社会为"三农"进一步的发展奠定了基础。全面小康社会的建成，标志着中国经济、社会、科技等各方面都上了一个新台阶，为进一步推进"三农"的改革与发展提供了条件。一是为"三农"的发展提供了物质基础。农业是弱质产业，农村需要更多的投资，农民的发展也需要更多的支持，"三农"的进一步发展需要财政的投入。全面小康社会的建设，中国的经济实力有了进一步提升，这为进一步支持"三农"的发展提供了物质基础。二是农村市场的形成为农村的繁荣提供了需求基础。随着中国经济水平的提升、扶贫工作的推进、农民收入水

平的提升，中国农村市场的需求规模越来越大，为以市场机制促进农村的发展提供了条件。三是公共服务水平的提升为"三农"的发展提供了条件。"三农"的发展是全面的发展，当前中国农村的基础设施、公共服务水平有了较大的改善，养老、医疗、教育等供给体系已基本构建，为农民生活质量的提高，农村现代化水平的推进提供了条件。此外，公共服务体系的完善，也增强了农民抗风险冲击的能力，促进了农民的流动与消费，从而有利于农村经济形成良性的循环。四是社会治理能力的完善，也为"三农"的进一步发展提供了组织保障和制度保障。

其次，中国共产党对"三农"工作的高度重视为"三农"进一步的发展提供了宏观条件。中央对"三农"问题高度重视，明确提出要坚持把"三农"工作作为全党工作的重中之重，进一步加强了党对农村工作的领导，出台了一系列的支持政策，为"三农"的进一步发展提供了机遇。一是确立了"三农"工作重中之重的战略。中国共产党高度重视"三农"工作，十九大报告中明确提出："必须始终把解决好'三农'问题作为全党工作的重中之重"；作为迈向第二个百年进行部署的党的十九届五中全会和中央农村工作会议也作了一以贯之的表述。习近平总书记也多次提出："农业农村农民问题是关系国计民生的根本性问题，必须始终把解决好'三农'问题作为全党工作的重中之重。"他在2020年末的中央农村工作会议上，对迈向新征程的"三农"工作作出了明确指向，指出"在向第二个百年奋斗目标迈进的历史关口，巩固和拓展脱贫攻坚成果、全面推进乡村振兴、加快农业农村现代化，是需要全党高度重视的一个关系大局的重大问题。全党务必充分认识新发展阶段做好'三农'工作的重要性和紧迫性，坚持把解决好'三农'问题作为全党工作的重中之重，举全党全社会之力推动乡村振兴，促进农业高质高效、乡村宜居宜业、农民富裕富足"①。

---

① 习近平：《坚持把解决好"三农"问题作为全党工作重中之重 促进农业高质高效乡村宜居宜业农民富裕富足》，载央视新闻网，https://baijiahao.baidu.com/s?id=1687410293662033917&wfr=spider&for=pc，2020年12月29日。

这为中国下一步"三农"工作进行了定位。二是出台了一系列的支持性举措。在对"三农"问题高度重视的要求下，中国共产党出台了一系列有针对性的政策和措施，促进"三农"的发展。例如，中共中央在 1982 年至 1986 年连续五年的中央一号文件关注"三农"问题；特别是自 2004 年以来，历年的中央一号文件都对"三农"问题进行了部署，既体现了中央对"三农"问题的重视，也在实践探索中推出重大的政策举措，推进"三农"的发展。在迈向第二个百年奋斗目标的历史关口中国共产党召开十九届五中全会和中央农村工作会议，又提出了一系列改革举措和政策，明确指出：要"坚持把解决好'三农'问题作为全党工作重中之重，走中国特色社会主义乡村振兴道路，全面实施乡村振兴战略，强化以工补农、以城带乡，推动形成工农互促、城乡互补、协调发展、共同繁荣的新型工农城乡关系，加快农业农村现代化"[①]；并对"十四五"期间"提高农业质量效益和竞争力、实施乡村建设行动、深化农村改革、实现巩固拓展脱贫攻坚成果同乡村振兴有效衔接以及健全城乡融合发展机制"等方面，作出了具体部署。

再次，资源配置优化为"三农"的进一步发展提供了活动与动力。新中国成立不久，中国共产党推进了农业合作化运动，之后"一大二公"的计划经济体制影响了"三农"领域的资源配置效率。改革开放后，中国共产党对于资源配置的认识逐步转变。1992 年，邓小平指出，计划多一点还是市场多一点，不是社会主义与资本主义的本质区别，计划和市场都是经济手段，将资源配置方式与政治属性脱钩，从根本上解决了资源配置方式改革中的思想束缚。之后，党的十五大提出"使市场在国家宏观调控下对资源配置起基础性作用"，党的十六大提出"在更大程度上发挥市场在资源配置中的基础性作用"，党的十七大提出"从制度上更好发挥市场在资源配置中的基础性作用"，党的十八大提出

---

① 《习近平在中央农村工作会议上强调　坚持把解决好"三农"问题作为全党工作重中之重》，载新华网，http://www.xinhuanet.com/politics/2020-12/29/c_1126923715.htm，2020 年 12 月 29 日。

"更大程度更广范围发挥市场在资源配置中的基础性作用",党的十八届三中全会则明确提出"使市场在资源配置中起决定性作用"①。党的十九大也明确指出,要"坚持新发展理念"。"必须坚持和完善我国社会主义基本经济制度和分配制度,毫不动摇巩固和发展公有制经济,毫不动摇鼓励、支持、引导非公有制经济发展,使市场在资源配置中起决定性作用,更好发挥政府作用,推动新型工业化、信息化、城镇化、农业现代化同步发展"②。中国农村资源体量庞大,随着市场资源配置机制的逐步完善,政府与市场在配置资源中的协同作用,将为激活农村市场、激活农村资源以及激活农村主体提供条件,促进"三农"的进一步发展。

二、迈向第二个百年 "三农"发展面临的挑战

首先,进一步推进中国农业现代化发展仍然面临着粮食安全、农产品质量安全、农业生产效益提升、农业生产资源和生态环境保护等诸多方面的挑战。

一是保障粮食安全的压力仍然较大。人多地少的现实决定了粮食安全始终是中国农业最重要的功能。尽管近几年来中国粮食产能逐步提升,粮食产量已稳定在 13000 亿斤以上,但仍然处于紧平衡状态,特别是大豆等农产品依然大部分依赖进口。由于国内外大豆等农产品存在价差,中国的进口数量不断增加,自 2004 年中国首次成为食品全球净进口国,此后逆差不断扩大。基于此,中国已成为世界上第一大农产品进口国、第二大农产品贸易国。大豆等农产品的大量进口,不仅形成了对中国相关产品价格的限制,影响了相关产业的利润空间和持续发展,而且在世界百年未有之大变局背景下,还会对国家安全产生隐患。

---

① 《如何理解使市场在资源配置中起决定性作用?》,载人民网 http://politics.people.com.cn/n/2013/1128/c70731-23682263.html,2013 年 11 月 28 日。

② 习近平:《决胜全面建成小康社会　夺取新时代中国特色社会主义伟大胜利——在中国共产党第十九次全国代表大会上的报告》,人民出版社 2017 年版。

对于人口超过 14 亿的大国来说，粮食安全是事关国家安全的头等大事，必须将主动权牢牢掌握在自己手里，将中国人的饭碗牢牢端在中国人自己手里。因此，在迈入第二个百年，在农产品国际贸易不确定、城镇化快速推进、种粮收益相对较低的条件下，仍然要一如既往地稳固粮食生产，以落实好国家粮食安全战略。

二是农产品质量安全水平仍需提升。民以食为天，食以安为先。新中国成立以来，基于"以粮为纲"的政策思想，曾经对农产品的质量安全关注不够，导致了食品安全事件时有发生。进入 21 世纪以来，中国开始采取一系列的举措，加强农产品质量安全监管与治理，应该说取得了巨大成效，但由于中国农业经营相对细琐，农业产业链相对复杂，食物链相对较长，农户行为的规范性监管成本过高等原因，中国农产品质量安全风险仍然较高。因此，在迈入第二个百年，仍需进一步提升农产品质量安全水平，加强农产品质量安全监管与治理。

三是生产成本上升影响农业竞争力。毋庸讳言，新阶段中国农业正经受两个"天花板"束缚和农业生产成本"地板"抬升的发展困境。长期以来，在二元体制下，为调动农民生产积极性，中国积极地采取提高农产品价格和加大财政转移性支付的手段，保障了大宗农产品的供给，满足了需求。然而，现阶段这种手段已暴露出弊端，随着国际市场农产品价格的"天花板"下沉，使得中国国内的很多大宗农产品价格大大高出国际价格，继续加大农业补贴支持也遭遇诸多国际贸易规则的限制。因此，新阶段，继续通过提高农产品价格和继续通过增加财政性补贴以刺激农业生产已遇到"天花板"。由于中国人均承包土地有限，推进农业适度规模经营需要进行土地流转，而土地流转费用便成为农业经营成本的重要构成。加之，劳动力向着城镇的加速流动，农业劳动力成本也越来越高。农业生产成本的上升使中国农产品的竞争力进一步降低。事实是，一个"成本"提升和两个"天花板"在顶，使原有刺激农业生产的手段已引发了诸多效率损失的情况，如农产品价格波动诱发的谷贱伤农现象，稻贵米贱引致的效率损失怪相，农产品结构失衡引致的福利水平下降，农产品供给方式落后引致的流通低效，农产品供给调节滞后引致的盲目种植，农业产业集群出现的整体风险，农业资源错配造成的极大浪费等。那么，未来究竟依靠什么来促进中国农业的持续稳定发展？近几年来，国家已着手推进农业供给侧结构性改革，取得了一定的成效。在迈入第二个百年之际，需要进一步改变以往农业发展依靠拼资源消耗、拼农资投入、拼生态环境的粗放经营方式；需要尽快转向依靠农业现代化加快推进，农业科技水平不断提高，农业发展方式和模式进一步转变的集约经营，注重提高农业的质量和效益，以不断提升中国的农业竞争力。

四是农业资源和生态保护的约束力增强。中国人多地少，一直面临着农产品的供给压力。为应对这一压力，中国长期以来不仅在提升农民生产积极性方面，而且在提高技术进步水平及其农用生产物质资料供给方面，采取了系列增产措施，极大地提高了农业生产的产出水平。但也必须看到，一方面随着工业化和城镇化建设需要，大量农田转化为建设用地，使得开发利用强度过大，农业资源数量减少，耕地面积受到影响；另一方面，在工业化和城镇化建设过程中，由于对生态环境的重视程度不足，使得农业资源质量恶化，耕地质量下降，农业生产用水缺口呈扩大之势，生态环境严重受损、承载能力接近极限。此外，在增加产量诱导下，农业生产过度使用化肥农药农膜，且因这些农业投入品的质量问题，使其使用的效率并不高，这在一定程度上也造成了农业的面源污染，影响了农业生产环境，食品安全也受到了源头的威胁。可喜的是，近几年来，在"五大"发展理念和习近平"两山"理念的指导下，国家对农业资源保护的"硬约束"增强，生态环境约束的"紧箍咒"趋紧，出台了系列政策，采取了系列措施，已取得了一定的成效。在迈入第二个百年之际，仍需要采取科学的方法，降低农药、化肥和农膜的使用强度，贯彻落实农业资源和生态环境保护措施，以加快推进农业现代化发展。

其次，中国农村的发展也面临着一定的挑战，特别是对于中西部及偏远地区的农村来说挑战更大。一是农村的产业支撑问题。在计划经济或是改革开放初期，农村主要依靠农业，但随着中国经济的发展，农业在农民收入中的比重越来越低，传统的农业也难以支撑乡村经济的发展。农村的发展缺乏产业支持，特别是偏远地区的农村，农村的发展受到了影响。二是农村的环境问题。近年来，中国对乡村展开了规划与环境整治，但仍然有些村庄受到工业、农业生产以及居民生活等活动的影响而造成了污染。从第三次农业普查状况来看，农村的环境整治仍然需要进一步改善。三是城乡基础设施与公共服务差距仍然较大。中国城乡差异仍然较大，特别是在基础设施方面，乡村的基础设施建设还比较落后，在公共服务方面，农村的医疗、教育、文化等设施与资源也相对稀缺，影响了农村的发展。

最后，农民的发展也存在着一定的挑战。一是受教育水平与技能相对不足。尽管党中央高度重视农村教育工作，农民的总体受教育水平也有了较大的提升，但与社会的需求相比，与城市居民相比还存在一定的差异。此外，农民的技能也相对不足，影响了农民的就业与发展。二是收入增长还不稳定。改革开放以来，中国农民的收入随着中国经济的发展而快速增加，但也应该看到，一方面农民收入增长的后劲相对不足，在农产品价格增长有限的条件下农业经营收入增长受到一定的约束，在素质能力约束条件下农民非农收入也受到限制；另一方面，农民收入增长的稳定性不足，当前中国农民的收入已主要来自非农收入，而农民大都在非正式部门就业，工作的稳定性相对不足，导致农民收入增长存在一定的脆弱性。三是农民的市民化存在一定的困难。尽管中国城市落户的条件逐步放松，但农民的市民化并融入城市仍然面临着一定的困难。一方面，农民进城的成本相对较高，住房、子女教育等成本的增加都制约了农民的市民化；另一方面，城市生活与文化的融入也是制约农民市民化的一个因素。

第二节　迈向第二个百年　深入推进"三农"发展的思考

在开启全面建设社会主义现代化国家新征程、向第二个百年奋斗目标进军的过程中，中国共产党仍必须"坚持把解决好'三农'问题作为全党工作重中之重"；必须充分利用中国"三农"发展的机遇，应对"三农"发展面临的挑战，进一步解放思想，创新工作思路，推进"三农"领域的工作，以实现农业更强、农村更美、农民更富的目标。

一、农业更强

国以民为本，民以食为天。农业是国民经济的基础，古今中外，概莫能外。中国共产党百年"三农"思想与实践尽显了对中国农业的重视，取得了令世界瞩目的巨大成就，中国用占世界9％的耕地养活了近世界20％的人口。在迈向第二个百年之际，面对机遇和挑战，仍要沿袭、继承、接续这一经验，进一步推进农业发展，促使农业向着高质高效发展。

首先，要始终重视粮食安全在"三农"工作中的基础性地位。粮食安全是农业发展的基础性目标，也是中国国家安全稳定的基础，要始终重视粮食安全工作。一是要保障永久基本农田红线，坚持农地农用。保证耕地规模是保障粮食安全的基础，要全面落实新《土地管理法》，进一步划定并保护永久基本农田。此外，还要切实保障农地农用。二是要保障种粮收益，提高农民种粮的积极性。要进一步完善种粮补贴机制，使种粮的地区、种粮的主体有生产粮食的积极性。同时，也要注重对现有农业补贴政策的深化改革，通过大力发展农业保险，开拓诸如收入保险、农保险种等方式，给予种粮地区、种粮主体补贴，以对其生产经营的外部性进行补偿。三是要重视粮食产能建设。要加强农业基础设施建设，进一步推进高标准农田建设与农田水利建设；要重视科技以及农业生物技术在粮食生产能力提升中的作用。

其次，要促进农业竞争力的提高。要通过降成本、提品质、转思路，提升中国农产品的竞争力。一是要通过促进适度规模化，对土地成本的补贴等，降低农业生产成本。传统农业经营的利润率相对较低，而成本的增加则进一步侵蚀了农业经营利润。通过进一步促进农业规模化经营，发展职业农民制度，促进生产的规模化、服务的规模化等多种形式的规模化，从而发挥农业的规模效应。此外，针对土地成本较高、基础设施投入较大等农业经营问题，要进一步加大财政补贴力度。二是要支持新型农业经营主体发展，通过转变经营方式，提高农产品品质、创立农产品品牌，促进一、二、三产业的融合，提高农业附加值与竞争力。要进一步促进农业转变经营方式，针对市场调整生产结构，满足消费者的需要，从而提高农产品价值；通过产业链的衍生促进，让农民更多地分享农产品增值收益；通过采用互联网＋农业等模式，提高农业品的市场到达率。三是要防止农业负外部性。要进一步走绿色发展之路，通过财政补贴、科技支持、宣传引导，促进农业生产经营主体在农业生产过程中对外源物质使用的减量化。总体来看，要在保障粮食安全的基础上，着力推进农业的高质量发展。

二、农村更美

在迈向第二个百年之际，要以乡村振兴战略为引领，进一步提升农村的硬件水平、发展活力与治理能力，把农村建设成宜居、宜业的社会主义现代化新农村。

首先，要加强基础设施建设与公共服务供给。一是要进一步优化村庄规划。在中国发展过程中，一方面农村前期的建设相对无序，土地资源浪费情况突出，也影响了农村的景观；另一方面，随着城镇化的快速推进，农村人口大量进城，很多地方出现了空心村，不仅导致土地资源利用率较低，而且人口分散也难以有效提供基本的公共服务。因此，要进一步对农村进行规划，通过合理的保护、平移，甚至上楼等，在充分尊重农民意愿的基础上对村庄进行整治。二是要提升农村基础设施水平。尽管改革开放以来，特别是近几年来中国农村的基础设施建设快速提升，但与城镇地区、与农民诉求仍然存在较大的差异，要在推进农村传统基础设施的基础上，进一步加强涉及环保、文化的基础设施建设，进一步推进农村的新基建。三是要进一步提升农村的公共服务水平。在提高教育、医疗、养老等供给水平的基础上，进一步下沉公共服务组织与职能，解决农民办事难的问题。

其次，要激活农村的发展活力。随着人口外移以及农业在经济中份额的下降，很多农村在经历了改革开放初期的繁荣之后，开始出现凋敝。党中央认识到了这一问题，提出了乡村振兴战略。尽管中国城镇化快速推进，但农村仍然承载着数亿人的生产、生活，要通过一系列的举措，激活农村资源、农村市场与农村主体，进一步推进农村的发展。一是要激活农村的资源。农村拥有广阔的空间与大量的土地资源，要通过土地制度改革、集体资产改革，促进农村资源的流动与再配置，激活农村资源内在的价值，进而使更多的配套资源流入农村。二是要大力发展农村多元产业，要在农业的基础上，推进一、二、三产业的融合，结合农村特殊的资源、文化，大力发展农村的农产品加工、旅游、手工制作等产业，带动农村经济的发展。三是要在以城带乡的战略下推进社会资源进一步支持农村。尽管已完成全面建成小康社会的目标任务，但农村依然是中国社会主义现代化建设的短板，因此，要通过制定相应政策，激励社会资源流向农村，支持农村的发展。

最后，要完善治理体系。农村治理体系是农村各项事业推进的保障，当前中国已基本建立起法制、自治与德治相结合的治理架构，但在具体运行过程中仍然需要进一步完善。一是要充分发挥党在农村的领导作用。要进一步强化党组织在农村的作用，加强农村党组织的自身建设，提高党组织的服务能力。二是要完善农村的权力运行机制。农村权力的运行关系农民对农村治理的满意度以及农村社会的稳定。中国有些农村地区的治理相对复杂，村干部往往既是国家政府在农村行政权的代理人、农村自治的代理人、农村集体资产运营的代理人等多重角色，要规范各类事项的决策流程，加强村务公开，完善村党组织与村委的职能，防止农村矛盾的产生。三是要充分保障农民在农村治理过程中的参与权。要进一步完善农民在选举、重大事项决策中的参与权。

三、农民更富

"三农"发展的目标是为了更好地实现好、维护好、发展好农民的利益。中国共产党始终高度重视农民工作，在迈向第二个百年的新历史阶段，应进一步重视农民的利益与诉求，更好地实现农民朝着更富裕富足的方向发展。

首先，要提高农民的收入水平。收入是发展的基础，要进一步提高农民的收入水平，让农民有更好的生活。一是要提高农民自身的发展能力。在社会主义市场经济中，农民自身的能力将影响着收入水平。因此，要从根本上提高农民收入还是要从提高农民能力方面着手。一方面，要进一步提高农民的受教育水平，重视农村教育，进一步强化政府的责任与投入，在保障基础教育的同时，提高农民职业教育、高等教育的升学率；另一方面，进一步做实职业培训，使农民真正获得相应的技能。二是要促进农民的就业。要开拓农业的就业渠道，提高农民的就业质量。一方面，通过大力发展农业、农村产业为农民提供更多的就业岗位；另一方面，做好农民工工作，为农民工的就业提供更多的信息服务、培训支持，为农民工的有效转移提供更多的保障性支撑。三是要优化社会竞争环境。要进一步完善社会的竞争机制，消除各类就业歧视，让农民有一个更好的就业环境。除此之外，还要通过农村集体资产改革、农业生产经营补贴等，增加农民的财产性收入以及转移性支付。

其次，要落实长效的扶贫机制。全面建成小康社会后，中国消灭了绝对贫困，但仍然面临稳定脱贫成果以及相对贫困问题，因此，仍然要加强扶贫工作。一是要稳定扶贫成效。通过脱贫攻坚，中国建成了全面小康社会，但很多农民脱贫的基础并不稳，如产业脱贫过程中，贫困地区产业的发展仍然存在风险，因此，要坚持精准扶贫的长效化，对脱贫农民进行动态跟踪帮扶，并要关注新增贫困人口。二是要关注相对贫困问题。尽管中国已解决农民的绝对贫困问题，但贫困线设定还相对较低，部分农民离体面美好的生活还有一定的距离。因此，在全面脱贫的基础上，要进一步重视相对贫困问题。三是要进一步完善农民的保障水平。通过完善保障体系，如医疗、养老等，一方面提高农民应对外部冲击的能力，防止因个体事件致贫；另一方面，要为丧失劳动能力的农民提供保障。

再次，要促进农民的市民化。农民市民化是历史的发展规律，是推动城镇化发展水平和质量的重要环节。通过市民化不仅可以促进农民生活方式的转变，而且还有利于农村资源的释放，有利于中国经济的整体发展。一是要进一步降低城市落户门槛。当前，中国已基本放开了中小城市的落户，还应该在更广泛的范围内，进一步为农民的落户提供便利。二是要解决好农民对市民化的关切。制约农民进城落户的因素有很多，其中，对农村集体经济权益的留恋是一个重要原因。因此，要推进农村集体资产改革，充分尊重农民意愿，一方面要为农村承包地、宅基地、集体资产份额的自愿有偿退出提供相应的通道，另一方面要建立进城农民农村权益保留机制。三是要建立城镇化的逐步实现机制。农民市民化是一个逐步的过程，因此，在促进农民市民化的过程中，要有一个更为完善的过渡机制，如以常住人口为依托，建立常住人口社会福利、子女就学等社会公共服务的均等共享机制，使农民可以通过常住人口身份适应城镇生活后，逐步实现城镇化。

最后，要特别关注农民中的特殊群体。在中国的社会发展过程中，农民中的部分群体需要特别的关注。一是农村的留守儿童。《2019年度中国留守儿童心灵状况白皮书》数据显示，2018 年，全国共有农村留守儿童 697 万余人，96% 的农村留守儿童由祖父母或者外祖父母照顾。留守儿童在安全、营养、教育、心理等方面都存在一定的问题风险。因此，一方面要在农村开展留守儿童关爱活动；另一方面，要为农民工提供便利条件，方便其举家进城工作与生活。二是农村的老年农民。虽然中国目前已实施农民基本养老保障的普惠制，但基础养老金非常有限，因此，大部分老年农民的收入水平非常低。中国农村传统的子女养老也由于年轻人的外出打工受到了一定的冲击。农村老年农民在收入、照料、精神等各个方面都需要更多的关注，因此，在提高农村老年农民保障水平的同时，还应进一步增加对老年农民生活各方面的关注。

第三节　第二个百年"三农"思想的坚持、发展与拓展

在百年的发展历史中，中国共产党高度重视"三农"工作，特别是新中国成立以来，对于"三农"的发展道路进行了一系列的探索，积累了丰富的经验，取得了巨大的成就，形成了中国共产党"三农"发展思想体系。经过百年的实践检验，在中国共产党的"三农"发展思想中，有些认识经历了变迁，有些已被实践证明是正确的道路、理论、制度、文化等需要坚持，也有些将伴随着中国发展阶段的变化需要继续发展、完善和拓展。

一、迈向第二个百年　"三农"思想的坚持

在中国共产党百年"三农"实践发展过程中，经历了不同的历史时期，每个时期所处的环境也有所不同，制定的阶段性目标与任务也不一样，其思想认识也经历了变迁，但有些原则，经验证明需要进一步坚持。

首先，坚持党的领导不动摇。中国共产党改变了过去政权不下乡的历史，

从新民主主义革命时期就通过在农村建立政权、建立党组织对农村进行领导。正是在中国共产党的领导下，中国才从半殖民地半封建的社会走向社会主义社会，经过百年的发展，"三农"取得了辉煌的成绩。历史证明，中国的"三农"工作必须要坚持党的领导，只有坚持党的领导，才能保证中国特色社会主义的农业现代化道路不走偏、乡村振兴战略实施不走样、促进农民富裕富强的初心不改变，才能进一步促进农业的发展、维护农村的稳定、保障农民的利益，才能推进"三农"改革的进一步深入，才能保证中国"三农"领域第二个百年目标的顺利实现。

其次，坚持集体所有制不动摇。新中国成立后，经过社会主义改造，中国农村实现了集体所有制，这一制度促进了农业发展，保障了农民的利益，维护了农村的稳定，奠定了中国农村持续发展的基础，也为中国经济社会变革过程中的城镇化推进、工业化推进提供了条件。坚持农村集体所有制是中国特色社会主义道路决定的，也符合广大农民的根本利益。

最后，坚持马克思主义与中国现实相结合不动摇。中国共产党领导革命的成功以及社会主义建设事业取得的成就，关键的一点在于坚持从中国的国情出发，坚持马克思主义与中国的特定现实相结合。在新民主主义革命时期，中国共产党就放弃了苏联以城市工人革命为主的革命道路，而是从中国农业国与社会矛盾现实出发，充分依靠农民，走农村包围城市的革命道路。在社会主义建设时期，中国也不断摸索，在实践的基础上对农业的合作化进行改造，建立了集体所有制下的农村市场经济体制。因此，坚持马克思主义与中国实际相结合，是中国特色社会主义"三农"发展的主要原则之一。

二、迈向第二个百年　"三农"思想的发展

中国共产党百年"三农"思想与实践，受到经济社会发展阶段的影响，也随着经济社会的发展而调整。正是经过不断的实践探索与变迁调整，中国共产

党的"三农"思想才具有强大的生命力和先进性。

首先，对"三农"发展定位的认知调整。中国共产党历来重视"三农"工作，在不同时期都大力推进农业、农村与农民的发展，着力提高农民的生活水平。但总体来看，不同时期对发展"三农"的定位仍有一定的差异。在新民主主义革命时期，中国共产党的中心任务是带领广大人民群众进行反帝反封建的斗争。这一阶段主要通过解放农民以及发展农业，支持革命事业。在社会主义改造与建设初期，为了巩固政权，快速提升国力，中国共产党通过大力发展农业，为城市与工业提供更多的支持，并以此构建中国的工业基础，保障工业尤其是重工业的发展。而在改革开放后，随着中国整体经济的发展，"三农"问题成为中国经济社会整体发展的短板，在此背景下，中国共产党转变"三农"思想，不但取消了农业税，而且确立了以工补农、以城带乡的战略。总体来看，在百年的"三农"发展过程中，中国共产党对农业的定位从新民主主义革命时期的依靠，到改革开放前的汲取，再到目前的支持。同样，在迈向第二个百年之际，对"三农"的认识与定位，也必须根据第二个百年所确定的目标和任务，依据第一个百年实践取得的成就，创造的条件，不断调整"三农"发展的定位。

其次，对"三农"发展方式的认识变动。对于农业应该走什么样的道路，中国共产党也经过了长期的探索与调整。在新中国成立后不久，中国便开始了合作化道路，并将之与社会主义制度相挂钩。在农村也采取了"一大二公"的人民公社制度，集体劳动、吃"大锅饭"，不允许商品经济的发展。应该说，早期的互助组与初级社符合生产力发展要求，推进合作化运动的目标也是为了走共同富裕的道路。但随着合作化的推进，在具体的经营模式上背离了激励机制原则，导致了中国"三农"发展受到了一定的影响。改革开放后，以邓小平为代表的中国共产党人及时解放思想，将经营模式与政治制度脱钩，从而为中国"三农"的发展打开了通道。近几年来，中国进一步破除思想束缚，完善社会主义市场机制，着力推进乡村振兴。应该说，中国共产党通过在"三农"领域的实践与思想解放，不断调整着"三农"发展的思想，社会主义制度在"三农"发展领域的优势也越来越好地展现出来。同样，在迈向第二个百年之际，对"三农"的发展方式，也必须随着时代发展变化创造的生产力条件，不断调整并开拓新的促进"三农"发展的方式。

三、迈向第二个百年 "三农"思想的拓展

中国共产党不断总结"三农"实践经验，推进中国"三农"领域的发展，取得了巨大的成就。面向新时代，在以习近平同志为核心的党中央领导下，中国"三农"思想也必将得到进一步的拓展。

首先，以人为中心。在"三农"发展的历程中，中国经历了以粮为纲、以经济建设为中心的时期。十八大以来出台的各项政策和举措，更加体现以人为中心的"三农"发展思想。如：提出了人的城镇化，改革过去土地城镇化的模式，使农民在城镇化过程中更好地融入城市，注重农民在城镇化过程中的切身利益；实施了脱贫攻坚战略，习近平提出，"小康不小康，关键看老乡"[1]。党的十八大以来，中国将脱贫工作置于前所未有的中心工作之中，举全国之力促进农民的脱贫，充分体现了"以人为本"的思想。在迈向第二个百年的"三农"发展中，应进一步重视农民"人"的发展，围绕实现好、维护好、发展好农民的利益推进"三农"工作，将是不是有利于农民的发展作为衡量"三农"工作成效的重要指标。

其次，以高质量发展为目标。党的十九大提出了五大发展理念，充分体现了高质量发展的要求。在迈向第二个百年之际，中国的"三农"工作已进入一个新的历史阶段，不能仅仅追求单一的经济目标，而要综合考虑多元目标，促进"三农"的高质量发展。要更加注重可持续性，"三农"的发展不以破坏环境

---

[1] 习近平：《加快国际旅游岛建设 谱写美丽中国海南篇》，载中国政府网，http://www.gov.cn/ldhd/2013-04/10/content_2374840.htm，2013年4月10日。

为代价；要更加注重协同性，通过制度的供给，实现城乡间的协同、区域间的协同，防止两极分化。

第四节　第二个百年"三农"思想不断完善的理论支撑

中国共产党"三农"思想是中国共产党"三农"实践的总结，是符合中国国情的先进思想。百年来，中国共产党的"三农"思想在不断地演进与完善，并指导着中国"三农"的发展与进步。在迈向现代化新征程的重要转折和"三农"工作重心历史性转移之际，必须在习近平新时代中国特色社会主义思想指引下，通过不断破除城乡二元经济社会体制机制，全面解决因历史发展需要，运用二元结构制度安排所形成的"三农"问题。

一、中国共产党"三农"思想是中国共产党思想体系的重要构成

中国共产党的"三农"思想是中国共产党在不同时期"三农"实践的总结凝练。首先，"三农"问题在中国革命与建设事业中占有重要地位。在新民主主义革命时期，中国还处于传统的农业社会，农村人口占到了近90%，农业还是国民经济的支柱产业，中国共产党的革命事业兴之于农村，主要依靠农民。因此，在中国共产党的革命路线理论、政权建设理论、经济发展理论中，关于"三农"的内容都占了相当大的比重。在新中国成立后的很长一段时期，农业仍然在中国的国民经济中占有重要地位。当前，尽管随着城镇化的推进及国民经济的发展，农村人口占中国总人口的比重不断下降，农业产值在国民经济中的占比逐步降低，但农村人口规模仍然巨大，农业依然是部分农民的主要生计来源，农村仍是重要的生活与生产空间；此外，尽管农业产值份额下降，但维护了粮食安全，在国民经济中发挥着基础性的作用。在开启第二个百年的新征程

的发展阶段中，"三农"问题依然是中国社会主义现代化国家建设的短板。因此，"三农"问题的重要性决定了其在中国共产党中国特色社会主义理论中的重要性。其次，从毛泽东思想到邓小平理论，再到"三个代表"重要思想、科学发展观，以及习近平新时代中国特色社会主义思想，都对中国的"三农"问题进行了大量论述，对中国的"三农"之路进行了客观总结。因此，总体来看，"三农"思想是中国共产党思想体系的重要组成部分。

二、中国共产党"三农"思想是符合中国国情的先进思想

中国共产党发展的百年，也是中国"三农"巨变的百年，中国农村社会从半殖民地半封建社会走向了中国特色社会主义新农村。中国农村的发展实践表明，中国共产党的"三农"政策是成功的，是符合中国国情的。中国是一个农业大国，又是一个以小农为主体的国家，各地资源禀赋差异巨大，推进中国农村的现代化发展并不容易。中国共产党带领中国人民走中国特色社会主义道路，坚持党对农村工作的领导，从农民根本利益出发，以公有制为基础，不断推进改革开放，在激活农村既有要素的条件下，加大政策支持力度，促进资源向农村流动，推进了中国农业、农村和农民的发展。首先，通过生产、流通与分配体系，保障了 14 亿人的粮食安全。在中国这样一个大国，能够解决粮食安全问题，本身就是中国共产党"三农"思想先进性的重要体现。中国共产党高度重视粮食安全，通过农田水利建设、建立适应中国国情的精耕细作小农经济，出台相关的激励举措，保障了中国粮食安全。其次，通过脱贫攻坚的系列行动，解决了农村贫困问题。农村的脱贫工作是中国共产党"三农"思想实践的又一成就，2020 年农村贫困区的全部摘帽，为如期实现国家的全面小康奠定了基础，也意味着中国提前 10 年实现了联合国《2030 年可持续发展议程》确定的减贫目标。此外，在社会主义工业化、城镇化的转型过程中，中国没有像其他国家转型期那样，出现大量的贫民窟现象。总之，在中国这样一个人口规模巨

大、土地资源稀缺的大国，成功保障了粮食安全，实现了农民全面脱贫，农村社会在变革发展过程中平稳有序，农业现代化发展快速，美丽乡村建设成效显著，农民收入不断提升。这充分表明：中国共产党的"三农"道路、思想、实践与中国现实相契合，可以说，中国共产党的"三农"思想，是中国特色社会主义制度优势的重要体现。

三、中国共产党"三农"思想为世界解决"三农"问题提供了中国方案

中国共产党"三农"思想是中国共产党对"三农"实践以及一系列教训与经验的总结，是马克思主义与中国现实结合的具体体现。中国共产党"三农"思想不仅指导着中国"三农"的发展，而且还为世界"三农"问题的解决提供了中国方案。中国在"三农"领域的实践以及所取得的成就，可以为其他国家的"三农"发展提供相应的参考。例如，在粮食安全方面，不仅用不到世界10%的耕地养活了世界近20%人口，中国的粮食生产、储备、支持等粮食安全体系，为人多地少以小农经营为主体的国家提供了经验；在精准扶贫方面，中国取得了举世瞩目的成就，成功使8亿农村人口脱贫，中国共产党标本兼治的精准扶贫举措，为世界提供了减贫的中国方案；在城镇化方面，中国的城镇化率从改革开放前的18%发展到2020年的60%以上，且城镇化快速但平稳有序，也为发展中国家的城镇化提供了相应经验。总体来看，尽管每个国家已有基础、社会制度以及文化环境都存在着差异，但"三农"问题仍然存有共性的地方，在中国共产党的领导下，中国"三农"的实践与成就，为其他国家特别是发展中国家解决"三农"问题提供了中国方案。

四、中国共产党"三农"思想的不断创新与完善

中国共产党的"三农"思想是马克思主义与中国具体实践相结合的结果。经过百年的发展，中国"三农"领域取得了巨大的成就，"三农"政策的框架已

基本构建，中国共产党的"三农"思想也逐渐发展演进并走向成熟。中国"三农"现有成就已充分表明了中国共产党"三农"思想的先进性、科学性。尽管如此，由于在中国这样一个大国推进"三农"发展并没有经验可以参考，仍然需要不断地探索与创新。在迈向第二个百年之际，随着外部环境的变化，中国农业、农村的发展也将面临新的形势，农民也会有新的诉求。因此，中国共产党的"三农"政策仍需要不断的调整，中国共产党的"三农"思想也将不断演进、丰富与完善。在坚持实事求是的基础上，中国共产党"三农"政策的调整是对历史环境与阶段性发展目标的回应，是"三农"思想与理论体系的自我检验与更新，这也进一步体现出中国共产党"三农"思想的强大生命力与自我完善的内生机制。

重要活动和文献节点

一、1927—1949 年

1928 年 中国共产党在井冈山（湘赣边区苏区）进行革命斗争时，在总结1927 年冬到 1928 年冬土地革命斗争经验的基础上制定了中国共产党领导下的第一部成文土地法——《井冈山土地法》。该法解决了土地的没收与分配、山林的分配和竹木的经销、土地税的征收和使用等问题，对推动井冈山土地革命的发展起到了一定作用。《井冈山土地法》是中国共产党在土地革命战争初期制定的第一部较为成熟的土地法。它的颁布和实施，改变了几千年来地主剥削农民的封建土地关系，从法律上保障了农民对土地的合法权益。它不仅指导了湘赣边界的土地革命斗争，而且为以后中国共产党领导进行伟大的土地革命斗争提供了宝贵的经验。

1929 年 4 月 红四军在兴国制定和颁发了《兴国土地法》，该法是在《井冈山土地法》的基础上修改制定的，是土地革命时期的重要土地法。其将土地政策落实到法律层面，将"没收一切土地"改为"没收公共土地及地主阶级土地"。同年 7 月通过《土地问题决议案》，议案规定，"没收一切收租的田地山林"，"随即分配于贫农"，"自耕农的田地不没收"，"富农田地自食以外的多余部分，在贫农群众要求没收时应该没收"，"田地以乡为单位，按原耕形势，抽多补少平均分配"。

1942 年 1 月 28 日　中共中央发布《关于抗日根据地土地政策的决定》。同年 2 月 4 日，发布《关于如何执行土地政策决定的指示》。两个文件明确规定：减租减息政策的目的是扶助农民，减轻封建剥削，改善农民生活，提高农民抗日和生产的积极性；实行减租减息后，须实行交租交息，保障地主的地权、财权和人权，以联合地主阶级一致抗日；对于富农则削弱其封建部分，鼓励其资本主义部分的发展。文件指导各解放区掀起大规模的减租减息的群众运动。缓和了农村中的阶级关系，巩固和发展了抗日民族统一战线，为全国抗日战争的胜利奠定了基础。

二、1949—1977 年

1950 年 6 月 28 日　中央人民政府委员会第八次会议通过《中华人民共和国土地改革法》，同年 6 月 30 日生效。《土地改革法》明确提出全国废除地主阶级封建剥削的土地所有制，实行农民土地所有制，借以解放农村生产力，发展农业生产，为新中国的经济发展开辟道路。该法令的实施，彻底摧毁了封建制度的基础即地主阶级的土地所有制，实现了农民土地所有制，农民获得土地，生产积极性和主动性空前高涨，农业生产得到了极大的恢复和发展，农村经济出现了繁荣景象。

1953 年 12 月 16 日　中共中央发布《关于发展农业合作社的决议》。《决议》总结了办社的经验，进一步指明引导个体农民经过具有社会主义萌芽的互助组，到半社会主义性质的初级社，再到完全社会主义性质的高级社，这是党对农业进行社会主义改造的正确道路；指出发展农业合作化，无论何时何地，都必须根据农民自愿这一个根本的原则。在此指引下，农业生产合作社从试办时期进入发展时期。

1956—1960 年　"大跃进"运动。"大跃进"打乱了国民经济秩序，浪费了大量的人力物力，造成了国民经济比例严重失调，使社会主义建设事业受到损失。从 1958 年 11 月开始，中共中央开始纠正"大跃进"运动中的问题。中央多次提出调整经济指标，"压缩空气"，并着手解决经济工作中的问题。到 1960 年冬，随着党中央开始纠正农村工作中的"左"倾错误，"大跃进"运动也被停止。1962 年 1 月召开的 7 千人参加的扩大的中央工作会议，初步总结了"大跃进"中的经验教训，开展了批评和自我批评。

1956 年 1 月　提出《农业发展纲要四十条（修正草案）》。1 月 26 日在《人民日报》以"草案"的形式首次公开发表。这个纲要是在我国第一个到第三个五年计划期间，为迅速发展农业生产力，以便加强我国社会主义工业化、提高农民以及全体人民生活水平的一个斗争纲领。《纲要》提出在农村中进行多种经营的产业布局、推进农业现代化发展，坚持农民主体地位等，对于农业的发展有着重要意义。

1956 年 1 月　党中央政治局发布《1956—1967 年全国农民发展纲要（修正案）》，提出以人民公社为单位实行集体化，劳动集体化，吃饭集体化，互帮互助。人民公社是社会主义制度在"三农"领域具体实现形式的探索，是共同富裕道路的尝试，在一定程度上促进了社会主义改造，巩固了社会主义政权。人民公社体制的探索为后续改革开放以及中国特色"三农"道路的发展提供了宝贵的教训与经验。

1958 年 3 月　中共中央政治局成都会议通过《关于把小型的农业合作社适当合并为大社的意见》。《意见》指出，为了适应农业生产和文化革命的需要，在有条件的地方，把小型的农业合作社有计划地适当地合并为大型的合作社。人民公社实行三级所有，并以生产队所有制为基础。

1973 年　我国籼型杂交水稻科研协助组的袁隆平等人，首次培育成功强优势的籼型杂交水稻，使中国的水稻育种技术跃居国际领先地位，创造了巨大的经济效益和社会效益，也给世界粮食产业带来了一次绿色变革。

三、1978—2005 年

1978 年 12 月 十一届三中全会召开，是我党历史上具有深远意义的伟大转折。会议作出把工作重点转移到社会主义现代化建设上来和实行改革开放的决策；重新确立了马克思主义的思想路线、政治路线和组织路线，我国进入了社会主义现代化建设的新时期。中国的对内改革先从农村开始，1978 年 11 月，安徽省凤阳县小岗村实行"分田到户，自负盈亏"的家庭联产承包责任制（大包干），拉开了中国对内改革的大幕。改革开放是当代中国命运的关键抉择，是发展中国特色社会主义和中华民族伟大复兴的必经之路，只有改革开放，才能发展中国，才能发展社会主义，才能发展马克思主义。改革开放也为中国特色社会主义"三农"道路的形成奠定了基础。

1979 年 9 月 28 日 中共中央发布《关于加快农业发展若干问题的决定》，内容涵盖了对农业问题的认识、发展农业生产力的政策和措施等方面，并对加强党和政府对农业的领导，以及如何实现农业现代化作了初步部署。《决定》是新中国成立以来具有现代化意义的经济纲领，深刻分析了 20 世纪 70 年代末中国农业经济的现状，明确认识到农业发展和国民经济其他部门的关系，农业发展对工业化、现代化的重要性。

1982 年 "政社合一"体制改革，设立乡政权。1 月 1 日，中央批转《全国农村工作会议纪要》，肯定包产到户等各种生产责任制都是社会主义集体经济的生产责任制。9 月 1 日，中共第十二次全国代表大会报告关于《全面开创社会主义现代化建设的新局面》，提出两步走，在 20 世纪末实现工农业年总产值翻两番的目标。12 月 4 日，审议通过《中华人民共和国宪法》，改变了农村"政社合一"的体制，设立乡政权。放弃了以阶级斗争为纲的方针，确立了以经济建设为中心的方针，把工作重点放到经济建设上来。

1983 年 1 月 2 日 中共中央、国务院颁布《关于当前农村经济政策若干问题》，即 1983 年中央一号文件。文件指出，稳定和完善农业生产责任制是当前农村工作的主要任务，认为这种分散经营和统一经营相结合的经营方式具有广泛的适用性，要求全面推行家庭联产承包责任制。文件还阐述了关于要按照我国国情，逐步实现农业的经济结构改革、体制改革和技术改革，走出一条具有中国特色的社会主义农业发展道路等 14 个问题。基本上实现了以联产承包责任制为中心的农村经济体制改革，促进了我国农业从自给半自给经济向着较大规模的商品生产转化，从传统农业向着现代农业的转变，农村出现了前所未有的新局面。这种制度特别强调了农民对土地的使用权、经营权、收益权，农民劳动生产积极性也得到了极大提高。

1984 年 1 月 1 日　中共中央、国务院颁布《关于 1984 年农村工作的通知》，即 1984 年中央一号文件。文件指出当年的工作重点，即在稳定和完善生产责任制的基础上，提高生产力水平，疏理流通渠道，发展商品生产。并强调要继续稳定和完善家庭联产承包责任制，延长土地承包，为鼓励农民对土地的投资，规定土地的承包期一般应在 15 年以上，生产周期长的和开发性的项目，承包期应更长。

1985 年 1 月 1 日　中共中央、国务院颁布《关于进一步活跃农村经济的十项政策》，即 1985 年中央一号文件。主要内容为取消农副产品统购统派制度，开始了以改革农产品统购统派制度、调整产业结构为主要内容的第二步改革。在国家计划指导下，扩大市场调节，使农业生产适应市场的需求，促进农村产业结构合理化，进一步把农村经济搞活。

1986 年 1 月 1 日　中共中央、国务院发出《关于 1986 年农村工作的部署》，即 1986 年中央一号文件。文件指出：我国农村已开始走上有计划发展商品经济的轨道。农业和农村工业必须协调发展，把"无工不富"和"无农不稳"有机地结合起来。1986 年农村工作总的要求是：落实政策，深入改革，改善农业生产条件，组织产前产后服务，推动农村经济持续稳定协调发展。文件要求进一步摆正农业在国民经济中的地位，农村经济的稳定发展对国民经济的全局至关重要，对实现 20 世纪末的小康目标更具有决定性的意义。

1986 年 为完善农村土地管理制度，维护土地的社会主义公有制，保护、开发土地资源，合理利用土地，切实保护耕地，促进社会经济的可持续发展，根据宪法，制定了《中华人民共和国土地管理法》。以法律形式确立了土地承包经营制度。进一步规范了土地管理形式，激活了土地要素生产力。《土地管理法》的实施，为维护土地使用秩序、保护耕地、维护农民土地权益、保障工业化城镇化快速发展发挥了重要作用。

1993 年 3 月 29 日 第八届全国人民代表大会第一次会议通过《中华人民共和国宪法修正案》，以基本法的形式确立了家庭联产承包责任制的法律地位。为巩固和加强农业在国民经济中的基础地位，深化农村改革，发展农业生产力，推进农业现代化，维护农民和农业生产经营组织的合法权益，增加农民收入，提高农民科学文化素质，促进农业和农村经济的持续、稳定、健康发展，实现全面建设小康社会的目标，第八届全国人民代表大会第二次会议通过《中华人民共和国农业法》，在维持以家庭联产承包经营为基础，统分结合的双层经营体制长期稳定的前提下，进一步对农民承包地的转包、转让、优先承包和继承等权利作出了明确的规定。

1998 年 5 月 10 日 国务院发布《进一步深化粮食流通体制改革的决定》。《决定》提出继续实行保护价敞开收购农民余粮、粮食收储企业实行顺价销售、粮食收购资金封闭运行等三项政策。完善的粮食流通机制，对于更好地保护农民的生产积极性和消费者的利益，搞活粮食流通，稳定粮食价格，保证市场供应，发挥了积极作用。

1998 年 10 月 14 日 第十五届中央委员会第三次会议分析了国内外形势，研究了农业和农村工作。会议通过《中共中央关于农业和农村工作若干重大问题的决定》。《决定》提出应坚定不移贯彻落实土地承包期延长 30 年这一基本政策，制定并完善保障土地承包关系长期稳定的相应法律法规，赋予长期稳定有保障的土地使用权。将原有的"家庭联产承包为主"提法转变为"家庭承包经营为基础",鼓励在家庭承包经营基础上,努力探索实现农业现代化的具体途径,发展多种形式的适度规模经营。发展农业适度规模经营是推进我国农业现代化的重要举措,也是实现农民增收的重要保障。

2000 年 3 月 2 日　中共中央、国务院发布《关于进行农村税费改革试点工作的通知》。为了贯彻党的十五大和十五届三中全会精神,探索建立规范的农村税费制度、从根本上减轻农民负担的有效办法,党中央、国务院决定进行农村税费改革试点。改革开放以来,我们党采取了一系列减轻农民负担的政策措施,调动农民的生产积极性,但是农民负担重、收取税费不规范的问题仍然存在。为减轻农民负担,使农民有能力和积极性进一步增加投入、发展生产,促进国民经济快速健康发展。推进农村税费改革是从根本上解决农民负担问题的重大措施,是继实行家庭联产承包经营以来又一重大改革。

2001 年 6 月　国务院办公厅发布《中国农村扶贫开发纲要(2001—2010年)》。农村扶贫作为贯彻邓小平同志共同富裕伟大构想和江泽民同志"三个代表"重要思想的一项战略决策,是全面建设小康社会、实现社会主义现代化建设第三步战略目标的一项重大举措。《纲要》指出继续把发展种养业作为扶贫开发的重点;积极推进农业产业化经营;进一步改善贫困地区的基本生产生活条件;加大科技扶贫力度;努力提高贫困地区群众的科技文化素质;积极稳妥地扩大贫困地区劳务输出;稳步推进自愿移民搬迁;鼓励多种所有制经济组织参与扶贫开发。制定实施《扶贫开发纲要》,是缩小发展差距、促进全体人民共享改革发展成果的重大举措,对于巩固党的执政基础、确保国家长治久安,对于实现全面建设小康社会奋斗目标、构建社会主义和谐社会,具有重大意义。

2002 年 10 月　中共中央、国务院办公厅印发《进一步加强农村卫生工作的决定》。《决定》要求:对农村贫困家庭实施医疗救助。医疗救助对象主要是农村五保户和贫困农民家庭。医疗救助形式可以是对救助对象患大病给予一定的医疗费用补助，也可以是资助其参加当地合作医疗。力争到 2005 年，在全国基本建立起规范、完善的农村医疗救助制度。到 2010 年，新型农村合作医疗制度要基本覆盖农村居民。这是我国政府历史上第一次为解决农民的基本医疗卫生问题进行大规模投入。农村合作医疗制度对于保护农村生产力、振兴农村经济、维护农村社会发展和稳定的大局，对提高全民族素质具有重大意义。

2005 年 10 月 8 日　中共第十六届五中全会通过《十一五规划纲要建议》提出建设社会主义新农村的重大历史任务。12 月 31 日中共中央、国务院出台《关于推进社会主义新农村建设的若干意见》。建设社会主义新农村是贯彻落实科学发展观的重大举措，是确保我国现代化建设顺利推进的必然要求，是全面建设小康社会的重点任务，是保持国民经济平稳较快发展的持久动力，是构建社会主义和谐社会的重要基础。

四、2006—2021 年

2006 年　中国取消了延续千年的农业税。2005 年 12 月 29 日，十届全国人大常委会第十九次会议决定，自 2006 年 1 月 1 日起废止《中华人民共和国农业税条例》。农业税的取消给农民带来了看得见的物质利益，极大地调动了农民的生产积极性，又一次解放了农村生产力，中国农业进入新的时期。《中华人民共和国农业税条例》的废止，是我国农业和社会发展的具体体现，是统筹城乡发展、建设社会主义新农村的客观需要，在农业政策发展中具有划时代的意义。

2007 年 7 月 11 日　国务院发布《关于在全国建立农村最低生活保障制度的通知》，将符合条件的农村贫困人口全部纳入保障范围。《通知》主要包括认识建立农村最低生活保障制度的重要意义、合理确定农村最低生活保障标准和对象范围等六部分内容。农村最低生活保障制度的实施对于照顾农村弱势群体，逐步缩小城乡差距，维护社会公平具有重要意义。

2008 年 10 月 12 日　中共第十七届中央委员会第三次会议审议通过《中

共中央关于推进农村改革发展若干重大问题的决定》，对进一步推进农村改革发展作出了全面部署。《决定》提出大力改革创新，加强农村制度建设；积极发展现代农业，提高农业综合生产能力；加快农村公共事业，促进农村社会全面进步；加强和改善党的领导，为推进农村改革发展提供坚强政治保证。《决定》对于进一步统一全党全社会认识、加快推进社会主义新农村建设，大力推动城乡统筹发展，对于全面贯彻党的十七大精神，深入贯彻落实科学发展观，夺取全面建设小康社会新胜利、开创中国特色社会主义事业新局面，具有重大而深远的意义。

2009 年 9 月 1 日 国务院颁发《关于开展新型农村社会养老保险试点的指导意见》，新型农村养老保险试点工作正式启动。根据《意见》要求，新型农村社会养老保险一是要从农村实际出发，低水平起步，筹资标准和待遇标准要与经济发展及各方面承受能力相适应；二是个人（家庭）、集体、政府合理分担责任，权利与义务相对应；三是政府主导和农民自愿相结合，引导农村居民普遍参保；四是中央确定基本原则和主要政策，地方制订具体办法，对参保居民实行属地管理。新农保制度的建立是深入贯彻落实科学发展观、加快建设覆盖城乡居民社会保障体系的重大决策，是应对国际金融危机、扩大国内消费需求的重大举措，是逐步缩小城乡差距、改变城乡二元结构、推进基本公共服务均等化的重要基础性工程，是实现广大农村居民老有所养、促进家庭和谐、增加农民收入的重大惠民政策。

2013 年 11 月和 2014 年 1 月 为了贯彻落实党的十八大关于全面深化改革的战略部署，中共中央、国务院相继出台《关于全面深化改革若干重大问题的决定》《关于全面深化改革加快推进农业现代化的若干意见》。为正处于转型期的现代农业发展指明了方向，推动经济社会发展全面提升。对全面建成小康社会，进而建成富强民主文明和谐的社会主义现代化国家，实现中华民族伟大复兴的中国梦具有重要意义。

2014 年 11 月 20 日　中共中央办公厅、国务院办公厅印发了《关于引导农村土地经营权有序流转发展农业适度规模经营的意见》，要求在稳定完善农村土地承包关系的基础上，规范引导农村土地经营权有序流转，合理确定土地经营规模，并加快培育新型农业经营主体，探索新的集体经营方式，加快发展农户间的合作经营。该《意见》的实施，有利于优化土地资源配置和提高劳动生产率，有利于保障粮食安全和重要农产品供给，有利于促进农业技术推广应用和农业增效、农民增收。

2015 年 11 月 23 日　中共中央政治局审议通过《关于打赢脱贫攻坚的决定》。11 月 27 日中央扶贫开发工作会议上，习近平总书记强调，消除贫困、改善民生、逐步实现共同富裕，是社会主义的本质要求，是中国共产党的重要使命。《决定》指出，要确保 2020 年我国现行标准下农村贫困人口实现脱贫，贫困县全部摘帽，解决区域性整体贫困。中国拉开了人类历史上规模空前、力度最大、惠及人口最多的脱贫攻坚战。

2015 年 12 月 31 日　党的十八届五中全会通过《关于落实发展新理念加快农业现代化，实现全面小康目标的若干意见》。该《意见》提出完善承包地"三权分置"的办法，鼓励和引导农户自愿互换承包地块实现连片耕种。在农户家庭经营为基础的前提下，支持新型农业经营主体成为现代农业建设的重要力量，积极培育家庭农场、专业大户、农民合作社、农业产业化龙头企业等新型农业经营主体，推进多种形式适度规模经营。同时，充分发挥财政资金的引导作用，加快培育新型农业经营主体的政策支持体系。推进农业供给侧结构性改革，降低农业成本、提升农产品质量，提高农产品竞争力，增加农民收入，促进农业的可持续发展。

2017 年 10 月　乡村振兴战略的提出。习近平同志在党的十九大报告中指出农业农村农民问题是关系国计民生的根本性问题，必须始终把解决好"三农"问题作为全党工作的重中之重，实施乡村振兴战略。中共中央国务院接连发布

2018 年"中央一号文件"、《国家乡村振兴战略规划（2018—2022）》等，为新发展阶段优先发展农业农村、全面推进乡村振兴作出总体部署，为做好当前和今后一个时期"三农"工作指明了方向。实施乡村振兴战略，是党的十九大作出的重大决策部署，是决胜全面建成小康社会、全面建设社会主义现代化强国的重大历史任务，是新时代"三农"工作的总抓手。为决胜全面建成小康社会补齐短板，为全面建成社会主义现代化国家提供保障，对于民族振兴也有着重要的意义。

2019 年 1 月 3 日　中共中央国务院印发《关于坚持农业农村优先发展做好"三农"工作的若干意见》。《意见》聚力精准政策，决战决胜脱贫攻坚；夯实农业基础，保障重要农产品有效供给；扎实推进乡村建设，加快补齐农村人居环境和公共服务短板；发展壮大乡村产业，拓宽农民增收渠道；全面深化改革，激发乡村发展活力；完善乡村治理机制，保持农村社会和谐稳定；发挥农村党支部堡垒作用，全面加强农村基层组织建设；加强党对"三农"工作的领导，落实农业农村优先发展总方针。为有效应对各种风险挑战赢得主动，为确保经济持续健康发展和社会大局稳定、如期实现第一个百年奋斗目标奠定了基础。

2019 年 11 月 21 日　国务院办公厅印发《关于切实加强高标准农田建设提升国家粮食安全保障能力的意见》，指出在划定的基本农田保护区范围内，建成集中连片、设施配套、高产稳产、生态良好、抗灾能力强、与现代农业生产和经营方式相适应的高标准基本农田。到 2022 年，全国要建成 10 亿亩高标准农田。该《意见》的实施有利于提升我国的粮食生产能力，确保饭碗端在自己手里。

2020 年 1 月 2 日　中共中央、国务院印发实施《关于抓好"三农"领域重点工作确保如期实现全面小康的意见》。主要涉及：坚决打赢脱贫攻坚战；对标全面建成小康社会加快补上农村基础设施和公共服务短板；保障重要农产品有效供给和促进农民持续增收；加强农村基层治理；强化农村补短板保障措施。此意见的实施对于保障农民持续增收，缩小城乡收入差距，让农民有更多的获得感、幸福感、安全感具有重要意义。

2021 年 2 月 25 日 习近平总书记在全国脱贫攻坚总结表彰大会上庄严宣告：我国脱贫攻坚战取得了全面胜利，现行标准下 9899 万农村贫困人口全部脱贫，832 个贫困县全部摘帽，12.8 万个贫困村全部出列，区域性整体贫困得到解决，完成了消除绝对贫困的艰巨任务，全面建成小康社会的目标如期完成。困扰中华民族几千年之久的绝对贫困问题得到了解决，创造了减贫治理的中国样本，在中国共产党的带领下，我国顺利实现第一个百年奋斗目标。

2021 年 2 月 21 日 中央一号文件《关于全面推进乡村振兴加快农业农村现代化的意见》发布。主要内容包括：农业农村现代化规划启动实施，脱贫攻坚政策体系和工作机制同乡村振兴有效衔接、平稳过渡，乡村建设行动全面启动，农村人居环境整治提升，农村改革重点任务深入推进，农村社会保持和谐稳定。2021 年中央一号文件的颁布强调了进一步巩固脱贫成果，将乡村振兴作为实现中华民族伟大复兴的一项重大任务，举全社会之力支持"三农"发展。

参考文献

《列宁全集》第 26 卷，人民出版社 1984 年版。

《毛泽东文集》第 3 卷，人民出版社 1996 年版。

《毛泽东选集》第 1 卷，人民出版社 1991 年版。

《毛泽东选集》第 2 卷，人民出版社 1991 年版。

《毛泽东选集》第 3 卷，人民出版社 1991 年版。

《毛泽东选集》第 4 卷，人民出版社 1991 年版。

《毛泽东选集》第 5 卷，人民出版社 1977 年版。

《毛泽东选集》第 8 卷，人民出版社 1999 年版。

《毛泽东文集》第 7 卷，人民出版社 1999 年版。

《毛泽东农村调查文集》，人民出版社 1982 年版。

《毛泽东军事文选》，中国人民解放军军事科学院 1963 年版。

周恩来：《中央人民政府政务院关于一九五三年农业税工作的指示》，《安徽省人民政府公报》1953 年第 9 期。

《邓小平建设有中国特色社会主义论述专题摘编》，中央文献出版社 1995 年版。

《邓小平文选》第 2 卷，人民出版社 1994 年版。

《邓小平文选》第 3 卷，人民出版社 1993 年版。

《刘少奇选集》（上），人民出版社 1981 年版。

《刘少奇选集》（下），人民出版社 1981 年版。

《江泽民文选》第 1 卷，人民出版社 2006 年版。

陈云：《陈云文选》第 1 卷，人民出版社 1995 年版。

江泽民：《全党全社会进一步动员起来，夺取"八七"扶贫攻坚决战阶段的胜利——在中央扶贫开发工作会议上的讲话》，《人民日报》2001 年 10 月 15 日。

江泽民：《在中央扶贫开发工作会议上的讲话》，《人民日报》，2001 年 9 月 17 日。

胡锦涛：《高举中国特色社会主义伟大旗帜　为夺取全面建设小康社会新胜利而奋斗——在中国共产党第十七次全国代表大会上的报告》，《时政文献辑览》2008 年。

《胡锦涛在党的十七大上的报告（全文）》，载自中国日报网，http://www.chinadaily.com.cn/hqzg/2007-10/25/content_6205616_11.htm，2007 年 10 月 25 日。

《胡锦涛在中国共产党第十八次全国代表大会上的报告》，载自人民网，http://cpc.people.com.cn/n/2012/1118/c64094-19612151.html，2012 年 11 月 18 日。

《习近平谈治国理政》第 2 卷，外文出版社 2017 年版。

习近平：《论坚持全面深化改革》，中央文献出版社 2018 年版。

习近平：《在中央扶贫开发工作会议上的讲话》，《十八大以来重要文献选编》（下），中央文献出版社 2018 年版。

习近平：《给"国培计划（二〇一四）"北师大贵州研修班参训教师的回信》，《人民日报》2015 年 9 月 10 日。

习近平：《决胜全面建成小康社会　夺取新时代中国特色社会主义伟大胜

利——在中国共产党第十九次全国代表大会上的报告》，人民出版社 2017 年版。

习近平：《在 2015 减贫与发展高层论坛发表主旨演讲》，《人民日报》2015 年 10 月 17 日。

习近平：《在打好精准脱贫攻坚战座谈会上的讲话》，《求是》2020 年第 9 期。

习近平：《在第十三届全国人民代表大会第一次会议上的讲话》，《人民日报》2018 年 3 月 21 日。

习近平：《在湖南考察时的讲话》，《人民日报》2013 年 11 月 6 日。

习近平：《在决战决胜脱贫攻坚座谈会上的讲话》，《中国民政》2020 年第 7 期。

习近平：《在深度贫困地区脱贫攻坚座谈会上的讲话》，《人民日报》2017 年 9 月 1 日。

习近平：《全面建成小康社会，一个民族都不能少》，载人民网，http:// theory.people.com.cn/GB/n1/2017/0612/c40531-29333825.html，2017 年 6 月 12 日。

《习近平论扶贫工作——十八大以来重要论述摘编》，《党建》2015 年第 12 期。

习近平：《在河北省阜平县考察扶贫开发工作时的讲话》，载自央广网，https://baijiahao.baidu.com/s?id=1691748438038037160&wfr=spider&for=pc，2012 年 12 月 29 日、30 日。

《习近平在湖北考察改革发展工作时强调坚定不移全面深化改革开放 脚踏实地推动经济社会发展》，载自人民网，http://politics.people.com.cn/ n/2013/0723/c70731-22298976.html，2013 年 7 月 23 日。

习近平：《在十八届中央政治局第三十九次集体学习时的讲话》，载人民网，http://theory.people.com.cn/n1/2018/0917/c421125-30297204.html，2017 年 2 月 21 日。

习近平：《在十九届中共中央政治局第八次集体学习时的讲话》，《习近平关于"三农"工作论述摘编》，中央文献出版社 2019 年版。

习近平：《在中法建交五十周年纪念大会上的讲话》，《人民日报》2014 年 3 月 29 日。

《习近平在中国共产党第十九次全国代表大会上的报告》，载自人民网，http://cpc.people.com.cn/n1/2017/1028/c64094-29613660.html，2017 年 10 月 28 日。

《习近平在中央农村工作会议上强调坚持把解决好"三农"问题作为全党工作重中之重》，载新华网，http://www.xinhuanet.com/politics/2020-12/29/c_1126923715.htm，2020 年 12 月 29 日。

《习近平参加十二届全国人大四次会议青海代表团》，载新华网，http://www.xinhuanet.com/politics/2016lh/2016-03/10/c_1118286141.htm.2016 年 3 月 10 日。

习近平：《坚持把解决好"三农"问题作为全党工作重中之重　促进农业高质高效乡村宜居宜业农民富裕富足》，载央视新闻网，https://baijiahao.baidu.com/s?id=16874102936620339177&wfr=spider&for=pc，2020 年 12 月 29 日。

习近平：《坚持把解决好"三农"问题作为全党工作重中之重》，载中华人民共和国教育部政府门户网站，http://www.moe.gov.cn/jyb_xwfb/s6052/moe_838/202012/t20201229_508074.html，2020 年 12 月 29 日。

《习近平：坚决打赢脱贫攻坚战——专题报道》，载自人民网，http://cpc.people.com.cn/xuexi/n1/2017/1103/c385474-29626301.html，2017 年 11 月 3 日。

《习近平：深化农村集体产权制度改革，发展壮大新型集体经济》，转新华社，http://www.llxnjxxw.com/html/news_2020727152537.html，2020 年 7 月 27 日。

白俊超：《我国西汉至建国前的人地关系状况分析》，《经济问题探索》2007 年第 2 期。

白人朴：《关于贫困标准及其定量指标的研究》，《农业经济问题》1990 年第 8 期。

北京师范大学中国收入分配研究院：《月收入不足千元，这 6 亿人都在哪》，2020 年 6 月 3 日。

北京物资学院城市农产品流通研究所：《中国城市农产品流通发展报告（2019）》，中国社会科学出版社 2019 年版。

蔡清伟：《中国共产党农村社会治理的基本特点研究（1949—2013）》，西南交通大学博士学位论文 2014 年。

曹春荣：《中央苏区春耕运动赠旗大会追记》，《世纪风采》2015 年第 11 期。

曹国华：《试析解放战争时期教育工作的特点》，《辽宁师范大学学报》1995 年第 6 期。

曹应旺：《毛泽东发动和领导大生产运动再认识》，《毛泽东研究》2015 年第 6 期。

陈百明：《未来中国的农业资源综合生产能力与食物保障》，《地理研究》2002 年第 3 期。

陈丹、唐茂华：《中国农村土地制度变迁 60 年回眸与前瞻》，《城市》2009 年第 10 期。

陈吉元、韩俊：《邓小平的农业"两个飞跃"思想与中国农村改革》，《中国农村经济》1994 年第 10 期。

陈素琴、沈爱华：《发展苏北县域经济解决"三农"问题的思路》，《北方经济》2007 年第 9 期。

陈天明：《当前中国乡镇企业发展中存在的问题与应对之策》，华中师范大学博士学位论文 2014 年。

陈天明、周航、王坤：《经济发展与利用外资水平的计量分析——基于中国

2008—2013 年相关数据》，《中国商贸》2014 年第 21 期。

陈文胜：《农民在乡村振兴中的主体地位何以实现》，《中国乡村发现》2018 年第 5 期。

陈锡文：《坚持走中国特色农业现代化道路——学习习近平总书记相关论述的几点认识》，《中国农村经济》2016 年第 10 期。

陈锡文、罗丹、张征：《中国农村改革 40 年》，人民出版社 2018 年版。

崔颖慧：《评〈中华苏维埃共和国宪法大纲〉及其背景下的土地政策》，山东大学硕士论文 2010 年。

党国英：《我国乡村治理改革回顾与展望》，《社会科学战线》2008 年第 12 期。

第二次国内革命战争时期土地革命文献选编组：《第二次国内革命战争时期土地革命文献选编（1927—1937）》，中共中央党校出版社 1987 年版。

窦孟朔、张瑞：《论习近平的民生幸福观》，《科学社会主义》2015 年第 5 期。

杜俊华：《论苏维埃时期中共的社会救济》，《甘肃社会科学》2007 年第 3 期。

樊大彧：《户籍制度改革的关键是利益分配》，《理论与当代》2014 年第 10 期。

范卫青：《中国工业化道路的历史演进》，武汉大学博士论文 2013 年。

方江山：《非制度政治参与：以转型期中国农民为对象分析》，人民出版社 2000 年版。

方志敏、邵平式等：《回忆闽浙赣苏区》，江西人民出版社 1983 年版。

方志权、张晨、张莉侠、楼建丽：《农村土地承包经营权退出意愿与影响因素——基于上海四区 1255 份农村调查问卷的分析》，《农村经营管理》2017 年第 11 期。

冯杰、王东亮:《抗战时期晋冀豫根据地的军工生产》,《内蒙古大学学报:哲学社会科学版》2007 年第 6 期。

冯之浚:《论循环经济》,中国循环经济发展论坛 2004 年。

付志刚:《新中国成立后中国共产党对城乡关系的认识与定位》,四川大学学报（哲学社会科学版）2018 年第 3 期。

傅金碧:《论土地革命初期的两部"土地法"——〈井冈山土地法〉与〈兴国土地法〉之比较》,《湘潭师范学院学报（社会科学版）》2008 年第 6 期。

傅泽风:《加快转变经济发展方式的关键、核心、主攻方向及开放模式》,《管理学刊》2014 年第 27 期。

高斐:《农业合作化运动中农民的利益发展与政治认同》,《河南师范大学学报》(哲学社会科学版) 2015 年第 4 期。

高鸣、芦千文:《中国农村集体经济:70 年发展历程与启示》,《中国农村经济》2019 年第 10 期。

高强:《健全现代乡村治理体系的实践探索与路径选择》,《改革》2019 年第 12 期。

高云才:《"三权分置",农村土地制度改革重大创新——农业部部长韩长赋解读〈关于引导农村土地经营权有序流转发展农业适度规模经营的意见〉》,《农村·农业·农民（A 版）》2014 年第 11 期。

公安部治安管理局编:《户口管理法律法规规章政策汇编》,中国人民公安大学出版社 2001 年版。

龚云:《毛泽东与中国农民问题》,《河南社会科学》2014 年第 9 期。

《关于 1942 年边区经济建设的决定》(1941 年 12 月 25 日),《抗战时期陕甘宁边区财政经济史料摘编总论》。

光梅红:《华北抗日根据地的手工业研究》,《晋阳学刊》2008 年第 4 期。

郭慧丽:《工业化进程中的农业税收制度研究》,东北财经大学博士学位论文 2012 年。

郭佳新：《农民、农村和农业：中国的根》，《济南大学学报：社会科学版》1993 年第 4 期。

国家统计局：《伟大的十年》，人民出版社 1959 年版。

国家统计局：《中国统计年鉴（1983）》，中国统计出版社 1983 年版。

韩大梅：《〈陕甘宁边区宪法原则〉论析》，《中共中央党校学报》2004 年第 1 期。

韩俊、宋洪远：《新中国 70 年农村发展与制度变迁》，人民出版社 2019 年版。

韩振峰：《新中国成立以来中国共产党扶贫脱贫事业的演进历程》，《民族大家庭》2020 年第 3 期。

何光：《当代中国的劳动力管理》，中国社会科学出版社 1990 年版。

何万丽、马宝成：《1949 年以来中国农业经营体系的历史演变及特征》，《农业展望》2015 年第 9 期。

贺福中：《中国农民合作经济组织及其收益分配——以山西省为中心的分析》，山西大学博士学位论文 2017 年。

黄承伟：《习近平扶贫思想体系及其丰富内涵》，《中南民族大学学报（人文社会科学版）》2016 年第 36 期。

黄道霞：《建国以来农业合作化史料汇编》，中央党史出版社 1992 年版。

黄道炫：《盟友抑或潜在对手？——老区土地改革中的中农》，《南京大学学报》（哲学·人文科学·社会科学版）2007 年第 5 期。

黄花：《中国共产党农村土地政策的历史变迁及展望》，《中南大学学报（社会科学版）》2011 年第 5 期。

黄修荣、黄黎：《中国共产党简史：1921—2011》，人民出版社 2011 年版。

黄延信、余葵、师高康、王刚、黎阳、胡顺平、王安琪：《对农村集体产权制度改革若干问题的思考》,《农业经济问题》2014 年第 4 期。

黄正林:《"救国公粮"征收的是是非非》,《南方都市报》2012 年 7 月 17 日。

冀名峰:《学习习近平总书记重要论述——推进现代农业经营体系建设》,《农村经营管理》2019 年第 12 期。

冀县卿、黄季焜:《改革三十年农地使用权演变:国家政策与实际执行的对比分析》,《农业经济问题》2013 年第 5 期。

贾俊民、葛文光:《关于"三农"概念与"三农"问题提法的考察》,《中国农村观察》2013 年第 5 期。

江燕:《试论解放战争时期的农村基层政权建设》,《学理论》2013 第 24 期。

江宇:《中国扶贫实践彰显制度优势》,《人民日报海外版》2019 年 10 月 18 日。

蒋海曦、蒋瑛:《毛泽东在中国土地革命时期的经济学贡献》,《政治经济学评论》2014 年第 3 期。

蒋和平、杨东群:《新中国成立 70 年来我国农业农村现代化发展成就与未来发展思路和途径》,《农业现代化研究》2015 年第 5 期。

蒋贤斌、赖红羽:《坚持与调适:新民主主义革命时期中国共产党税收理念的演变》,《中国井冈山干部学院学报》2019 年第 5 期。

《解放战争时期土地改革文件选编(1945—1949 年)》,中共中央党校出版社 1981 年版。

金晶:《土地承包经营权抵押的法律制度构建》,《人民论坛》2016 年第 11 期。

金普森:《〈兴国土地法〉对〈井冈山土地法〉的一个原则改正》,《历史研究》1982 年第 2 期。

《晋察冀抗日根据地》史料丛书编审委员会:《中共中央档案馆·晋察冀抗日根据地第 1 册文献选编上》,中共党史资料出版社 1989 年版。

雷明:《绿色发展下生态扶贫》,《中国农业大学学报》(社会科学版) 2017 年第 5 期。

李兵:《取消农业税:科学发展观的重要体现》,《红旗文稿》2004 年第 11 期。

李德虎:《新民主主义革命时期中国共产党对农村社会管理体制的探索与启示》,《山东社会科学》2013 年第 5 期。

李丰谟:《从事农业生产是当前解决就业问题的最主要途径》,《中国劳动》1957 年第 15 期。

李国祥:《乡村振兴战略村镇化与城镇化双轮驱动》,《中国合作经济》2017 年第 10 期。

李家祥、呼世忠:《任弼时发展农业生产的思想及其意义》,《当代经济研究》2004 年第 7 期。

李嘉树、董国强:《"经"与"权":陈云农业经济思想的历史考察(1961—1982)》,《河北学刊》2019 年第 4 期。

李军:《农民自理口粮到集镇落户若干法律问题》,《广东社会科学》1986 年第 4 期。

李明:《习近平新时代中国特色社会主义"三农"思想的形成与特点》,《南京农业大学学报(社会科学版)》2018 年第 2 期。

李如潇:《中国农业经营制度变迁的路径依赖及其对策研究》,吉林大学博士论文 2019 年。

李术峰:《"政党统合型"乡村治理体系研究》,北京大学博士学位论文 2019 年。

李伟中:《论抗日根据地的乡村民主政治建设及其意义》,《玉林师范学院学报》2004 年第 6 期。

李小云、于乐荣、唐丽霞：《新中国成立后 70 年的反贫困历程及减贫机制》，《中国农村经济》2019 年第 10 期。

李晓波：《中国共产党各时期政权建设述评》，《财经政法资讯》2011 年第 6 期。

李永丰：《党对革命根据地农业多种经济成分的政策》，《北京党史》2004 年第 2 期。

李政通、白彩全、肖薇薇：《基于 LMDI 模型的东北地区农业碳排放测度与分解》，《干旱地区农业研究》2017 年第 4 期。

李政通、姚成胜、梁龙武：《中国粮食生产的区域类型和生产模式演变分析》，《地理研究》2018 年第 5 期。

刘丹、巩前文：《农地流转中"去粮化"行为对国家粮食安全的影响及治理对策》，《农业现代化研究》2017 年第 38 卷第 4 期。

刘建飞：《建国前后党的农村土地经济理论嬗变》，《东北师大学报》2004 年第 6 期。

刘克崮、张桂文：《中国"三农"问题的战略思考与对策研究》，《管理世界》2003 年第 5 期。

刘守英：《城乡中国的土地问题》，《北京大学学报（哲学社会科学版）》2018 年第 3 期。

刘守英、熊雪锋：《中国乡村治理的制度与秩序演变——一个国家治理视角的回顾与评论》，《农业经济问题》2018 年第 9 期。

刘同舫：《新时代社会主要矛盾背后的必然逻辑》，《华南师范大学学报（社会科学版）》2017 年第 6 期。

刘维涛：《报告称中国农村留守儿童超 6000 万 5 年增加 242 万》，《人民日报》2013 年 5 月 11 日。

刘晓雪：《新时代乡村振兴战略的新要求——2018 年中央一号文件解读》，《毛泽东邓小平理论研究》2018 年第 3 期。

刘行玉：《乡村治理四十年：回顾与总结》，《山东农业大学学报（社会科学版）》2018 年第 4 期。

刘绪茂：《进一步完善农业生产责任制》，《农业经济问题》1982 年第 10 期。

刘永富：《2020 年贫困户脱贫收入要达 4000 元》，《北京青年报》2019 年 3 月 7 日。

刘智广：《把调动农民积极性作为农村工作的出发点》，《探索与求是》1999 年第 4 期。

刘仲藜：《奠基——新中国经济五十年》，中国财政经济出版社 1999 年版。

鲁可荣：《中央苏区乡村建设思想及其历史经验》，《广西民族大学学报（哲学社会科学版）》，2011 年第 4 期。

吕偲、刘丽琼：《共产国际与中国农村包围城市道路的形成》，《毛泽东思想研究》2012 年第 5 期。

［美］洛易斯·惠勒·斯诺：《斯诺眼中的中国》，王恩光等合译，中国学术出版社 1982 年版。

［美］麦克法夸尔、费正清：《剑桥中华人民共和国史（1949—1965）》，上海人民出版社 1990 年版。

孟然：《解放战争时期的农村基层党建》，《组织人事报》2016 年 7 月 14 日。

牟甲寅：《试论当前我国经济发展中的矛盾与发展工业和发展农业同时并举的指导方针》，《北京大学学报：哲学社会科学版》1958 年第 1 期。

南汉宸：《复安塞党委的一封信》，《人民生活》1941 年 9 月 26 日。

农业农村部市场与信息化司、农业农村部信息中心：《数说新中国 70 年农业农村巨变》，《农民日报》2019 年 11 月 22 日。

彭慧蓉、钟涨宝：《建国六十年我国农业补贴政策演变轨迹及逻辑转换》，《经济问题探索》2010 年第 11 期。

彭月才、郑俊华：《中国共产党第二次全国代表大会》，《党史文苑》2020 年第 8 期。

平月：《中国人民政治协商会议共同纲领》，中华书局 1952 年版。

钱正武：《习近平新时代"三农"观的理论贡献》，《理论学刊》2019 年第 2 期。

秦中春：《乡村振兴背景下乡村治理的目标与实现途径》，《管理世界》2020 年第 2 期。

全国人大常委会法制工作委员会编：《中华人民共和国现行法律法规（上卷）》，知识产权出版社 2002 年版。

全国人民代表大会常务委员会法制工作委员会编：《中华人民共和国法律汇编（1985—1989）》，人民出版社出版 1991 年版。

《任弼时选集》，人民出版社 1987 年版。

沙健孙：《对我国社会主义改造问题的几点思考》，《当代中国史研究》1994 年第 2 期。

陕甘宁边区财政经济史编写组：《抗战时期陕甘宁边区财政经济史料摘编》，陕西人民出版社 1981 年版。

《十八大以来中国脱贫攻坚大事记》，《解放军报》2019 年 3 月 11 日。

石泰峰：《把饭碗牢牢端在自己手上》，《求是》2014 年第 3 期。

史敬棠：《中国农业合作化运动史料》（下册），生活·读书·新知三联书店 1959 年版。

史志宏：《十九世纪上半期的中国粮食亩产量及总产量再估计》，《中国经济史研究》2012 年第 3 期。

宋洪远、高强:《农村集体产权制度改革轨迹及其困境摆脱改革》,《改革》2015 年第 2 期。

苏星:《关于全民所有制经济内部的商品交换》,《社会科学研究》1980 年第 1 期。

孙继辉:《增加农民收入的新思路》,《管理世界》2004 年第 4 期。

孙其明:《共产国际和农村包围城市的中国革命道路》,《学术界》1987 年第 3 期。

太行革命根据地史总编委会:《太行革命根据地史稿》,山西人民出版社 1987 年版。

《谈加强和完善城乡社区治理》,《中国民政》2017 年第 1 期。

唐黎明:《北京市乡村治理问题研究——产权关系视角》,张英洪等著,《善治乡村:乡村治理现代化研究》,中国农业出版社 2019 年版。

田刚:《中国共产党领导的苏区卫生防疫运动》,《北京党史》2007 年第 3 期。

田苏苏、刘庆旻:《论建国以来农村土地政策的三次大调整与中国农业现代化的历史进程》,载中国现代史学会、中共延安市委宣传部、延安陕甘宁革命根据地史研究会编:《中国共产党与现代中国》2001 年版。

涂洪波:《我国农产品流通现代化的实证研究》,华中农业大学博士学位论文 2013 年。

涂洪波:《中国农产品流通现代化的实证、战略与对策》,经济日报出版社 2014 年版。

汪荣:《我国乡村治理模式的历史演进及其发展路径浅探》,《理论月刊》2013 年第 7 期。

汪三贵:《贫困问题与经济发展政策》,农村读物出版社 1994 年版。

王朝彬:《家庭联产承包制拉开中国农村改革序幕》,《新湘评论》2008 年第 8 期。

王刚：《对"自己动手，丰衣足食"号召形成的历史考察》，《中共党史研究》2017 年第 2 期。

王海琳：《中共"三大"前后陈独秀政治思想中的合理内容》，《武汉大学学报》（哲学社会科学版）2004 年第 3 期。

王浩：《中央累计投入农机购置补贴 2000 多亿》，《人民日报》2018 年 12 月 20 日。

王金朔、曹雪、金晓斌等：《1644—1949 年中国粮食生产与运输格局变迁初探》，《资源科学》2014 年第 11 期。

王景新：《农村集体所有制有效实现形式：理论与现状》，《光明日报》2015 年 1 月 17 日。

王丽荣：《刘少奇的过渡思想与列宁的新经济政策之比较》，《中南财经政法大学学报》2004 年第 4 期。

王尚文：《我省几种土地集约经营形式》，《新农业》1986 年第 1 期。

王晓平：《对加快农村城镇化建设的几点认识》，《天津师范大学学报：社会科学版》1994 年第 4 期。

王子晖：《十八大以来，习近平反复强调"绿水青山"》，《中南林业科技大学学报（社会科学版）》2017 年第 11 期。

魏久明：《中国共产党早期政权建设的实践：读〈中华苏维埃共和国史〉》，《中共党史研究》2001 年第 2 期。

温铁军：《"三农"问题与世纪反思》，生活·读书·新知三联书店 2005 年版。

邬才生：《有中国特色的农村城市化道路的探索》，《毛泽东邓小平理论研究》2000 年第 3 期。

吴传毅：《决战决胜脱贫攻坚彰显制度优势》，《光明日报》2020 年 3 月

11 日。

吴吕和：《论邓小平关于农业改革两次飞跃的思想》，《福建论坛（经济社会版）》1999 年第 2 期。

吴文强、郭施宏：《价值共识、现状偏好与政策变迁——以中国卫生政策为例》，《公共管理学报》2018 年 15 卷第 1 期。

吴云峰：《华北抗日根据地与陕甘宁边区的医疗卫生事业研究》，《西北工业大学学报（社会科学版）》2014 年第 4 期。

吴云峰：《华北抗日根据地灾荒救济工作研究——以政权与民间社会互动为视角》，《新乡学院学报》2019 年第 10 期。

武力：《唯物史观视角下的历史虚无主义辨正》，《历史研究》2015 年第 3 期。

武力、郑有贵：《解决"三农"问题之路：中国共产党"三农"思想政策史》，中国经济出版社 2004 年版。

武力：《中国共产党对"三农"问题的认识历程及其启示》，《党的文献》2002 年第 5 期。

夏春玉：《农产品流通体系建设的机制创新与政策体系研究》，经济科学出版社 2018 年版。

夏学銮：《毛泽东思想形成与特质》，《人民论坛》2013 年第 36 期。

肖唐镖：《近十年我国乡村治理的观察与反思》，《华中师范大学学报（人文社会科学版）》2014 年第 11 期。

谢宗藩、姜军松：《中国农地产权制度演化：权力与权利统一视角》，《农业经济问题》2015 年第 11 期。

辛欣：《关于党的群众路线研究概述》，《中共福建省委党校学报》1991 年第 4 期。

新华社：《中共中央关于推进农村改革发展若干重大问题的决定》，《国家林业局公报》2008 年第 4 期。

熊明照、马诚远、黄平：《三个村农业劳动力转移情况的调查》，《农村经济》1984 年第 8 期。

徐敏捷：《对农村改革初期"党的领导方式"的回顾与探析》，《中共沈阳市委党校学报》2003 年第 1 期。

徐勇：《从"以农村包围城市"到"以城市带动乡村"》，《学术月刊》2007 年第 6 期。

许源源、左代华：《乡村治理中的内生秩序：演进逻辑、运行机制与制度嵌入》，《农业经济问题》2019 年第 8 期。

薛继亮：《农村集体经济发展有效实现形式研究》，西北农林科技大学博士学位论文 2012 年。

薛建强：《中国农产品流通模式比较与选择研究》，东北财经大学博士学位论文 2014 年。

薛金慧：《陕甘边革命根据地的农村社会建设》，《社科纵横》2019 年第 3 期。

薛金艳：《解放战争时期中国共产党的农业政策》，《长春师范学院学报》2012 年第 7 期。

闫庆生、黄正林：《抗战时期陕甘宁边区的农村经济研究》，《近代史研究》2001 年第 3 期。

杨宾：《中华人民共和国全国人民代表大会和地方各级人民代表大会选举法》，《新法规月刊》1995 年第 5 期。

杨力源：《习近平新时代扶贫攻坚工作思想的基本特征》，《毛泽东思想研究》2018 年第 1 期。

杨通祖：《中央苏区土地法宣传通俗化研究（1927—1934）》，西南大学博士论文 2011 年。

杨晓兰:《刍议建国初期的农业合作化运动》,《考试周刊》2008 年第 3 期。

杨芷晴、孔东民:《我国农业补贴政策变迁、效应评估与制度优化》,《改革》2020 年第 8 期。

姚成胜、李政通、黄琳:《20 世纪 90 年代以来河南省食物资源安全状况评价》,《干旱区资源与环境》2015 年第 6 期。

姚成胜、李政通、易行:《中国粮食产量变化的驱动效应及其空间分异研究》,《中国人口·资源与环境》2016 年第 9 期。

姚成胜、邱雨菲、黄琳等:《中国城市化与粮食安全耦合关系辨析及其实证分析》,《中国软科学》2016 年第 8 期。

姚成胜、殷伟、李政通:《中国粮食安全系统脆弱性评价及其驱动机制分析》,《自然资源学报》2019 年第 8 期。

姚力:《"把医疗卫生工作的重点放到农村去"——毛泽东"六·二六"指示的历史考察》,《当代中国史研究》2007 年第 3 期。

叶兴庆:《我国农业支持政策转型:从增产导向到竞争力导向》,《改革》2017 年第 3 期。

《一大党纲》,《中国共产党历次党章汇编(1921—2012)》,中国方正出版社 2012 年版。

《进 步稳定和加强农业》,《农村农业农民:上半月》1998 年第 6 期。

《中共中央,国务院关于做好农业和农村工作的意见》,《中国乡镇企业》2003 年第 2 期。

《中国共产党第七届中央委员会第六次全体会议(扩大)关于农业合作化问题的决议》,《江苏教育》1955 年第 21 期。

《走中国特色的城市化道路》,《中学文科》2004 年第 2 期。

尹中卿:《人民代表大会制度的形成和发展(上)》,《人大研究》2004 年第 9 期。

宇赟、郝琦：《试论〈井冈山土地法〉的制定、发展及其立法意义》，《商洛师范专科学校学报》1998 年第 1 期。

袁秉达：《在新时代把党的自我革命推向深入的"四个维度"——"不忘初心，牢记使命"主题教育系列党课之八》，《党课参考》2019 年第 15 期。

袁伦渠：《新中国劳动经济史》，劳动人事出版社 1987 年版。

曾欣龙、圣海忠、姜元、朱述斌：《中国农产品流通体制改革六十年回顾与展望》，《江西农业大学学报（社会科学版）》2011 年第 1 期。

翟新花：《我国农村集体经济体制历史变迁中的农民发展》，山西大学博士论文 2015 年。

张海鹏：《中国城乡关系演变 70 年：从分割到融合》，《中国农村经济》2019 年第 3 期。

张军：《改革以来中国的资本形成与经济增长：一些发现及其解释》，《世界经济文汇》2002 年第 1 期。

张利国：《我国区域粮食安全演变：1949—2008》，《经济地理》2011 年第 5 期。

张务锋：《粮食安全这根弦任何时候都不能放松》，《中国粮食经济》2020 年第 7 期。

张秀芹：《建党以来农业税制的历史变迁》，《河北农业大学学报（农林教育版）》，2006 年第 3 期。

张晏、夏纪军：《地区竞争与中国市场化进程地区差距》，《财经问题研究》2007 年第 4 期。

章奇、刘明兴、单伟：《政府管制、法律软约束与农村基层民主》，《经济研究》2004 年第 6 期。

赵焕卿：《搞好县城规划的几点想法》，《城市规划研究》1980 年第 4 期。

赵秀玲：《十八大以来中国乡村治理重要变革》，《福建论坛（人文社会科学版）》2018 年第 10 期。

赵一夫、王丽红：《新中国成立 70 年来我国乡村治理发展的路径与趋向》，《农业经济问题》2019 年第 12 期。

郑淋议、罗箭飞、洪甘霖：《新中国成立 70 年农村基本经营制度的历史演进与发展取向——基于农村土地制度和农业经营制度的改革联动视角》，《中国土地科学》2019 年第 12 期。

郑有贵：《10 次中共中央全会通过的农业决议与当代中国"三农"政策演变》，《当代中国史研究》2001 年第 5 期。

中共国务院扶贫办党组：《脱贫攻坚砥砺奋进的五年》，《人民日报》2017 年 10 月 17 日。

中共中央党史和文献研究院：《习近平关于"三农"工作论述选编》，中央文献出版社 2019 年版。

中共中央党史研究室：《中共中央党史》，中共党史出版社 2011 年版。

中共中央党校党史教研室：《中共党史教学参考资料》第 19 册，国防大学出版社 1986 年版。

中共中央档案馆：《中共中央文件选集》第 1 册，中共中央党校出版社 1991 年版。

《中共中央关于加快农业发展若干问题的决定（草案）》，《新疆林业》1979 年第 1 期。

《中共中央关于加快农业发展若干问题的决定》，人民出版社 1979 年版。

《中共中央关于进一步加强农业和农村工作的决定》，《中华人民共和国国务院公报》，1991 年第 42 期。

《中共中央关于推进农村改革发展若干重大问题的决定》，人民出版社 2008 年版。

《中共中央关于印发进一步加强和完善农业生产责任制的几个问题的通知》，

《山西政报》1981 年第 6 期。

《中共中央关于制定国民经济和社会发展第十二个五年规划的建议》编写组:《中共中央关于制定国民经济和社会发展第十二个五年规划的建议》,人民出版社 2010 年版。

中共中央国务院:《关于进一步加强农村卫生工作的决定》,《中华人民共和国国务院公报》2002 年第 33 期。

中共中央国务院:《关于实行政社分开建立乡政府的通知》,《中华人民共和国国务院公报》1983 年第 23 期。

中共中央国务院印发:《乡村振兴战略规划（2018—2022 年）》,《农村工作通讯》2018 年第 18 期。

《中共中央文件选集》第 2 册,中共中央党校出版社 1989 年版。

中共中央文献研究室:《邓小平年谱（1975—1997）》下册,中央文献出版社 2004 年版。

中共中央文献研究室:《建国以来重要文献选编（1952）》第 3 册,中央文献出版社 2000 年版。

中共中央文献研究室:《建国以来重要文献选编》第 15 册,中央文献出版社 1997 年版。

中共中央文献研究室:《建国以来重要文献选编》第 20 册,中央文献出版社 1998 年版。

中共中央文献研究室:《三中全会以来重要文献选编》（上）,人民出版社 1982 年版。

中共中央文献研究室:《三中全会以来重要文献选编》（下）,人民出版社 1982 年版。

中共中央文献研究室:《十八大以来重要文献选编》（上）,中央文献出版社 2014 年版。

中共中央文献研究室:《十八大以来重要文献选编》(中),中央文献出版社2016年版。

中共中央文献研究室:《十八大以来重要文献选编》(下),中央文献出版社2018年版。

中共中央文献研究室:《十六大以来重要文献选编》(上),中央文献出版社2005年版。

中共中央文献研究室:《十六大以来重要文献选编》(中),中央文献出版社2006年版。

《中国共产党历史》第1卷(上册),中共党史出版社2011年版。

《中国共产党历史》第1卷(下册),中共党史出版社2011年版。

《中国共产党中央委员会关于发展农业生产合作社的决议》,人民出版社1954年版。

中国农业科学院:《人均400公斤粮食必不可少》,《中国农业科学》1986年第5期。

中国农业科学院食物发展研究课题组:《再论人均400公斤粮食必不可少》,《农业经济问题》1990年第10期。

中国人民大学农业经济系资料室:《农村政策文件选编》(三),中国人民大学农业经济系资料室1978年版。

中国人民解放军军事科学院:《毛泽东军事文选》1963年版。

中国社会科学院、中央档案馆:《1949—1952中华人民共和国经济档案资料选编·农业卷》,社会科学文献出版社1991年版。

中华人民共和国财政部:《中国农民负担史(第3卷)》,中国财政经济出版社1994年版。

《中华人民共和国国民经济和社会发展"九五"计划和2010年远景目标纲要》,《人民论坛》1996年第4期。

中华人民共和国国务院新闻办公室：《改革开放 40 年中国人权事业的发展进步》白皮书，2018 年 12 月 12 日。

中华人民共和国农业部计划司：《中国农村经济统计大全：1949—1986》，《农业出版社》1989 年版。

中华人民共和国人力资源和社会保障部：《2019 年度人力资源和社会保障事业发展统计公报》，2020 年 9 月。

中央档案馆编：《中共中央文件选集》第 1 册，中共中央党校出版社 1989 年版。

中央档案馆编：《中共中央文件选集》第 4 册，中共中央党校出版社 1989 年版。

中央档案馆：《中央批转东北局关于保护新收复城市的指示》(1948 年 6 月)，载《中共中央文件选集》第十七册，中共中央党校出版社 1989 年版。

《中央人民政府政务院关于劳动就业问题的决定》，《江西政报》1952 年第 8 期。

中央文献研究室编：《建国以来重要文献选编》第 5 册，中央文献出版社 1993 年版。

中央文献研究室编：《建国以来重要文献选编》第 7 册，中央文献出版社 1993 年版。

中央文献研究室编：《建国以来重要文献选编》第 8 册，中央文献出版社 1994 年版。

周其仁：《城乡中国（修订版）》，中信出版社 2017 年版。

周其仁：《"非法"帽子漫天飞》，《农村经营管理》2014 年第 12 期。

周新桥：《邓小平、江泽民、胡锦涛"三农"思想比较》，《探索》2009 年第 5 期。

周延礼：《着力抓好农险保费补贴政策落实》，《中国银行保险报》2020 年 3

月2日。

周质澄：《抗日战争时期鄂豫边区的财经工作——中原伟业》，《鄂豫边区抗日民族根据地建设学术讨论会、湖北省纪念毛泽东诞辰100周年及周恩来、刘少奇、李先念和新四军研讨会论文集》1993年。

朱佳木：《中国共产党是中华民族伟大复兴的领导者》，《当代中国史研究》2011年第18期。

朱哲、王健：《毛泽东农业现代化思想的当代价值》，《理论探讨》2009年第3期。

朱珍：《改革开放40年财政支农政策嬗变的政治经济学分析》，《财经问题研究》2019年第8期。

宗锦耀：《农村一二三产业融合发展理论与实践》，中国农业出版社2017年版。

邹艳：《〈中华苏维埃共和国宪法大纲〉：为工农劳苦大众制定的第一部红色宪法》，《湘潮》2020年第4期。

《1939年6月13日：毛泽东在延安党的高级干部会议上关于反投降问题的结论提纲【2】》，载自人民网，http://dangshi.people.com.cn/n/2015/0615/c85037-27156490-2.html，2015年6月15日。

《1983年：中央印发第2个涉农的1号文件》，载自中华人民共和国农业农村部官网，http://www.moa.gov.cn/ztzl/xzgnylsn/gd/200909/t20090918_1353792.htm，2009年9月18日。

《1985年中央一号文件》，载自中国经济网，来源人民网，http://www.ce.cn/cysc/ztpd/08/gg/1985/zcbj/200811/24/t20081124_17480490.shtml，2008年11月24日。

《1998年：关于农业和农村工作若干重大问题的决定通过》，载自中华人民共和国农业农村部官网，http://www.moa.gov.cn/ztzl/xzgnylsn/gd/200909/t20090923_1356562.htm，2009 年 9 月 23 日。

《2004 年中央一号文件》，载自中华人民共和国中央人民政府网，http://www.gov.cn/test/2006-02/22/content_207415.htm，2006 年 2 月 22 日。

《2006 年中央一号文件（全文）》，载自中国经济网，来源新华网，http://www.ce.cn/xwzx/gnsz/szyw/201201/30/t20120130_23027711.shtml，2012 年 1 月 30 日。

《中华人民共和国村民委员会组织法（试行）》，载自中国人大网，http://www.npc.gov.cn/wxzl/gongbao/1987-11/24/content_1481517.htm，1987 年 11 月 24 日。

《2007 年中央"一号文件"（全文）》，载自华夏经纬，http://www.huaxia.com/zt/tbgz/09-007/1336390.html?ejnc5，2009 年 3 月 2 日。

《2008 年中央一号文件（全文）》，载自中国经济网，来源新华网，http://www.ce.cn/xwzx/gnsz/szyw/201201/30/t20120130_23027605_2.shtml，2012 年 1 月 30 日。

《2020 告别贫困！习近平要求限时完成的目标》，载自人民网，http://politics.people.com.cn/n1/2017/0615/c1001-29342594.html，2017 年 6 月 15 日。

《打造共建共治共享的社会治理格局》，载自人民网，http://theory.people.com.cn/n1/2017/1127/c40531-29669679.html，2017 年 11 月 27 日。

《关于做好 2001 年农业和农村工作的意见中共中央、国务院 _2001 年第 8 号国务院公报》，载自中国政府网，http://www.gov.cn/gongbao/content/2001/content_61314.htm，2001 年 1 月 11 日。

国家统计局：《扶贫开发成就举世瞩目，脱贫攻坚取得决定性进展》，载国家统计局网站，http://www.stats.gov.cn/ztjc/ztfx/ggkf40n/201809/t20180903_1620407.html，2018 年 9 月 3 日。

国家统计局：《农业生产跃上新台阶现代农业擘画新蓝图》，载国家统计局网站，http://www.stats.gov.cn/tjsj/zxfb/201908/t20190805_1689117.html，2019 年 8 月 5 日。

《国务院批转公安部关于推进小城镇户籍管理制度改革意见的通知关于推进小城镇户籍管理制度改革的意见 _2001 年第 15 号国务院公报》，载自中国政府 网，http://www.gov.cn/gongbao/content/2001/content_60769.htm，2001 年 3 月 30 日。

华春雨：《全国整顿 6 万余个软弱涣散基层党组织》，载群众路线网，http://qzlx.people.com.cn/n/2014/0530/c364565-25086718.html，2014 年 5 月 30 日。

黄钰钦：《习近平陕西考察为脱贫攻坚划出"三条线"》，载中新网，http://www.chinanews.com/gn/2020/04-23/9165967.shtml，2020 年 4 月 23 日。

李正军：《中国共产党解决"三农"问题的历史性贡献》，载中国社会科学网，http://www.cssn.cn/zzx/yc_zzx/201906/t20190620_4920894.shtml，2019 年 6 月 20 日。

《农村产业融合发展如何？农业农村部：2019 年农产品加工营收超 22 万亿吸纳 3000 多万人就业》，载自每日经济新闻，https://baijiahao.baidu.com/s?id=1681673917920873771&wfr=spider&for=pc，2020 年 10 月 27 日。

《苏区经济建设的开展和成就》，载红色寻根网，http://www.hsxgw.gov.cn/n1337/n2607/n2612/c17833/content.html。

王立彬：《长久不变，是为了变得更好》，载新华社，http://www.xinhuanet.com/2019-11/28/c_1125286700.htm，2019 年 11 月 28 日。

王庆凯：《数说新中国 70 年农业农村巨变》，载中国新闻网，https://www.chinanews.com/cj/2019/11-14/9007854.shtml，2019 年 11 月 14 日。

王思北等：《为你点灯，照亮前行——让教育扶贫"斩断"贫困代际传递》，载中国政府网 http://www.gov.cn/xinwen/2020-04-29/content_5507490.htm，2020

年 4 月 29 日。

王艳玲：《始终坚持农村基层党组织的领导地位》，载求是网，http://www.qstheory.cn/wp/2019-01/15/c_1123991618.htm，2019 年 1 月 15 日。

《伟人调研留风范：毛泽东在专列上召开豫北地区负责人座谈会》，载自人民网—中国共产党新闻网，http://dangshi.people.com.cn/n/2013/0205/c85037-20441106.html，2013 年 2 月 5 日。

《新华社受权发布 2013 年中央一号文件》，载新华网，http://www.gov.cn/jrzg/2013-01/31/content_2324293.htm，2013 年 1 月 31 日。

中共中央办公厅国务院办公厅印发《关于加强和改进乡村治理的指导意见》，载自中国政府网，http://www.gov.cn/zhengce/2019-06/23/content_5402625.htm，2019 年 6 月 23 日。

《中共中央关于抗日根据地土地政策的决定》，载百度文库，https://wenku.baidu.com/view/6ef17d27af45b307e871979a.html，2012 年 4 月 15 日。

《中共中央国务院关于加大统筹城乡发展力度进一步夯实农业农村发展基础的若干意见》_2010 年第 4 号国务院公报，载自中国政府网，http://www.gov.cn/gongbao/content/2010/content_1528900.htm，2009 年 12 月 31 日。

《中共中央国务院关于落实发展新理念加快农业现代化实现全面小康目标的若干意见（全文）》，载自中国人民共和国农业农村部官网，http://www.moa.gov.cn/ztzl/2016zyyhwj/2016zyyhwj/201601/t20160129_5002063.htm，2016 年 1 月 28 日。

《中共中央国务院关于实施乡村振兴战略的意见》，载自农业农村部官网，http://www.moa.gov.cn/ztzl/yhwj2018/spbd/201802/t20180205_6136480.htm，2018 年 2 月 5 日。

《中共中央印发〈关于进一步加强和完善农业生产责任制的几个问题〉的通知》，载自中国经济网，http://www.ce.cn/xwzx/gnsz/szyw/200706/13/t20070613_

11735658.shtml，2007 年 6 月 13 日。

中共中央印发《中国共产党农村基层组织工作条例》，载自中国政府网，http://www.gov.cn/zhengce/2019-01/10/content_5356764.htm，2019 年 1 月 10 日。

《中国共产党的九十年》，载搜狐网 https://www.sohu.com/a/349970509_120214174。

中华人民共和国农业农村部：《农业部关于稳步推进农村集体经济组织产权制度改革试点的指导意见》http://www.moa.gov.cn/nybgb/2007/dshiq/201806/t20180614_6152044.htm，2007 年 10 月 20 日。

《中华苏维埃共和国劳动法（中华苏维埃工农兵第一次代表大会通过）》，载百度文库，https://wenku.baidu.com/view/0b481148767f5acfa1c7cd61.html2012 年 4 月 22 日。

《中华苏维埃共和国宪法大纲（1934）_ 文献资料》，载明德公法网，http://www.calaw.cn/article/default.asp?id=3118，2007 年 12 月 22 日。

《中央扶贫开发工作会议在北京召开》，载自中国政府网，http://www.mof.gov.cn/zhengwuxinxi/caijingshidian/xinhuanet/201111/t20111130_611507.html，2011 年 11 月 30 日。

Adamopoulos，Tasso，and DiegoRestuccia. "The sized is tribution off arms and international productivity differences"，*American Economic Review*，Vol.104，No.6，Jun.2014.

Alvarez，Jorge A. "The agricultural wage gap：Evidence from Brazilianmicro-data"，*American Economic Journal：Macroeconomics*，Vol.12，No.1，Jan.2020.

Gong，Binlei. "Agricultural reforms and production in China：Changes in provincial production functionand productivity in 1978—2015"，*Journal of Development Economics*，Vol.132，May 2018.

Lagakos，David，and Michael E. Waugh，"Selection，agriculture，and cross-countryproductivity differences", *American Economic Review*, Vol.103, No.2, Apr.2013.

Lau LJ, Qian Y, Rol and G.Reform with out Losers: An Interpretation of China's Dual-Track Approachto Transition, *Journal of Political Economy*, 2000, Vol.108, issue1, pp.120—143.

Lin, Just in Yifu. "Rural reforms and agricultural growth in China", *American Economic Review*, Mar.1992.

Tombe, Trevor. "The missing food problem: Trade, agriculture, and international productivity differences", *American Economic Journal*: *Macroeconomics*, Vol.7, No.3, Jul.2015.

后 记

　　2020 年是不平凡的一年：当下来看，中国共产党带领广大人民群众战胜了疫情，充分体现了党的领导力和社会主义的制度优势；回溯既往，中国共产党即将迎来建党一百周年，并且经过几代人的努力将如期全面建成小康社会；展望未来，中国共产党将在不确定的国际环境中，坚定地带领中国人民推进中国特色社会主义建设，为第二个百年目标即到新中国成立 100 周年时，建成富强民主文明和谐的社会主义现代化国家而努力。站在这个历史的交汇处，我们立足"三农"这一领域，梳理、分析中国共产党成立百年来关于农业、农村与农民的政策、实践、成效与思想，深入考察中国共产党的"三农"情、"三农"政、"三农"路与"三农"智，对于理解中国"三农"问题现状，推进中国"三农"进一步发展，都具有重要意义。中国共产党成立以来的百年，是中国从半殖民地半封建社会向建设社会主义现代化国家过渡的百年，是中国从以农业为主体的农业国向工农并重的工业化阶段发展的百年，应该说，"三农"思想与实践，是中国特色社会主义理论体系的重要组成部分与集中反映，通过对"三农"思想及其实践的分析，不仅可以考察中国共产党"三农"思想的变迁，也为深入理解中国共产党领导下的中国特色社会主义发展道路提供了条件。

　　本书获得了上海市哲学社会科学规划办公室的资助。

　　本书的完成，凝结了项目组全体成员的辛勤劳动，团队中的博士生、硕士

403

生参与了部分章节的资料收集与撰写工作，他们是：上海财经大学的博士生刘禹辰（农民篇）、刘望（中国共产党百年农业经营思想与实践、中国共产党百年"三农"大事记），上海交通大学的博士生李政通（中国共产党对工农关系的认知及发展、中国共产党百年粮食安全思想与实践）、张世虎（中国共产党对城乡关系的认识及发展）、马志浩（中国共产党百年农村经济发展思想与实践），上海交通大学硕士生王诗玥（中国共产党百年农产品流通思想与实践）等。

中国共产党百年"三农"思想及其实践的内容极其广泛，本书仅限于研究框架内容，未能也不可能穷尽所有，以待后续不断总结与完善。

本书参考了国内外学者的相关研究成果，在此一并表示感谢。由于中国共产党百年"三农"政策实践与思想内容，涉及大量的史料、文件以及相关的评论与总结，写作过程中的参考文献难免有遗漏，在此涵请见谅。本书中肯定还存在不少缺点和不足，在此也恳请学者们提出宝贵意见，以使本领域的研究能不断深化、日臻完善。

顾海英　王常伟

2021 年 1 月 8 日

图书在版编目(CIP)数据

从耕者有其田到乡村振兴:中国特色"三农"道路
的探索与发展/顾海英,王常伟著. —上海:上海人
民出版社,2021
(人民至上·中国共产党百年奋进研究丛书)
ISBN 978 - 7 - 208 - 17027 - 8

Ⅰ.①从⋯ Ⅱ.①顾⋯ ②王⋯ Ⅲ.①三农问题-研
究-中国 Ⅳ.①F32

中国版本图书馆 CIP 数据核字(2021)第 060116 号

责任编辑 毛衍沁
封面设计 汪 昊

人民至上·中国共产党百年奋进研究丛书
上海市哲学社会科学规划办公室
上海市中国特色社会主义理论体系研究中心 组编

从耕者有其田到乡村振兴
——中国特色"三农"道路的探索与发展
顾海英 王常伟 著

出 版 上海人民出版社
 (200001 上海福建中路 193 号)
发 行 上海人民出版社发行中心
印 刷 商务印书馆上海印刷有限公司
开 本 787×1092 1/16
印 张 26
插 页 3
字 数 348,000
版 次 2021 年 5 月第 1 版
印 次 2021 年 5 月第 1 次印刷
ISBN 978 - 7 - 208 - 17027 - 8/D·3735
定 价 105.00 元